SABINE MASCHKE, LUDWIG STECHER

„ICH HABE SO ETWAS ERLEBT – UND WILL ES NIE WIEDER“

Sexualisierte Gewalt aus der Perspektive Jugendlicher: Fakten, Einordnungen und Prävention

BELTZ

Sabine Maschke, Dr. phil. habil., ist Professorin für Allgemeine Erziehungswissenschaft an der Philipps-Universität Marburg. Ihre Forschungsschwerpunkte sind Kindheits- und Jugendforschung, Sexualisierte Gewalt und Prävention, Übergangs- und Bildungsforschung, Biografieforschung, Außerschulische Bildungsforschung (Extended Education), Qualitative und Integrative empirische Sozialforschung.

Ludwig Stecher, Dr. phil. habil., ist Professor für Empirische Bildungsforschung am Institut für Erziehungswissenschaft der Justus-Liebig-Universität Gießen. Seine Forschungsschwerpunkte sind Extra-curriculare und Außerschulische Bildungsforschung (Extended Education), Kindheits- und Jugendforschung, Sexualisierte Gewalt, Lehrerbildung, Ganztagsschulforschung.

FSC www.fsc.org MIX Papier aus verantwortungsvollen Quellen FSC® C089473

Dieses Buch ist erhältlich als:
ISBN 978-3-407-25892-2 Print
ISBN 978-3-407-63265-4 E-Book (PDF)

1. Auflage 2022

Layout: tau-berlin.de
Umschlaggestaltung: tau-berlin.de
Umschlagabbildung: ©Igor Cancarevic, Unsplash
Innenfotos: S. 12/13: ©fizkes, istockphoto.com; S. 30/31: ©Tiago Bandeira; S. 64/65: ©Redd; S. 84/85: ©Nathan Dumlao; S. 104/105: ©Hayley Seibel; S. 118/119: ©Tobias Tullius; S. 132/133: ©Bacila Vlad; S. 150/151: © Priscilla du Preez
Alle Fotos bis auf S. 12/13: unsplash.com

Herstellung: Michael Matl
Satz: tau-berlin.de
Druck und Bindung: Beltz Bad Langensalza GmbH, Bad Langensalza
Printed in Germany

Weitere Informationen zu unseren Autor:innen und Titeln finden Sie unter: www.beltz.de

Inhalt

1 — Einleitung

> *»Ich habe so etwas erlebt – und will es nie wieder! Die Person befindet sich Gott sei Dank nicht mehr an der Schule und es ist endlich vorbei.«*
>
> O-Ton Speak!

Das Statement einer Jugendlichen aus einer der drei Speak! Befragungen beschreibt stellvertretend für eine hohe Zahl Betroffener, dass sie „so etwas" – gemeint ist sexualisierte Gewalt – erlebt hat. In einem Atemzug bringt sie darin die eigene Verletztheit wie auch Stärke zum Ausdruck. „Nie wieder!", ruft sie nachdrücklich aus, will sie das erleben. Die Jugendliche schreibt nicht, welche Form(en) sexualisierter Gewalt sie erlebt hat. Die Speak! Ergebnisse zeigen jedoch, dass es viele Formen gibt, die von sexistischen Beleidigungen über ungewollte Konfrontationen mit pornografischem Material und dem ‚Antatschen' bis hin zum erzwungenen Geschlechtsverkehr reichen. Die Befragte benennt einen Ort, die Schule. Ob es sich dabei um einen Anbahnungs- oder Tatort handelt, wissen wir nicht. In Speak! können wir neben der Schule eine Reihe weiterer Risikoorte für sexualisierte Gewalt ausmachen, beispielsweise das Internet, öffentliche und private Räume. Die Befragte teilt uns auch nicht mit, wer Täter:in war. Speak! zeigt, dass eine Reihe von Täter:innen – Gleichaltrige, Erwachsene oder ältere Jugendliche – in Betracht kommen. In diesem Fall könnte es z. B. ein:e Mitschüler:in, eine Lehrkraft, ein:e Hausmeister:in oder ein:e Ex-Partner:in gewesen sein. Gut ist es, zu wissen, dass sich die Person nicht mehr in ihrer Nähe befindet. „Gott sei Dank", schreibt sie, ist es „endlich vorbei". Die Qual scheint ausgestanden. Aber wie wurde das sexualisierte Gewalthandeln beendet? Konnte sie sich jemandem anvertrauen und Unterstützung finden? Speak! zeigt, dass es in vielen Fällen nicht einfach ist, eine Vertrauensperson zu finden. Und: Wie geht es der Betroffenen jetzt? Die Folgen, beispielsweise Ängste, Einsamkeit und Traurigkeit oder Probleme mit der Gesundheit, sind teils schwerwiegend und langanhaltend.

Im Vorgängerbuch „Sexuelle Gewalt: Erfahrungen Jugendlicher heute" (Maschke & Stecher, 2018a) sind wir auf die erste Speak! Studie an Regelschulen, die sogenannte Hauptstudie, eingegangen. In der hier vorliegenden Arbeit nehmen wir in einer Gesamtschau auch die danach durchgeführten Studien an Förderschulen und Beruflichen Schulen – vergleichend und vertiefend – in den Blick.

Lebenszeitprävalenz: Ziel der Speak! Studien ist es, ein möglichst repräsentatives Bild der Erfahrungen Heranwachsender mit sexualisierter Gewalt wiederzugeben. Schriftlich befragt wurden deshalb Jugendliche aller Schulformen im Alter von 14 bis ca. 19 Jahren in hessenweiten Studien an Regel-, Förder- und Beruflichen Schulen. Dabei sollten nicht nur die Erfahrungen mit sexualisierter Gewalt im Jugendalter oder den letzten Monaten oder Jahren erfragt werden, wie das in einigen Studien der Fall ist. Vielmehr haben wir uns in Speak! auf die gesamte Lebenszeitprävalenz bezogen (siehe Kapitel 11). Mit einem solch geweiteten zeitlichen Blick auf das bisherige Leben kommen retrospektiv auch Ereignisse ins Bild, die in der Kindheit oder frühen Jugend erlebt wurden – sofern diese zum Teil traumatischen Erfahrungen den Befragten über ihre Erinnerungen zugänglich sind.

Zu den Speak! Studien: Der im hessischen Aktionsplan[1] zum Schutz von Kindern und Jugendlichen vor sexualisierter Gewalt in Institutionen hervorgehobene Mangel an Wissen zum „Vorkommen sexueller Gewalt in Institutionen" soll durch repräsentative Dunkelfeldstudien quantitativ bearbeitet werden. Alle Speak! Studien sind sogenannte Dunkelfeldstudien, die dem ‚wahren' Ausmaß sexualisierter Gewalt näher kommen wollen als Hellfeldstudien, also beispielsweise polizeiliche Kriminalstatistiken. In Dunkelfeldstudien werden über Befragungen Geschehnisse rekonstruiert (Wetzels, 1997, S. 21).

Die **Hauptstudie** (siehe linke Spalte in Tabelle 1.1) wurde Ende 2016 bis Anfang 2017 als schriftliche Klassenbefragung mit 2.718 Schüler:innen der 9. und 10. Jahrgangsstufe an *Haupt- und Realschulen, Gymnasien und Gesamtschulen* (Regelschulen) durchgeführt. Die Mehrheit der Befragten war zwischen 14 und 16 Jahre alt (96 % der Stichprobe). Im Folgenden, z. B. in Tabellen und Abbildungen, sprechen wir von den Jugendlichen der Hauptstudie bzw. an Regelschulen. Im Vergleich zu den Jugendlichen an den Beruflichen Schulen (siehe unten) sprechen wir hier auch von den ‚jüngeren' Jugendlichen (Maschke & Stecher, 2018a).

Die **erste Erweiterungsstudie** (siehe mittlere Spalte in Tabelle 1.1) an *Förderschulen* wurde Ende 2017 bis Anfang Februar 2018 ebenfalls als eine gruppen- bzw. klassenweise Befragung mittels standardisierter, barrierefreier Fragebögen in den verschiedenen Förderschul-Schwerpunkten in Hessen durchgeführt. Insgesamt nahmen 264 Schüler:innen aus 30 Schulen ab dem 14. Lebensjahr an der Befragung teil. Die meisten Befragten waren zwischen 14 und 16 Jahre alt (82 % der Stichprobe). Im Folgenden, z. B. in Tabellen und Abbildungen, sprechen wir von den Jugendlichen an Förderschulen bzw. im Vergleich zu den Jugendlichen an den Beruflichen Schulen auch hier von den ‚jüngeren' Jugendlichen (siehe Maschke & Stecher, 2018b).

1 „Häufig wird in der einschlägigen Literatur ein Mangel an Studien beklagt, die das Vorkommen sexueller Gewalt in Institutionen quantitativ belegen und qualitativ analysieren. Um in Zukunft gezielter gegen sexuelle Gewalt vorgehen zu können, bedarf es sog. Dunkelfeldstudien, die durch gezielte Erhebungen wie z. B. repräsentative Umfragen Aufschluss über Art und Häufigkeit sexueller Gewalt in Institutionen sowie über die Erfahrung mit Beratungs- und Hilfsangeboten auch speziell in Hessen liefern können. Vor dem Hintergrund der Dunkelfeldstudien kann dann das Angebot von Beratungs- und Hilfseinrichtungen bewertet und gezielt erweitert werden." (Hessische Landesregierung, 2012, Punkt 7.2)

Die **zweite Erweiterungsstudie Speak!** (siehe rechte Spalte in Tabelle 1.1), durchgeführt Anfang 2020, nimmt die Jugendlichen in den Blick, die *Berufliche Schulen* besuchen. Das Augenmerk richtet die Studie zum einen auf die Prävalenz der Erfahrungen sexualisierter Gewalt für die Altersgruppe der 16- bis 19-Jährigen. Sie erweitert also gegenüber den Vorgängerstudien das Altersspektrum der Befragten auf eine ältere Gruppe von Jugendlichen und jungen Erwachsenen. Zum anderen ermöglicht Speak! Berufliche Schulen einen Blick auf sexualisierte Gewalt im Kontext beruflicher (Aus-)Bildung, also auf das mögliche Gefährdungspotenzial für sexualisierte Gewalterfahrungen, wie es sich aus der Kombination von schulischen und betrieblichen Erfahrungsräumen ergeben kann. Im Folgenden, z. B. in Tabellen und Abbildungen, sprechen wir von den Jugendlichen, die Berufliche Schulen besuchen, bzw. im Vergleich zu den beiden Vorgängerstudien auch von den ‚älteren' Jugendlichen (siehe Maschke & Stecher, 2021).

Tabelle 1.1: Alle drei Speak! Studien im Überblick

	Jugendliche Hauptstudie (Regelschulen)	**Jugendliche Förderschulen**	**Jugendliche Berufliche Schulen**	**Gesamt**
Erhebung	2016/17	2017/18	2020	
Design	Standardisierte, repräsentative Befragung in Schulklassen	Standardisierte, repräsentative Befragung in Schulklassen	Standardisierte, repräsentative Befragung in Schulklassen	
Schulform/ Schultyp	Regelschulen: Haupt- und Realschulen, Gymnasien und Gesamtschulen	Förderschulen	Berufliche Schulen	
Befragte	2.718 (aus 53 Schulen)	264 (aus 30 Schulen)	1.118 (aus 26 Schulen)	4.100 (aus 109 Schulen)
Alter(sschwerpunkt)	14 bis 16 Jahre (9. und 10. Jahrgangsstufe)	14 bis 16 Jahre (Abschlussjahrgang)	16 bis 19 Jahre (Eingangsjahrgänge)	
Befragungsperspektiven	Betroffene, Beobachter:innen, Hörensagen; Aggressor:innen	Betroffene, Beobachter:innen; Aggressor:innen	Betroffene, Beobachter:innen, Hörensagen; Aggressor:innen	

Themen in diesem Buch: Speak! erfasst ein breites Spektrum an Formen sexualisierter Gewalt. Die Befragten hatten die Möglichkeit, neben differenzierten Antwortvorgaben auch in eigenen Worten zu benennen, was ihnen widerfahren ist. Die Formen unterscheiden sich dabei in solche, die körperlicher Art sind, wie ungewollt am Geschlechtsteil berührt zu werden, und solche nichtkörperlicher Art, beispielsweise in digitalen Medien sexuell belästigt zu werden. Beginnend mit der Vorstellung der Prävalenzen aus der Perspektive der direkt von sexualisierter Gewalt Betroffenen werden darin zur besseren Vergleichbarkeit der Ergebnisse der drei Studien u. a. die 16-Jährigen herausgegriffen und differenziert betrachtet. Ein weiterer Fokus richtet sich beispielsweise auf das Ersterlebensalter von sexualisierter Gewalt. Neben der direkten Betroffenheit von sexualisierter Gewalt beschäftigt sich dieses Buch auch mit den Perspektiven derer, die sexualisierte Gewalt beobachtet oder davon gehört haben. Ein weiteres Kapitel widmet sich den Befragten, die sexualisierte Gewalthandlungen selbst schon ausgeübt haben, den jugendlichen Aggressor:innen, wie wir sie nennen. Das Spektrum der Darstellungen umfasst darüber hinaus auch Tatkontexte und Täter:innen; vertiefend wird an verschiedenen Stellen sexualisierte Gewalt durch Erwachsene und ältere Jugendliche thematisiert. Daran anschließende Kapitel stellen Zusammenhänge zwischen den Erfahrungen von sexualisierter Gewalt und deren Wirkungen für die Betroffenen vor. Welche physischen und psychischen gesundheitlichen Folgen ergeben sich aus der Erfahrung mit sexualisierter Gewalt? Wie gestalten sich Zusammenhänge zwischen sexualisierter Gewalt und freiwilligen sexuellen Erfahrungen oder mit Vorstellungen zur Partnerschaft? In welcher Weise korrelieren sexualisierte Gewalt und weitere Gewaltformen – wie Mobbing – oder sexualisierte Gewalt und der Konsum von Pornografie miteinander? Ein Schwerpunkt der in diesem Band vorgestellten Ergebnisse widmet sich vertieften und vergleichenden Analysen zum Thema Disclosure. Dies schließt die Frage ein, wem sich direkt und indirekt von sexualisierter Gewalt Betroffene anvertrauen bzw. warum sie sich nicht an eine andere Person wenden (können). Darüber hinaus gehen wir der Frage nach, zu welchen Themen (Verhütung, sexualisierte Gewalt, Partnerschaft etc.) Jugendliche mehr wissen wollen und ob z. B. in Schule, Elternhaus, Betrieb sexualisierte Gewalt thematisiert wird. Das genaue methodische Vorgehen in den drei Speak! Studien beschreiben wir am Ende im Kapitel 11.

Zentral für den vorliegenden Band ist der Vergleich zwischen den drei Speak! Studien. Aus Platzgründen mussten wir uns dort, wo wir keine substanziellen Unterschiede fanden, auf die Darstellung jeweils nur einer Speak! Studie (in der Regel aufgrund ihrer Stichprobengröße auf die Speak! Hauptstudie) beschränken. Aus ebendiesen Gründen mussten wir in diesem Buch auch auf einige Themenschwerpunkte verzichten, beispielsweise weitreichende Analysen zur Familie. Die Befunde aus früheren Publikationen haben wir für diesen Band durchgesehen und an einzelnen Stellen aktualisiert.

Besonderheiten: Der oben knapp skizzierte Gang durch die Speak! Themenfelder verdeutlicht bereits, dass das recht breite Forschungsspektrum eine Vielzahl an Befunden bietet. Diese (theoretisch) allesamt einordnen und Präventionsansätze aufzeigen zu wollen, würde den Umfang dieser Publikation sprengen. Wir haben uns deshalb auf einen Bereich begrenzt, der als ein zentrales Ergebnis der Speak! Studien zutage tritt: auf das Phänomen der sexualisierten Peergewalt. Dazu unternehmen wir den Versuch der theoretischen Verortung und stellen daran anschließend ein präventives Konzept vor (SePP), abgeleitet aus den Hauptergebnissen der Speak! Studien.

Ein herzliches Dankeschön: Bevor wir uns der Frage widmen, was unter sexualisierter Gewalt zu verstehen ist, und uns dann den Ergebnissen zuwenden, möchten wir ein herzliches Dankeschön aussprechen: allen mehr als viertausend Jugendlichen, die sich an den Befragungen beteiligt haben. In allen Studien war das Speak! Team beeindruckt von der hohen Bereitschaft der Befragten, sich zu öffnen und in großer Ernsthaftigkeit das Thema sexualisierte Gewalt anzugehen. Die vielen, in eigene Worte gefassten Statements zu den Erfahrungen haben uns immer wieder berührt. Das große Interesse der Jugendlichen an diesen Studien hat uns verdeutlicht, wie wichtig es ist, über sexualisierte Gewalt zu sprechen – als ein erster Schritt. Wir danken auch all den Schulleitungen, die dem Konzept der Speak! Studien vertraut und uns den Zugang zu ihren Schulen ermöglicht haben. Ebenso danken wir den Lehrkräften, die Speak! unterstützt haben, unseren engagierten Interviewer:innenteams, die viele Monate unermüdlich in ganz Hessen an über 100 Schulen unterwegs waren, sowie der wissenschaftlichen Koordination durch Karen Anschütz und Paula Achenbach. Ein besonderes Dankeschön gilt dem Hessischen Kultusministerium (HKM) für die finanzielle Unterstützung der Studien im Rahmen des hessischen Aktionsplans und dort vor allem dem Fachreferenten Herrn Dr. Jeck für seine großartige inhaltliche und logistische Unterstützung.

Was ist unter sexualisierter Gewalt zu verstehen?

Begriffe wie ‚sexueller Missbrauch', ‚sexuelle oder sexualisierte Gewalt' oder ‚sexuelle Übergriffe' werden oft gleichbedeutend verwendet, obwohl sie Unterschiedliches (z. B. in Bezug auf ihre strafrechtliche Relevanz) meinen. Sie bedürfen möglichst klarer Definitionen und Abgrenzungen, was nicht leicht zu bewerkstelligen ist. Mit Blick auf Dunkelfeldstudien wie Speak! ist eine solche Definition besonders wichtig, denn damit wird zugleich der Forschungsgegenstand bestimmt. Steht eine Befragung zum sexuellen Missbrauch im Fokus, der sich auf rechtliche Normen stützt und im Strafgesetzbuch kodifiziert ist (Retkowski, Treibel & Tuider, 2018)? Oder sollen mit dem Begriff ‚sexualisierte Gewalt' auch über strafrechtliche Bestimmungen hinausweisende Formen erfasst werden? Lange Zeit wurde über sexuellen Missbrauch gesprochen, heute richtet sich der Fokus verstärkt auch auf sexualisierte Gewalt oder sexuelle Gewalt, sowohl in theoretischen und analytischen Kontexten als auch in öffentlichen und medialen Diskursen (ebd.). Setzte sich der Begriff der sexuellen Gewalt insbesondere in feministischen Debatten durch, in denen u. a. Gewalt gegen Frauen und Kinder thematisiert wurde, und wurde darin die „Analyse von Geschlechter- und Gewaltverhältnissen […] systematisch miteinander verwoben" (ebd., S. 22), reicht der Begriff der sexualisierten Gewalt noch etwas weiter. Er schließt zusätzlich Gewalthandlungen ein, bei deren Ausübung es sich um eine Funktionalisierung von Sexualität handelt (UBSKM, 2021a). Sexualisierte Gewalt nimmt damit Bezug auf alle Erscheinungsformen im Rahmen des Zusammenhangs von Macht und Gewalt und schließt Gewalthandlungen mit ein, „die sich des Mediums der Sexualität in unterschiedlichen Formen bedien[en]" (Thole et al., 2012, S. 15). Eine einheitliche Definition zu finden, das zeigt sich auch hier, ist schwierig. Beziehen wir internationale Studien und Definitionen ein, wird das Bild, wie beispielsweise die Metaanalyse von Horten (2020) verdeutlicht, noch uneinheitlicher.

Im Rahmen der Speak! Studien steht ein Gegenstand und damit eine Begrifflichkeit im Zentrum, die Erfahrungen von sexualisierter Gewalt in all ihren Erscheinungsformen abbilden soll. Über strafrechtliche Bestimmungen weist ein solcher Begriff deshalb hinaus. Erfasst werden sollen dabei deren Prävalenzen, die Perspektiven der direkt Betroffenen wie auch der indirekt Betroffenen (Perspektive Beobachtung/Bystander und Perspektive des Hörensagens), die Frage nach den Tatkontexten und Täter:innen (Erwachsene wie Jugendliche) und, darüber hinausgehend, auch die Perspektive der befragten Jugendlichen, die sexualisierte Gewalt ausüben (jugendliche Aggressor:innen). Hinzu kommen Fragen zu den Folgen für die direkt und indirekt Betroffenen sowie die Analyse von (Erklärungs-)Zusammenhängen etc.

Um diese unterschiedlichen Perspektiven für die Grundgesamtheit aller Jugendlichen abbilden zu können, sollte der Begriff (und Gegenstand) also ein „umfassender" (BMJV, BMFSFJ & BMBF, 2011, S. 12) sein und die durch sexuelle Mittel ausgeübte Gewalt wie auch die machtvolle Funktionalisierung von Sexualität unabhängig von ihrer strafrechtlichen Relevanz umfassen (UBSKM, 2021a). Der Begriff *sexualisierte Gewalt* kommt diesem Anspruch aus unserer Sicht am nächsten. In Anlehnung an Hagemann-White (1992) umfasst sexualisierte Gewalt „jede Verletzung der körperlichen oder seelischen Integrität einer Person, welche mit der Geschlechtlichkeit des Opfers und Täters zusammenhängt" (ebd., S. 23). Einbezogen wird damit auch die alltägliche, z. B. verbale sexualisierte Gewalt (auch wenn diese von Heranwachsenden wegen ihrer Häufigkeit teils als ‚normal' angesehen wird). Auch Taten, die von in etwa gleichaltrigen Jugendlichen (Peers) ausgehen, ohne dass ein spezifischer Altersabstand zwischen betroffener Person und Täter:in vorliegen muss, sind im Begriff der sexualisierten Gewalt miteingeschlossen.

2 — Prävalenzen im Vergleich der Speak! Studien

Von zentraler Bedeutung für die Einschätzung der Verbreitung sexualisierter Gewalt sind die Zahlen zur *Prävalenz* der Erfahrungen Jugendlicher. Wie viele Jugendliche sind davon betroffen, welche verschiedenen Formen sexualisierter Gewalt haben sie erlebt und wie oft? Studien wie die vorliegenden drei repräsentativen Speak! Studien erlauben es, empirisch fundierte Antworten auf diese Fragen zu geben.

Um die Erfahrungen aus der Sicht Jugendlicher möglichst breit abzubilden und eine unterschiedslose Einstufung verschiedener Formen sexualisierter Gewalt – beispielsweise von sexuellen Kommentaren bis zur Vergewaltigung – unter einen Begriff zu vermeiden, haben wir den Befragten umfassende Listen möglicher Erfahrungen im Zusammenhang mit sexualisierter Gewalt vorgelegt. Die abgefragten Erfahrungen beziehen sich dabei *nicht auf einzelne spezifische* Erlebnisse bzw. Ereignisse (zeit-/raumbezogene Episoden), sondern auf *bestimmte Kategorien bzw. Formen* von Erfahrungen. Es ist deshalb möglich, dass mehrere der abgefragten Erfahrungen in *ein und demselben* situativen Zusammenhang bzw. auch in verschiedenen Situationen *mehrfach* erlebt wurden. Wir verwenden deshalb dort, wo wir uns auf die konkreten Speak! Instrumente beziehen, durchgängig den Begriff der Erfahrungs*formen*. An manchen Stellen fassen wir diese zu Erfahrungs*bereichen* zusammen (siehe unten).

Die Jugendlichen wurden mit Blick auf die vorgegebenen Listen möglicher Erfahrungsformen gefragt: „Hast du solche oder ähnliche Dinge selbst schon mal erlebt?" Durch diese Abfrage haben die Jugendlichen die Möglichkeit, eine Vielzahl unterschiedlicher Erfahrungen mit sexualisierter Gewalt über die *gesamte Lebenszeit* einbringen zu können (Lebenszeitprävalenz; siehe auch Kapitel 11.3 zu den Methoden).

In einem ersten Schritt möchten wir die in den Speak! Studien (jeweils nahezu identisch) eingesetzten Instrumente zur Messung der Prävalenz sexualisierter Gewalt vorstellen. Mit den Prävalenzen nehmen wir die Gesamtgruppe(n) der Befragten in den Blick. Dort, wo wir uns ausschließlich auf die Betroffenen (als

Prozentuierungsbasis) beziehen, weisen wir darauf hin. Die in Speak! abgefragten Erfahrungsformen lassen sich nach verschiedenen Kriterien gruppieren. In vielen Studien zur sexualisierten Gewalt wird dabei grundsätzlich zwischen Erfahrungsformen *ohne* Körperkontakt und solchen *mit* Körperkontakt unterschieden. Diese Einteilung haben wir auch in den Speak! Studien übernommen, auf ihr basiert die Grundstruktur der eingesetzten Fragebögen.

2.1 FORMEN NICHT-KÖRPERLICHER SEXUALISIERTER GEWALT

Beginnen wir mit einer allgemeinen und vergleichenden Übersicht der *Prävalenzen* nicht-körperlicher Formen sexualisierter Gewalt.

Den Jugendlichen wurde hierzu nach der Einleitungsfrage „Hast du solche oder ähnliche Dinge selbst schon mal erlebt?" eine Liste mit sieben möglichen Erfahrungsformen vorgelegt. Sie konnten zu jeder der aufgelisteten Erfahrungsformen mit *ja* oder *nein* antworten. Die abgefragten nicht-körperlichen Erfahrungs*formen* lassen sich in drei Erfahrungs*bereiche* gruppieren: verbale und/oder schriftliche Formen, Konfrontation mit sexuellen Handlungen und Erfahrungen im Internet:

Verbal und/oder schriftlich: Jemand hat ...

... über mich Gerüchte sexuellen Inhalts verbreitet.
... mich auf eine negative Art als „schwul" oder „lesbisch" bezeichnet.
... über mich sexuelle Kommentare, Beleidigungen, Witze oder Gesten gemacht.

Konfrontation mit sexuellen Handlungen: Jemand hat ...

... mich dazu gedrängt oder gezwungen, pornografische Bilder etc. anzuschauen (auch auf dem Handy).
... mich dazu gebracht, sein/ihr Geschlechtsteil anzusehen, obwohl ich das nicht wollte (Exhibitionismus).

Sexualisierte Gewalt im Internet: Jemand hat ...

... gegen meinen Willen intime Fotos oder Filme von mir ins Internet gestellt.
... mich im Internet (z. B. in Facebook, Instagram, Snapchat) sexuell belästigt.

FORMEN NICHT-KÖRPERLICHER SEXUALISIERTER GEWALT

ANGABEN IN %

Abbildung 2.1: Anteil der Jugendlichen, die von mindestens einer Form nicht-körperlicher sexualisierter Gewalt betroffen sind – getrennt nach Geschlecht und Speak! Studie

- Jugendliche Hauptstudie (HS)
- Jugendliche Förderschulen (FöS)
- Jugendliche Berufliche Schulen (BS)

48

DAVON

männliche Jgdl. HS

40

weibliche Jgdl. HS[1]

55***[1]

Basis: Alle befragten Jugendlichen je Studie. Quellen: Speak! Hauptstudie (Regelschulen) $n_{gewichtet}$ = 2.651; Speak! Förderschulen $n_{gewichtet}$ = 252; Speak! Berufliche Schulen $n_{gewichtet}$ = 1.037.

Anmerkung:

[1] Die Testung der Gruppenunterschiede zwischen weiblichen und männlichen Jugendlichen basiert auf einem 2-seitigen Chi-Quadrat-Test je Speak! Studie (*** = p ≤ .001; ** = p ≤ .01; * = p ≤ .05; ohne Kennzeichnung = nicht signifikant).

52

DAVON

männliche Jgdl. FöS

45

weibliche Jgdl. FöS

63**

66

DAVON

männliche Jgdl. BS

54

weibliche Jgdl. BS

78***

Abbildung 2.1 gibt den Anteil der Befragten wieder, die mindestens eine der angegebenen sieben Formen nicht-körperlicher sexualisierter Gewalt erlebt haben. Aus der Forschung ist bekannt, dass das Geschlecht der Befragten einen zentralen Einfluss auf die Prävalenzraten sexualisierter Gewalt hat. In Abbildung 2.1 – und auch den folgenden Auswertungen – wird deshalb die Einteilung in weibliche und männliche Jugendliche vorgenommen. Ebenfalls ist bekannt, dass das Lebensalter einen wesentlichen Einfluss hat. Dies ist in Abbildung 2.1 – und auch den folgenden Auswertungen – u. a. durch den Vergleich der jüngeren Jugendlichen (14- bis 16-Jährige) aus Hauptstudie und Förderschulstudie und den älteren Jugendlichen (16- bis 19-Jährige) aus der Studie an den Beruflichen Schulen berücksichtigt (siehe Kapitel 11.2 zu den Stichproben). Eine differenzierte Perspektive auf Altersjahrgänge nehmen wir darüber hinaus später ein. Auf mögliche Unterschiede in den Prävalenzraten, die durch andere Merkmale wie besuchte Schulform, sozioökonomischer Status oder Migrationshintergrund zustande kommen könnten, gehen wir in der Zusammenfassung am Ende dieses Kapitels ein.

Fast die Hälfte (48 %) der befragten 14- bis 16-Jährigen aus der Hauptstudie sowie aus der Förderschulstudie (52 %) haben nicht-körperliche Formen sexualisierter Gewalt erlebt. Bei den älteren Jugendlichen, die Berufliche Schulen besuchen, sind es zwei Drittel (66 %). Weibliche Jugendliche sind dabei signifikant häufiger betroffen. Am stärksten ist die Differenz der Prävalenz in Abbildung 2.1 zwischen den männlichen Regelschülern (40 %) und den weiblichen Jugendlichen an den Beruflichen Schulen (78 %).

Tabelle 2.1 zeigt eine differenzierte Sicht auf die Prävalenzen in den Förderschwerpunkten (FS) der Speak! Studie an den Förderschulen.

Tabelle 2.1 verdeutlicht, dass die Schüler:innen aus dem Förderschwerpunkt Sprache und emotionale/soziale Entwicklung am höchsten belastet sind. Über die Hälfte (58 %) von ihnen gibt an, bereits mindestens eine Form nicht-körperlicher sexualisierter Gewalt erlebt zu haben. Die geringste Prävalenzrate weisen die Befragten der hier zusammengefassten Förderschwerpunkte Hören und Sehen mit 43 % auf, bei den Befragten des Schwerpunktes Lernen liegt der Anteil von Betroffenen bei 50 %.

In der Differenzierung nach Geschlecht zeigt sich insgesamt ein signifikant höheres Risiko für die weiblichen Befragten, von nicht-körperlicher sexualisierter Gewalt betroffen zu sein. Dies gilt allerdings nur für zwei der Förderschwerpunkte; eine Ausnahme bildet hier der Förderschwerpunkt Hören und Sehen, in dem häufiger (allerdings nicht statistisch signifikant) die männlichen Befragten von entsprechenden Erfahrungen berichten.

Betrachten wir im Folgenden die Formen nicht-körperlicher sexualisierter Gewalt im Einzelnen.

Tabelle 2.1: Anteil der Jugendlichen an den Förderschulen, die von mindestens einer Form nicht-körperlicher sexualisierter Gewalt betroffen sind – getrennt nach Förderschwerpunkt und Geschlecht

	Lernhilfe		**Hören und Sehen**		**Sprache und emotionale/soziale Entwicklung**	
Mindestens eine Form erlebt	50 %		43 %		58 %	
	Weibliche Jgdl.	Männliche Jgdl.	Weibliche Jgdl.	Männliche Jgdl.	Weibliche Jgdl.	Männliche Jgdl.
	63 %**[1]	42 %	*39 %*[2]	*46 %*	*63 %*	*55 %*

Basis: Jugendliche, die Förderschulen besuchen. Quelle: Speak! Förderschulen $n_{ungewichtet}$ = 135 (FS Lernhilfe), $n_{ungewichtet}$ = 50 (FS Hören und Sehen), $n_{ungewichtet}$ = 45 (FS Sprache und emotionale/soziale Entwicklung). Die Daten zu den Förderschwerpunkten werden ungewichtet ausgewiesen. Anmerkungen: 1) Die Testung der Gruppenunterschiede zwischen weiblichen und männlichen Jugendlichen basiert auf einem 2-seitigen Chi-Quadrat-Test je Förderschwerpunkt (*** = $p \leq .001$; ** = $p \leq .01$; * = $p \leq .05$; ohne Kennzeichnung = nicht signifikant). 2) Kursiv gesetzt: Fallzahl n < 30.

Verbale und/oder schriftliche Formen sexualisierter Gewalt

»Vor allem in der Jugend wird so viel verbale sexuelle Gewalt ausgeübt, ohne sich darüber bewusst zu sein, was das für Folgen haben kann in der Psyche des anderen.«

»Ich war nervlich am Ende und verzweifelt, da ziemlich heftige Dinge über mich erzählt wurden, die gar nicht stimmen können. Ich habe geweint und wusste nicht mehr, wem ich vertrauen kann.«

O-Töne Speak!

Abbildung 2.2 zeigt die Prävalenzraten für die einzelnen abgefragten Erfahrungsformen im Bereich der verbalen und/oder schriftlichen sexualisierten Gewalt, getrennt für weibliche und männliche Jugendliche – und jeweils bezogen auf die drei Speak! Studien.

Dabei lässt sich zunächst festhalten, dass in diesem Bereich die Erfahrung „Jemand hat über mich sexuelle Kommentare, Beleidigungen, Witze oder Gesten gemacht" leicht dominiert. Bei fast allen der sechs in Abbildung 2.2 betrachteten Gruppen von befragten Jugendlichen weist diese Erfahrungsform die höchsten Prävalenzraten auf.

Abbildung 2.2: Anteil der Jugendlichen, die von verbalen und/oder schriftlichen Formen nicht-körperlicher sexualisierter Gewalt betroffen sind – getrennt nach Geschlecht und Speak! Studie

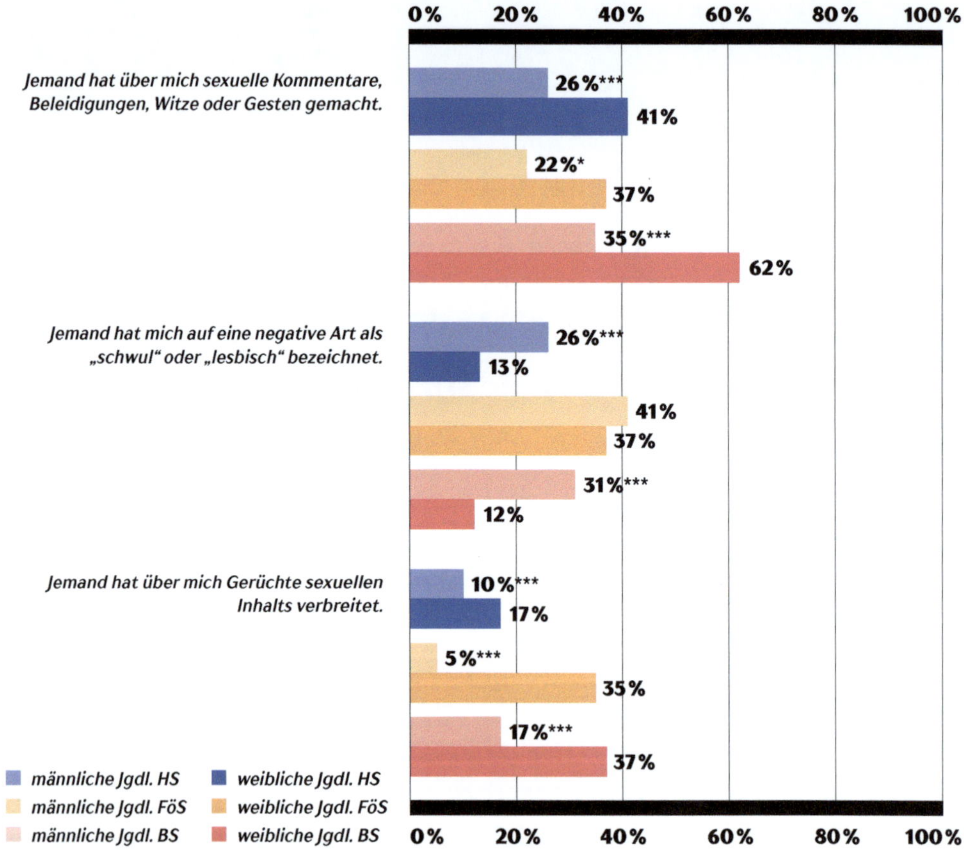

Basis: Alle befragten Jugendlichen je Studie. Quellen: Speak! Hauptstudie (‚männliche/weibliche Jgdl. HS') $n_{gewichtet}$ = 2.651; Speak! Förderschulen (‚männliche/weibliche Jgdl. FöS') $n_{gewichtet}$ = 252; Speak! Berufliche Schulen (‚männliche/weibliche Jgdl. BS') $n_{gewichtet}$ = 1.037. Anmerkung: 1) Die Testung der Gruppenunterschiede zwischen weiblichen und männlichen Jugendlichen basiert auf einem 2-seitigen Chi-Quadrat-Test je Erfahrungsform (Einzelitem) und je Speak! Studie (*** = p ≤ .001; ** = p ≤ .01; * = p ≤ .05; ohne Kennzeichnung = nicht signifikant).

Darüber hinaus gilt für die Erfahrung sexueller Kommentare und Beleidigungen sowie sexueller Gerüchte, dass weibliche Jugendliche höhere Prävalenzraten aufweisen als männliche Jugendliche. So geben beispielsweise 41 % der weiblichen und 26 % der männlichen Jugendlichen aus der Speak! Hauptstudie an, es erlebt zu haben, dass über sie sexuelle Kommentare, Beleidigungen, Witze oder Gesten gemacht wurden. Dazu lässt sich auch das sogenannte ‚Catcalling'[2] zählen. Bei den in etwa gleichaltrigen Jugendlichen, die Förderschulen besuchen, betragen die analogen Quoten 37 % bzw. 22 % und bei den älteren Jugendlichen, die Berufliche Schulen besuchen, 62 % bzw. 35 %. Hier fällt die Differenz zwischen weiblichen und männlichen Jugendlichen mit 27 Prozentpunkten besonders hoch aus.

Ein Blick auf Altersstufendifferenzierungen, wie sie im Vergleich zwischen der Speak! Hauptstudie und der Studie Speak! Berufliche Schulen zum Ausdruck kommen, zeigt: Die Prävalenzraten für die älteren Jugendlichen liegen bei beiden im vorhergehenden Absatz genannten Erfahrungsformen – Kommentare wie Gerüchte – höher als bei den jüngeren Befragten.

Eine Ausnahme in Abbildung 2.2 betrifft in zweifacher Hinsicht die Erfahrung, in negativer Art als ‚schwul' oder ‚lesbisch' bezeichnet zu werden. Diese Erfahrungsform wird in allen drei Studien zum einen häufiger von männlichen als von weiblichen Jugendlichen angegeben. Besonders ausprägt ist diese Differenz bei den älteren Jugendlichen, die Berufliche Schulen besuchen: Während 31 % der männlichen Jugendlichen eine solche Erfahrung bereits einmal gemacht haben, sind es bei den weiblichen Jugendlichen nur 12 %. Zum anderen werden entsprechende Erfahrungen am häufigsten von den 14- bis 16-jährigen (also jüngeren) Jugendlichen genannt, die Förderschulen besuchen.

Konfrontation mit sexuellen Handlungen

Betrachten wir die nächsten beiden Erfahrungsformen, die wir als konfrontative Formen nicht-körperlicher sexualisierter Gewalt bezeichnen können (Abbildung 2.3). Konfrontiert werden Betroffene (ungewollt und oft überraschend) mit exhibitionistischen Handlungen in Form von Entblößungen der Geschlechtsteile, mit Fotos und Videos pornografischen Inhalts. Dazu zählt beispielsweise auch die unaufgeforderte Zusendung von sogenannten ‚Dickpics'.

Für beide Erfahrungsformen gilt, dass weibliche Jugendliche stärker von konfrontativen sexuellen Handlungen betroffen sind als männliche. Was exhibitionistische Handlungen anbelangt, kommt hier noch ein deutlicher Alterseffekt hinzu: Während von den 14- bis 16-jährigen weiblichen Jugendlichen der Hauptstudie 15 % angeben, eine solche Erfahrung schon einmal gemacht zu haben, sind es bei den 16- bis 19-jährigen weiblichen Jugendlichen an Beruflichen Schulen 39 % (und damit mehr als doppelt so viele). Das heißt, mehr als

2 „Unter Catcalling werden sexuell konnotierte Verhaltensweisen bzw. verschiedene Arten der sexuellen Belästigung ohne Körperkontakt zusammengefasst. Darunter fallen unter anderem Pfeif- oder Kussgeräusche, aufdringliche Blicke, vermeintliche Komplimente, anzügliche Bemerkungen oder Kommentare über das Äußere einer Person im öffentlichen Raum oder auch sexuelle Belästigung mittels digitaler Medien" (KFN, 2021).

jede dritte weibliche Jugendliche in diesem Alter hat es bereits mindestens einmal erlebt, sich unfreiwillig das Geschlechtsteil einer anderen Person anschauen zu müssen. Die analogen Prävalenzen für die männlichen Jugendlichen liegen zwischen 4 % (Hauptstudie) und 8 % (Studie Berufliche Schulen).

Abbildung 2.3: Anteil der Jugendlichen, die von konfrontativen Formen nicht-körperlicher sexualisierter Gewalt betroffen sind – getrennt nach Geschlecht und Speak! Studie

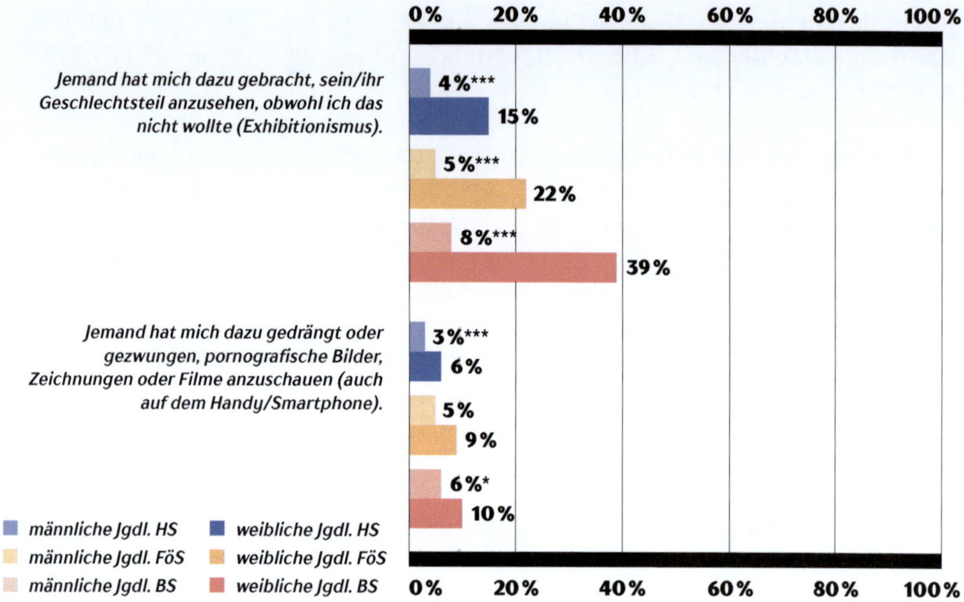

Basis, Quellen und Anmerkungen siehe Abbildung 2.2.

Sexualisierte Gewalt im Internet

Den dritten Bereich der nicht-körperlichen Formen sexualisierter Gewalt bilden die Erfahrungen, die Jugendliche im Internet bzw. in den sozialen Medien machen. Das Internet und die Kommunikation über soziale Medien gehören zu den zentralen Elementen heutiger Jugendkultur. Bevor wir uns den Formen sexualisierter Gewalt mit digitalem Medieneinsatz zuwenden, einige allgemeine Fakten und Trends zum digitalen Nutzungsverhalten Jugendlicher – wohlwissend, dass das Nutzungsverhalten ständiger Veränderung unterworfen ist, denken wir nur an die zunehmende Bedeutung z. B. von TikTok.

Feierabend, Reutter und Rathgeb (2019) verweisen im Jugendschutz- und Medienkompetenzbericht darauf, dass bei den Jugendlichen das Smartphone mit einer flächendeckenden Verbreitung von 97 % das „zentrale Medium“ (S. 22) ist. Damit ist die Grundlage für einen vielfältigen digitalen Gebrauch – wie die Nutzung des Internets und sozialer Medien – gegeben. Mit dem Smartphone gehen 88 % der weiblichen und 71 % der männlichen 12- bis 19-Jährigen online, im Vergleich dazu deutlich weniger mittels stationärem Rechner oder Laptop (ebd., S. 23). Bezogen auf die Kommunikationsformen führt die Häufigkeit der Nutzung (2019) WhatsApp an: Über 90 % der 12- bis 19-Jährigen nutzen diesen Messengerdienst mindestens mehrmals pro Woche, gut 80 %

täglich. Im Schnitt erhalten Jugendliche knapp 40 Nachrichten täglich, so die Studie von Feierabend, Reutter und Rathgeb (2019). Weitere für Jugendliche relevante Plattformen sind: Instagram (zwei Drittel der Jugendlichen nutzen es regelmäßig, die Hälfte täglich), Snapchat (wird von gut 50 % der 12- bis 19-Jährigen regelmäßig genutzt, täglich nutzen es 46 %) und Facebook (15 % nutzen es regelmäßig und 8 % täglich; ebd., S. 25).

Sexualisierte Gewalt über digitale Medien

Die Nutzung digitaler Medien und das soziale Netzwerken sind also weit verbreitet. Wir wollen im Folgenden diejenigen Erfahrungen mit sexualisierter Gewalt näher in den Blick nehmen, die im weitesten Sinne mit dem Internet bzw. mit digitalem Medieneinsatz verknüpft sind. Dazu gehören, folgen wir Vobbe und Kärgel (2019), alle Erfahrungen Jugendlicher, die im Zusammenhang mit der „Anbahnung, Fortsetzung wie auch zur Verübung" (ebd., S. 48) sexualisierter Gewalt unter Nutzung digitaler Medien auftreten. Entsprechend der Bandbreite digitaler Medienformate wird in der Literatur in diesem Zusammenhang eine Vielzahl verschiedener Phänomene diskutiert.

Mit Böhm, Budde und Dekker (2018) können wir diese Formen sexualisierter Gewalt – die Autor:innen sprechen von sexuellen Grenzverletzungen – differenzieren in solche,

- die „ausschließlich online stattfinden" (ebd., S. 3; siehe auch Vobbe & Kärgel, 2019). Unfreiwillige Annäherungen und sexuelle Belästigungen oder auch, unfreiwillig mit Pornografie konfrontiert zu werden, zählen dazu.
- „Phänomene, bei denen offline stattfindende sexualisierte Gewalt online vorbereitet wird" (Böhm, Budde & Dekker, 2018, S. 3), beispielsweise Cyber-Grooming. Ziel beim Online- oder Cyber-Grooming ist die Online-Kontaktanbahnung, „um den Austausch von erotischen Nachrichten und/oder ein persönliches Treffen mit dem Ziel des (sexuellen) Missbrauchs zu erleichtern" (Paulus et al., 2020, S. 238).
- Die „nicht konsensuelle Weiterleitung von sexuell-expliziten bildlichen oder filmischen Darstellungen" (Böhm, Budde & Dekker, 2018, S. 3). Dazu zählen die Produktion, Verbreitung und Nutzung von Missbrauchsdarstellungen wie auch selbst erstellte erotische Darstellungen (z. B. im Rahmen von Sexting[3]), die dann ohne Zustimmung an Dritte übermittelt werden, oder auch Revenge Pornography – die „nicht-einvernehmliche Verbreitung von (Nackt-) Aufnahmen einer Person […] durch Ex-Partner, Partner, Hacker oder andere Personen" (Paulus et al., 2020, S. 239). Mit hinein fällt hier auch das Cyber-Mobbing (Böhm, Budde & Dekker, 2018).

Abbildung 2.4 stellt die Fragen dar, die wir in den Speak! Studien in diesem Zusammenhang gestellt haben. Eine weitere Frage, die sich – siehe Abbildung 2.3 – auf das unfreiwillige Anschauen pornografischer Bilder (über Handy oder Smartphone) bezieht, haben wir in den bisherigen Veröffentlichungen

3 Sexting – die „Aufforderung zu, das Erhalten und das Versenden von Bildern des eigenen nackten Körpers oder sexuell explizit formulierter Textnachrichten zum Aufbau von (Paar-)Beziehungen" (Paulus et al., 2020, S. 239).

durchgängig den konfrontativen Formen sexualisierter Gewalt zugeordnet. Obwohl auch dieses Item sich auf die Nutzung digitaler Medien bezieht, behalten wir diese Zuordnung der Vergleichbarkeit wegen hier zunächst aufrecht. Wir werden im darauf folgenden Abschnitt diese Zuordnung auflösen und einen vertieften Blick auf das Internet und die digitalen Medien werfen.

Abbildung 2.4 zeigt, dass Jugendliche es besonders häufig erleben, im Internet sexuell angemacht oder belästigt zu werden; intime Fotos oder Filme von ihnen werden demgegenüber weniger häufig ins Internet gestellt. Die Prävalenzraten für die erste Erfahrungsform in Abbildung 2.4 liegen deutlich höher als für die zweite. Hinsichtlich der Belästigung im Internet zeigt sich (wie auch bei den meisten bisherigen Formen), dass weibliche Jugendliche häufiger betroffen sind als männliche. Darüber hinaus gilt, dass die älteren Jugendlichen aus der Studie an den Beruflichen Schulen häufiger entsprechende Erfahrungen angeben als die jüngeren Befragten der beiden anderen Studien: Fast zwei von drei 16- bis 19-jährigen weiblichen Jugendlichen an den Beruflichen Schulen geben an, im Internet sexuell angemacht und belästigt worden zu sein. Wir können hier schon fast von einer ubiquitären Erfahrung bei den älteren weiblichen Jugendlichen sprechen.

Abbildung 2.4: Anteil der Jugendlichen, die von nicht-körperlicher sexualisierter Gewalt im Internet betroffen sind – getrennt nach Geschlecht und Speak! Studie

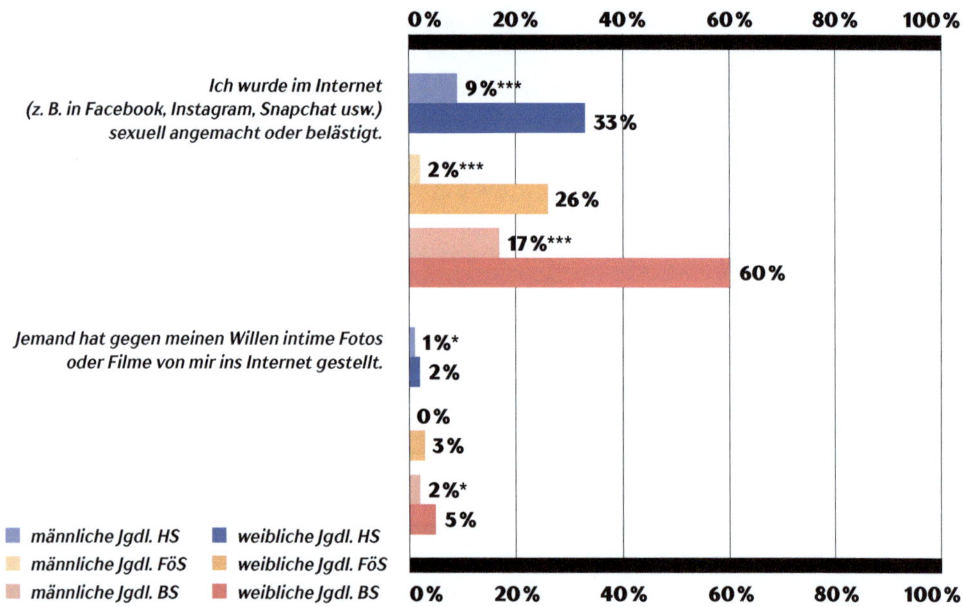

Basis, Quellen und Anmerkungen siehe Abbildung 2.2.

Vertiefte Ergebnisse aus Speak! zur digitalen sexualisierten Gewalt

Die Speak! Studien sind in ihrer thematischen Breite nicht auf die spezifische ‚Vermessung' von sexualisierter Gewalt in der Digitalkultur hin angelegt. Dennoch wurde eine Reihe von Fragen gestellt, die sich diesem Erfahrungsbereich zuordnen lassen, und es wurde explizit nach dem ‚Ort' gefragt, an dem sexualisierte Gewalt erlebt wurde – eine Option stellte dabei ‚im Internet' dar.

In allen Speak! Studien wurden den Jugendlichen, dies haben wir eingangs beschrieben, sieben ausgewählte Erfahrungsformen nicht-körperlicher sexualisierter Gewalt vorgelegt, zu denen sie angeben sollten, ob sie die entsprechende Erfahrung selbst schon einmal gemacht haben. Während die Mehrzahl dieser Items ortsunspezifisch formuliert ist, beziehen sich drei Items mehr oder weniger explizit auf Erfahrungen im Internet bzw. mittels digitaler Medien:

- Jemand hat mich dazu gedrängt oder gezwungen, pornografische Bilder, Zeichnungen oder Filme anzuschauen (auch auf dem Handy/Smartphone; siehe Abbildung 2.3).
- Jemand hat gegen meinen Willen intime Fotos oder Filme von mir ins Internet gestellt (siehe Abbildung 2.4).
- Ich wurde im Internet (z. B. Facebook, Instagram, Snapchat usw.) sexuell angemacht oder belästigt (siehe Abbildung 2.4).

Für alle Erfahrungsformen zusammengenommen sollten die Befragten angeben, an welchem Ort sie die jeweilige Erfahrung gemacht haben (siehe ausführlich Kapitel 5.3 zu den Tatkontexten). Es zeigt sich, dass ein hoher Prozentsatz derer, die die Items mit Bezug zu digitalen Medien bejaht haben, auf die Frage nach dem Ort jedoch *nicht* das Internet angegeben hat. Wir gehen davon aus, dass diese Befragten das Internet als Ort nicht *zusätzlich* angegeben haben, weil es als solches bereits implizit oder explizit im Abfragetext der drei Items enthalten ist. Auf der Grundlage dieser Annahme fallen unter die Jugendlichen, die Erfahrungen mit nicht-körperlicher sexualisierter Gewalt im Zusammenhang mit digitalen Medien gemacht haben, sowohl diejenigen, die explizit das Internet als Ort der Erfahrung angegeben haben (unabhängig davon, auf welche spezifische nicht-körperliche Erfahrungsform sie sich dabei beziehen), als auch diejenigen, die (unabhängig vom später angegebenen Ort) mindestens eines der drei eben aufgelisteten Items bejaht haben.

Die Prävalenzen fallen unter dieser (vertieften) Betrachtungsweise höher aus als im vorangegangenen Abschnitt bzw. in früheren Veröffentlichungen. Die Befunde zeigen für die Hauptstudie (siehe später Tabelle 2.2), dass insgesamt 26 % der dort befragten 14- bis 16-Jährigen Erfahrungen nicht-körperlicher sexualisierter Gewalt im Zusammenhang mit digitalen Medien gemacht haben. (In unseren bisherigen Veröffentlichungen, die sich nur auf die beiden Items in Abbildung 2.4 bezogen, haben wir die Quote der Betroffenen mit 21 % angegeben.) Die Belastung ist bei weiblichen Jugendlichen mit 38 % gegenüber 15 % bei den männlichen deutlich höher.

In der Erweiterungsstudie an den Förderschulen liegen die Belastungsquoten in der Digitalkultur mit 17 % für die Gesamtgruppe der dort befragten 14- bis 16-Jährigen etwas niedriger (in früheren Publikationen 12 %). Während nur 6 % der männlichen Jugendlichen entsprechende Erfahrungen im digitalen Bereich angeben, sind es bei den weiblichen Jugendlichen 34 %. Damit liegt die Quote bei den weiblichen Jugendlichen, die Förderschulen besuchen, nur knapp unterhalb der Quote bei den weiblichen Jugendlichen, die Regelschulen besuchen.

In der Studie an den Beruflichen Schulen wird deutlich, dass insgesamt 46 % der älteren (16- bis 19-jährigen) Jugendlichen Erfahrungen nicht-körperlicher sexualisierter Gewalt im Zusammenhang mit digitalen Medien gemacht haben (in früheren Publikationen 40 %). Die Quote liegt damit um 20 Prozentpunkte höher als bei den 14- bis 16-Jährigen der Hauptstudie und 29 Prozentpunkte höher als bei den 14- bis 16-Jährigen der Förderschulstudie.

Wie kommt es zu einer solch starken Betroffenheit von mediatisierter sexualisierter Gewalt? Eingangs haben wir u. a. auf die flächendeckende Verbreitung beispielsweise des Smartphones und auf das Nutzungsverhalten unterschiedlicher Kommunikationsformen sowie die Bandbreite der Gewaltformen mittels digitaler Medien hingewiesen. In dieser Einordnung stehen die digitalen Medien in ihrer nahezu grenzenlosen Bedeutung für die sexuelle Identitätsentwicklung Jugendlicher im Fokus. Wie aus einer solchen Bedeutung heraus Jugendliche zu Betroffenen und Ausübenden mediatisierter sexualisierter Gewalt werden und welche Folgen das für die Betroffenen hat, können wir nicht vollständig klären, jedoch einzelne Anschlüsse aufzeigen.

Deutlich tritt hervor, dass digitale Medien im Bereich der sexualisierten Gewalt durch Jugendliche eine große Rolle spielen (Steinbach, 2018). Veränderungen in der Pubertät werden begleitet von der „Intensivierung sexueller Bedürfnisse“ (ebd., S. 5), ersten sexuellen Kontakten etc. Entwicklungsaufgaben, die damit verbunden sind, gelten der Klärung individueller Bedürfnisse und Wünsche, der Überwindung von Unsicherheiten, die in Einklang zu bringen sind „mit den (gesellschaftlichen) Erwartungen, die wesentlich auch über die Medien verbreitet werden“ (ebd.). Selbstdarstellungen im Social Web oder der Austausch erotischen Bildmaterials in Messengerdiensten haben Einzug in den Alltag Jugendlicher gehalten. Für Knoll et al. (2013) hat dies eine „identitätsstiftende[.] Funktion“ (S. 53), das Spiel mit der eigenen Geschlechtsidentität gehört dazu. Die enorm gestiegene Bedeutung von Social-Media-Angeboten in der Lebenswelt junger Menschen bedingt einen Austausch, der zeitlich, räumlich und sozial entgrenzt ist. In sexualisierter Weise zu kommunizieren, gehört immer häufiger dazu. Die in dieser Lebensphase forcierte Suche nach (sexueller) Identität – begleitet von der Spannung zwischen teils widersprüchlichen gesellschaftlichen Diskursen, Erwartungen, Werten und Anforderungen, Bildern und Botschaften beispielsweise aus der Werbung (Steinbach, 2018) – kommt einem Drahtseilakt gleich; Abstürze und Fehltritte sind wahrscheinlich. Aus den sich über längere Zeit wiederholenden Grenzübertritten erwächst eine (kollektive) Handlungspraxis (siehe dazu auch die „sexuellen Skripts“, Krahé, 2009, im Kapitel 9 Einordnung), die kaum mehr hinterfragt wird, sondern als Teil des Alltäglichen dazuzugehören scheint. Grenzen des Erlaubten verschwimmen.

Auch wenn Vobbe und Kärgel (2019) in der Zusammenschau der aktuell verfügbaren Forschungsliteratur davon ausgehen, dass die Folgen für die von sexualisierter Gewalt mit digitalem Medieneinsatz Betroffenen jenen vergleichbar sind, die bei nicht-digitalen Formen zu beobachten sind, weisen sie zu Recht auf Besonderheiten der Erfahrungen in der Digitalkultur hin, hier insbesondere auf einen damit verbundenen Kontrollverlust der Betroffenen. „Betroffene verspüren nicht selten eine Unkontrollierbarkeit der – unter Umständen fortwährenden – digitalen Verbreitung sexualisierter Bild- und Videoaufnahmen sowie etwaiger Missbrauchsdarstellungen der eigenen Person. Dieser Kontrollverlust potenziert sich in dem vermeintlichen Gefühl der Unmöglichkeit des Zurückgewinnens von Handlungsmacht. Verstärkt wird dieses Gefühl durch die wahrgenommene Unkontrollierbarkeit über den Kreis potentieller Zeug/-innen und weiterer Mitwissender" (ebd., S. 49).

Zusammenschau der Erfahrungsbereiche nicht-körperlicher sexualisierter Gewalt

Nachdem wir bislang die einzelnen Erfahrungsformen, getrennt nach den drei Erfahrungsbereichen, vorgestellt haben, sollen diese im Folgenden stärker zusammengefasst betrachtet werden. Tabelle 2.2 enthält den Anteil derjenigen Jugendlichen, die *mindestens eine* der zum jeweiligen Erfahrungsbereich gehörenden Erfahrungen gemacht haben – ausgewiesen für die Gesamtgruppe aller Jugendlichen je Studie und getrennt nach Geschlecht.

Tabelle 2.2 zeigt, dass hinsichtlich nicht-körperlicher Formen sexualisierter Gewalt die meisten Jugendlichen über verbale und/oder schriftliche Formen berichten. Bei den 14- bis 16-Jährigen der Hauptstudie sind es 42 %, die angeben, mindestens eine der diesem Bereich zugehörigen Erfahrungen gemacht zu haben. In der Förderschulstudie sind es 47 % und bei den älteren Jugendlichen, die Berufliche Schulen besuchen, sind es 58 %, die über Erfahrungen in diesem Bereich berichten.

Konfrontationen mit sexuellen Handlungen (wie zum Beispiel Exhibitionismus) kommen demgegenüber seltener vor: 12 % der Jugendlichen in der Hauptstudie und 13 % in der Förderschulstudie haben solche Erfahrungen gemacht. Bei den älteren Jugendlichen, die Berufliche Schulen besuchen, steigt die Quote auf 28 % – und damit auf mehr als das Doppelte.

Die Erfahrungen mit sexualisierter Gewalt im Internet bzw. in den digitalen Medien liegen im Vergleich dazu im Mittelfeld, wir haben sie bereits oben beschrieben: 26 % der Jugendlichen aus der Hauptstudie sind betroffen, 17 % der Jugendlichen aus Förderschulen und 46 % der älteren Jugendlichen aus den Beruflichen Schulen – und damit bei den älteren Jugendlichen fast doppelt so viele wie bei den jüngeren der Hauptstudie.

Tabelle 2.2 zeigt außerdem, dass die Prävalenzen bei weiblichen Jugendlichen signifikant und durchgängig höher liegen als bei männlichen Jugendlichen – und bei den älteren Jugendlichen der Speak! Studie Berufliche Schulen für jeden Bereich höher ausfallen als für die jüngeren Befragten aus den beiden anderen Speak! Studien.

Tabelle 2.2: Anteil der Jugendlichen, die von nicht-körperlicher sexualisierter Gewalt im jeweiligen Bereich betroffen sind – getrennt nach Geschlecht und Speak! Studie

	Jugendliche Hauptstudie (Regelschulen)		**Jugendliche Förderschulen**		**Jugendliche Berufliche Schulen**	
	Erfahrungsbereich: Verbal und/oder schriftlich					
Mindestens eine Form erlebt	42 %		47 %		58 %	
	Weibliche Jgdl.	Männliche Jgdl.	Weibliche Jgdl.	Männliche Jgdl.	Weibliche Jgdl.	Männliche Jgdl.
	47 %***[1]	37 %	54 %*	42 %	67 %***	49 %
	Erfahrungsbereich: Konfrontation mit sexuellen Handlungen					
Mindestens eine Form erlebt	12 %		13 %		28 %	
	Weibliche Jgdl.	Männliche Jgdl.	Weibliche Jgdl.	Männliche Jgdl.	Weibliche Jgdl.	Männliche Jgdl.
	18 %***	5 %	21 %**	8 %	42 %***	12 %
	Erfahrungsbereich: Sexualisierte Gewalt im Internet/in digitalen Medien[2]					
Mindestens eine Form erlebt	26 %		17 %		46 %	
	Weibliche Jgdl.	Männliche Jgdl.	Weibliche Jgdl.	Männliche Jgdl.	Weibliche Jgdl.	Männliche Jgdl.
	38 %***	15 %	34 %***	6 %	64 %***	26 %

Basis, Quellen siehe Abbildung 2.1. Anmerkungen: 1) Siehe Abbildung 2.1. 2) Die Anteile wurden entsprechend den vertieften Analysen aus dem vorangegangenen Abschnitt berechnet, sie sind deshalb höher, als in bisherigen Publikationen angegeben.

Im nächsten Schritt wollen wir der Frage folgen, inwieweit Erfahrungen in einem, zwei oder in allen drei Bereichen nicht-körperlicher sexualisierter Gewalt auftreten. Tabelle 2.3 weist diese Anteile von Jugendlichen aus.

Für die jüngeren Jugendlichen der Hauptstudie und der Förderschulstudie gilt, dass die meisten Befragten Erfahrungen ausschließlich in einem der drei Erfahrungsbereiche nicht-körperlicher sexualisierter Gewalt gemacht haben. In der Hauptstudie berichten 27 % aller befragten Jugendlichen von Erfahrungen in nur *einem* Bereich – wie wir oben gesehen haben, handelt es sich dabei mehrheitlich um Erfahrungen im Bereich verbaler und/oder schriftlicher sexualisierter Gewalt. 15 % geben Erfahrungen in *zwei* der erhobenen Bereiche an und 6 % Erfahrungen in *allen drei* Bereichen. Die analogen Quoten für die Jugendlichen, die Förderschulen besuchen, liegen bei 35 %, 14 % bzw. 3 %.

Bei den älteren Befragten der Speak! Studie Berufliche Schulen sieht die Situation etwas anders aus. Dort gibt mit 40 % (21 % +19 %) der größte Teil an, in *mehr als einem* Bereich Erfahrungen gemacht zu haben. Mit 19 % gibt dort fast jede:r fünfte Jugendliche Erfahrungen in allen drei Bereichen zu Protokoll.

Dass sich auch in Tabelle 2.3 eine stärkere Mehrfach-Belastung der weiblichen Jugendlichen zeigt, war auf der Basis der bisherigen Befunde zu erwarten. Für die weiblichen Jugendlichen, die Berufliche Schulen besuchen, liegt die Prävalenz derer, die über Erfahrungen in allen drei Bereichen nicht-körperlicher sexualisierter Gewalt berichten, bei 31 %. Das heißt, knapp jede dritte weibliche Jugendliche – mehrheitlich sind sie zwischen 16 und 19 Jahre alt – hat in ihrem bisherigen Leben Erfahrungen in allen drei von uns abgefragten Bereichen nicht-körperlicher Formen sexualisierter Gewalt gemacht.

Tabelle 2.3: Anteil der Jugendlichen an der Gesamtstichprobe, die von nicht-körperlicher sexualisierter Gewalt in einem oder mehreren Bereichen betroffen sind – getrennt nach Geschlecht und Speak! Studie

Erfahrungen ...	**Jugendliche Hauptstudie (Regelschulen)**		**Jugendliche Förderschulen**		**Jugendliche Berufliche Schulen**	
ausschließlich in *einem* Bereich	27 %		35 %		26 %	
	Weibliche Jgdl.	Männliche Jgdl.	Weibliche Jgdl.	Männliche Jgdl.	Weibliche Jgdl.	Männliche Jgdl.
	23 %***[1]	31 %	31 %***	39 %	19 %***	34 %
in *zwei* Bereichen	15 %		14 %		21 %	
	Weibliche Jgdl.	Männliche Jgdl.	Weibliche Jgdl.	Männliche Jgdl.	Weibliche Jgdl.	Männliche Jgdl.
	21 %	8 %	25 %	6 %	28 %	14 %
in *allen drei* Bereichen	6 %		3 %		19 %	
	Weibliche Jgdl.	Männliche Jgdl.	Weibliche Jgdl.	Männliche Jgdl.	Weibliche Jgdl.	Männliche Jgdl.
	11 %	2 %	8 %	0 %	31 %	6 %

Basis und Quellen siehe Abbildung 2.1; Anmerkung: 1) Die Testung der Gruppenunterschiede zwischen weiblichen und männlichen Jugendlichen basiert auf einem 2-seitigen Chi-Quadrat-Test je Speak! Studie (*** = $p \leq .001$; ** = $p \leq .01$; * = $p \leq .05$; ohne Kennzeichnung = nicht signifikant). Die Testung bezieht sich auf Mehr-Felder-Tafeln mit Geschlecht und den jeweiligen Optionen für das Erfahrungsprofil. Die Signifikanz wird je Studie jeweils nur einmal (im oberen Tabellenteil) ausgewiesen.

Altersjahrgangsbezogene Prävalenzen

Betrachten wir im nächsten Schritt die Prävalenzen je Altersjahrgang in den drei Studien.

Tabelle 2.4: Prävalenz nicht-körperlicher sexualisierter Gewalt je Altersjahrgang – nach Speak! Studie

Alter	Jugendliche Hauptstudie (Regelschulen)	Jugendliche Förderschulen	Jugendliche Berufliche Schulen
	Lebenszeitprävalenz	Lebenszeitprävalenz	Lebenszeitprävalenz
14 Jahre	43 %	46 %	-
15 Jahre	49 %	51 %	-
16 Jahre	54 %	62 %	64 %
17 Jahre	(58 %)[1]	-	71 %
18 Jahre	-	-	68 %
19 Jahre	-	-	66 %

Basis und Quellen siehe Abbildung 2.1. Anmerkung: 1) N = 74.

Tabelle 2.4 zeigt recht eindrücklich, wie die (Lebenszeit-)Prävalenz nicht-körperlicher Formen sexualisierter Gewalt mit dem Lebensalter zunimmt. Ein deutlicher Anstieg, beginnend bei den 14-Jährigen in der Haupt- und der Förderschulstudie mit jeweils 43 % bzw. 46 %, bis zu den 16-Jährigen dort mit 54 % bzw. 62 %, ist zu verzeichnen. In der Studie an Beruflichen Schulen scheint sich der Anstieg (fast) nahtlos mit 64 % bei den 16-Jährigen bis 71 % bei den 17-Jährigen fortzusetzen. Danach steigen die Prävalenzen nicht weiter, sondern sind sogar leicht rückläufig. Aus dieser Perspektive steigt das Risiko also vor allem zwischen 14 und 17 Jahren kontinuierlich an. (In Kapitel 2.4 zum Ersterlebensalter sexualisierter Gewalt werfen wir einen Blick auf das Viktimisierungsrisiko *vor* dem Lebensalter von 14 Jahren.)

Häufigkeit der Erfahrungen

In den Speak! Studien wurden die Jugendlichen nicht nur nach den einzelnen Erfahrungen bzw. Erfahrungsformen gefragt, sondern auch, wie häufig sie entsprechende Erfahrungen bereits gemacht haben. Dabei bezog sich die Frage nach der Häufigkeit auf *alle* Erfahrungen im Bereich nicht-körperlicher sexualisierter Gewalt insgesamt.

In Abbildung 2.5 sind die Ergebnisse für die Hauptstudie dargestellt. Im oberen Bereich sind die Zahlen für die weiblichen Jugendlichen abgebildet. Von den 55 % der weiblichen Jugendlichen, die sexualisierte Gewalt erlebt haben, geben 22 % an, nur einmal eine Form nicht-körperlicher sexualisierter Gewalt

Abbildung 2.5: Häufigkeit des Erlebens nicht-körperlicher sexualisierter Gewalt – getrennt nach Geschlecht, nur Speak! Hauptstudie

Weibliche Jugendliche: von nicht-körperlicher sexualisierter Gewalt Betroffene

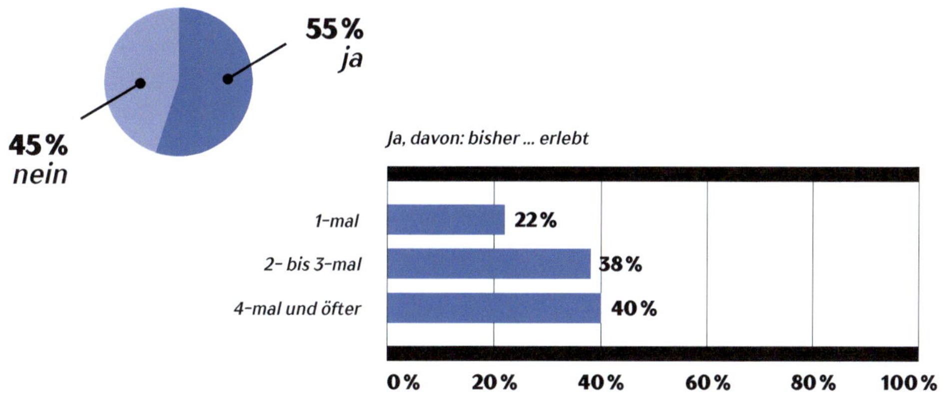

Männliche Jugendliche: von nicht-körperlicher sexualisierter Gewalt Betroffene

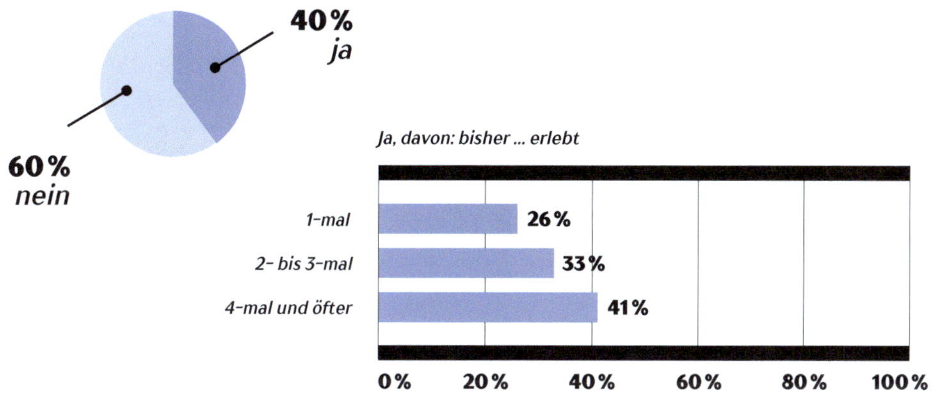

Basis Kreisdiagramme: Alle befragten weiblichen bzw. männlichen Jugendlichen der Hauptstudie, Balkendiagramme: nur weibliche bzw. männliche Jugendliche, die nicht-körperliche Formen sexualisierter Gewalt erlebt haben. Quelle: Speak! Hauptstudie, Kreisdiagramme: $1.301 \leq n_{gewichtet} = \leq 1.341$, Balkendiagramme: $523 \leq n_{gewichtet} \leq 739$.

erfahren zu haben. Weitere 38 % der Betroffenen haben das bereits zwei- bis dreimal und 40 % viermal oder öfter erlebt. Auch für die männlichen Jugendlichen aus der Hauptstudie, die zwar grundsätzlich zu einem geringeren Prozentsatz nicht-körperliche sexualisierte Gewalt erleben, gilt eine vergleichbare Verteilung in der Häufigkeit des Erlebens sexualisierter Gewalt. Insgesamt ist für alle drei Studien festzuhalten (ohne weitere Abbildung), dass diejenigen, die von nicht-körperlicher sexualisierter Gewalt betroffen sind, diese Erfahrungen *mehrheitlich* mindestens zweimal oder öfter angeben.

Auf die Frage, ob diese überwiegend wiederholten Erfahrungen sexualisierter Gewalt Parallelen zum Phänomen des Mobbings aufweisen, gehen wir in Kapitel 6.6 ein.

ZUSAMMENFASSUNG

Unsere bisherigen Befunde zum Bereich der nicht-körperlichen sexualisierten Gewalt lassen sich wie folgt zusammenfassen:

- **Weibliche Jugendliche** sind in allen nicht-körperlichen Erfahrungsbereichen signifikant häufiger von sexualisierter Gewalt betroffen als männliche Jugendliche. Die einzige Ausnahme bilden verbale/schriftliche Formen, in denen diskriminierende homophobe Beleidigungen im Fokus stehen. Hier sind männliche Jugendliche häufiger betroffen.
- **Mehrfache Erfahrungen:** Die allermeisten Betroffenen berichten nicht nur von einmaligen Erfahrungen, sondern haben nicht-körperliche sexualisierte Gewalt bereits öfter erlebt.
- **Kumulierte Erfahrungen:** Für weibliche Jugendliche zeigt sich, dass Betroffene mehrheitlich Erfahrungen in *mehreren Bereichen* nicht-körperlicher sexualisierter Gewalt gemacht haben. Dies gilt für männliche Jugendliche nicht. Das heißt, weibliche Jugendliche sind einer stärkeren kumulierten (Mehrfach-)Belastung ausgesetzt als männliche (dies gilt insbesondere auch mit dem zusätzlichen Blick auf den vorgenannten Befund zu den Mehrfach-Erfahrungen).
- **Alter:** Mit zunehmendem Lebensalter steigen die Prävalenzraten – bis zum Alter von etwa 17 Jahren. Das ergibt sich zum einen aus dem globalen Vergleich zwischen den Befragten der Hauptstudie und der Studie an den Beruflichen Schulen, zeigt sich aber auch unter differenzierterer Betrachtung einzelner Altersjahrgänge. So geben 43 % der 14-jährigen Jugendlichen in der Hauptstudie an, bereits einmal nicht-körperliche sexualisierte Gewalt erlebt zu haben, bei den 17-Jährigen an den Beruflichen Schulen sind es 71 %. Danach, ab dem 18. Lebensjahr, steigen die Prävalenzen nicht weiter an.

Weitere Zusammenhänge

Zusätzlich zum Geschlecht und Alter haben wir weitere Analysen zur besuchten Schulform bzw. zum Bildungsgang, zum sozioökonomischen Familienstatus sowie dem Migrationshintergrund der Jugendlichen durchgeführt (zur Bildung der Variablen siehe Maschke & Stecher, 2018a, b, 2021). Um in diesen Analysen nicht Strukturunterschiede zwischen den zu vergleichenden Gruppen, die sich etwa mit Blick auf die Zusammensetzung nach Geschlecht oder Alter zeigen können, in den Prävalenzen zu reproduzieren, haben wir die Analysen jeweils unter gleichzeitiger (multivariater) Kontrolle folgender Merkmale durchgeführt: Geschlecht, Alter, Schulform/Bildungsgang, Migrationshintergrund und sozioökonomischer Status. Unter Einbeziehung dieser Merkmale zeigen nur das Alter der Befragten und ihr Geschlecht einen signifikanten Einfluss auf die Prävalenzraten nicht-körperlicher sexualisierter Gewalt. Die besuchte Schulform, der sozioökonomische Status der Familie sowie der Migrationshintergrund zeigen keinen darüber hinausgehenden signifikanten Einfluss auf die Prävalenzraten.

2.2 FORMEN KÖRPERLICHER SEXUALISIERTER GEWALT

Auf die körperlichen Formen sexualisierter Gewalt bezogen, haben wir die Jugendlichen analog zu den nicht-körperlichen Formen ebenfalls gefragt: „Hast du solche oder ähnliche Dinge selbst schon mal erlebt?" und ihnen hierzu eine Liste mit neun möglichen Erfahrungsformen vorgelegt. Zu jeder der aufgelisteten Erfahrungsformen konnten die Jugendlichen mit ja oder nein antworten. Weitere (nicht in der Liste aufgeführte) Erfahrungsformen konnten die Befragten mit eigenen Worten hinzufügen. Die abgefragten körperlichen Erfahrungs*formen* lassen sich in drei Erfahrungs*bereiche* gruppieren: indirekte körperliche Formen, direkte körperliche Formen und der erzwungene versuchte/vollzogene Geschlechtsverkehr:

Indirekter Körperkontakt: Mich hat jemand ...

... zu Nacktaufnahmen (auch pornografische Aufnahmen) gedrängt oder gezwungen.

... dazu gedrängt oder gezwungen, mich auszuziehen (ganz nackt oder teilweise).

Direkter Körperkontakt: Mich hat jemand ...

... gedrängt oder gezwungen, Sex mit einer anderen Person zu haben.

... gedrängt oder gezwungen, sein/ihr Geschlechtsteil (Scheide oder Penis) zu berühren.

... gegen meinen Willen an meinem Geschlechtsteil (Scheide oder Penis) berührt.

... gegen meinen Willen in sexueller Absicht geküsst.

... gegen meinen Willen in sexueller Form am Körper berührt („angetatscht", z. B. Po/Brust).

Versuchter oder vollzogener Geschlechtsverkehr: Mich hat jemand ...

... zum Geschlechtsverkehr gedrängt oder gezwungen. (Es ist zum Geschlechtsverkehr gekommen.)

... versucht, zum Geschlechtsverkehr zu drängen oder zu zwingen. (Es ist nicht zum Geschlechtsverkehr gekommen.)

FORMEN KÖRPERLICHER SEXUALISIERTER GEWALT

ANGABEN IN %

Abbildung 2.6: Anteil der Jugendlichen, die von mindestens einer Form körperlicher sexualisierter Gewalt betroffen sind – getrennt nach Geschlecht und Speak! Studie

- Jugendliche Hauptstudie (HS)
- Jugendliche Förderschulen (FöS)
- Jugendliche Berufliche Schulen (BS)

23

DAVON

männliche Jgdl. HS

10

weibliche Jgdl. HS

35*1**

Basis: Alle befragten Jugendlichen je Studie. Quellen: Speak! Hauptstudie (Regelschulen) $n_{gewichtet}$ = 2.651; Speak! Förderschulen $n_{gewichtet}$ = 252; Speak! Berufliche Schulen $n_{gewichtet}$ = 1.037.

Anmerkung:
[1] Die Testung der Gruppenunterschiede zwischen weiblichen und männlichen Jugendlichen basiert auf einem 2-seitigen Chi-Quadrat-Test je Speak! Studie (*** = p ≤ .001; ** = p ≤ .01; * = p ≤ .05; ohne Kennzeichnung = nicht signifikant).

30

DAVON

männliche Jgdl. FöS

18

weibliche Jgdl. FöS

47***

41

DAVON

männliche Jgdl. BS

18

weibliche Jgdl. BS

62***

Abbildung 2.6 gibt den Anteil an Jugendlichen wieder, die mindestens eine der genannten Formen körperlicher sexualisierter Gewalt erlebt haben.

Ein Viertel (23 %) der jüngeren Befragten (Regelschulen) und 30 % der Jugendlichen, die Förderschulen besuchen, haben körperliche Formen sexualisierter Gewalt erlebt. Bei den älteren Jugendlichen der Beruflichen Schulen sind dies 41 %. Durchgängig sind weibliche Jugendliche signifikant häufiger betroffen, am stärksten die älteren weiblichen Jugendlichen (Berufliche Schulen) – von ihnen geben zwei von drei Befragten an, körperliche sexualisierte Gewalt erlebt zu haben.

Betrachten wir auch hier die Prävalenzen in den einzelnen Förderschwerpunkten näher.

Tabelle 2.5: Anteil der Jugendlichen an den Förderschulen, die von mindestens einer Form körperlicher sexualisierter Gewalt betroffen sind – getrennt nach Förderschwerpunkt und Geschlecht

	Lernhilfe		**Hören und Sehen**		**Sprache und emotionale/soziale Entwicklung**	
Mindestens eine Form erlebt	30 %		34 %		24 %	
	Weibliche Jgdl.	Männliche Jgdl.	Weibliche Jgdl.	Männliche Jgdl.	Weibliche Jgdl.	Männliche Jgdl.
	49 %***[1]	17 %	*44 %*[2]	*23 %*	*31 %*	*21 %*

Basis: Jugendliche, die Förderschulen besuchen. Quelle: Speak! Förderschulen $n_{ungewichtet}$ = 135 (FS Lernhilfe), $n_{ungewichtet}$ = 50 (FS Hören und Sehen), $n_{ungewichtet}$ = 45 (FS Sprache und emotionale/soziale Entwicklung). Die Daten zu den Förderschwerpunkten werden ungewichtet ausgewiesen. Anmerkungen: 1) Die Testung der Gruppenunterschiede zwischen weiblichen und männlichen Jugendlichen basiert auf einem 2-seitigen Chi-Quadrat-Test je Förderschwerpunkt (*** = $p \leq .001$; ** = $p \leq .01$; * = $p \leq .05$; ohne Kennzeichnung = nicht signifikant). 2) Kursiv gesetzt: Fallzahl $n < 30$.

30 %, und damit knapp ein Drittel, der befragten Jugendlichen des Förderschwerpunkts Lernen haben mindestens eine der von uns abgefragten Formen körperlicher sexualisierter Gewalt erlebt. Am höchsten zeigt sich das Risiko dabei für Jugendliche des von uns zusammengefassten Förderschwerpunktes Hören und Sehen: 34 % berichten davon, dass ihnen körperliche sexualisierte Gewalt widerfahren ist. Im Förderschwerpunkt Sprache und emotionale/soziale Entwicklung liegt dieser Anteil mit 24 % niedriger.

Ausgeprägt zeigt sich auch in Tabelle 2.5 der Unterschied zwischen weiblichen und männlichen Befragten. Weibliche Befragte sind einem signifikant höheren Risiko ausgesetzt, körperliche sexualisierte Gewalt zu erfahren. Am deutlichsten und statistisch signifikant fällt diese Differenz im Förderschwerpunkt Lernen aus. Hier berichten 49 % der weiblichen Befragten von Erfahrungen körperlicher sexualisierter Gewalt, dem stehen 17 % der männlichen Befragten gegenüber.

Im Folgenden gehen wir auf die Formen körperlicher sexualisierter Gewalt im Einzelnen ein.

Indirekte Formen körperlicher sexualisierter Gewalt

Abbildung 2.7 zeigt die Prävalenzraten für die einzelnen Erfahrungsformen getrennt für weibliche und männliche Jugendliche – jeweils bezogen auf die drei Speak! Studien – im Bereich der indirekten körperlichen sexualisierten Gewalt. Gemeint sind Formen, bei denen die Betroffenen in der Regel zwar nicht angefasst werden (sogenannte ‚hands off'-Handlungen), die jedoch einen starken körperlichen Bezug haben.

Abbildung 2.7: Anteil der Jugendlichen, die von indirekten Formen körperlicher sexualisierter Gewalt betroffen sind – getrennt nach Geschlecht und Speak! Studie

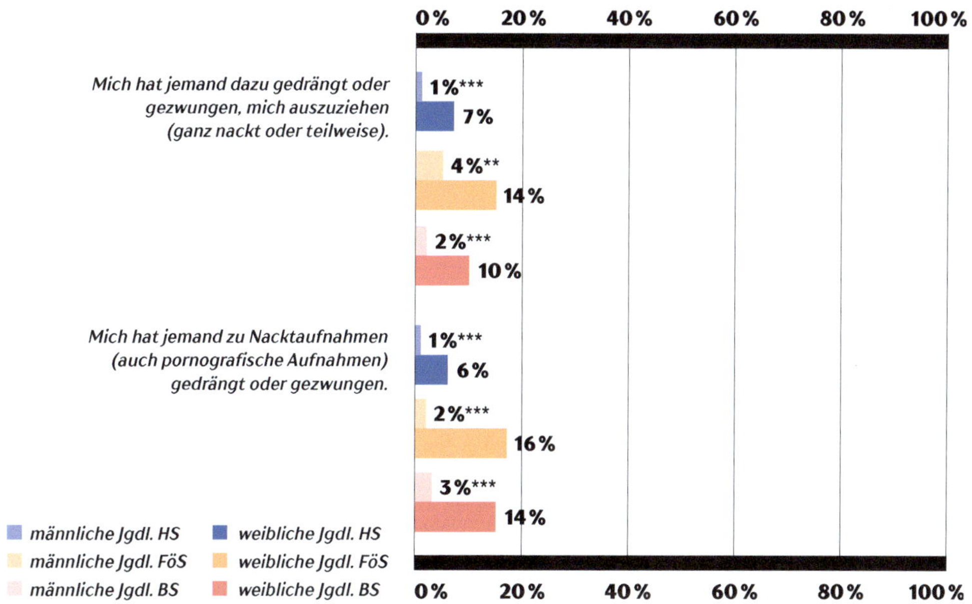

Basis: Alle befragten Jugendlichen je Studie. Quellen: Speak! Hauptstudie (‚männliche/weibliche Jgdl. HS') $n_{gewichtet}$ = 2.651; Speak! Förderschulen (‚männliche/weibliche Jgdl. FöS') $n_{gewichtet}$ = 252; Speak! Berufliche Schulen (‚männliche/weibliche Jgdl. BS') $n_{gewichtet}$ = 1.037. Anmerkung: 1). Die Testung der Gruppenunterschiede zwischen weiblichen und männlichen Jugendlichen basiert auf einem 2-seitigen Chi-Quadrat-Test je Erfahrungsform (Einzelitem) und je Speak! Studie (*** = $p \leq .001$; ** = $p \leq .01$; * = $p \leq .05$; ohne Kennzeichnung = nicht signifikant).

Gehen wir zunächst von den (jüngeren) Jugendlichen aus, die in der Hauptstudie befragt wurden. 7 % der weiblichen und 1 % aller befragten männlichen Jugendlichen geben hier an, dass jemand sie dazu gedrängt oder gezwungen hat, sich auszuziehen. Zu Nacktaufnahmen gezwungen wurden 6 % bzw. 1 %. Die entsprechenden Quoten für die Jugendlichen, die Förderschulen bzw. Berufliche Schulen besuchen, liegen deutlich höher. Waren die höheren Quoten bei der älteren Befragtengruppe an den Beruflichen Schulen aufgrund unserer bisherigen Befunde zu erwarten, überrascht der Befund mit Blick zumindest auf die (jüngeren) weiblichen Jugendlichen in Förderschulen. Sie weisen sogar etwas höhere Prävalenzraten auf als die älteren Jugendlichen. Das gilt für beide hier betrachteten Erfahrungsformen.

Direkte Formen körperlicher sexualisierter Gewalt

Abbildung 2.8 gibt die Prävalenzraten für die einzelnen Erfahrungsformen im Bereich der direkten körperlichen sexualisierten Gewalt wieder, getrennt für weibliche und männliche Jugendliche – jeweils bezogen auf die drei Speak! Studien.

Abbildung 2.8: Anteil der Jugendlichen, die von direkten Formen körperlicher sexualisierter Gewalt betroffen sind – getrennt nach Geschlecht und Speak! Studie

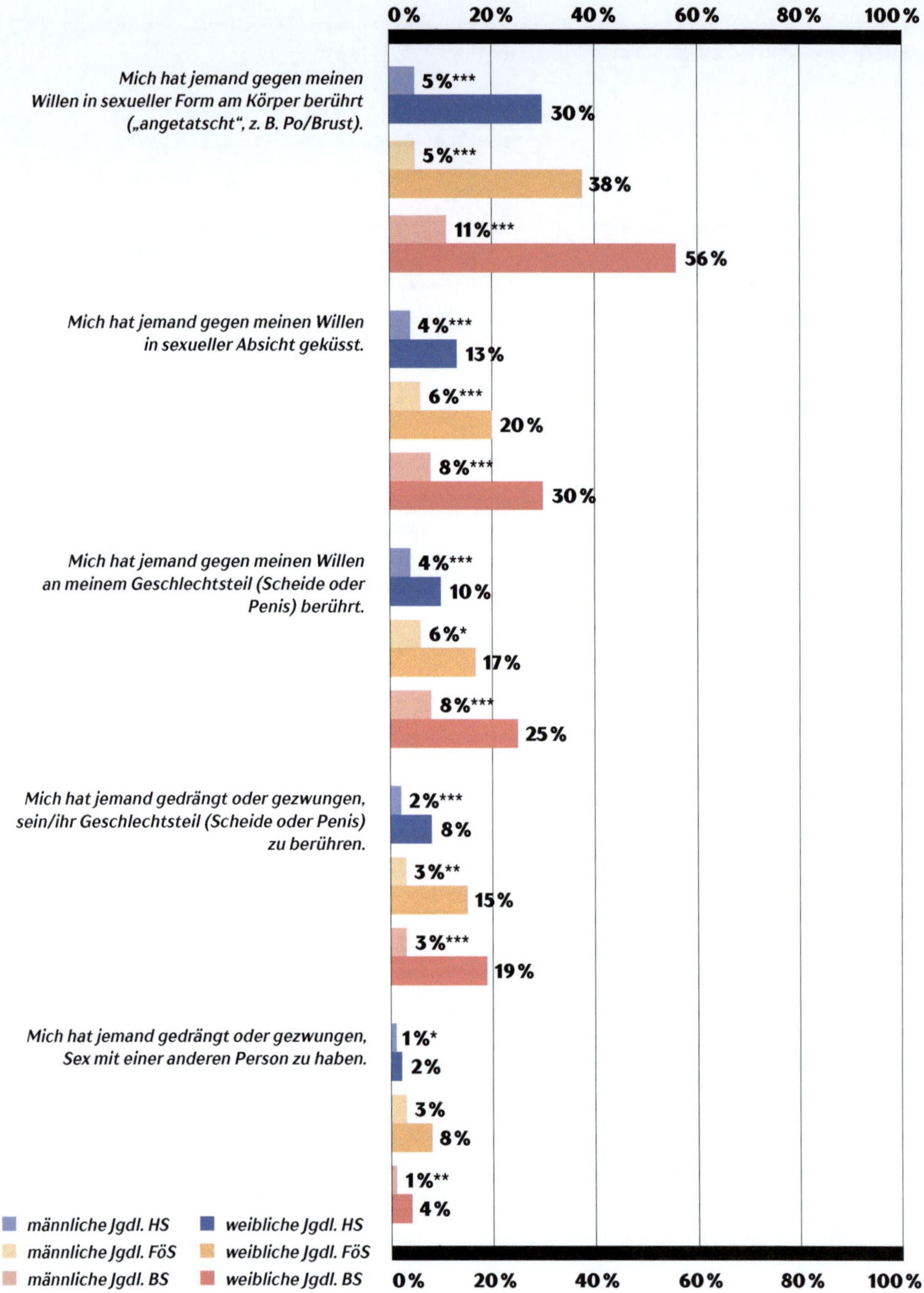

Basis, Quellen und Anmerkungen siehe Abbildung 2.7.

Die von den meisten Jugendlichen angegebenen Erfahrungen beziehen sich darauf, gegen den Willen in sexueller Weise ‚angetatscht' worden zu sein. Bei den jüngeren Jugendlichen, die in der Hauptstudie befragt wurden, beträgt der Anteil der weiblichen Betroffenen 30 %. Der Anteil bei den Förderschülerinnen liegt bei 38 % und steigt bei den älteren weiblichen Jugendlichen, die Berufliche Schulen besuchen, auf 56 %. Damit lässt sich für die letztere Gruppe festhalten, dass die *Mehrheit* von ihnen es bereits mindestens einmal erlebt hat, gegen ihren Willen in sexueller Weise ‚angetatscht' worden zu sein. Ein augenfälliger Befund bezogen auf das ‚Angetatschtwerden' ist zudem, dass auch die älteren männlichen Jugendlichen, die in Beruflichen Schulen befragt wurden, gegenüber den jüngeren im Vergleich mit 11 % einen fast doppelt so hohen Wert aufweisen.

Für die weiblichen Jugendlichen lassen sich, wie beim ‚Antatschen', entsprechende Anstiege der Prävalenzen über die drei Studien hinweg auch für die anderen Erfahrungsformen konstatieren, wenn auch auf etwas niedrigerem Niveau. Fast jede dritte ältere Jugendliche (30 %) hat die Erfahrung gemacht, in sexueller Absicht gegen ihren Willen geküsst worden zu sein. Im Vergleich dazu geben dies 13 % der jüngeren weiblichen Jugendlichen in der Hauptstudie an. Jede vierte der weiblichen Jugendlichen aus der Studie an Beruflichen Schulen gibt zu Protokoll, dass sie jemand gegen ihren Willen an ihrem Geschlechtsteil berührt hat. Jede fünfte Jugendliche dieser Gruppe wurde bereits mindestens einmal dazu gezwungen, das Geschlechtsteil einer anderen Person zu berühren (19 %; die analogen Quoten für die weiblichen Jugendlichen der Hauptstudie betragen 8 %, für die weiblichen Jugendlichen der Förderschulstudie 15 %). Dies stellt mehr als eine Verdoppelung der Häufigkeit im Vergleich älterer und jüngerer weiblicher Jugendlicher dar.

Zusammenfassend wird im Vergleich zwischen den Befragtengruppen der drei Speak! Studien die Altersabhängigkeit der Prävalenzen bei den weiblichen Jugendlichen sichtbar. Für (fast) alle Erfahrungsformen in Abbildung 2.8 gilt, dass die älteren weiblichen Jugendlichen, die Berufliche Schulen besuchen, deutlich höhere Prävalenzen aufweisen als die jüngeren Befragten der beiden anderen Speak! Studien. Zu konstatieren ist zudem, dass die jüngeren Förderschülerinnen durchgängig eine höhere Prävalenz aufweisen als die in etwa gleichaltrigen weiblichen Befragten der Hauptstudie.

Bezogen auf die männlichen Jugendlichen zeigen sich Prävalenzraten, die sehr deutlich unter denen der weiblichen Jugendlichen liegen. Der altersstufenabhängige Anstieg der Prävalenzen ist bei ihnen nicht so ausgeprägt wie bei den weiblichen Jugendlichen.

Erzwungener versuchter/vollzogener Geschlechtsverkehr

Abbildung 2.9 dokumentiert die Prävalenzraten für den ungewollten versuchten/vollzogenen Geschlechtsverkehr getrennt für weibliche und männliche Jugendliche – jeweils bezogen auf die drei Speak! Studien.

Abbildung 2.9: Anteil der Jugendlichen, die von einem versuchten oder vollzogenen erzwungenen Geschlechtsverkehr betroffen sind – getrennt nach Geschlecht und Speak! Studie

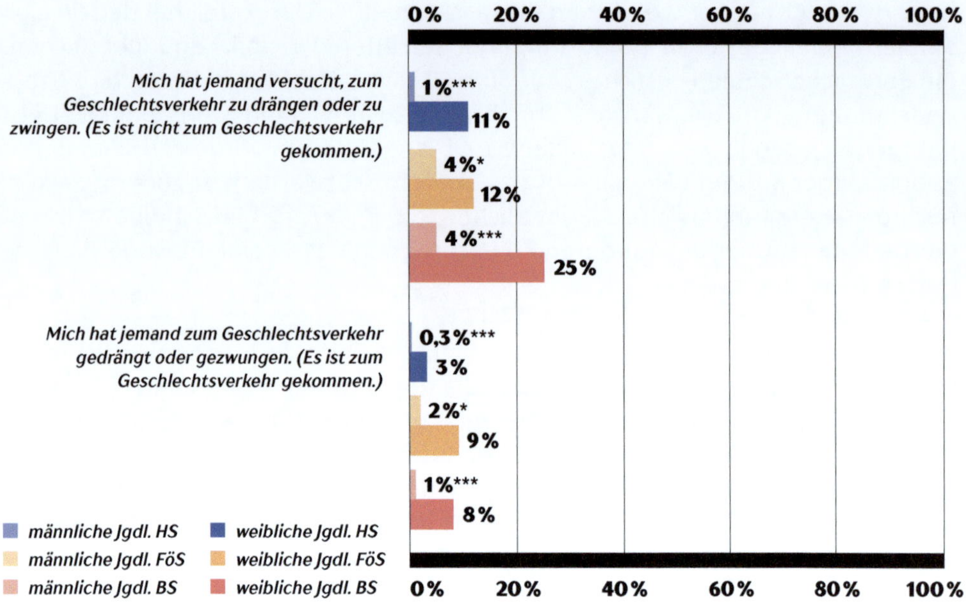

Basis, Quellen und Anmerkungen siehe Abbildung 2.7.

Betrachten wir auch hier zunächst die Quoten für die weiblichen Befragten. Vom Versuch des erzwungenen Geschlechtsverkehrs berichten 11 % der weiblichen Jugendlichen der Hauptstudie und 12 % der Jugendlichen der Förderschulstudie. Die Quote steigt bei den weiblichen Jugendlichen, die Berufliche Schulen besuchen, auf 25 %. Das heißt, jede vierte der älteren Jugendlichen hat es bereits mindestens einmal erlebt, dass jemand gegen ihren Willen sie zum Geschlechtsverkehr hat zwingen wollen.

Den vollzogenen erzwungenen Geschlechtsverkehr geben bei den älteren Jugendlichen 8 % der weiblichen Jugendlichen an – und damit jede Zwölfte. Im Vergleich: Bei den jüngeren weiblichen Jugendlichen der Hauptstudie sind es 3 %. Auffallend ist hier, dass die Förderschülerinnen (sie sind mehrheitlich zwischen 14 und 16 Jahre alt) sogar eine etwas höhere Prävalenzrate aufweisen als die älteren weiblichen Jugendlichen (Berufliche Schulen). Damit wird auch mit Blick auf Abbildung 2.9 (ähnlich wie wir das schon mit Blick auf die indirekten Formen körperlicher sexualisierter Gewalt sahen, siehe Abbildung 2.7) das besonders hohe Risiko von Förderschülerinnen deutlich, schwere Formen sexualisierter Gewalt zu erleben.

»Eine Vergewaltigung kann dir dein Leben lang ein Trauma bereiten.«

O-Ton Speak!

Ein alarmierendes Ergebnis bezieht sich damit auf den versuchten oder vollzogenen erzwungenen Geschlechtsverkehr. Dies betrifft in etwa jede 4. bzw. 12. jugendliche Befragte. Aber auch das ungewollte ‚Antatschen', das mehr als die Hälfte der weiblichen Jugendlichen erlebt hat, und das ungewollte Berühren am Geschlechtsteil etc. spiegeln ein hohes Risiko wider, von körperlicher sexualisierter Gewalt betroffen zu sein – dem weibliche (insbesondere ältere) und vulnerable Jugendliche (wie die an Förderschulen) im Besonderen ausgesetzt sind.

Zusammenschau der Erfahrungsbereiche körperlicher sexualisierter Gewalt

Nachdem wir bislang die einzelnen Erfahrungsformen, getrennt nach den drei Erfahrungsbereichen, vorgestellt haben, sollen diese im Folgenden zusammengefasst betrachtet werden. Tabelle 2.6 enthält den Anteil derjenigen Jugendlichen, die *mindestens* eine der zum jeweiligen Erfahrungsbereich gehörenden Erfahrungen gemacht haben – ausgewiesen für die Gesamtgruppe aller Jugendlichen je Studie und getrennt nach Geschlecht.

Tabelle 2.6: Anteil der Jugendlichen, die von körperlicher sexualisierter Gewalt im jeweiligen Bereich betroffen sind – getrennt nach Geschlecht und Speak! Studie

	Jugendliche Hauptstudie (Regelschulen)		**Jugendliche Förderschulen**		**Jugendliche Berufliche Schulen**	
	Erfahrungsbereich: Indirekte körperliche sexualisierte Gewalt					
Mindestens eine Form erlebt	6 %		11 %		12 %	
	Weibliche Jgdl.	Männliche Jgdl.	Weibliche Jgdl.	Männliche Jgdl.	Weibliche Jgdl.	Männliche Jgdl.
	10 %***[1]	2 %	19 %**	5 %	19 %***	4 %
	Erfahrungsbereich: Direkte körperliche sexualisierte Gewalt					
Mindestens eine Form erlebt	21 %		24 %		39 %	
	Weibliche Jgdl.	Männliche Jgdl.	Weibliche Jgdl.	Männliche Jgdl.	Weibliche Jgdl.	Männliche Jgdl.
	32 %***	8 %	40 %**	14 %	59 %***	16 %
	Erfahrungsbereich: Versuchter/vollzogener erzwungener Geschlechtsverkehr					
Mindestens eine Form erlebt	7 %		10 %		18 %	
	Weibliche Jgdl.	Männliche Jgdl.	Weibliche Jgdl.	Männliche Jgdl.	Weibliche Jgdl.	Männliche Jgdl.
	13 %***	2 %	17 %**	5 %	29 %***	5 %

Basis, Quellen und Anmerkungen siehe Abbildung 2.6.

Tabelle 2.6 zeigt die Prävalenzquoten von Jugendlichen, die mindestens eine Form sexualisierter Gewalt innerhalb der drei Erfahrungsbereiche gemacht haben. Nehmen wir als Beispiel zunächst den Bereich der indirekten körperlichen sexualisierten Gewalt. 6 % der Jugendlichen, die im Rahmen der Hauptstudie befragt wurden, geben an, mindestens eine der in diesem Bereich abgefragten Erfahrungen gemacht zu haben: 10 % der weiblichen und 2 % der männlichen Jugendlichen. Für die Jugendlichen, die im Rahmen der Förderschulstudie befragt wurden, beträgt die Prävalenz für die Gesamtgruppe 11 % (19 % für die weiblichen, 5 % für die männlichen Befragten). Bei Jugendlichen, die Berufliche Schulen besuchen, sind dies 12 % (19 % bzw. 4 %). Die höhere Belastung bei weiblichen Jugendlichen wird in jeder der drei Studien sichtbar.

Wie aus den bisherigen Befunden zu erwarten, liegen die Prävalenzen dafür, mindestens eine Form direkter körperlicher sexualisierter Gewalt erlebt zu haben, am höchsten in der Studie an Beruflichen Schulen. Betrachten wir hier die weiblichen Jugendlichen als die am stärksten betroffene Gruppe: 32 % der jüngeren Jugendlichen der Hauptstudie, 40 % der ebenfalls jüngeren weiblichen Jugendlichen der Förderschulstudie und 59 % der älteren Jugendlichen der Studie an den Beruflichen Schulen geben an, mindestens eine Form direkter körperlicher sexualisierter Gewalt erlebt zu haben.

Betrachten wir den Erfahrungsbereich des erzwungenen versuchten oder vollzogenen Geschlechtsverkehrs: Nahezu jede dritte weibliche Jugendliche (29 %), die in der Studie Speak! Berufliche Schulen befragt wurde, gibt an, es erlebt zu haben, dass sie jemand zum Geschlechtsverkehr zwingen wollte. Bei den jüngeren weiblichen Jugendlichen betragen diese Quoten 13 % bzw. 17 %. Neben dem Anstieg der Prävalenzen mit dem Alter zeigt sich sowohl für die direkten Formen körperlicher sexualisierter Gewalt als auch den (versuchten) erzwungenen Geschlechtsverkehr, dass weibliche Jugendliche deutlich häufiger betroffen sind als männliche Gleichaltrige.

Tabelle 2.7 listet die Prävalenzquoten mit Blick auf die Erfahrungen in ausschließlich einem, zwei oder allen drei Bereichen körperlicher sexualisierter Gewalt, die wir unterschieden haben, auf. Ausschließlich Erfahrungen in *einem* der drei Bereiche berichten 15 % der Jugendlichen der Hauptstudie, 20 % der Förderschulstudie und 21 % der Jugendlichen aus der Studie an Beruflichen Schulen. Die Quote der Jugendlichen, die Erfahrungen in *zwei* Bereichen gemacht haben, beträgt 5 % in der Hauptstudie, 6 % bei den Förderschüler:innen und 12 % bei den Befragten an Beruflichen Schulen. Bei den älteren weiblichen Jugendlichen sind es sogar 20 %, also jede Fünfte, die Erfahrungen mit sexualisierter Gewalt in zwei Bereichen machen musste (im Vergleich: 8 % der weiblichen Befragten aus der Hauptstudie und 11 % bei den Förderschülerinnen). Die Kategorie „In allen drei Bereichen" umfasst in der Hauptstudie 3 %, in der Förderschulstudie 5 % und bei den Befragten an den Beruflichen Schulen 8 %. Greifen wir aus letzterer Gruppe die weiblichen Jugendlichen heraus, so zeigt sich, dass 13 % von ihnen Erfahrungen aus allen drei Bereichen körperlicher sexualisierter Gewalt zu Protokoll geben – d. h. mehr als jede achte ältere Jugendliche (im Vergleich: 6 % der weiblichen Befragten aus der Hauptstudie und 9 % der weiblichen Befragten aus der Förderschulstudie).

Tabelle 2.7: Anteil der Jugendlichen, die von körperlicher sexualisierter Gewalt in einem oder mehreren Bereichen betroffen sind – getrennt nach Geschlecht und Speak! Studie

Erfahrungen …	Jugendliche Hauptstudie (Regelschulen)		Jugendliche Förderschulen		Jugendliche Berufliche Schulen	
ausschließlich in *einem* Bereich	15 %		20 %		21 %	
	Weibliche Jgdl.	Männliche Jgdl.	Weibliche Jgdl.	Männliche Jgdl.	Weibliche Jgdl.	Männliche Jgdl.
	22 %***[1]	8 %	27 %***	14 %	28 %***	13 %
in *zwei* Bereichen	5 %		6 %		12 %	
	Weibliche Jgdl.	Männliche Jgdl.	Weibliche Jgdl.	Männliche Jgdl.	Weibliche Jgdl.	Männliche Jgdl.
	8 %	2 %	11 %	2 %	20 %	3 %
in *allen drei* Bereichen	3 %		5 %		8 %	
	Weibliche Jgdl.	Männliche Jgdl.	Weibliche Jgdl.	Männliche Jgdl.	Weibliche Jgdl.	Männliche Jgdl.
	6 %	0,2 %	9 %	2 %	13 %	2 %

Basis und Quellen siehe Abbildung 2.6; Anmerkung: 1) Die Testung der Gruppenunterschiede zwischen weiblichen und männlichen Jugendlichen basiert auf einem 2-seitigen Chi-Quadrat-Test je Speak! Studie (*** = p ≤ .001; ** = p ≤ .01; * = p ≤ .05; ohne Kennzeichnung = nicht signifikant). Die Testung bezieht sich auf Mehr-Felder-Tafeln mit Geschlecht und den jeweiligen Optionen für das Erfahrungsprofil. Die Signifikanz wird je Studie jeweils nur einmal (im oberen Tabellenteil) ausgewiesen.

Altersjahrgangsbezogene Prävalenzen

Widmen wir uns auch bezogen auf körperliche Erfahrungen sexualisierter Gewalt dem Zusammenhang von Alter und Prävalenz etwas näher (siehe Tabelle 2.8).

In Tabelle 2.8 kommt zum Ausdruck, dass das Risiko, körperliche Formen sexualisierter Gewalt zu erleben, mit dem Lebensalter (fast durchgängig) ansteigt. Zu verzeichnen ist ein deutlicher Anstieg: Sind es bei den 14-Jährigen in der Hauptstudie 17 % und in der Förderschulstudie 31 %, steigen die Prävalenzen bis zum Alter von 16 Jahren in der Hauptstudie auf 29 % an (in der Förderschulstudie verändern sich die Prävalenzen zwischen 14 und 16 Jahren kaum). In der Studie Berufliche Schulen ist im Altersjahrgang der 16-Jährigen bereits eine hohe Prävalenz von 39 % der Ausgangspunkt. Bis zum Alter von 17 Jahren erfolgt ein Anstieg auf 45 %, danach ist ein Rückgang der Prävalenzen festzustellen. Aus dieser Perspektive steigt das Risiko also vor allem zwischen 14 und 17 Jahren kontinuierlich an. (In Kapitel 2.4 zum Ersterlebensalter sexualisierter Gewalt werfen wir einen Blick auf das Viktimisierungsrisiko *vor* dem Lebensalter von 14 Jahren.)

Tabelle 2.8: Prävalenz körperlicher sexualisierter Gewalt je Altersjahrgang – getrennt nach Speak! Studie

Alter	Jugendliche Hauptstudie (Regelschulen)	Jugendliche Förderschulen	Jugendliche Berufliche Schulen
	Lebenszeitprävalenz	Lebenszeitprävalenz	Lebenszeitprävalenz
14 Jahre	17	31	-
15 Jahre	23	33	-
16 Jahre	29	30	39
17 Jahre	(36)[1]	-	45
18 Jahre	-	-	40
19 Jahre	-	-	35

Basis und Quellen siehe Abbildung 2.6. Anmerkung: 1) N = 74.

Häufigkeit der Erfahrungen

In den Speak! Studien wurden die Jugendlichen auch hinsichtlich der körperlichen Formen sexualisierter Gewalt danach gefragt, wie häufig sie entsprechende Erfahrungen bereits gemacht haben. Dabei bezog sich die Frage nach der Häufigkeit allgemein auf *alle* Erfahrungsformen im Bereich körperlicher sexualisierter Gewalt insgesamt – analog wie oben bei den nicht-körperlichen Formen. Betrachtet werden hier nur die Betroffenen.

Dargestellt sind in Abbildung 2.10 die Ergebnisse für die Hauptstudie. Im oberen Bereich sind die Zahlen für die weiblichen Jugendlichen abgebildet. Von den 35 % der weiblichen Jugendlichen, die sexualisierte Gewalt erlebt haben – also von den Betroffenen – geben 33 % an, dass sie nur einmal eine Form körperlicher sexualisierter Gewalt erlebt haben. Weitere 38 % der Betroffenen haben das bereits zwei- bis dreimal und 29 % von ihnen viermal oder öfter erlebt. Für die männlichen Jugendlichen, die zwar grundsätzlich zu einem geringeren Prozentsatz sexualisierte Gewalt erleben, gilt ebenfalls eine vergleichbare Verteilung in der Häufigkeit des Erlebens sexualisierter Gewalt. Insgesamt ist für alle drei Studien festzuhalten (ohne weitere Abbildung): Diejenigen, die körperliche (wie auch nicht-körperliche; siehe Kapitel 2.1) sexualisierte Gewalt erlebt haben, mussten diese mehrheitlich mindestens zweimal oder öfter erfahren.

Wie schon am Ende von Kapitel 2.1 angesprochen, werden wir auf wiederholte oder gar regelmäßig erfahrene sexualisierte Gewalt später im Kapitel Mobbing und sexualisierte Gewalt noch näher eingehen (siehe hierzu Kapitel 6.6).

Abbildung 2.10: Häufigkeit des Erlebens körperlicher sexualisierter Gewalt – getrennt nach Geschlecht, nur Speak! Hauptstudie

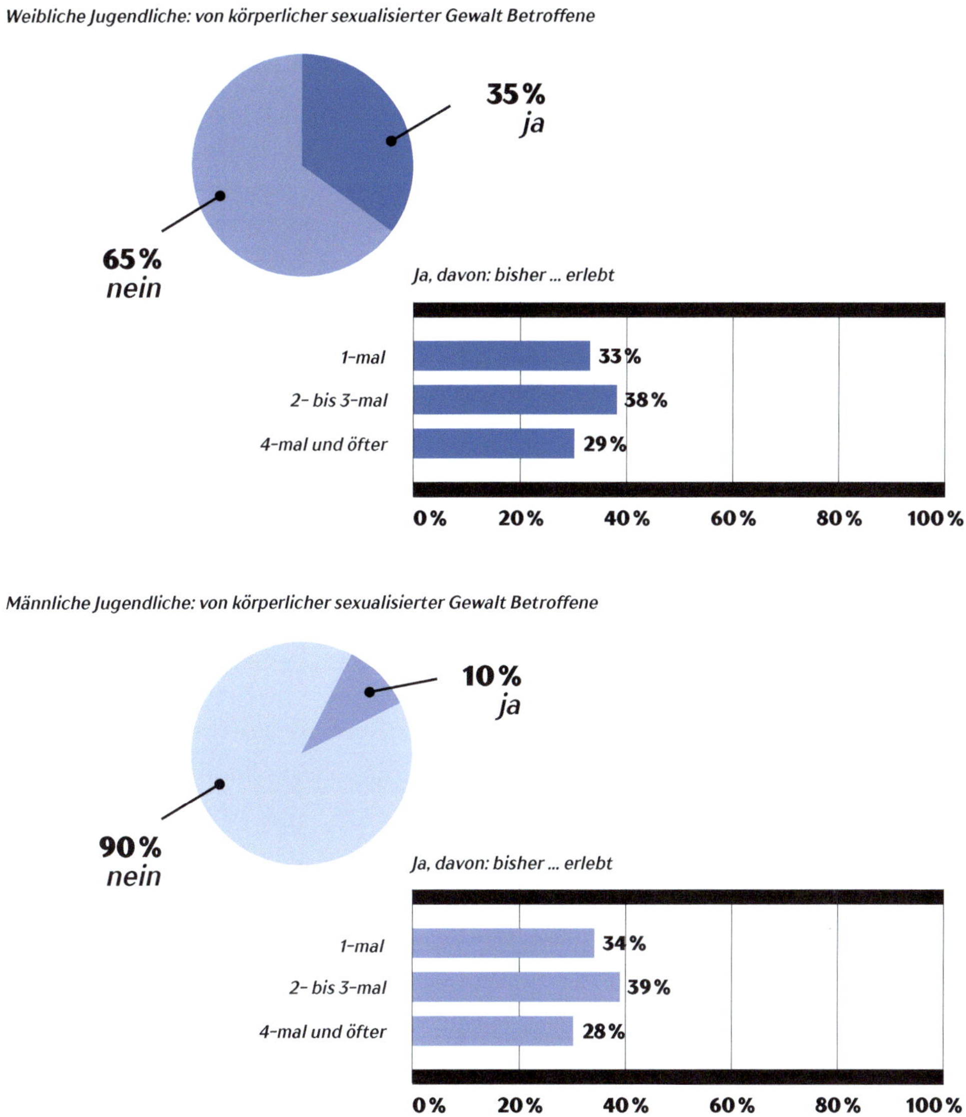

Basis Kreisdiagramme: Alle befragten weiblichen bzw. männlichen Jugendlichen der Hauptstudie, Balkendiagramme: nur weibliche bzw. männliche Jugendliche, die körperliche Formen sexualisierter Gewalt erlebt haben. Quelle: Speak! Hauptstudie, Kreisdiagramme: $1.301 \leq n_{gewichtet} = \leq 1.341$, Balkendiagramme: $124 \leq n_{gewichtet} \leq 474$.

ZUSAMMENFASSUNG

Unsere bisherigen Befunde zum Bereich der *körperlichen* sexualisierten Gewalt lassen sich wie folgt zusammenfassen:

- **Weibliche Jugendliche** sind in allen körperlichen Erfahrungsbereichen signifikant häufiger von sexualisierter Gewalt betroffen als männliche Jugendliche. Im Bereich der direkten Formen körperlicher sexualisierter Gewalt, bezogen insbesondere auf das ‚Angetatschtwerden', zeigt sich jedoch auch, dass ältere männliche Jugendliche (Berufliche Schulen) doppelt so häufig davon betroffen sind wie jüngere männliche Jugendliche aus Regel- und Förderschulen.
- **Mehrfache Erfahrungen:** Die allermeisten Betroffenen berichten nicht nur von einmaligen Erfahrungen. Der größte Teil der Betroffenen hat körperliche sexualisierte Gewalt bereits mehrfach erlebt.
- **Kumulierte Erfahrungen:** Für weibliche Jugendliche zeigt sich, dass sie mehrheitlich Erfahrungen in mehreren der von uns unterschiedenen Bereiche körperlicher sexualisierter Gewalt gemacht haben. Dies gilt für männliche Jugendliche nicht. Das heißt, weibliche Jugendliche sind einer stärkeren kumulierten (Mehrfach-)Belastung ausgesetzt als männliche (dies gilt insbesondere mit dem zusätzlichen Blick auf den vorgenannten Befund zu den Mehrfach-Erfahrungen).
- **Alter:** Mit zunehmendem Lebensalter steigen auch hinsichtlich körperlicher Formen sexualisierter Gewalt die Prävalenzraten – bis zum Alter von etwa 17 Jahren. Das zeigt der globale Vergleich zwischen den Befragten der Hauptstudie und der Studie an den Beruflichen Schulen sowie die differenziertere Betrachtung einzelner Altersjahrgänge: Ein Anstieg der Prävalenzen erfolgt zwischen 14 und 17 Jahren.

Weitere Zusammenhänge

Analog zum nicht-körperlichen Bereich in Kapitel 2.1 haben wir multivariate Analysen mit den unabhängigen Variablen Geschlecht, Alter, Schulform/Bildungsgang, Migrationshintergrund und sozioökonomischer Familienstatus durchgeführt. Unter gleichzeitiger Betrachtung dieser Merkmale zeigen erwartungsgemäß das Alter der Befragten und ihr Geschlecht einen signifikanten Einfluss auf die Prävalenzraten körperlicher sexualisierter Gewalt. Die besuchte Schulform zeigt keinen darüber hinausgehenden signifikanten Einfluss auf die Prävalenzraten.

- **Migrationshintergrund:** In der Hauptstudie zeigen Jugendliche mit Migrationshintergrund eine etwas höhere Prävalenz – mit 25 % gegenüber 21 % bei den autochthonen Jugendlichen. Dieser Befund ist signifikant, zeigt sich allerdings ausschließlich bei den jüngeren Befragten der Hauptstudie.
- **Sozioökonomischer Status:** Sowohl in der Hauptstudie als auch in der Studie an Beruflichen Schulen zeigen sich tendenziell niedrigere Prävalenzraten für die körperlichen Formen sexualisierter Gewalt in den oberen sozialen Schichten. In der Hauptstudie beträgt die Prävalenz für die untere Mittelschicht 29 % (Berufliche Schulen: 44 %), für die Oberschicht 22 % (35 %). Dieser Befund fällt allerdings nur an den Beruflichen Schulen signifikant aus.

2.3 PRÄVALENZEN 16-JÄHRIGE

Die Speak! Studie an den Beruflichen Schulen unterscheidet sich von den beiden Vorgängerstudien neben dem Fokus auf andere Schultypen vor allem durch die Altersspanne der befragten Jugendlichen. Während die Mehrheit der Befragten an den Regel- und an den Förderschulen zwischen 14 und 16 Jahre alt ist, sind an den Beruflichen Schulen die meisten zwischen 16 und 19 Jahre alt. Wir haben in der Einleitung darauf hingewiesen (siehe auch Kapitel 11.2). Dem Vergleich zwischen den drei Speak! Studien ist damit immer ein Vergleich unterschiedlicher Altersstufen inhärent. Um dies zu verdeutlichen, haben wir in diesem Zusammenhang öfter von den ‚jüngeren' Jugendlichen (Regel- und Förderschulen) auf der einen und den ‚älteren' Jugendlichen auf der anderen Seite gesprochen. Zur Ermöglichung der direkten Vergleichbarkeit der drei Studien haben wir für das folgende Kapitel aus den drei Studien jeweils nur die 16-Jährigen ausgewählt. Damit sind Differenzen zwischen den Schultypen nicht mehr auf die unterschiedlichen Altersstufen zurückzuführen, sondern auf die mit dem Besuch der verschiedenen Schultypen verbundenen selektiven familialen Milieu- und Sozialisationshintergründe der Jugendlichen sowie die Milieuspezifika der Schultypen selbst.

Alle Analysen in diesem Buch nur mit den 16-Jährigen durchzuführen, würde die jeweiligen Stichprobengrößen und die Aussagekraft der Studien stark reduzieren. Differenzierte Analysen wären an vielen Stellen nicht mehr möglich. Wir werden uns deshalb auf die Auswertung der Betroffenen-Prävalenzen beschränken. Im Fokus steht dabei der Vergleich der drei Studien/Schultypen. Eingehen werden wir deshalb insbesondere auf die Unterschiede zwischen den drei Studien.

Nicht-körperliche sexualisierte Gewalt

Tabelle 2.9 enthält die Prävalenzen der 16-jährigen Jugendlichen in den drei Erfahrungsbereichen nicht-körperlicher sexualisierter Gewalt.

Tabelle 2.9 zeigt, dass 16-jährige Jugendliche aus der Förderschulstudie häufiger als die 16-Jährigen, die Regel- bzw. Berufliche Schulen besuchen, von verbalen und/oder schriftlichen Formen sexualisierter Gewalt betroffen sind. Dies ist vor allem darauf zurückzuführen, dass die weiblichen Jugendlichen aus der Förderschulstudie häufiger Ziel von Gerüchten sexuellen Inhalts werden und männliche Jugendliche häufiger als Gleichaltrige an Regel- und Beruflichen Schulen davon berichten, in abwertender Form als ‚schwul' bezeichnet zu werden. Diese stärkere Belastung der 16-jährigen Jugendlichen aus der Förderschulstudie ist in Kapitel 2.1 in diesem Umfang nicht so deutlich zutage getreten.

Mit Blick auf den Bereich der Konfrontation mit sexuellen Handlungen sind es vor allem die weiblichen Jugendlichen, die Berufliche Schulen besuchen, die im Vergleich zu den Altersgleichen an anderen Schultypen hoch belastet sind – dies insbesondere durch Exhibitionismus (42 % geben solche Erfahrungen an gegenüber 23 % bzw. 24 % der weiblichen Jugendlichen an Regel- und Förderschulen).

Die besondere Betroffenheit der 16-jährigen weiblichen Jugendlichen an Beruflichen Schulen zeigt sich auch hinsichtlich der Viktimisierung im Internet. 60 % von ihnen berichten davon, im Internet angemacht oder belästigt worden zu sein, gegenüber 42 % bzw. 44 % der weiblichen Jugendlichen an anderen Schultypen. Diese besondere Betroffenheit unterstreicht auch der Befund, dass sie deutlich häufiger von Erfahrungen in allen drei Bereichen nicht-körperlicher sexualisierter Gewalt berichten als weibliche Befragte anderer Schultypen (ohne Abbildung). Bei den männlichen Jugendlichen an Beruflichen Schulen zeigt sich diese verstärkte Betroffenheit nicht.

Tabelle 2.9: Anteil der Jugendlichen, die von nicht-körperlicher sexualisierter Gewalt im jeweiligen Bereich betroffen sind – getrennt nach Geschlecht und Speak! Studie; nur 16-Jährige

	Jugendliche Hauptstudie (Regelschulen)		**Jugendliche Förderschulen**		**Jugendliche Berufliche Schulen**	
	Erfahrungsbereich: Verbal und/oder schriftlich					
Mindestens eine Form erlebt	48 %		62 %		52 %	
	Weibliche Jgdl.	Männliche Jgdl.	Weibliche Jgdl.	Männliche Jgdl.	Weibliche Jgdl.	Männliche Jgdl.
	59 %**[1]	41 %	*72 %*[2]	*54 %*	61 %**	41 %
	Erfahrungsbereich: Konfrontation mit sexuellen Handlungen					
Mindestens eine Form erlebt	14 %		15 %		27 %	
	Weibliche Jgdl.	Männliche Jgdl.	Weibliche Jgdl.	Männliche Jgdl.	Weibliche Jgdl.	Männliche Jgdl.
	23 %***	7 %	*24 %*	*7 %*	42 %***	8 %
	Erfahrungsbereich: Sexualisierte Gewalt im Internet					
Mindestens eine Form erlebt	24 %		23 %		41 %	
	Weibliche Jgdl.	Männliche Jgdl.	Weibliche Jgdl.	Männliche Jgdl.	Weibliche Jgdl.	Männliche Jgdl.
	42 %***	10 %	*44 %****	*4 %*	60 %***	17 %

Basis: Nur 16-jährige Jugendliche je Studie. Quellen: Speak! Hauptstudie (Regelschulen) $n_{ungewichtet}$ = 435; Speak! Förderschulen $n_{ungewichtet}$ = 53; Speak! Berufliche Schulen $n_{ungewichtet}$ = 180. Anmerkungen: 1) Die Testung der Gruppenunterschiede zwischen weiblichen und männlichen Jugendlichen basiert auf einem 2-seitigen Chi-Quadrat-Test je Speak! Studie (*** = $p \leq .001$; ** = $p \leq .01$; * = $p \leq .05$; ohne Kennzeichnung = nicht signifikant). Die Berechnungen erfolgen mit den jeweils ungewichteten Daten. 2) Kursiv gesetzt: Fallzahl $n < 30$.

Körperliche sexualisierte Gewalt

Tabelle 2.10 enthält die Prävalenzen der 16-jährigen Jugendlichen in den drei Erfahrungsbereichen körperlicher sexualisierter Gewalt.

Tabelle 2.10: Anteil der Jugendlichen, die von körperlicher sexualisierter Gewalt im jeweiligen Bereich betroffen sind – getrennt nach Geschlecht und Speak! Studie; nur 16-Jährige

	Jugendliche Hauptstudie (Regelschulen)		**Jugendliche Förderschulen**		**Jugendliche Berufliche Schulen**	
	Erfahrungsbereich: Indirekte körperliche sexualisierte Gewalt					
Mindestens eine Form erlebt	9 %		13 %		13 %	
	Weibliche Jgdl.	Männliche Jgdl.	Weibliche Jgdl.	Männliche Jgdl.	Weibliche Jgdl.	Männliche Jgdl.
	16 %***[1]	2 %	*24 %*[2]	*4 %*	20 %**	4 %
	Erfahrungsbereich: Direkte körperliche sexualisierte Gewalt					
Mindestens eine Form erlebt	26 %		28 %		32 %	
	Weibliche Jgdl.	Männliche Jgdl.	Weibliche Jgdl.	Männliche Jgdl.	Weibliche Jgdl.	Männliche Jgdl.
	43 %***	13 %	*52 %**	*7 %*	50 %***	11 %
	Erfahrungsbereich: Versuchter/vollzogener erzwungener Geschlechtsverkehr					
Mindestens eine Form erlebt	11 %		6 %		16 %	
	Weibliche Jgdl.	Männliche Jgdl.	Weibliche Jgdl.	Männliche Jgdl.	Weibliche Jgdl.	Männliche Jgdl.
	21 %***	3 %	*12 %*	*0 %*	23 %**	8 %

Basis: Nur 16-jährige Jugendliche je Studie. Quellen: Speak! Hauptstudie (Regelschulen) $n_{ungewichtet}$ = 435; Speak! Förderschulen $n_{ungewichtet}$ = 53; Speak! Berufliche Schulen $n_{ungewichtet}$ = 180. Anmerkungen: Siehe Tabelle 2.9.

Im Vergleich zu den nicht-körperlichen Erfahrungen verdeutlicht sich in Tabelle 2.10, dass sich die 16-Jährigen der drei Schultypen nicht in hohem Maße voneinander unterscheiden. Die Prozentsatzdifferenzen mit Blick auf körperliche Erfahrungen sind im Durchschnitt geringer als bei den nicht-körperlichen. Beispielsweise ist das Risiko für weibliche Jugendliche an Förderschulen, direkte körperliche Formen sexualisierter Gewalt zu erleben – hier allen voran an Po oder Brust ‚angetatscht' zu werden – sehr hoch (52 % haben solche Erfahrungen). Dieses hohe Risiko teilen sie sich aber mit den weiblichen Jugendlichen an den Beruflichen Schulen (50 % geben dies dort an) und in etwas geringerem Maße mit den weiblichen Jugendlichen an Regelschulen (43 %). Mit 12 % liegt allerdings der Anteil an den weiblichen Jugendlichen, die einen (versuchten) erzwungenen Geschlechtsverkehr erlebt haben, an den Förderschulen niedriger als der entsprechende Anteil der weiblichen 16-jährigen Jugendlichen an anderen Schultypen. Auffallende Unterschiede in den Prävalenzraten bei den männlichen Jugendlichen zeigen sich nicht. Eine Ausnahme bildet die mit 8 % vergleichsweise hohe Rate von männlichen Jugendlichen an Beruflichen Schulen, die über einen (versuchten) erzwungenen Geschlechtsverkehr berichten.

Insgesamt zeigt der Vergleich der 16-Jährigen an den verschiedenen Schultypen Unterschiede vor allem im Bereich nicht-körperlicher sexualisierter Gewalt. Hier können wir zusammenfassen, dass weibliche und männliche Jugendliche, die Förderschulen besuchen, häufiger als Jugendliche anderer Schultypen von verbalen und/oder schriftlichen Formen sexualisierter Gewalt berichten und weibliche Jugendliche, die Berufliche Schulen besuchen, vor allem von konfrontativen sexuellen Handlungen (wie Exhibitionismus) und von Belästigungen im Internet.

Im Bereich körperlicher sexualisierter Gewalt zeichnen sich im Vergleich zur nicht-körperlichen nur geringere Unterschiede zwischen den Altersgleichen in den drei Studien ab. Nur im Fall des (versuchten) erzwungenen Geschlechtsverkehrs ist ein Befund hervorzuheben: Weibliche wie männliche Jugendliche, die Förderschulen besuchen, sind hiervon weniger betroffen als die altersgleichen Jugendlichen an anderen Schultypen. (Ein Befund, der sich im Vergleich der jeweiligen Gesamtstichproben so nicht zeigte.)

Alles in allem deutet dies darauf hin, dass die mit dem Besuch unterschiedlicher Schultypen verbundenen Sozialisations- bzw. Milieuunterschiede sich vor allem auf den nicht-körperlichen Bereich und weniger auf den körperlichen Bereich sexualisierter Gewalt beziehen. Wir können der Frage nach den unterschiedlichen familialen bzw. schulischen Sozialisations- und Milieubedingungen der Jugendlichen, die verschiedene Schultypen besuchen, hier nicht ausführlich nachgehen. Da wir wissen, dass nicht-körperliche Erfahrungen sexualisierter Gewalt besonders häufig in der Schule gemacht werden (siehe Kapitel 5.3), deuten die Schultypunterschiede in diesem Bereich eher auf schulische Milieuunterschiede hin. Zumindest mit Blick auf die männlichen Jugendlichen könnte dies auf Unterschiede in der Inszenierung hegemonialer (heterosexueller) Männlichkeit hinweisen (siehe Kapitel 9 zur theoretischen Einordnung der Speak! Befunde).

Da körperliche Erfahrungen sexualisierter Gewalt im Vergleich dazu deutlich seltener innerhalb der Schule und viel häufiger außerhalb der Schule gemacht werden (Kapitel 5.3), scheint es darüber hinaus nicht verwunderlich, dass Schultypunterschiede sich hier nicht in diesem Maße auswirken. Eine detailliertere Analyse zu möglichen anderen Unterschieden zwischen den Gruppen von Jugendlichen, die mit dem Besuch verschiedener Schultypen verbunden sind, müssen wir jedoch an dieser Stelle offenlassen.

2.4 WANN WIRD SEXUALISIERTE GEWALT DAS ERSTE MAL ERLEBT?

Wann haben die Befragten, denen körperliche und nicht-körperliche sexualisierte Gewalt widerfahren ist, diese *zum ersten Mal* erlebt (Ersterlebensalter)? Abbildung 2.11 basiert auf dieser Frage und erlaubt eine vorsichtige retrospektive Schätzung der (Lebenszeit-)Prävalenzen sexualisierter Gewalt in der Kindheit bzw. im Übergang zwischen Kindheit und Jugend.

Kumulieren wir die Angaben zum Ersterlebensalter der (jeweils betroffenen) Jugendlichen mit Blick auf die nicht-körperlichen Erfahrungen, ergeben sich die beiden Linien in Abbildung 2.11: die blaue Linie für die betroffenen Jugendlichen in der Hauptstudie, die rötliche Linie für die betroffenen Jugendlichen in der Studie an den Beruflichen Schulen. Lesebeispiel: 21 % der von nicht-körperlicher sexualisierter Gewalt Betroffenen aus der Hauptstudie geben an, dass sie eine solche Erfahrung das erste Mal bis zu einem Alter von 12 Jahren – also zum ersten Mal in ihrer Kindheit (siehe Kapitel 5.4) – gemacht

Abbildung 2.11: (Kumulierte) Linie des Ersterlebensalters nicht-körperlicher sexualisierter Gewalt – getrennt nach Speak! Studie

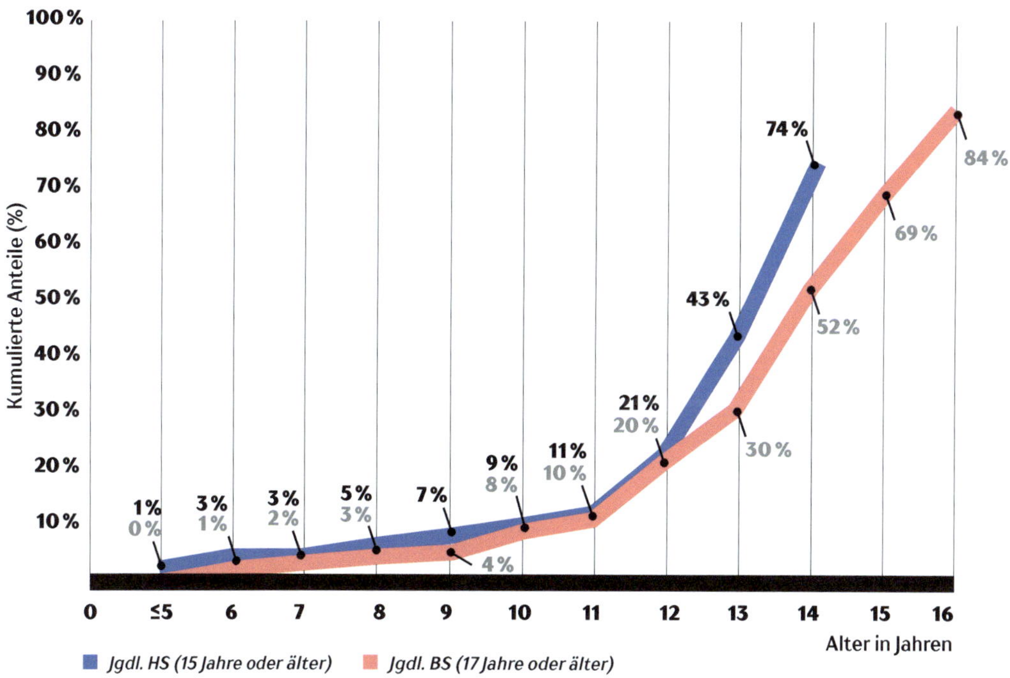

Basis: Nur von nicht-körperlicher sexualisierter Gewalt betroffene Jugendliche, die valide Angaben zum Alter des ersten Erlebens gemacht haben. Quellen: Speak! Hauptstudie (Regelschulen; 'Jgdl. HS') $n_{gewichtet}$ = 444; Speak! Berufliche Schulen ('Jgdl. BS') $n_{gewichtet}$ = 285. Anmerkung: Um Verzerrungen der Anteile je Altersjahrgang zu vermeiden, betrachten wir in der Speak! Hauptstudie nur die 15-Jährigen oder Älteren, die auf den Zeitraum, den wir in Abbildung 2.11 zugrunde legen (bis 14 Jahre), bereits zurückblicken können. Um die Alterskurve bei der Studie an Beruflichen Schulen bis zum Alter von 16 Jahren darstellen zu können, sind hier nur die Jugendlichen einbezogen, die 17 Jahre oder älter sind. Beide Einschränkungen sind notwendig, um Verzerrungen durch rechtszensierte Verlaufsdaten zu vermeiden. Aufgrund zu geringer Fallzahlen sind entsprechende Analysen für Jugendliche, die Förderschulen besuchen, nicht möglich.

haben. Was lässt sich aus Abbildung 2.11 ablesen? Für beide Linien gilt, dass sie bis zum Alter von etwa 7 Jahren gering ansteigen, bis zum Alter von etwa 11 Jahren deutlicher im Anstieg werden, um dann recht steil an Höhe zu gewinnen. Der Anteil der Betroffenen, die bis zum Alter von 11 Jahren (mindestens) eine Form nicht-körperlicher sexualisierter Gewalt erlebt haben, beträgt bei beiden abgebildeten Studien (Hauptstudie und Berufliche Schulen) 11 % bzw. 10 %. Das heißt, jede neunte/zehnte von nicht-körperlicher sexualisierter Gewalt betroffene Person hat dies bis zum Alter von 11 Jahren zum ersten Mal erlebt und 21 % bzw. 20 % der Betroffenen bis zum Alter von 12 Jahren (siehe auch Kapitel 5.4).

Betrachten wir in Abbildung 2.12 den Bereich der körperlichen sexualisierten Gewalt.

Abbildung 2.12: (Kumulierte) Linie des Ersterlebensalters körperlicher sexualisierter Gewalt – getrennt nach Speak! Studie

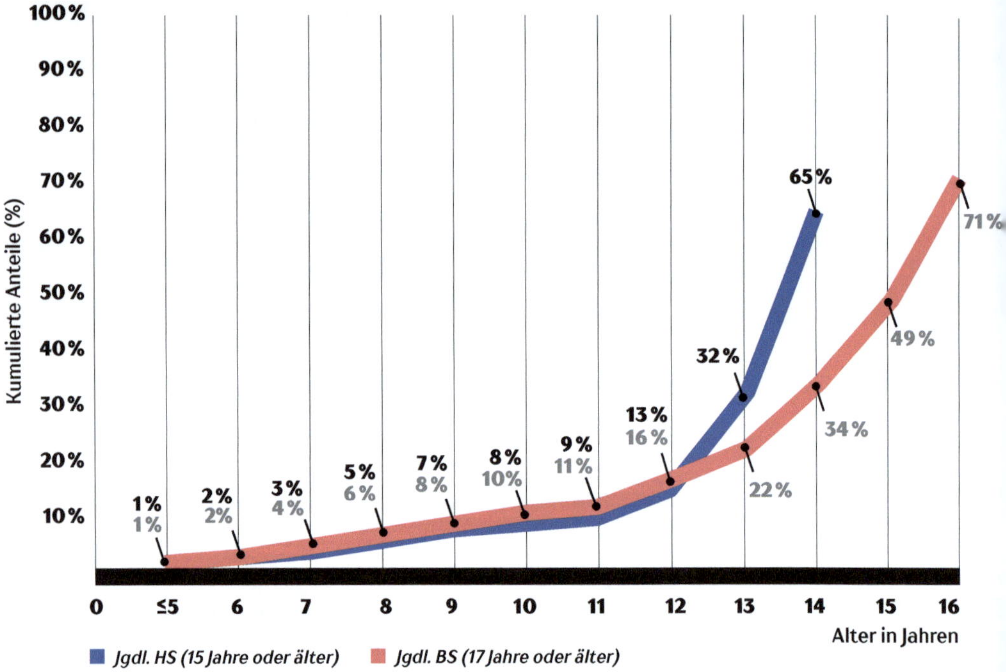

Basis: Nur von körperlicher sexualisierter Gewalt betroffene Jugendliche, die valide Angaben zum Alter des ersten Erlebens gemacht haben. Quellen: Speak! Hauptstudie (Regelschulen; 'Jgdl. HS') $n_{gewichtet}$ = 305; Speak! Berufliche Schulen ('Jgdl. BS') $n_{gewichtet}$ = 259. Anmerkungen: Siehe Abbildung 2.11.

Abbildung 2.12 demonstriert, dass die Linie für das kumulierte Ersterlebensalter bei den körperlichen Erfahrungen einen ähnlichen Verlauf nimmt wie im nicht-körperlichen Bereich, jedoch der steile Anstieg der Zahlen um etwa ein Jahr versetzt ab 12 Jahren einsetzt.

Zusammengenommen heißt dies, dass sich mit dem *Übergang von der Kindheit in die Jugend* das Risiko, sexualisierte Gewalt (das erste Mal) zu erleben, deutlich intensiviert. Das gilt für nicht-körperliche Formen ab etwa 11 Jahren und für körperliche ab etwa 12 Jahren – und bestätigt sich in beiden abgebildeten Speak! Studien.

Wichtig für die Einschätzung des Risikos sexualisierter Gewalt ist, dass Erfahrungen mit sexualisierter Gewalt in der (frühen) Kindheit in standardisierten und quantitativen Dunkelfeldstudien, wie Speak! sie darstellt, nicht vollständig erfasst werden können. Die Gründe dafür, warum die Erhebung an solche Grenzen stößt, liegen u. a. darin, dass die Erfahrungen traumatischer Art sind, verdrängt wurden und/oder „so schambesetzt sind, dass sie nicht ausgesprochen werden" können (Kavemann, 2016, S. 58). Wie in Kapitel 11 ausgeführt, haben wir in allen Speak! Studien die Fragen in einer Weise formuliert, dass zwar Erfahrungen, die den Betroffenen gegenwärtig und reflexiv zugänglich sind, anonym mitgeteilt werden können. Wir haben aber versucht, alles zu vermeiden, was (z. B. durch zu detaillierte Situationsbeschreibungen) um den Preis einer möglichen Retraumatisierung Erinnerungen hätte ‚erzwingen' können. Alles in allem dürfte dies zu einer Unterschätzung der Prävalenzen in der (frühen) Kindheit führen.

3 — Prävalenz: Beobachtungen und vom Hörensagen

Nachfolgend gehen wir zum einen auf die Perspektive derjenigen ein, die sexualisierte Gewalt beobachten, und zum anderen auf die derjenigen, denen von sexualisierter Gewalt erzählt wird bzw. die davon hören. Diese Befragten sind in gewisser Weise *indirekt* von sexualisierter Gewalt betroffen.

3.1 PRÄVALENZ: BEOBACHTUNG VON SEXUALISIERTER GEWALT

Neben der Perspektive der von sexualisierter Gewalt direkt Betroffenen haben wir auch die Perspektive derer, die sexualisierte Gewalt beobachtet haben – darunter fallen auch die sogenannten Bystander – in den Fragebogen aufgenommen. Wir haben die Jugendlichen gefragt, ob sie „Dinge, die mit sexueller[4] Gewalt zu tun haben, schon einmal beobachtet" haben. Dazu war eine Liste möglicher Beobachtungen vorgegeben, die sich aus einzelnen in Kapitel 2.1 und 2.2 vorgestellten Erfahrungsformen nicht-körperlicher und körperlicher sexualisierter Gewalt zusammensetzt (siehe im Detail Tabelle 3.2). Wir haben bei der Abfrage die Items zum versuchten und vollzogenen erzwungenen Geschlechtsverkehr nicht aufgenommen, um etwaige Schuldgefühle durch möglicherweise unterlassene Hilfeleistung bei den Beobachter:innen zu vermeiden. Ebenso haben wir auf indirekte Formen körperlicher sexualisierter Gewalt verzichtet, da diese sich weitestgehend der Beobachtung entziehen.

Abzulesen ist in Tabelle 3.1, dass die Mehrheit der Befragten, 70 % der jüngeren Jugendlichen aus den Regelschulen sowie 58 % der jüngeren Befragten aus den Förderschulen, sexualisierte Gewalt beobachtet hat. Bei den älteren Jugendlichen aus den Beruflichen Schulen sind es sogar 78 %, die von solchen Beobachtungen berichten.

4 Im Fragebogen, den die Jugendlichen ausgefüllt haben, haben wir den alltagssprachlich gebräuchlicheren Begriff der sexuellen Gewalt verwendet.

Weibliche Jugendliche geben in jeder Studie häufiger als männliche Jugendliche an, Formen sexualisierter Gewalt mindestens einmal beobachtet zu haben. Es scheint naheliegend, dass dies mit einer verstärkten Aufmerksamkeit bzw. Sensibilisierung weiblicher Jugendlicher gegenüber sexualisierten Gewaltformen zusammenhängt. Ob und inwieweit das zutrifft, ist allerdings mit den Speak! Daten nicht zu beantworten.

Tabelle 3.1: Anteil der Jugendlichen, die sexualisierte Gewalt beobachtet haben – getrennt nach Geschlecht und Speak! Studie

	Jugendliche Hauptstudie (Regelschulen)		**Jugendliche Förderschulen**		**Jugendliche Berufliche Schulen**	
Mindestens eine Form beobachtet	70 %		58 %		78 %	
	Weibliche Jgdl.	Männliche Jgdl.	Weibliche Jgdl.	Männliche Jgdl.	Weibliche Jgdl.	Männliche Jgdl.
	75 %***[1]	65 %	67 %**	50 %	83 %***	71 %

Basis: Alle befragten Jugendlichen je Studie. Quellen: Speak! Hauptstudie (Regelschulen) $n_{gewichtet}$ = 2.651; Speak! Förderschulen $n_{gewichtet}$ = 252; Speak! Berufliche Schulen $n_{gewichtet}$ = 1.037. Anmerkung: 1) Die Testung der Gruppenunterschiede zwischen weiblichen und männlichen Jugendlichen basiert auf einem 2-seitigen Chi-Quadrat-Test je Speak! Studie (*** = p ≤ .001; ** = p ≤ .01; * = p ≤ .05; ohne Kennzeichnung = nicht signifikant).

Zu ergänzen ist, dass es sich in den meisten Fällen nicht um einmalige Beobachtungen handelt – die allermeisten der betroffenen Befragten (um die 90 %) beobachten wiederholt und mehrere Formen (ohne Abbildung). Auf die Frage, wo sie diese Beobachtungen machen, gehen wir in Kapitel 5.3 ein.

Wie Tabelle 3.2 zeigt, werden am häufigsten verbale und/oder schriftliche Formen sexualisierter Gewalt beobachtet – dass Gerüchte verbreitet werden, sexuelle Kommentare gemacht, Beleidigungen ausgesprochen werden und dass jemand in negativer Weise z. B. als schwul oder lesbisch bezeichnet wird, gehören dazu. Am stärksten verbreitet ist dies bei den älteren Jugendlichen. Auffällig ist dabei, dass auch männliche ältere Jugendliche zu hohen Prozentsätzen angeben, dass sie dies beobachtet haben. In Zusammenhang könnte dies damit stehen, dass (wie wir in Kapitel 2.1 gesehen haben) männliche Jugendliche auch häufig selbst von dieser Form sexualisierter Gewalt betroffen sind. Homophobe Beschimpfungen scheinen unter männlichen Jugendlichen ein Bestandteil der gleichgeschlechtlichen Peerkultur zu sein. Bei den Förderschüler:innen liegen die Prozentsätze im Vergleich zur Gruppe der jüngeren Jugendlichen an Regelschulen etwas niedriger.

Exhibitionistische Handlungen werden von gut jeder vierten älteren Jugendlichen (27 %) und 20 % der männlichen Jugendlichen beobachtet, jüngere Jugendliche haben das etwas seltener beobachtet. Dass jemand zum Anschauen von pornografischen Darstellungen gedrängt/gezwungen wurde, haben 15 % der älteren weiblichen und 14 % der männlichen Befragten beobachtet. Auch dies beobachten die jüngeren Befragten seltener.

53 % der älteren weiblichen (und 41 % der männlichen) Jugendlichen berichten, beobachtet zu haben, dass jemand gegen seinen Willen ‚angetatscht' wurde – gegenüber den Beobachtungen der jüngeren (insbesondere weiblichen) Jugendlichen ein deutlicher Anstieg. Auch hinsichtlich der anderen abgefragten Beobachtungsformen direkter körperlicher sexualisierter Gewalt zeigt sich, dass diese von den älteren Jugendlichen häufiger zu Protokoll gegeben werden als von den jüngeren.

Tabelle 3.2: Anteil der Jugendlichen, die sexualisierte Gewalt beobachtet haben – getrennt nach Erfahrungsbereich, Geschlecht und Speak! Studie

Hast du beobachtet, dass jemand ...	**Jugendliche Hauptstudie (Regelschulen)**		**Jugendliche Förderschulen**		**Jugendliche Berufliche Schulen**	
	Erfahrungsbereich: Verbal und/oder schriftlich					
Gerüchte sexuellen Inhalts über eine andere Person verbreitet hat?	44 %		33 %		62 %	
	Weibliche Jgdl.	Männliche Jgdl.	Weibliche Jgdl.	Männliche Jgdl.	Weibliche Jgdl.	Männliche Jgdl.
	50 %***[1]	37 %	46 %***	23 %	70 %***	54 %
eine andere Person auf eine negative Art als „schwul" oder „lesbisch" bezeichnet hat?	56 %		47 %		65 %	
	Weibliche Jgdl.	Männliche Jgdl.	Weibliche Jgdl.	Männliche Jgdl.	Weibliche Jgdl.	Männliche Jgdl.
	59 %**	53 %	54 %	43 %	69 %**	60 %
einer anderen Person gegenüber sexuelle Kommentare, Beleidigungen, Witze oder Gesten gemacht hat?	54 %		41 %		65 %	
	Weibliche Jgdl.	Männliche Jgdl.	Weibliche Jgdl.	Männliche Jgdl.	Weibliche Jgdl.	Männliche Jgdl.
	56 %	52 %	45 %	38 %	69 %*	62 %
	Erfahrungsbereich: Konfrontation mit sexuellen Handlungen					
vor einer anderen Person sein/ihr Geschlechtsteil gezeigt hat (Exhibitionismus)?	15 %		12 %		24 %	
	Weibliche Jgdl.	Männliche Jgdl.	Weibliche Jgdl.	Männliche Jgdl.	Weibliche Jgdl.	Männliche Jgdl.
	16 %	14 %	13 %	11 %	27 %*	20 %
eine andere Person gedrängt oder gezwungen hat, pornografische Bilder, Zeichnungen oder Filme anzuschauen (auch auf dem Handy/Smartphone)?	9 %		6 %		15 %	
	Weibliche Jgdl.	Männliche Jgdl.	Weibliche Jgdl.	Männliche Jgdl.	Weibliche Jgdl.	Männliche Jgdl.
	10 %*	7 %	7 %	6 %	15 %	14 %

Hast du beobachtet, dass jemand ...	**Jugendliche Hauptstudie (Regelschulen)**		**Jugendliche Förderschulen**		**Jugendliche Berufliche Schulen**	
	Erfahrungsbereich: Direkte körperliche Formen					
eine andere Person in sexueller Form am Körper berührt hat („angetatscht", z. B. Po oder Brust)?	34 %		23 %		48 %	
	Weibliche Jgdl.	Männliche Jgdl.	Weibliche Jgdl.	Männliche Jgdl.	Weibliche Jgdl.	Männliche Jgdl.
	37 %**	31 %	33 %**	16 %	53 %***	41 %
versucht hat, eine andere Person gegen deren Willen zu küssen?	19 %		15 %		31 %	
	Weibliche Jgdl.	Männliche Jgdl.	Weibliche Jgdl.	Männliche Jgdl.	Weibliche Jgdl.	Männliche Jgdl.
	22 %***	16 %	21 %	12 %	36 %***	26 %
eine andere Person am Geschlechtsteil (Penis oder Scheide) berührt hat?	10 %		10 %		16 %	
	Weibliche Jgdl.	Männliche Jgdl.	Weibliche Jgdl.	Männliche Jgdl.	Weibliche Jgdl.	Männliche Jgdl.
	9 %	12 %	13 %	7 %	17 %	15 %

Basis: Alle befragten Jugendlichen je Studie. Quellen: Speak! Hauptstudie (Regelschulen) $n_{gewichtet}$ = 2.651; Speak! Förderschulen $n_{gewichtet}$ = 252; Speak! Berufliche Schulen $n_{gewichtet}$ = 1.037. Anmerkung 1) Die Testung der Gruppenunterschiede zwischen weiblichen und männlichen Jugendlichen basiert auf einem 2-seitigen Chi-Quadrat-Test je Speak! Studie (*** = p ≤ .001; ** = p ≤ .01; * = p ≤ .05; ohne Kennzeichnung = nicht signifikant).

Beobachtungserfahrungen nach Förderschwerpunkten

Wir haben die Beobachtungserfahrungen im Folgenden auch mit Blick auf die Förderschwerpunkte hin ausgewertet.

Tabelle 3.3: Anteil der Jugendlichen an den Förderschulen, die sexualisierte Gewalt beobachtet haben – getrennt nach Förderschwerpunkt und Geschlecht

	Lernhilfe		**Hören und Sehen**		**Sprache und emotionale/soziale Entwicklung**	
Mindestens eine Form beobachtet	56 %		72 %		47 %	
	Weibliche Jgdl.	Männliche Jgdl.	Weibliche Jgdl.	Männliche Jgdl.	Weibliche Jgdl.	Männliche Jgdl.
	65 %[1]	52 %	*74 %*[2]	*73 %*	*69 %*	*34 %*

Basis: Jugendliche, die Förderschulen besuchen. Quelle: Speak! Förderschulen $n_{ungewichtet}$ = 135 (FS Lernhilfe), $n_{ungewichtet}$ = 50 (FS Hören und Sehen), $n_{ungewichtet}$ = 45 (FS Sprache und emotionale/soziale Entwicklung). Die Daten zu den Förderschwerpunkten werden ungewichtet ausgewiesen. Anmerkungen: 1) Die Testung der Gruppenunterschiede zwischen weiblichen und männlichen Jugendlichen basiert auf einem 2-seitigen Chi-Quadrat-Test je Förderschwerpunkt (*** = p ≤ .001; ** = p ≤ .01; * = p ≤ .05; ohne Kennzeichnung = nicht signifikant). 2) Kursiv gesetzt: Fallzahl n < 30.

Tabelle 3.3 zeigt, dass die Prozentsätze derer, die sexualisierte Gewalt beobachtet bzw. wahrgenommen haben, je nach Förderschwerpunkt deutlich differieren. Während der Prozentsatz für die Jugendlichen des Förderschwerpunkts Sprache und emotionale/soziale Entwicklung mit 47 % vergleichsweise gering ausfällt, liegt er bei den Jugendlichen des von uns zusammengefassten Förderschwerpunkts Hören und Sehen mit 72 % um 25 Prozentpunkte höher. Die Zahlen für den Förderschwerpunkt Lernhilfe verdeutlichen, dass weibliche Befragte häufiger sexualisierte Gewalt beobachten. Für die anderen Förderschwerpunkte lassen sich aufgrund der geringen Fallzahlen keine verlässlichen Angaben über Unterschiede zwischen weiblichen und männlichen Befragten machen, deuten aber in einem Fall auch hier auf häufigere Beobachtungen seitens weiblicher Jugendlicher hin.

Was hast du gedacht und gefühlt?

Den Befragten, die angaben, Formen sexualisierter Gewalt beobachtet zu haben, wurde eine Reihe weiterer Fragen gestellt – zum Beispiel, ob sie über ihre Erfahrungen mit jemandem gesprochen (siehe hierzu Kapitel 7, Disclosure) oder ob sie die Erfahrungen belastet haben (siehe hierzu Kapitel 6, Folgen und Zusammenhänge). Eine der Fragen bezog sich darauf, wie sich die Beobachtenden in der Situation gefühlt haben: „Was hast du gedacht oder gefühlt, als du das beobachtet hast?" Dazu waren neun Statements vorgegeben, für die die Befragten jeweils ihre Ablehnung oder Zustimmung angeben sollten (4-stufig von ‚stimmt nicht' bis ‚stimmt genau'). Die Befragten sollten sich auf das Ereignis beziehen, das ihnen am stärksten in Erinnerung ist.

In Abbildung 3.1 sind die jeweiligen Angaben für männliche und weibliche Befragte und für die Hauptstudie und die Studie an den Beruflichen Schulen eingetragen (zusammengefasst sind jeweils die Antwortvorgaben ‚stimmt eher' und ‚stimmt genau'; in der Förderschulstudie wurde diese Frage nicht gestellt).

Insgesamt zeigt Abbildung 3.1, dass sich weibliche und männliche Jugendliche bzw. die jüngeren Jugendlichen, die Regelschulen, und die älteren Jugendlichen, die Berufliche Schulen besuchen, nahezu in allen Einschätzungen hinsichtlich des Beobachteten unterscheiden. Bei allen Aussagen springt das Gefälle zwischen den verschiedenen Gruppen mal mehr und mal weniger deutlich ins Auge. Dabei sind es vor allem die männlichen jüngeren und die weiblichen älteren Jugendlichen, die sich in ihrem Antwortverhalten sehr deutlich unterscheiden.

Diese Unterschiede zeigen sich vor allem bei den letzten vier Statements in Abbildung 3.1, die sich aus unterschiedlichen Perspektiven heraus allesamt auf Einschätzungen und Wahrnehmungen beziehen, die ein Eingreifen in der Situation für nicht notwendig erscheinen lassen. Hier geben 76 % der jüngeren männlichen Jugendlichen aus der Hauptstudie an, dass sie das Beobachtete für „keine große Sache gehalten" haben. Demgegenüber geben dies nur 33 % der älteren weiblichen Jugendlichen aus den Beruflichen Schulen an. Wenngleich sich die Differenzen zwischen diesen beiden Gruppen bei den anderen drei Statements verringern, bleiben sie dennoch deutlich bestehen.

Abbildung 3.1: Einschätzung der Beobachtungssituation – getrennt nach Geschlecht und Speak! Studie

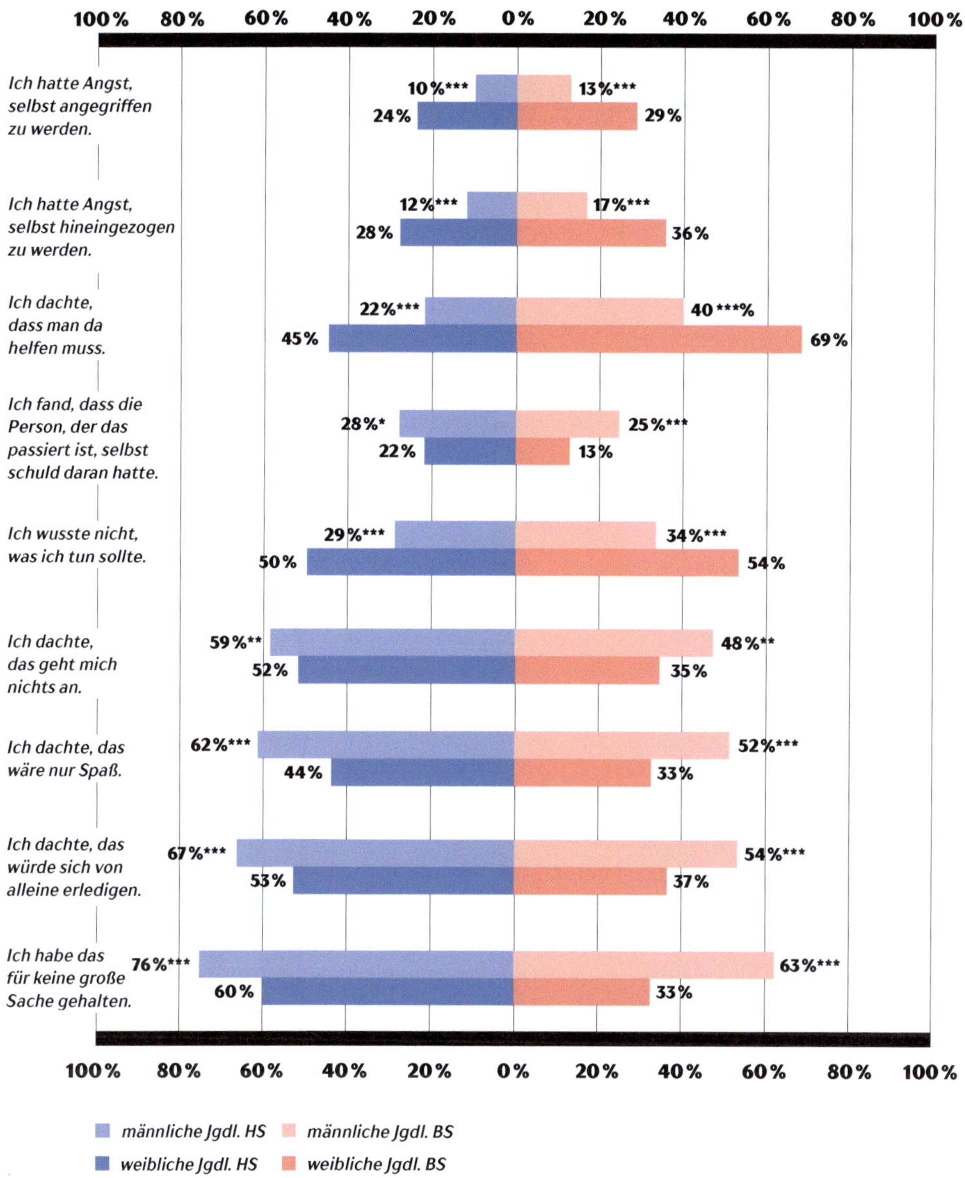

Basis: Jugendliche, die sexualisierte Gewalt beobachtet haben. Quellen: Speak! Hauptstudie (Regelschulen) (‚männliche/weibliche Jgdl. HS') $n_{gewichtet}$ = 1.850; Speak! Berufliche Schulen (‚männliche/weibliche Jgdl. BS') $n_{gewichtet}$ = 804. Anmerkungen: Anteile beziehen sich auf die zusammengefassten Antwortvorgaben ‚stimmt eher' und ‚stimmt genau'. 1) Die Testung der Gruppenunterschiede zwischen weiblichen und männlichen Jugendlichen basiert auf einem 2-seitigen Chi-Quadrat-Test je Speak! Studie (*** = $p \leq .001$; ** = $p \leq .01$; * = $p \leq .05$; ohne Kennzeichnung = nicht signifikant).

Jüngere männliche Jugendliche, die sexualisierte Gewalt beobachtet haben, sind deutlich öfter der Meinung, dass sich dies „von alleine erledigen" würde (67 %), es nur „im Spaß" geschehen sei (62 %) oder dass sie das Ganze „nichts angehen" würde (59 %). Positionen, die wir bei den weiblichen älteren Jugendlichen (konstant) nur bei etwa einem Drittel beobachten können.

Diese vier Statements von beobachteten und teils kritischen Situationen stellen zusammengenommen eine Form der Bagatellisierung sexualisierter Gewalt dar. Gerade bei den jüngeren männlichen Jugendlichen führt dies für einen recht großen Teil zu der Gewissheit, dass ein Eingreifen nicht notwendig sei. Darauf verweist auch das Statement „Ich dachte, dass man da helfen muss“: 22 % der jüngeren männlichen Jugendlichen, und damit nur knapp ein Viertel, haben in der Situation gedacht/gefühlt, dass man helfen müsse – bei den älteren weiblichen Jugendlichen haben 69 % dies gedacht. Allerdings zeigt sich bei den älteren männlichen Jugendlichen (Berufliche Schulen) gegenüber den jüngeren männlichen Jugendlichen teils eine (deutliche) Zunahme in der kritischen Wahrnehmung von Situationen, beispielsweise bezogen auf das ‚helfen müssen' (ein Anstieg von 22 % bei den jüngeren auf 40 % bei den älteren männlichen Befragten).

Interessant ist, dass die Einschätzung, nicht eingreifen zu müssen, bei den jüngeren männlichen Jugendlichen weniger dadurch begründbar ist, dass sie Angst gehabt hätten, „selbst hineingezogen“ bzw. „selbst angegriffen“ zu werden – nur 12 % bzw. 10 % von ihnen geben eine solche Situationsbeschreibung zu Protokoll. Bei den älteren weiblichen Jugendlichen sind dies mit 36 % bzw. 29 % deutlich mehr. Auch bekunden die jüngeren männlichen Jugendlichen mit 29 % deutlich seltener als ältere weibliche Jugendliche mit 54 %, dass sie nicht gewusst hätten, was sie hätten tun sollen.

Zusammenfassend lässt sich sagen: Männliche Jugendliche – im Besonderen gilt dies für die jüngeren männlichen Jugendlichen aus der Hauptstudie, in geringerem Umfang auch für die älteren männlichen Jugendlichen aus der Studie an den Beruflichen Schulen – sehen deutlich seltener als weibliche Jugendliche (insbesondere im Vergleich zu den älteren weiblichen Jugendlichen) in beobachteten Situationen sexualisierter Gewalt die Notwendigkeit des Eingreifens. Sie gehen zudem seltener davon aus, dass man helfen müsse. Die Einschätzung, nicht helfen zu müssen, ist bei ihnen weniger durch Überlegungen des Selbstschutzes (wie dies zum Beispiel bei einem substanziellen Teil der weiblichen Jugendlichen der Fall ist) als durch die Einschätzung der Situation als „Spaß“, als „keine große Sache“ und dass das Beobachtete sie nichts angehe motiviert. Wie weiter oben ausgeführt, kann dies als eine Strategie des Bagatellisierens sexualisierter Gewalt gedeutet werden.

»Oft sieht man auf Partys / Kirmes / Clubs ähnliche Fälle und schaut einfach weg bzw. glaubt, dass es halb so wild ist. Aber genau das ist der Punkt, man sollte etwas dagegen unternehmen und anderen helfen. Das wurde in diesem Fragebogen sehr schön hervorgehoben.«

O-Ton Speak!

3.2 PRÄVALENZ: SEXUALISIERTE GEWALT VOM HÖRENSAGEN

Zusätzlich zur Perspektive der Beobachter:innen haben wir gefragt: „Hat dir jemand schon einmal erzählt oder hast du gehört, dass jemandem solche Dinge passiert sind?" Vorgegeben war eine Liste, die sich aus verschiedenen Items zu nicht-körperlichen und körperlichen Formen sexualisierter Gewalt zusammensetzt. Im Gegensatz zur Abfrage bei den Beobachtungen wurden bei der Abfrage auch die Items zum erzwungenen versuchten und vollzogenen Geschlechtsverkehr (wieder) aufgenommen. In der Förderschulstudie wurde diese Perspektive nicht erfragt.

Tabelle 3.4: Anteil der Jugendlichen, die von sexualisierter Gewalt gehört haben – getrennt nach Geschlecht und Speak! Studie

	Jugendliche Hauptstudie (Regelschulen)		**Jugendliche Berufliche Schulen**	
Von mindestens einer Form gehört	37 %		56 %	
	Weibliche Jgdl.	Männliche Jgdl.	Weibliche Jgdl.	Männliche Jgdl.
	46 %***[1]	28 %	66 %***	46 %

Basis: Alle befragten Jugendlichen je Studie. Quellen: Speak! Hauptstudie (Regelschulen) $n_{gewichtet}$ = 2.651; Speak! Berufliche Schulen $n_{gewichtet}$ = 1.037. Anmerkung: 1) Die Testung der Gruppenunterschiede zwischen weiblichen und männlichen Jugendlichen basiert auf einem 2-seitigen Chi-Quadrat-Test je Speak! Studie (*** = p ≤ .001; ** = p ≤ .01; * = p ≤ .05; ohne Kennzeichnung = nicht signifikant).

Bei den jüngeren Befragten gibt ein gutes Drittel (37 %) an, von sexualisierter Gewalt gehört zu haben – bei den älteren ist es mehr als jede:r zweite Jugendliche (56 %), denen Erfahrungen mit sexualisierter Gewalt zugetragen wurden. Ältere Jugendliche sind damit, was das Hörensagen betrifft, deutlich stärker als Vertraute involviert – mit all den Konsequenzen, die das Anvertrauen auslösen kann (siehe Kapitel 6.1 zu den Folgen).

Dabei sind es mit 46 % (Hauptstudie) signifikant häufiger die (jüngeren) weiblichen Jugendlichen, die von sexualisierter Gewalt in ihrem Freundes- oder Bekanntenkreis hören. Bei den gleichaltrigen männlichen Jugendlichen der Hauptstudie geben dies nur 28 % an. Bei den älteren Jugendlichen, die Berufliche Schulen besuchen, liegen die Quoten bei den weiblichen Befragten bei 66 % – und damit haben zwei von drei älteren weiblichen Befragten von sexualisierter Gewalt (in der Regel) in ihrem nahen persönlichen Umfeld gehört – bzw. 46 % bei den männlichen Befragten.

Die meisten Jugendlichen haben dabei von drei und mehr, insbesondere schwereren Formen körperlicher sexualisierter Gewalt gehört (ohne Abbildung). Da vor allem im persönlichen Umfeld, von Bekannten und Freund:innen Erfahrungen mit sexualisierter Gewalt erzählt werden, fühlen sich Jugendliche durch das, was ihnen zugetragen wird, teils stark belastet (siehe Kapitel 6.1).

Tabelle 3.5: Anteil der Jugendlichen, die von sexualisierter Gewalt gehört haben – getrennt nach Erfahrungsbereich, Geschlecht und Speak! Studie

Hast du davon gehört …	Jugendliche Hauptstudie (Regelschulen)		Jugendliche Berufliche Schulen	
	Erfahrungsbereich: Indirekte Formen körperlicher sexualisierter Gewalt			
dass jemand gedrängt oder gezwungen wurde, sich auszuziehen (ganz nackt oder teilweise)?	13 %		23 %	
	Weibliche Jgdl.	Männliche Jgdl.	Weibliche Jgdl.	Männliche Jgdl.
	15 %*[1]	12 %	29 %***	17 %
dass jemand zu Nacktaufnahmen (gemeint sind auch pornografische Aufnahmen) gedrängt/gezwungen wurde?	12 %		18 %	
	Weibliche Jgdl.	Männliche Jgdl.	Weibliche Jgdl.	Männliche Jgdl.
	14 %**	10 %	21 %**	13 %

Hast du davon gehört …	**Jugendliche Hauptstudie (Regelschulen)**		**Jugendliche Berufliche Schulen**	
	Erfahrungsbereich: Direkte Formen körperlicher sexualisierter Gewalt			
dass jemand gegen seinen Willen an den Geschlechtsteilen (Scheide oder Penis) berührt wurde?	14 %		31 %	
	Weibliche Jgdl.	Männliche Jgdl.	Weibliche Jgdl.	Männliche Jgdl.
	16 %**	12 %	35 %**	26 %
dass jemand gedrängt/gezwungen wurde, die Geschlechtsteile (Scheide/Penis) einer anderen Person zu berühren?	11 %		20 %	
	Weibliche Jgdl.	Männliche Jgdl.	Weibliche Jgdl.	Männliche Jgdl.
	12 %**	9 %	24 %**	17 %
dass jemand gegen seinen Willen geküsst wurde?	25 %		45 %	
	Weibliche Jgdl.	Männliche Jgdl.	Weibliche Jgdl.	Männliche Jgdl.
	31 %***	18 %	52 %***	36 %
dass jemand in sexueller Form gegen den Willen am Körper berührt wurde („angetatscht", z. B. Po/Brust)?	26 %		48 %	
	Weibliche Jgdl.	Männliche Jgdl.	Weibliche Jgdl.	Männliche Jgdl.
	32 %***	20 %	56 %***	39 %
	Erfahrungsbereich: Erzwungener versuchter/vollzogener Geschlechtsverkehr			
dass jemand zum Geschlechtsverkehr gedrängt oder gezwungen wurde (es ist zum Geschlechtsverkehr gekommen)?	7 %		18 %	
	Weibliche Jgdl.	Männliche Jgdl.	Weibliche Jgdl.	Männliche Jgdl.
	9 %**	6 %	21 %*	15 %
dass bei jemandem gegen den Willen versucht wurde, Geschlechtsverkehr zu vollziehen (es ist aber nicht zum Geschlechtsverkehr gekommen)?	11 %		21 %	
	Weibliche Jgdl.	Männliche Jgdl.	Weibliche Jgdl.	Männliche Jgdl.
	14 %***	8 %	26 %**	17 %

Basis: Alle befragten Jugendlichen je Studie. Quellen: Speak! Hauptstudie (Regelschulen) $n_{gewichtet}$ = 2.651; Speak! Berufliche Schulen $n_{gewichtet}$ = 1.037. Anmerkung: 1) Die Testung der Gruppenunterschiede zwischen weiblichen und männlichen Jugendlichen basiert auf einem 2-seitigen Chi-Quadrat-Test je Speak! Studie (*** = p ≤ .001; ** = p ≤ .01; * = p ≤ .05; ohne Kennzeichnung = nicht signifikant).

Am häufigsten wird dabei von Hörerfahrungen berichtet, die sich auf den direkten Körperkontakt beziehen: z. B. dass jemand gegen dessen/deren Willen geküsst wurde (davon haben 25 % der Befragten aus der Hauptstudie und 45 % der befragten Jugendlichen aus den Beruflichen Schulen gehört) oder dass jemand gegen dessen/deren Willen an Po oder Brust ‚angetatscht' wurde (26 % bzw. 48 %). Von einem versuchten bzw. vollzogenen Geschlechtsverkehr haben 7 % bzw. 11 % (Hauptstudie) bzw. 18 % bzw. 21 % (Berufliche Schulen) bereits gehört.

Im Vergleich mit den Prävalenzen der erlebten körperlichen sexualisierten Gewalt (siehe Kapitel 2.2) fällt auf, dass das Hörensagen (fast) durchweg höhere Prävalenzraten insbesondere bei den älteren weiblichen Jugendlichen aufweist. Deutlich abzulesen ist dies bei „dass jemand gedrängt oder gezwungen wurde, sich auszuziehen (ganz nackt oder teilweise)". Fanden wir hier 10 % Betroffene unter den älteren weiblichen Befragten, sind es beim Hörensagen 29 %. Ähnlich verhält es sich damit, erlebt zu haben, gegen den Willen geküsst zu werden: Hier sind 30 % der älteren weiblichen Jugendlichen unmittelbar betroffen, beim Hörensagen berichten 52 % davon. Beim vollzogenen erzwungenen Geschlechtsverkehr sind es 8 % der älteren weiblichen Befragten, die davon betroffen sind; vom Hörensagen, also durch Erzählungen, kennen diese schwere Form sexualisierter Gewalt 21 % der älteren weiblichen Jugendlichen. Deutlich wird, dass gerade körperliche Formen teils schwerer sexualisierter Gewalt einem Großteil der vor allem weiblichen (und etwas älteren) Jugendlichen als indirekte Alltagserfahrung gegenwärtig sind.

Durch Tabelle 3.5 zieht sich auch der Befund, dass weibliche Befragte grundsätzlich häufiger von entsprechenden Erfahrungen vom Hörensagen berichten als männliche. Dies ist u. a. darauf zurückzuführen, dass weibliche Jugendliche häufiger mit ihren (besten) Freundinnen darüber sprechen, die wiederum, aufgrund ihres Geschlechts, einem größeren Risiko ausgesetzt sind, als direkt Betroffene sexualisierte Gewalt zu erleben. Die Auswertung der Frage, wem das Gehörte/Berichtete zugestoßen ist (ohne Abbildung), zeigt, dass in den meisten Fällen weibliche Personen (Bekannte, Mitschülerin, (beste) Freundin u. a.) genannt werden.

4 — Aggressor:innen – Jugendliche, die sexualisierte Gewalt ausüben

Wir haben in den Speak! Studien verschiedene Perspektiven im Fragebogen eingenommen, die eine möglichst umfassende Beschreibung des Phänomens der sexualisierten Gewalt erlauben sollen. Neben den Fragen zur Betroffenheit und ob die Jugendlichen Formen sexualisierter Gewalt beobachtet oder davon gehört haben, haben wir sie auch gefragt, ob sie *selbst* schon einmal Dinge getan haben, die mit sexualisierter Gewalt zu tun haben. Schwere körperliche Übergriffe, wie etwa den erzwungenen Geschlechtsverkehr, haben wir nicht erfragt; dies hätte bedeutet, dass sich die Jugendlichen einer schweren Straftat hätten bezichtigen müssen. Im Gegensatz zu den Täter:innen, deren Merkmale (Alter, Geschlecht etc.) und Handlungen (Formen sexualisierter Gewalt) von den befragten Betroffenen angegeben werden (siehe später Kapitel 5.1), nehmen wir hier eine andere Perspektive ein. Hier sind es die befragten sexualisierte Gewalt ausübenden Jugendlichen selbst, die Angaben zu sich und zu bestimmten Handlungsweisen bzw. Einschätzungen machen. Zur Unterscheidung der Perspektive auf die von den Betroffenen benannten *Täter:innen* sprechen wir in diesem Kapitel in Anlehnung an Krahé (2009) von jugendlichen *Aggressor:innen.*

> *»Ich finde es toll, dass sich jemand kümmert und nicht nur weggeschaut wird. Ich habe oft doofe Sachen gemacht, aber mir geschworen, dass ich niemanden mehr absichtlich verletzen möchte.«*
>
> O-Ton Speak!

4.1 PRÄVALENZEN

Betrachten wir hier zunächst die Prävalenzen dafür, mindestens eine der von uns im Fragebogen genannten Formen sexualisierter Gewalt ausgeübt zu haben.

28 % der jüngeren Befragten (36 % der männlichen und 21 % der weiblichen Jugendlichen) in der Hauptstudie geben an, mindestens einmal etwas getan zu haben, das mit sexualisierter Gewalt zu tun hat – das ist etwas mehr als jede:r vierte Jugendliche. Bei den älteren Jugendlichen sind es 35 % (45 % der männlichen und 27 % der weiblichen Jugendlichen) und damit jede:r dritte Befragte. Die Förderschüler:innen liegen mit insgesamt 31 % (34 % der männlichen und 28 % der weiblichen Jugendlichen) dazwischen. Haben wir bislang als einen zentralen Befund einerseits festgehalten, dass weibliche Jugendliche deutlich häufiger von sexualisierter Gewalt betroffen sind, zeigt Abbildung 4.1, dass sie andererseits signifikant seltener als Aggressor:innen in Erscheinung treten – wenngleich sich auch bei ihnen substanzielle Gruppen finden, die sexualisierte Gewalt ausgeübt haben. Die Differenzen zwischen den Quoten der männlichen und weiblichen Aggressor:innen sind in der Förderschulstudie besonders gering (6 Prozentpunkte) und bei den älteren Jugendlichen an den Beruflichen Schulen mit 18 Prozentpunkten besonders hoch.

Weitere Analysen zeigen (ohne Abbildung), dass 20 % der Aggressor:innen angeben, sexualisierte Gewalt nur einmal ausgeübt zu haben. 38 % der Aggressor:innen geben 2- bis 3-mal an, 42 % öfter als 3-mal. Damit gilt, dass die Mehrheit bereits mehrfach als Aggressor:innen in Erscheinung getreten ist.

AUSÜBUNG VON SEXUALISIERTER GEWALT

ANGABEN IN %

Abbildung 4.1: Anteil der Jugendlichen, die sexualisierte Gewalt ausgeübt haben – getrennt nach Geschlecht und Speak! Studie

- Jugendliche Hauptstudie (HS)
- Jugendliche Förderschulen (FöS)
- Jugendliche Berufliche Schulen (BS)

28

DAVON

männliche Jgdl. HS

36

weibliche Jgdl. HS

21***[1]

Basis: Alle befragten Jugendlichen je Studie. Quellen: Speak! Hauptstudie (Regelschulen) $n_{gewichtet}$ = 2.651; Speak! Förderschulen $n_{gewichtet}$ = 252; Speak! Berufliche Schulen $n_{gewichtet}$ = 1.037.

Anmerkung:

[1] Die Testung der Gruppenunterschiede zwischen weiblichen und männlichen Jugendlichen basiert auf einem 2-seitigen Chi-Quadrat-Test je Speak! Studie (*** = $p \leq .001$; ** = $p \leq .01$; * = $p \leq .05$; ohne Kennzeichnung = nicht signifikant).

31

DAVON

männliche Jgdl. FöS

34

weibliche Jgdl. FöS

28

35

DAVON

männliche Jgdl. BS

45

weibliche Jgdl. BS

27***

Tabelle 4.1: Anteil der Jugendlichen, die sexualisierte Gewalt ausgeübt haben – getrennt nach Erfahrungsbereich, Geschlecht und Speak! Studie

Hast du selbst schon einmal …	Jugendliche Hauptstudie (Regelschulen)		Jugendliche Förderschulen		Jugendliche Berufliche Schulen	
	Weibliche Jgdl.	Männliche Jgdl.	Weibliche Jgdl.	Männliche Jgdl.	Weibliche Jgdl.	Männliche Jgdl.
Erfahrungsbereich: Verbal und/oder schriftlich						
über jemanden Gerüchte sexuellen Inhalts verbreitet?	2 %		3 %		6 %	
	3 %[1]	2 %	2 %	3 %	4 %*	8 %
jemanden auf eine negative Art als „schwul" oder „lesbisch" bezeichnet?	17 %		26 %		21 %	
	10 %**	25 %	24 %	27 %	12 %***	31 %
über jemanden sexuelle Kommentare, Beleidigungen, Witze oder Gesten gemacht?	21 %		19 %		27 %	
	16 %***	28 %	18 %	20 %	18 %***	37 %
Erfahrungsbereich: Konfrontation mit sexuellen Handlungen						
jemanden dazu gedrängt, dein Geschlechtsteil anzuschauen?	1 %		1 %		1 %	
	0 %	1 %	0 %	2 %	0 %***	3 %
jemanden dazu gedrängt, sich pornografische Bilder, Zeichnungen oder Filme anzuschauen (z. B. auf dem Handy/Smartphone)?	1 %		0 %		2 %	
	1 %**	2 %	0 %	0 %	0 %***	3 %
Erfahrungsbereich: Internet						
von jemandem intime Fotos oder Filme ins Internet gestellt?	0 %		0 %		1 %	
	1 %	1 %	0 %	0 %	0 %	1 %
jemanden im Internet (z. B. Facebook, Instagram, Snapchat usw.) sexuell angemacht oder belästigt?	1 %		2 %		3 %	
	1 %**	2 %	1 %	2 %	0 %***	5 %

Hast du selbst schon einmal ...	**Jugendliche Hauptstudie (Regelschulen)**		**Jugendliche Förderschulen**		**Jugendliche Berufliche Schulen**	
	Erfahrungsbereich: Direkte körperliche Formen					
jemanden dazu gedrängt, dein Geschlechtsteil (Penis oder Scheide) zu berühren?	1 %		1 %		1 %	
	Weibliche Jgdl.	Männliche Jgdl.	Weibliche Jgdl.	Männliche Jgdl.	Weibliche Jgdl.	Männliche Jgdl.
	0 %***	2 %	0 %	2 %	0 %***	3 %
jemanden in sexueller Form am Körper berührt („angetatscht“, z. B. Po oder Brust)?	7 %		4 %		8 %	
	Weibliche Jgdl.	Männliche Jgdl.	Weibliche Jgdl.	Männliche Jgdl.	Weibliche Jgdl.	Männliche Jgdl.
	4 %***	11 %	2 %	6 %	3 %***	14 %
versucht, jemanden gegen seinen Willen zu küssen?	2 %		1 %		3 %	
	Weibliche Jgdl.	Männliche Jgdl.	Weibliche Jgdl.	Männliche Jgdl.	Weibliche Jgdl.	Männliche Jgdl.
	1 %*	3 %	1 %	1 %	1 %**	4 %

Basis: Alle befragten Jugendlichen je Studie. Quellen: Speak! Hauptstudie (Regelschulen) $n_{gewichtet}$ = 2.651; Speak! Förderschulen $n_{gewichtet}$ = 252; Speak! Berufliche Schulen $n_{gewichtet}$ = 1.037. Anmerkung: 1) Die Testung der Gruppenunterschiede zwischen weiblichen und männlichen Jugendlichen basiert auf einem 2-seitigen Chi-Quadrat-Test je Speak! Studie (*** = $p \leq .001$; ** = $p \leq .01$; * = $p \leq .05$; ohne Kennzeichnung = nicht signifikant).

Schauen wir uns die Formen genauer an, die Jugendliche als Aggressor:innen ausüben (siehe Tabelle 4.1). Die verbale und/oder schriftliche sexualisierte Gewalt steht an erster Stelle, insbesondere sexuelle Kommentare und Beschimpfungen wie auch, jemanden in negativer Weise als ‚schwul‘ etc. zu bezeichnen. Männliche Jugendliche, vor allem die älteren, sind dabei in besonders hoher Zahl vertreten. Weibliche Jugendliche treten allerdings im Vergleich zu den übrigen Formen hier durchaus auch als Aggressorinnen in Erscheinung, vor allem sexuelle Kommentare und Beleidigungen betreffend. Förderschülerinnen sind recht stark unter denen vertreten, die jemanden in negativer Absicht als schwul oder lesbisch bezeichnet haben. Jemanden dazu gedrängt zu haben, das eigene Geschlechtsteil oder pornografische Bilder, Zeichnungen oder Filme anzuschauen, wird fast ausschließlich von männlichen Aggressoren genannt (bis maximal 3 % bei den älteren männlichen Jugendlichen). Jemanden im Internet belästigt zu haben, wird zu geringen Prozentwerten (je 1 %) von weiblichen Jugendlichen angegeben und von 2 % bis 5 % der männlichen Jugendlichen berichtet.

Bei den körperlichen Formen treten männliche Jugendliche teils deutlicher hervor, insbesondere beim ‚Antatschen‘: ausgehend von 6 % an den Förderschulen über 11 % an den Regelschulen bis zu 14 % bei den älteren (männlichen) Jugendlichen an den Beruflichen Schulen. Alle weiteren Formen werden vereinzelt(er) genannt. Deutlich abzulesen ist alles in allem, dass männliche Jugendliche im Vergleich zu weiblichen verstärkt als Aggressoren in Erscheinung treten.

ZUSAMMENFASSUNG

Unsere bisherigen Befunde zu den Aggressor:innen lassen sich wie folgt zusammenfassen:

- **Bereiche sexualisierter Gewalt:** Die Formen sexualisierter Gewalt, die von den Aggressor:innen ausgeübt werden, beziehen sich in der Mehrheit auf verbale und/oder schriftliche Formen. Unter den körperlichen Formen wird am häufigsten das körperliche ‚Antatschen' anderer Personen genannt.
- **Weibliche Jugendliche** üben sexualisierte Gewalt seltener aus als männliche Jugendliche.
- **Mehrfache Erfahrungen:** Die meisten Betroffenen berichten nicht nur von einmalig ausgeübter sexualisierter Gewalt, sondern haben sie mehrheitlich bereits öfter ausgeübt.

Weitere Zusammenhänge

Zusätzlich zum Geschlecht haben wir auch vertiefte Analysen zum Alter, zur besuchten Schulform, zum sozioökonomischen Familienstatus sowie dem Migrationshintergrund der Jugendlichen durchgeführt. Nachfolgend die Befunde aus diesen Analysen:

- **Alter:** Bei den Aggressor:innen unterscheiden sich die Jugendlichen der Hauptstudie mit Blick auf das Alter signifikant. Mit zunehmendem Alter steigt die Quote derer, die angeben, dass sie bereits einmal selbst etwas getan haben, was mit sexualisierter Gewalt in Verbindung steht. Ein solcher Alterseffekt zeigt sich bei den älteren Jugendlichen, die Berufliche Schulen besuchen, nicht (mehr).
- **Migrationshintergrund:** Jugendliche mit und solche ohne Migrationshintergrund unterscheiden sich in den Prävalenzraten kaum. Lediglich bei Jugendlichen mit Migrationshintergrund der 2. Generation liegt die Prävalenzrate mit 32 % gegenüber 27 % bei den autochthonen Jugendlichen etwas höher. In der Studie zu den Beruflichen Schulen zeigt sich umgekehrt, dass die autochthonen Jugendlichen häufiger als Aggressor:innen in Erscheinung treten. Die Quote an Jugendlichen, die selbst sexualisierte Gewalt ausgeübt haben, beträgt bei den autochthonen Jugendlichen an den Beruflichen Schulen 39 %, bei den Jugendlichen mit Migrationshintergrund in der zweiten Generation 33 % (28 % in der ersten Generation). Damit weisen die Befunde beider Studien nicht in eine konsistente Richtung.
- **Sozioökonomischer Status und Schulform/Bildungsgang:** Unterschiede mit Blick auf die soziale Schicht und den besuchten Bildungsgang der Befragten gibt es nicht, weder in der Hauptstudie noch der Studie an den Beruflichen Schulen. Auch die unterschiedlichen Förderschwerpunkte hängen nicht signifikant mit der Quote der Aggressor:innen zusammen.

Darüber hinausgehende Analysen zeigen zudem:

- **Eigene Betroffenheit:** Ein klarer Zusammenhang besteht zwischen den *Erfahrungen*, **selbst von sexualisierter Gewalt betroffen zu sein, und der Wahrscheinlichkeit, selbst sexualisierte Gewalt auszuüben.** Die Prävalenzrate an Aggressor:innen liegt bei den Jugendlichen der Hauptstudie, die selbst *keine* Erfahrungen als Betroffene mit sexualisierter Gewalt gemacht haben, bei 25 %. Sie steigt bei den Jugendlichen, die in allen drei von uns abgefragten *nicht-körperlichen* Bereichen sexualisierte Gewalt erlebt haben, auf 49 %. Bei den Jugendlichen, die sexualisierte Gewalt in allen drei *körperlichen* Bereichen erlebt haben, steigt die Prävalenz selbst ausgeübter Gewalt auf 56 %. Dieser gleichgerichtete hoch signifikante Zusammenhang zeigt sich auch in der Berufsschulstudie.
- **Freiwillige Erfahrungen:** Zusammenhänge zeigen sich auch mit den freiwilligen Erfahrungen. Bei den Jugendlichen der Hauptstudie, die bislang noch keine freiwilligen sexuellen Erfahrungen gemacht haben, liegt die Prävalenz an Aggressor:innen bei 18 %, **bei den Jugendlichen, die bereits Geschlechtsverkehr hatten, liegt die Prävalenz bei 41 %.** Auch in der Berufsschulstudie bestätigt sich dieser hoch signifikante Zusammenhang.
- **Pornografiekonsum:** Ebenso deutlich ist der Zusammenhang mit dem Pornografiekonsum. Während die Prävalenz an Aggressor:innen bei den Jugendlichen, die *nie* oder *sehr selten* Pornos schauen, bei 20 % liegt, **steigt die Prävalenz bei den Dauerkonsumierenden von Pornografie hoch signifikant auf 50 %.**

4.2 MOTIVE

In einer nordamerikanischen Studie (Hill & Kearl, 2011) berichten Jugendliche, die sexualisierte Gewalt ausgeübt haben, zu einem großen Teil, dass es sich bei ihren Taten doch eigentlich um keine „große Sache" gehandelt habe bzw. sie zum schulischen Leben einfach dazugehörten. Viele gaben auch an, sie wollten einfach nur „lustig" sein.

Zu bedenken ist, dass viele Motive für Handlungen, die ohne großes Nachdenken ausgeführt werden und die keinem rationalen Entscheidungsprozess folgen, den Ausführenden nicht wirklich bewusst sind. Bei den Motiven, die bei standardisierten Befragungen wie den Speak! Studien als Antwortvorgaben genannt sind, handelt es sich um solche, die vergegenwärtigt werden können, die reflexiv zugänglich sind. Tieferliegende Motive können wir mit diesem standardisierten Frageinstrument nicht erfassen. Dazu sind weitere (insbesondere qualitative) Forschungen notwendig.

Um zumindest in Ansätzen zu ergründen, aus welchen Motiven Jugendliche sexualisierte Gewalt ausüben, haben wir gefragt: „Was hast du gedacht oder gefühlt, als du das gemacht hast?" Dazu sollten sich die betroffenen Jugendlichen auf das Ereignis beziehen, das ihnen am stärksten gegenwärtig war. Die Antwortvorgaben reichten von „1 = stimmt nicht" bis „4 = stimmt genau". Wir haben für die folgenden Auswertungen die Anteile der Antworten ‚stimmt eher' und ‚stimmt genau' zusammengefasst. (In der Förderschulstudie haben nur wenige auf diese Fragen geantwortet, sodass eine Auswertung nicht sinnvoll ist. In der Berufsschulstudie wurden die Fragen zu den Motiven nicht erhoben.)

In Abbildung 4.2 ist abzulesen, dass der weit überwiegende Teil der Aggressor:innen angibt, dass es sich aus ihrer Sicht um „keine große Sache" gehandelt habe (78 % der weiblichen und 83 % der männlichen Jugendlichen). Zwischen 69 % und 72 % beschreiben die Situation mit „Das ist einfach so passiert, ohne besonderen Grund" und etwa jeweils zwei Drittel (68 % und 64 %) geben an: „Habe gedacht, das ist nur Spaß." Sichtbar wird an diesen Antworten die Schwierigkeit Jugendlicher, das eigene Handeln in seiner Wirkmächtigkeit auf andere Personen einzuschätzen. Zugleich scheint damit der Versuch verbunden, das eigene Handeln abzuschwächen und sich vom eigenen Verhalten zu distanzieren. Die am meisten genannten Motive, selbst sexualisierte Gewalt auszuüben, sprechen für eine Bagatellisierung als ‚Spaß' etc.; ein Prozess, der dazu beiträgt, sexualisierte Gewalthandlungen als zum Alltag dazugehörig oder selbstverständlich wahrzunehmen. Solche Normalisierungsbemühungen der Aggressor:innen wie auch der Beobachter:innen (siehe Kapitel 3.1) und sogar der Betroffenen selbst (siehe Kapitel 7), die die Alltäglichkeit sexualisierter Gewalt betonen, verschleiern in der Folge u. a. das tatsächliche Erleben und die Notwendigkeit von Hilfemaßnahmen und können einen Disclosureprozess verhindern (siehe Kapitel 7).

Abbildung 4.2: Motive für Jugendliche, sexualisierte Gewalt auszuüben – nach Geschlecht, nur Speak! Hauptstudie

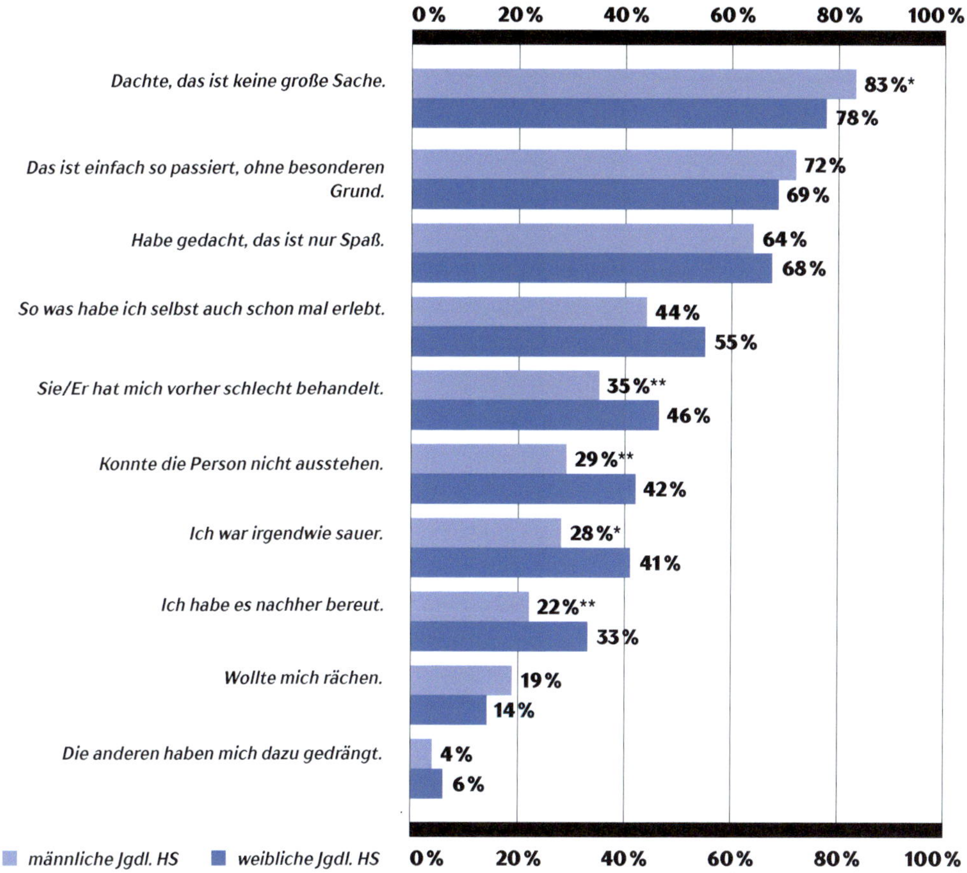

Basis: Jugendliche, die selbst schon einmal sexualisierte Gewalt ausgeübt haben. Quelle: Speak! Hauptstudie (Regelschulen; ‚weibliche/männliche Jugendliche HS') $n_{gewichtet}$ = 603. Anmerkungen: Die Testung der Gruppenunterschiede zwischen weiblichen und männlichen Jugendlichen basiert auf einem 2-seitigen Chi-Quadrat-Test je Speak! Studie (*** = p ≤ .001; ** = p ≤ .01; * = p ≤ .05; ohne Kennzeichnung = nicht signifikant). Die Anteile für 'stimmt eher' und 'stimmt genau' wurden zusammengefasst. Vergleichbare Daten für die Jugendlichen, die Förderschulen bzw. Berufliche Schulen besuchen, liegen nicht vor.

Eine zweite Gruppe von Antworten, „So was habe ich auch schon erlebt" (mit 44 % bei den männlichen und 55 % bei den weiblichen Aggressor:innen), „Sie/Er hat mich vorher schlecht behandelt" (35 % männlich und 46 % weiblich) und „Ich war irgendwie sauer" (28 % und 41 %) stehen für Motive, die das eigene Verhalten vor allem als (Gegen-)Reaktion beschreiben: auf vorherige selbst erlebte Gewalterfahrungen, als Entgegnung darauf, selbst schlecht behandelt worden zu sein. Im Vergleich weiblicher und männlicher Aggressor:innen wird deutlich, dass Aggressorinnen verstärkt diese Gründe für ihr Verhalten anführen. In etwa ebenso häufig wird „Konnte die Person nicht ausstehen" (29 % und 42 %) genannt; auch hier begründen verstärkt Aggressorinnen ihr Tun über dieses Statement. Auch Antipathien und Rache spielen als Begründungen für das eigene Verhalten eine Rolle. Sich „rächen" zu wollen, geben (auf insgesamt niedrigerem Niveau) demgegenüber Aggressorinnen (mit 14 %) etwas weniger häufig an als Aggressoren (19 %). Knapp ein Viertel der Aggressoren

(22 %) und ein Drittel der Aggressorinnen (33 %) haben die eigene/n Tat/en später bereut. Darauf verweist auch der O-Ton eines Jugendlichen am Anfang des Kapitels. Dass andere Personen zu dieser Tat gedrängt haben, wird nur von 4 % bzw. 6 % der Aggressor:innen angegeben.

4.3 ERSTAUSÜBUNGSALTER

Gefragt haben wir in Speak!, in welchem Alter die Jugendlichen, die als Aggressor:innen in Erscheinung treten, zum ersten Mal sexualisierte Gewalt ausüben. „Wie alt warst du, als du es (zum ersten Mal) gemacht hast?" Die kumulierten Altersangaben für Jugendliche, die Regel- bzw. Berufliche Schulen besuchen, sind in Abbildung 4.3 zu sehen. Um Verzerrungen der Anteile je Altersjahrgang zu vermeiden, betrachten wir in der Speak! Hauptstudie nur die 15-Jährigen oder Älteren, die auf den Zeitraum, den wir in Abbildung 4.3 zugrunde legen (bis 14 Jahre), bereits zurückblicken können. Um die Alterskurve bei der Studie an Beruflichen Schulen bis zum Alter von 16 Jahren darstellen

Abbildung 4.3: Erstausübungsalter sexualisierter Gewalt – getrennt nach Speak! Studie

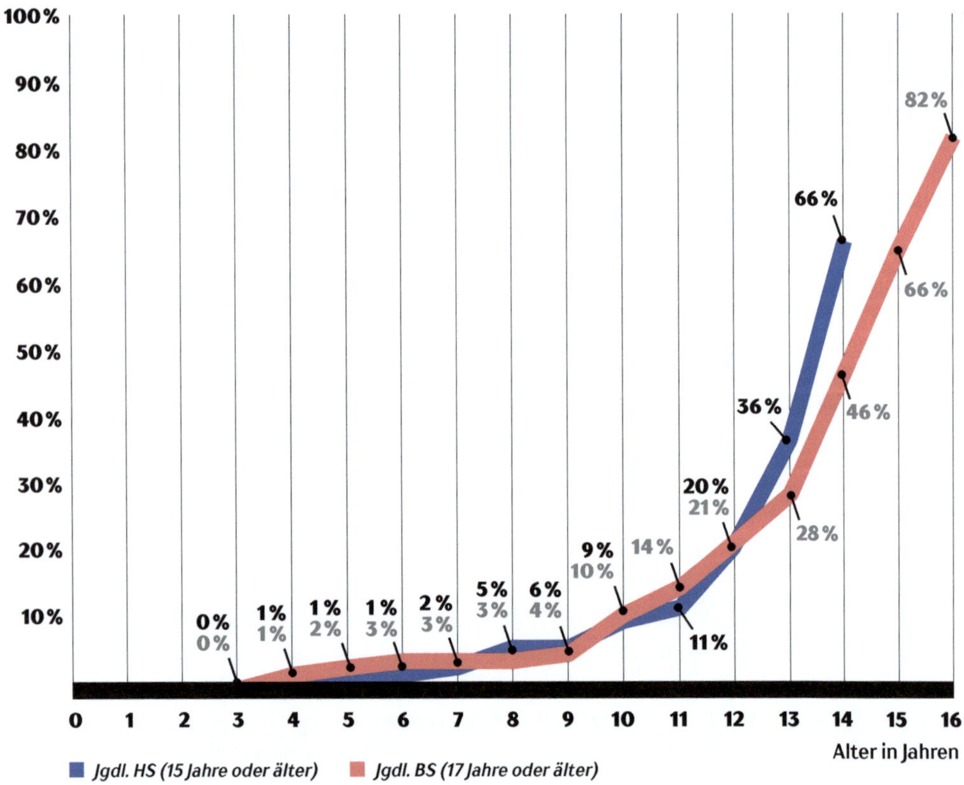

Basis: Jugendliche, die selbst schon einmal sexualisierte Gewalt ausgeübt haben. Quellen: Speak! Hauptstudie (Regelschulen; 'Jgdl. HS'), nur 15-Jährige oder ältere Befragte, $n_{gewichtet} = 239$; Speak! Berufliche Schulen ('Jgdl. BS'), nur 17-Jährige oder ältere Befragte, $n_{gewichtet} = 151$. Anmerkung: Vergleichbare Daten für die Jugendlichen, die Förderschulen besuchen, liegen nicht vor.

zu können, sind hier nur die Jugendlichen einbezogen, die 17 Jahre oder älter sind. Beide Einschränkungen sind notwendig, um Verzerrungen durch rechtszensierte Verlaufsdaten zu vermeiden.

In Bezug auf die Aggressor:innen zeigt sich, dass das Erstausübungsalter – genauer: das Alter, in dem Aggressor:innen zum ersten Mal Handlungen ausführen, „die mit sexueller Gewalt zu tun haben" – bei beiden Linien (blau: Hauptstudie; rötlich: Studie Berufliche Schulen) bis zum Alter von ca. 11 Jahren nur relativ langsam ansteigt, um dann recht steil (vor allem ab 12 Jahren) anzuwachsen. Im Vergleich zum Ersterlebensalter selbst erfahrener sexualisierter Gewalt (siehe Kapitel 2.4) sind die Abweichungen nicht sehr groß. Dies spricht dafür, dass sexualisierte Gewalt häufig in der sensiblen Altersphase des Übergangs vom Kind zum Jugendlichen erstmalig erlebt und ausgeübt wird. In der Hauptstudie haben zwei Drittel derjenigen (15-Jährigen oder Älteren), die angegeben haben, sexualisierte Gewalt ausgeübt zu haben, dies bis zum Alter von 14 Jahren das erste Mal getan. In der Studie zu den Beruflichen Schulen haben 82 % der (17-Jährigen oder älteren) Aggressor:innen dies bis zum Alter von 16 Jahren zum ersten Mal getan. Zusammengefasst heißt dies für beide Studien, dass die überwiegende Mehrheit derjenigen, die sexualisierte Gewalt ausüben, zum ersten Mal spätestens bis zum Alter von 16 Jahren als Aggressor:in in Erscheinung tritt.

5 — Täter:innen und Tatkontexte

Wer sind die Täter:innen, durch die die betroffenen Jugendlichen sexualisierte Gewalt erleben, und welche Tatkontexte sind besonders risikoreich? Mit beiden Fragen wollen wir uns in diesem Kapitel auseinandersetzen.

5.1 TÄTER:INNEN

Gehen wir zunächst der Frage nach, wer die Täter:innen sind, durch die die Betroffenen sexualisierte Gewalt erlebt haben. Aus einer Liste von insgesamt 39 vorgegebenen Personen bzw. Personengruppen – es wurde jeweils die männliche und weibliche Form gelistet (z. B. Partner oder Partnerin etc.) – konnten die Befragten mit Blick auf nicht-körperliche sexualisierte Gewalt bis zu sechs und mit Blick auf körperliche sexualisierte Gewalt bis zu vier Täter:innen(-gruppen) auswählen (Mehrfachantworten). Eine zusätzliche Option bestand darin, auch nicht in der Liste enthaltene Personen handschriftlich einzutragen. Zu betonen ist, dass außer in den Fällen, in denen nur *eine einzige* Erfahrungsform im Bereich nicht-körperlicher bzw. körperlicher sexualisierter Gewalt von den Betroffenen angegeben wurde, kein *eindeutiger* Bezug zwischen der Angabe des:der Täter:in und einer *spezifischen* Erfahrungsform hergestellt werden kann. Der Bezug zum Bereich nicht-körperlicher bzw. zum Bereich körperlicher sexualisierter Gewalt ist hingegen eindeutig möglich.

Die folgenden Anteilsangaben in Tabelle 5.1 beziehen sich auf die Zahl der Fälle (Betroffene).

Die Rangliste bei *nicht-körperlichen* Formen sexualisierter Gewalt wird in allen drei Studien angeführt von der männlichen fremden bzw. unbekannten Person: Von den betroffenen (jüngeren) Befragten in der Hauptstudie sind es 41 %, die diese Täterkategorie angeben, bei den Förderschüler:innen 39 % und bei den betroffenen (älteren) Jugendlichen an den Beruflichen Schulen geben dies 52 % an. Die weibliche unbekannte Person wurde demgegenüber von 7 % bzw. 8% der jüngeren Betroffenen und von 14 % der älteren Betroffenen (Berufliche Schulen) und damit deutlich seltener angegeben. Mit Abstand zur männlichen fremden/unbekannten Person folgen in der Rangreihe der Täter:innen der Mitschüler (in der Hauptstudie von 35 % der Betroffenen angegeben), der Freund (28 % in der Hauptstudie) und der Bekannte (in der Hauptstudie 16 %). Diese vier männlichen Tätergruppen dominieren in allen drei Studien – mit etwas unterschiedlichen Anteilen. Mit größerem Abstand dazu folgen Partner und Ex-Partner. Die weiblichen Pendants dazu werden jeweils deutlich seltener genannt.

Männliche Familienangehörige werden in den drei Studien zu fast identischen Anteilen – zwischen 5 % und 6 % der Betroffenen geben diese Gruppe an – als Täter angeführt. Etwas überraschend geben 7 % der von nicht-körperlicher sexualisierter Gewalt betroffenen Förderschüler:innen weibliche Familienangehörige an. Hier liegt die Quote einer weiblichen Täterinnengruppe höher als beim männlichen Pendant – eine der wenigen Ausnahmen in Tabelle 5.1. Männliche Erwachsene aus Institutionen, beispielsweise Lehrkräfte, werden zu 1 % bis 3 % von den Befragten genannt, weibliche Erwachsene aus institutionellen Zusammenhängen so gut wie keine.

Personen aus betrieblichen Zusammenhängen wurden nur in der Studie Berufliche Schulen erfragt: 6 % der von nicht-körperlicher sexualisierter Gewalt betroffenen Jugendlichen geben diese Personengruppe als Täter im Zusammenhang ihrer Ausbildung an (2 % nennen weibliche Personen aus dem betrieblichen Zusammenhang). Betrachten wir hier nur die Betroffenen, die in betrieblicher (dualer) Ausbildung sind, steigen diese Quoten auf 11 % bzw. 3 % (ohne Abbildung).

Die unteren beiden Zeilen in Tabelle 5.1 hinzunehmend wird deutlich, dass die allermeisten Täter:innen den Betroffenen bekannt sind. Zwischen 71 % und 78 % der von nicht-körperlicher sexualisierter Gewalt betroffenen Jugendlichen geben eine ihnen bekannte Person als Täter:in an. Zwischen 42 % und 57 % der Betroffenen nennen ihnen unbekannte Täter:innen. Wie zu erwarten, überwiegen die betroffenen Jugendlichen, die einen männlichen Täter angeben: Zwischen 86 % und 91 % berichten von männlichen Tätern. Weibliche Täterinnen werden von etwa einem Viertel (27 % Hauptstudie) bzw. von einem guten Drittel (38 % Förderschule und 35 % Berufliche Schulen) der betroffenen Jugendlichen genannt.

Die Täter:innen im Bereich der *körperlichen sexualisierten Gewalt* teilen sich wie folgt auf: An erster Stelle stehen die männlichen unbekannten Personen. Sie werden von den Jugendlichen, die körperliche sexualisierte Gewalt erlebt haben, zu je 32 % (Hauptstudie und Förderschule) und 38 % (Berufliche Schulen) als Täter genannt. Nach der männlichen unbekannten Person liegen auch bei körperlicher sexualisierter Gewalt der Freund, der Mitschüler und der Bekannte auf den darauffolgenden Rangplätzen. Hinzu kommt der Ex-Partner. Dieser wird von 10 % bis 15 % der Betroffenen als Täter angegeben. Von den von körperlicher sexualisierter Gewalt betroffenen Jugendlichen an Beruflichen Schulen geben 4 % männliche Personen aus betrieblichen Zusammenhängen an (0,3 % weibliche Personen). Betrachten wir hier nur die Betroffenen, die in betrieblicher (dualer) Ausbildung sind, steigen diese Quoten auf 9 % bzw. 0,5 % (ohne Abbildung).

Tabelle 5.1: Anteil der betroffenen Jugendlichen, die sexualisierte Gewalt durch die jeweilige Täter:innengruppe (Auswahl) erfahren haben – getrennt nach Speak! Studie

	Jugendliche Hauptstudie (Regelschulen)		**Jugendliche Förderschulen**		**Jugendliche Berufliche Schulen**	
Täter:innen(-gruppe)	Nichtkörp. sex. Gewalt	Körp. sex. Gewalt	Nichtkörp. sex. Gewalt	Körp. sex. Gewalt	Nichtkörp. sex. Gewalt	Körp. sex. Gewalt
Männliche fremde, unbekannte Person (Weibliche fremde, unbekannte Person)	41 % (7 %)	32 % (5 %)	39 % (8 %)	32 % (8 %)	52 % (14 %)	38 % (6 %)
Mitschüler (Mitschülerin)	35 % (12 %)	16 % (2 %)	20 % (12 %)	10 % (4 %)	38 % (15 %)	12 % (4 %)
Freund (Freundin)	28 % (9 %)	29 %[1] (8 %)	28 % (8 %)	15 % (3 %)	19 % (7 %)	21 % (6 %)
Bekannter (Bekannte)	16 % (4 %)	15 % (3 %)	6 % (3 %)	12 % (4 %)	21 % (5 %)	22 % (3 %)
Partner (Partnerin)	2 % (1 %)	5 % (2 %)	4 % (2 %)	0 % (2 %)	3 % (1 %)	6 % (0,2 %)
Ex-Partner (Ex-Partnerin)	7 % (2 %)	12 % (3 %)	10 % (5 %)	10 % (0,4 %)	13 % (3 %)	15 % (2 %)
Männliche Familienangehörige[1] (Weibl. Familienangehörige)	5 % (2 %)	5 % (1 %)	6 % (7 %)	16 % (3 %)	6 % (2 %)	7 % (0,5 %)
Männliche Erwachsene aus Institutionen[2] (Weibl. Erwachsene aus Institutionen)	1 % (0 %)	2 % (0,5 %)	2 % (0 %)	1 % (3 %)	3 % (0,2 %)	3 % (0,2 %)
Sonstige Personen[3]	3 %	4 %	1 %	0,4 %	5 %	5 %
Männliche Personen aus betrieblichen Zusammenhängen[4] (Weibliche Personen aus betrieblichen Zusammenhängen)	-	-	-	-	6 % (2 %)	4 % (0,3 %)
Eine Gruppe von Täter:innen	4 %	3 %	7 %	0,4 %	3 %	1 %
Bekannte Personen (Unbekannte Personen)	77 % (45 %)	79 % (33 %)	71 % (42 %)	77 % (36 %)	78 % (57 %)	79 % (43 %)
Männliche Personen (Weibliche Personen)	91 % (27 %)	86 % (19 %)	86 % (38 %)	87 % (24 %)	91 % (35 %)	85 % (18 %)

Basis: Von sexualisierter Gewalt betroffene Jugendliche, die einen Täter/eine Täterin angegeben haben. Quellen: Speak! Hauptstudie (Regelschulen) $n_{gewichtet}$ = 1.076 (nicht-körperliche sex. Gewalt), $n_{gewichtet}$ = 534 (körperliche sex. Gewalt); Speak! Förderschulen $n_{gewichtet}$ = 77 (nicht-körperliche sex. Gewalt), $n_{gewichtet}$ = 49 (körperliche sex. Gewalt); Speak! Berufliche Schulen $n_{gewichtet}$ = 606 (nicht-körperliche sex. Gewalt), $n_{gewichtet}$ = 405 (körperliche sex. Gewalt). Anmerkungen: 1) Männliche/weibliche Familienangehörige: Vater, Stiefvater/Pflegevater, Freund/Lebensgefährte der Mutter, Stiefbruder/Adoptivbruder/Pflegebruder, Bruder, (anderer) männlicher Verwandter – und das jeweilige weibliche Pendant. 2) Männliche/weibliche Erwachsene aus institutionellen Zusammenhängen: Lehrer, Erzieher, Trainer im Verein, Sozialpädagoge, Erwachsener aus der Kirchengemeinde, Arzt – und das jeweilige weibliche Pendant. 3) Sonstige (u. a. in einer offenen Antwortmöglichkeit) angegebene Personen, z. B. Nachbarn. 4) Personen aus betrieblichen Zusammenhängen: Vorgesetzter, Ausbilder, Kollege, Auszubildender, Kunde – und das jeweilige weibliche Pendant. Mehrfachnennungen möglich.
In Tabelle 5.1 sind die Ergebnisse gegenüber früheren Publikationen insofern aktualisiert, als (vereinzelt vorkommende) Doppelnennungen nur einmal mit Blick auf die Quote der Betroffenen gezählt werden. Ein Betroffener, der beispielsweise zweimal (innerhalb der Zahl der möglichen Nennungen) eine ihm unbekannte männliche Person als Täter angegeben hat, wird in der aktualisierten Version nur einmal gezählt – also nur einmal als ein Betroffener, der sexualisierte Gewalt durch eine ihm unbekannte männliche Person erfahren hat. Das in SPSS als Standardverfahren zur Auswertung von Mehrfachnennungen (Listenabfrage mit der Möglichkeit, mehrere Angaben aus einer Liste auszuwählen) implementierte Verfahren Multiple Response, auf das wir bisher zurückgegriffen haben, berücksichtigt solche Doppelzählungen nicht hinreichend. Abweichungen ergeben sich auch zum Kurzbericht zu den Förderschulen. Sie sind bedingt durch eine zwischen den drei Studien angepasste Auswahl der gültigen Fälle für die Analysen. Diese war bei älteren Publikationen noch nicht berücksichtigt.

Fassen wir bei den Jugendlichen aus den Beruflichen Schulen – hier liegen die Zahlen im Vergleich der Studien besonders hoch – die Ex-Partner (15 % der Betroffenen nennen ihn als Täter) und Partner (6 %) als Beziehungstäter auf, stellen (ehemalige) Partnerschaften einen durchaus risikoreichen Tatkontext für körperliche sexualisierte Gewalt dar (bei den jüngeren Jugendlichen aus der Hauptstudie liegen die Zahlen etwas niedriger: 12 % und 5 %). Nehmen wir die männlichen Bekannten (von 22 % der Betroffenen als Täter genannt) bei den älteren Jugendlichen (Berufliche Schulen) hinzu, ergibt sich ein Kontext, der von Taten rund um Beziehung und männliche Bekanntschaft dominiert wird. Bei den jüngeren Betroffenen ist dieser Kontext zwar weniger ausgeprägt, jedoch auch als eindeutiger Risikokontext zu sehen.

Auch bei körperlichen Formen sexualisierter Gewalt geben die meisten Betroffenen an, dass der Täter/die Täterin ihnen bekannt war. Der weit überwiegende Teil der Täter:innen ist männlich; jedoch liegt der Anteil, der männliche Täter angibt, gegenüber den Formen nicht-körperlicher sexualisierter Gewalt in der Hauptstudie und in Beruflichen Schulen etwas niedriger. Deutlich weniger Betroffene geben im Vergleich zum Bereich der nicht-körperlichen sexualisierten Gewalt weibliche Täterinnen an – um ca. 8 bis 17 Prozentpunkte weniger.

ZUSAMMENFASSUNG

Die allermeisten der Täter:innen sind den Betroffenen bekannt und stammen, trotz der recht hohen Werte, die auf die unbekannte männliche Person fallen, aus dem näheren Umfeld wie Mitschüler:innen und Bekannte, Erwachsene aus institutionellen oder betrieblichen Zusammenhängen (bei den Befragten aus der Studie Berufliche Schulen) oder auch aus dem Nahbereich wie Freund:innen, (Ex-)Partner:innen und Familienangehörige. Zudem verdeutlichen die Zahlen, dass überwiegend männliche Täter genannt werden. Weibliche Täterinnen treten bei Formen nicht-körperlicher sexualisierter Gewalt (teils in nicht unerheblichem Ausmaß) in Erscheinung, aber bei Weitem weniger, wenn es um körperliche sexualisierte Gewalt geht.

Partner, Ex-Partner und Bekannte ergeben zusammengenommen, vor allem für die älteren Jugendlichen (Berufliche Schulen) und in Bezug auf körperliche sexualisierte Gewalt, einen spezifischen risikoreichen Tatkontext rund um Beziehung und männliche Bekanntschaft. Anschlussfähig ist dieser Befund an Studien zu sexualisierten Übergriffen in gegengeschlechtlichen Beziehungen (Fineran & Bolen, 2006), zu „Dating Violence" (u. a. Hill & Kearl, 2011) bzw. sexualisierter Gewalt in den ersten Liebesbeziehungen (Brzank, Blättner & Liepe, 2013). Beschrieben werden dort Verhaltensweisen, die sowohl emotionalen Missbrauch als auch verbale Angriffe, Bedrohungen und sexuellen Missbrauch beinhalten, ausgeführt von Dating- und Ex-Dating-Partnern. Annähernd eine von zehn High-School-Schülerinnen erfährt physische Gewalt in solchen Settings wie eine amerikanische Studie zeigt (Hill & Kearl, 2011). Zu ähnlichen Ergebnissen kommt auch eine deutsche Studie (Krahé, 2009): Mehr als jede zehnte weibliche Jugendliche wurde von einem Partner durch verbalen Druck zu unfreiwilligen sexuellen Handlungen gebracht. Ein Befund, den Tabelle 5.1 unterstützt.

Familienangehörige als Täter:innen (auch hier sind es überwiegend männliche Täter) werden über die Hauptstudie und die Berufsschulstudie hinweg in etwa zu gleichen Anteilen mit Blick auf nicht-körperliche und körperliche Gewalt genannt. Jugendliche Betroffene, die Förderschulen besuchen, nennen im Vergleich mit 16 % häufiger männliche Familienangehörige als Ausübende körperlicher sexualisierter Gewalt.

5.2 ALTER DER TÄTER:INNEN

Von besonderem Interesse ist das Alter der Täter:innen. In der Speak! Hauptstudie und der Studie Speak! Berufliche Schulen haben wir mit Blick auf körperliche Formen sexualisierter Gewalt die Betroffenen gebeten, das Alter der Täter:innen einzuschätzen. In Abbildung 5.1 sind die kumulierten Prozentanteile für die Altersjahrgänge der Täter:innen abgebildet – Prozentuierungsbasis ist hier ausnahmsweise die Zahl der genannten Täter:innen (Nennungen).

Abbildung 5.1: (Kumulierte) Alterslinie: Täter:innen körperlicher sexualisierter Gewalt – getrennt nach Speak! Studie

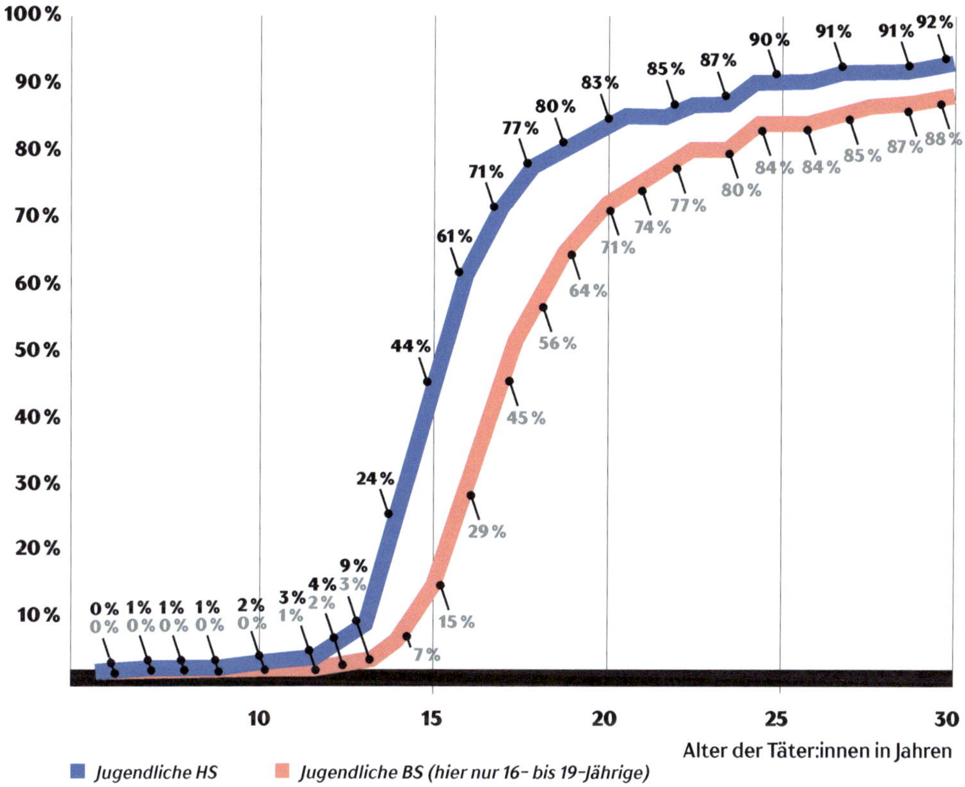

Basis: Gesamtzahl der von den von körperlicher sexualisierter Gewalt betroffenen Jugendlichen angegebenen Täter:innen (Nennungen). Quellen: Speak! Hauptstudie (Regelschulen; 'Jugendliche HS') $n_{gewichtet}$ = 534; Speak! Berufliche Schulen ('Jugendliche BS') $n_{gewichtet}$ = 256 (hier nur 16- bis 19-Jährige).

Aus Abbildung 5.1 lässt sich ablesen, wie hoch der Anteil der Täter:innen eines bestimmten Alters an allen Täter:innen ist. Lesebeispiel: 71 % der von den Jugendlichen an Beruflichen Schulen genannten Täter:innen sind 20 Jahre oder jünger. 83 % der von den Jugendlichen an Regelschulen genannten Täter:innen sind 20 Jahre oder jünger. Diese Prozentsätze deuten bereits darauf hin, dass es sich bei den Täter:innen in recht großer Zahl um in etwa Gleichaltrige handelt.

Gehen wir dieser Perspektive auf die Gleichaltrigen als Täter:innen genauer nach. Bezogen auf die jüngeren Betroffenen der Hauptstudie (blaue Linie) sind knapp drei Viertel (73 %) der Täter:innen zwischen 12 und 18 Jahre alt – also in etwa gleichen Alters wie die Befragten. Bei den älteren Betroffenen aus den Beruflichen Schulen haben wir nur die Angaben der 16- bis 19-jährigen Betroffenen herangezogen, da die Definition von ‚Gleichaltrigen' sonst erschwert wäre (an den Beruflichen Schulen ist ja ein gewisser Teil der Befragten älter als 19 Jahre alt; siehe Kapitel 11). Betrachten wir nur die 16- bis 19-Jährigen, so liegt der Anteil an den in etwa gleichaltrigen Täter:innen mit 72 % (bei den 12- bis 21-jährigen Täter:innen) ähnlich zur Studie an den Regelschulen. Damit lässt sich der Befund, dass die Mehrheit der von den Betroffenen angegebenen Täter:innen in etwa Gleichaltrige sind untermauern.

Viktimisierung durch Erwachsene und/oder Jugendliche

Im vorangegangenen Abschnitt haben wir uns auf die Gesamtheit der genannten Täter:innen bezogen. Dabei haben wir gesehen, dass die Mehrheit der Täter:innen in etwa gleichen Alters wie die Betroffenen sind. In diesem Abschnitt wollen wir die Perspektive ändern und untersuchen, wie viele der Betroffenen von Jugendlichen bzw. von Erwachsenen viktimisiert wurden. Basis der Analyse sind also (wieder) die Betroffenen, nicht wie eben die Täter:innen.

Hierzu haben wir für die Hauptstudie zunächst die von den Betroffenen genannten Täter:innen in zwei Gruppen eingeteilt: die Gruppe der jugendlichen Täter:innen (0 bis 17 Jahre) und die Gruppe der erwachsenen Täter:innen (18 Jahre oder älter). Dabei zeigt sich, dass 77 % der von körperlicher sexualisierter Gewalt betroffenen 14- bis 16-Jährigen, die Regelschulen besuchen, eine:n Täter:in im Alter bis 17 Jahren angeben. *38 % haben körperliche sexualisierte Gewalt von Erwachsenen, d. h. durch 18-Jährige oder ältere, erlebt.*

Bei der Studie an den Beruflichen Schulen haben wir die Altersgrenzen der Täter:innen mit Blick auf das höhere Alter der Befragten anders zugeschnitten: Hier unterscheiden wir die jugendlichen Täter:innen (0–20 Jahre) und die erwachsenen Täter:innen (21 Jahre oder älter; auch hier beziehen wir uns bei den Analysen nur auf die Angaben der 16- bis 19-jährigen Betroffenen). Die Befunde für die Beruflichen Schulen zeigen, dass – unter der eben genannten Definition – 80 % der 16- bis 19-jährigen Betroffenen an den Beruflichen Schulen Jugendliche als Täter:innen für körperliche sexualisierte Gewalt angeben. *38 % der Betroffenen geben Erwachsene, das heißt 21-jährige oder ältere Personen, als Täter:innen an.*

Die Quote der Viktimisierung durch in etwa Altersgleiche liegt bei beiden Studien etwa ähnlich hoch bei 77 %–80 %. Das Risiko, durch ältere Täter:innen viktimisiert zu werden, ist bei beiden Studien mit je 38 % identisch.

Zusammenhänge

Betrachten wir zur Viktimisierung durch Gleichaltrige bzw. Erwachsene einige Zusammenhänge:

- **Alter der Betroffenen:** Zunächst nicht überraschend (aufgrund unserer Altersdefinition), hängt der Anteil von Betroffenen in der Hauptstudie, die körperliche sexualisierte Gewalt durch Erwachsene erlebt haben, vom Lebensalter der Betroffenen ab: Von den 14-Jährigen der Hauptstudie geben 30 % der von sexualisierter Gewalt Betroffenen an, dass (auch) Erwachsene Täter:innen waren. Bei den 16-Jährigen steigt dieser Anteil signifikant auf 47 %. Gleichzeitig geht der Anteil von Betroffenen mit dem Alter zurück, der körperliche sexualisierte Gewalt durch Jugendliche erlebt hat. Ein Befund, der sich nicht zwangsweise aus dem Alterszuschnitt ergibt. Die gleiche Tendenz ist auch bei den älteren Betroffenen der Studie an den Beruflichen Schulen zu beobachten.
- **Geschlecht:** Etwas mehr weibliche Jugendliche geben (im Vergleich mit männlichen Gleichaltrigen) Täter:innen über 18 Jahre (Hauptstudie) bzw. 20 Jahre (Berufliche Schulen) an. Der Unterschied ist allerdings in beiden Studien nicht signifikant.
- **Schulform/Bildungsgang:** Hinsichtlich der Schulform fällt auf, dass Jugendliche, die Gesamtschulen besuchen, mit 53 % deutlich häufiger Erwachsene als Täter:innen angeben, als dies in anderen Schulformen/Bildungsgängen der Fall ist. An den Gymnasien beträgt diese Quote 28 %, an den Hauptschulen 41 %. Worauf dieser Unterschied zurückzuführen ist, müssen wir an dieser Stelle offenlassen.
- Die Quote derer, die von Jugendlichen viktimisiert wurden, unterscheidet sich zwischen den verschiedenen Bildungsgängen nicht. Dies gilt für die Hauptstudie wie für die Studie an den Beruflichen Schulen.
- **Sozioökonomischer Status:** Ein signifikanter Unterschied zeigt sich in der Hauptstudie mit Blick auf die soziale Schicht der Jugendlichen. Jugendliche aus der unteren Mittelschicht geben mit 51 % häufiger eine Viktimisierung durch Erwachsene zu Protokoll als Jugendliche aus der Oberschicht mit 34 %. Ein solcher Befund zeigt sich in der Berufsschulstudie nicht.
- **Migrationshintergrund:** Unterschiede hinsichtlich des Migrationshintergrunds finden sich mit Blick auf das Alter der Täter:innen weder in der Hauptstudie noch in der Berufsschulstudie.
- **Erfahrungsformen sexualisierter Gewalt:** Jugendliche, die von indirekten Formen körperlicher sexualisierter Gewalt (zu Nacktaufnahmen, auch pornografischen Aufnahmen, gedrängt oder gezwungen zu werden; dazu gedrängt oder gezwungen zu werden, sich auszuziehen) betroffen sind, geben etwas häufiger (mit 45 %) Erwachsene als Täter:innen an. Bei den von anderen Formen sexualisierter Gewalt Betroffenen liegt diese Quote bei 34 %. Dieser Befund gilt auch mit annähernd gleichen Prozentzahlen für Befragte, die vom (versuchten) erzwungenen Geschlechtsverkehr berichten: Auch sie weisen eine höhere Quote an Betroffenheit durch erwachsene Täter:innen auf, als dies in anderen Bereichen sexualisierter Gewalt der Fall ist. Beide Befunde lassen sich in der Berufsschulstudie nicht bestätigen (trotz der auf das Alter der Befragten adjustierten Definition von ‚Erwachsenen‘).

5.3 TATKONTEXTE

Wo bzw. in welchem Kontext findet sexualisierte Gewalt statt? Aus einer Liste von insgesamt 34 vorgegebenen Orten (eine zusätzliche Option bestand darin, auch nicht in der Liste enthaltene Orte handschriftlich einzutragen) konnten die Befragten bis zu sechs Orte auswählen (Mehrfachantworten) und damit angeben, wo sie nicht-körperliche bzw. körperliche sexualisierte Gewalt erlebt haben. Aus der Perspektive Jugendlicher wird es damit möglich, zu erfassen, welche Umgebungen und Orte besonders risikoreich sind. Die folgenden Anteilsangaben beziehen sich auf die Zahl der Fälle (Betroffene) und nicht auf die Zahl der genannten Orte (Nennungen). Auch hier möchten wir wie mit Blick auf die Täter:innen (siehe Kapitel 5.1) betonen, dass außer in den Fällen, in denen nur *eine einzige Erfahrungsform* im Bereich nicht-körperlicher bzw. körperlicher sexualisierter Gewalt von den Betroffenen angegeben wurde, kein eindeutiger Bezug zwischen dem Ort, wo es geschehen ist, und einer *spezifischen* Erfahrungsform hergestellt werden kann. Der Bezug zum Bereich nicht-körperlicher bzw. zum Bereich körperlicher sexualisierter Gewalt ist hingegen eindeutig möglich.

Betrachten wir zunächst den *nicht-körperlichen Bereich* sexualisierter Gewalt (siehe Abbildung 5.2). Von den Jugendlichen an Regelschulen, die nicht-körperliche sexualisierte Gewalt erlebt haben, geben die meisten die Schule als Ort an (51 % der Betroffenen geben dies an; innerhalb der Schule sind insbesondere das Klassenzimmer und der Pausenhof risikoreiche Orte). Risikoreiche Orte bzw. Tatkontexte sind zudem das Internet (44 % der betroffenen Jugendlichen haben dort nicht-körperliche Formen sexualisierter Gewalt erlebt) und der öffentliche Raum (41 %). Darauf folgen mit 22 % die Party bzw. eine andere Wohnung und mit 15 % das eigene Zuhause. Bei den Jugendlichen, die Förderschulen bzw. Berufliche Schulen besuchen, ist das Profil der Risikoorte hierzu nicht sehr unterschiedlich. Auffällig ist jedoch, dass die „andere Wohnung/ Party" deutlich öfter von den Betroffenen aus der Studie Berufliche Schulen als Tatkontext genannt wird – und damit offensichtlich einen spezifischen Risikoort für die älteren Befragten darstellt. Dies könnte u. a. auf ihre höhere Mobilität zurückzuführen sein.

> ***»Ich habe ständige Angst, belästigt zu werden. Immer wenn es dunkel ist & ich alleine bin. Am schlimmsten ist es vor & nach Partys.«***
>
> O-Ton Speak!

Mit Blick auf das Erleben *körperlicher sexualisierter Gewalt* sieht die Reihenfolge der risikoreichen Tatkontexte anders aus. Hier treten vornehmlich der öffentliche Raum (Straße, Bahnhof, Plätze etc.) sowie bei den Jugendlichen an Regelschulen und an Beruflichen Schulen die „andere Wohnung/Party“ als riskante Orte hervor. Deutlich weniger betroffene Jugendliche verorten demgegenüber ihre Erfahrungen körperlicher sexualisierter Gewalt in der Schule, im Internet oder im eigenen Zuhause.

Wir sehen, dass das Risiko, sexualisierte Gewalt zu erleben, vor allem an den Orten/in den Kontexten ausgeprägt ist, wo Jugendliche mit Altersgleichen zusammentreffen: in der Schule, die eine soziale Arena darstellt, im eher privaten Bereich der „anderen Wohnung“ oder Party sowie im öffentlichen Raum, der einen Großteil des sozialen Lebens Jugendlicher, von der Straße über das Kino bis hin zum öffentlichen Platz, umfasst.

Am seltensten wird der Betrieb als Ort der Erfahrung genannt – das gilt für den nicht-körperlichen wie den körperlichen Bereich. 6 % der von sexualisierter Gewalt Betroffenen geben Orte aus dem betrieblichen Zusammenhang als Tatorte bzw. Tatkontexte an. Betrachten wir hier nur die Betroffenen, die in betrieblicher (dualer) Ausbildung sind, steigt diese Quote auf 9 % bezogen auf nicht-körperliche Erfahrungen und auf 8 % bezogen auf körperliche Erfahrungen.

Allgemein zeigen sich teils deutliche Unterschiede zwischen den Geschlechtern. Nehmen wir als Grundlage die Hauptstudie (ohne Abbildung). Dort geben 46 % der weiblichen Befragten (also knapp die Hälfte), die von nicht-körperlicher sexualisierter Gewalt betroffen sind, an, dass sie diese Erfahrung im öffentlichen Raum gemacht haben. Bei den männlichen Gleichaltrigen sind es nur 33 % – und damit signifikant weniger. Von weiblichen Betroffenen wird zudem insbesondere die Straße/der öffentliche Platz, der Bahnhof/die Bushaltestelle, U-/S-Bahn genannt. Deutlich häufiger geben weibliche Betroffene darüber hinaus das Internet – mit 53 % gegenüber 28 % der männlichen Betroffenen – als Tatkontext an.

Im Gegensatz zu diesen Befunden nennen männliche Betroffene häufiger institutionelle Zusammenhänge wie etwa den Sportverein sowie die Schule. Ein besonderer Risikoort für die männlichen Jugendlichen ist in der Schule dabei das Klassenzimmer (knapp die Hälfte, 49 %, der männlichen Betroffenen berichtet, dass sie dort nicht-körperliche Formen sexualisierter Gewalt erlebt haben, von den weiblichen Betroffenen sind es nur 23 %); riskant ist für sie darüber hinaus der Pausenhof (36 % vs. 17 % bei den weiblichen Betroffenen). Auch die Schulflure und die Klassenfahrt werden von männlichen etwas häufiger als von weiblichen Betroffenen genannt.

Mit Blick auf körperliche Erfahrungen fällt auf, dass sich die Angaben der weiblichen und männlichen Betroffenen nur in einem Punkt signifikant voneinander unterscheiden: Weibliche Betroffene geben mit 52 % häufiger den öffentlichen Raum als Tatkontext an, bei den männlichen Betroffenen sind es 34 %. Auch hier sind es vor allem die Straße bzw. der öffentliche Platz sowie der Bahnhof/die Bushaltestelle, die häufiger genannt werden.

TATKONTEXTE

ANGABEN IN %

Abbildung 5.2: Anteil der betroffenen Jugendlichen, die sexualisierte Gewalt am jeweiligen Ort erfahren haben – getrennt nach Speak! Studie

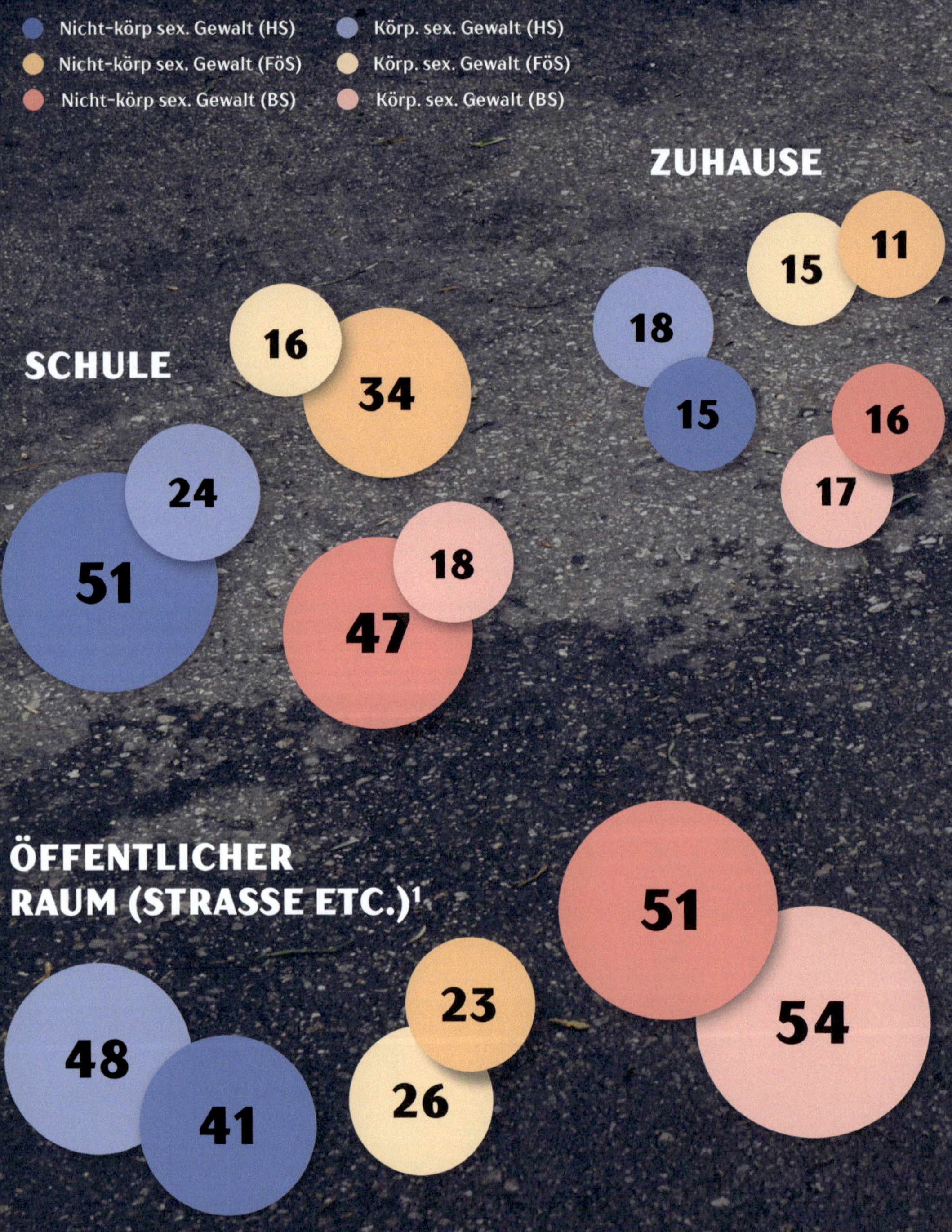

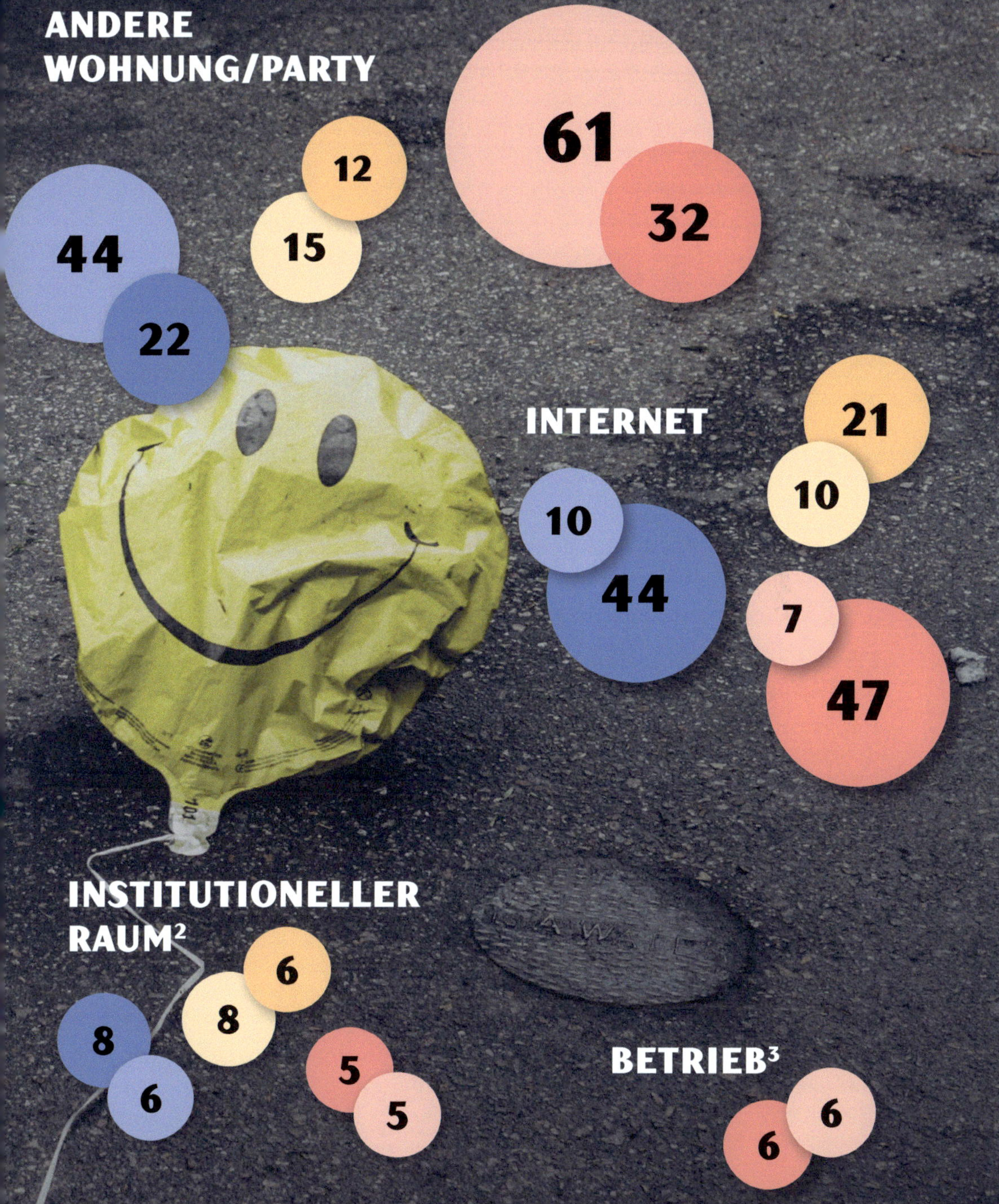

Basis: Von sexualisierter Gewalt betroffene Jugendliche, die einen Tatkontext angegeben haben. Quellen: Speak! Hauptstudie (Regelschulen) $n_{gewichtet}$ = 1.076 (nicht-körperliche sex. Gewalt), 534 (körperliche sex. Gewalt); Speak! Förderschulen $n_{gewichtet}$ = 130 (nicht-körperliche sex. Gewalt), 74 (körperliche sex. Gewalt); Speak! Berufliche Schulen $n_{gewichtet}$ = 642 (nicht-körperliche sex. Gewalt), 425 (körperliche sex. Gewalt).

Anmerkungen:

1) Öffentlicher Raum: Straße, öffentlicher Platz; Park; in/vor Restaurant/Fast-Food-Restaurant; Schwimmbad; Bahnhof/Bushaltestelle; Parkhaus/Tiefgarage/Parkplatz; in/vor Disco/Bar/Club; in/vor Stadion; in/vor Kino; U-Bahn, Bus, S-Bahn, Zug, Straßenbahn; auf der Kirmes; auf einem Musikfestival; auf dem Schulweg.

2) Institutioneller Raum: Kirche/Gemeindehaus; Jugendzentrum/Jugendtreff; Musik-/Kunstschule; Nachhilfe; Krankenhaus; Kindergarten; Hort; Sportverein.

3) Betrieb: Büro; Werkstatt; Küche/Kantine; Dienstwagen; Betriebsfest; Betriebsausflug; auf Geschäfts- oder Dienstreise; Fahrstuhl; Flur; Toiletten; Aufenthaltsraum; Umkleide.

Zusammenfassend lässt sich sagen, dass der öffentliche Raum für weibliche Jugendliche riskanter ist als für männliche. Dies gilt sowohl für nicht-körperliche als auch körperliche sexualisierte Gewalt. Zu den weiteren geschlechtsspezifischen Befunden zählt, dass das Internet für weibliche Jugendliche ein besonderer Risikoort für das Erleben nicht-körperlicher sexualisierter Gewalt ist, während andererseits die Schule und der institutionelle Raum für männliche Jugendliche einen im Vergleich zu weiblichen Jugendlichen besonderen Risikoort für das Erleben nicht-körperlicher Formen darstellt.

Die Fallzahlen für die Förderschulen sind leider zu gering, um sie ähnlich differenziert auszuwerten. Die Befunde für die Jugendlichen aus der Studie Berufliche Schulen sind sehr ähnlich zu denen, die wir bislang ausschließlich für die Hauptstudie berichteten. Auch hier zeigt sich, dass für weibliche Jugendliche der öffentliche Raum und das Internet, für männliche Jugendliche der institutionelle Raum und die Schule risikoreicher mit Blick auf das Erleben nicht-körperlicher sexualisierter Gewalt sind. Allerdings kommt ein interessanter Aspekt hinzu. Männliche Jugendliche geben mit 12 % häufiger den Betrieb als Ort an, an dem sie Formen nicht-körperlicher sexualisierter Gewalt erlebt haben. Bei den weiblichen Betroffenen sind es mit 5 % signifikant weniger. (Leider ist hier eine Differenzierung nach Bildungsgängen zahlenmäßig nicht mehr möglich.)

Erwachsene oder jugendliche Täter:innen an den verschiedenen Orten?

Unterscheiden sich die Orte und Tatkontexte danach, ob in ihnen sexualisierte Gewalt eher von Jugendlichen oder eher von Erwachsenen ausgeht? Gibt es Unterschiede zwischen der Schule, dem Internet, dem öffentlichen und institutionellen Raum, der anderen Wohnung/Party und dem eigenen Zuhause? Zu betonen ist für die folgenden Befunde, dass die Befragten mehrere Täter:innen und Orte mit Blick auf ihre gesamten Erfahrungen angegeben haben und nicht jeder Ort/Tatkontext spezifischen Täter:innen bzw. umgekehrt zugeordnet werden kann. Die Befunde können deshalb nur sehr allgemeine Hinweise geben. Unsere Analysen beziehen sich auf den körperlichen Bereich sexualisierter Gewalt (nur hier haben wir das Alter der Täter:innen abgefragt).

Nachfolgend haben wir den Anteil der von **körperlicher sexualisierter Gewalt** Betroffenen in der Hauptstudie aufgelistet, die bezogen auf den jeweiligen Tatkontext **ausschließlich Jugendliche als Täter:innen (0–17 Jahre alt)** nennen:

1. Schule (72 %)
2. Eigenes Zuhause, andere Wohnung/Party und öffentlicher Raum fast gleichauf (je 53 % bis 54 %)
3. Internet (50 %)
4. Institutioneller Raum (44 %)

Die Schule steht an erster Stelle als Ort, an dem sexualisierte Gewalt erlebt wurde, die nur von Jugendlichen ausgeht. 72 % derjenigen, die körperliche sexualisierte Gewalt in der Schule erlebt haben, geben an, dass es – mit Blick auf alle von ihnen genannten Täter:innen – ausschließlich jugendliche Täter:innen waren. Darauf folgen – auf jeweils fast gleichem Niveau – das eigene Zuhause, die andere Wohnung/Party und der öffentliche Raum mit jeweils gut 50 %. Mit 50 % folgt das Internet und mit 44 % der institutionelle Raum.

Nun zum Anteil der von körperlicher sexualisierter Gewalt Betroffenen in der Hauptstudie, die bezogen auf den jeweiligen Tatkontext **ausschließlich erwachsene Täter:innen (18+)** nennen:

1. Eigenes Zuhause (29 %)
2. Öffentlicher Raum (22 %)
3. Institutioneller Raum, Internet und andere Wohnung/Party fast gleichauf (19 % bis 20 %)
4. Schule (3 %)

Das Profil der Kontexte, in denen häufiger Erwachsene als Täter:innen körperlicher sexualisierter Gewalt genannt werden, unterscheidet sich deutlich von dem der jugendlichen Täter:innen oben. 29 % – und damit der hier höchste Anteil – derjenigen, die sexualisierte Gewalt zu Hause erlebt haben, haben ausschließlich erwachsene Täter:innen angegeben. Deutlich seltener kommt es vor, dass Jugendliche körperliche sexualisierte Gewalt in der Schule erleben und gleichzeitig angeben, dass die Täter:innen ausschließlich Erwachsene waren.

Im Vergleich zu den jüngeren Jugendlichen der Hauptstudie nachfolgend die Angaben der älteren Jugendlichen aus den Beruflichen Schulen:

Ausschließlich jugendliche Täter:innen (0–20 Jahre alt)

1. Schule und andere Wohnung/Party fast gleichauf (je 55 % bzw. 56 %)
2. Öffentlicher Raum (49 %)
3. Zuhause (46 %)
4. Institutioneller Raum und Internet fast gleichauf (je 37 % bis 38 %)
5. Betrieb (30 %)

Von den Jugendlichen, die körperliche sexualisierte Gewalt in der Schule, in einer anderen Wohnung oder auf einer Party erlebt haben, gibt jeweils eine Mehrheit ausschließlich jugendliche Täter:innen an, durch die sie sexualisierte Gewalt erfahren haben. Im Vergleich zu den jüngeren Befragten ist das Profil – abgesehen von leichten Verschiebungen – nicht sehr unterschiedlich. Neu hinzu kommt der Betrieb als Ort auf dem fünften Rang.

Ausschließlich erwachsene Täter:innen (20+)

1. Betrieb (50 %)
2. Institutioneller Raum (31 %)
3. Zuhause (25 %)
4. Internet und öffentlicher Raum fast gleichauf (mit je 21 % bis 22 %)
5. Andere Wohnung/Party (17 %)
6. Schule (3 %)

Mit Blick auf Erwachsene als Täter:innen im Rahmen der verschiedenen Tatkontexte ergibt sich ein anderes Profil. Neu ist hier der Betrieb. 50 % derer, die von körperlicher sexualisierter Gewalt in betrieblichen Zusammenhängen betroffen sind, geben mit Blick auf ihre (gesamten) Erfahrungen ausschließlich erwachsene Täter:innen an. Darauf folgt der institutionelle Raum, dann das eigene Zuhause. Fast gleichauf berichten ältere Jugendliche (Berufliche Schulen) vom Internet und dem öffentlichen Raum, wo ihnen sexualisierte Gewalt durch Erwachsene widerfahren ist, und daran anschließend von der anderen Wohnung/ Party. Nur 3 % derjenigen, die körperliche sexualisierte Gewalt in der Schule erlebt haben, sagen (mit Blick auf ihre gesamten Erfahrungen), dass es ausschließlich Erwachsene waren.

An dieser Stelle ist allerdings nochmals zu betonen, dass kein eindeutiger Bezug zwischen dem Ort, wo es geschehen ist, und den hier untersuchten Täter:innengruppen hergestellt werden kann, da die Betroffenen nur ganz allgemein für alle ihre Erfahrungen die Orte/Kontexte und Täter:innen angegeben haben. Dennoch leisten die Befunde erste Hinweise zum Zusammenhang von Ort/Kontexten und Täter:innen, die darauf hinweisen, dass sexualisierte Gewalt in der Schule, in anderen Wohnungen/Partys überwiegend von Jugendlichen ausgeht und mit Blick auf das eigene Zuhause, den institutionellen und betrieblichen Kontext demgegenüber vermehrt Erwachsene als Täter:innen eine Rolle spielen.

Wo wird sexualisierte Gewalt beobachtet?

Wir haben auch diejenigen, die sexualisierte Gewalt beobachtet haben, gefragt, an welchen Orten sie dies beobachtet haben. Wir konzentrieren uns im

Tabelle 5.2: Anteil der Jugendlichen, die sexualisierte Gewalt am jeweiligen Ort beobachtet haben – getrennt nach Speak! Studie

Ort:	Jugendliche Hauptstudie (Regelschulen)	Jugendliche Berufliche Schulen
Schule	63 %	56 %
Internet	22 %	25 %
Öffentlicher Raum (Straße etc.)[1]	54 %	66 %
Institutioneller Raum[2]	7 %	6 %
Andere Wohnung/Party	29 %	52 %
Zuhause	3 %	2 %
Betrieb[3]	-	6 %

Basis: Jugendliche, die sexualisierte Gewalt beobachtet haben und die den Ort/Kontext angegeben haben, an/ in dem sie das beobachtet haben. Quellen: Speak! Hauptstudie (Regelschulen) $n_{gewichtet}$ = 1.589; Speak! Berufliche Schulen $n_{gewichtet}$ = 720. Anmerkungen: Siehe Abbildung 5.2.

Folgenden auf die beiden zahlenmäßig größten Studien – die Hauptstudie und die Studie an den Beruflichen Schulen.

63 % der Befragten, die Regelschulen besuchen und die sexualisierte Gewalt beobachtet haben, haben sie in der Schule beobachtet. In der Studie Berufliche Schulen sind es mit 56 % etwas weniger. Von den älteren Jugendlichen an Beruflichen Schulen werden demgegenüber häufiger Orte im öffentlichen Raum genannt (66 % der Beobachter:innen geben solche Orte an), gegenüber 54 % bei den jüngeren Befragten an Regelschulen. Die andere Wohnung/Party, und damit eher private Orte, werden verstärkt von älteren Jugendlichen, mit 52 % – das ist jede:r zweite Betroffene – angegeben. Im Vergleich dazu sind dies bei den jüngeren Regelschüler:innen nur 29 %. Wie wir auch schon mit Blick auf die von sexualisierter Gewalt unmittelbar Betroffenen gesehen haben, ist die andere Wohnung/Party für die älteren Jugendlichen ein spezifischer Risikoort – hier

Tabelle 5.3 Anteil der Jugendlichen, die bestimmte Bereiche sexualisierter Gewalt beobachtet haben – getrennt nach Ort/Kontext der Beobachtung und Speak! Studie

Ort:	Jugendliche Hauptstudie (Regelschulen)			Jugendliche Berufliche Schulen		
	Verbale und oder/ schriftliche sex. Gewalt	Konfrontation mit sex. Handlungen	Direkte Formen körperlicher sex. Gewalt	Verbale und oder/ schriftliche sex. Gewalt	Konfrontation mit sex. Handlungen	Direkte Formen körperlicher sex. Gewalt
Schule	64 %	55 %	56 %	56 %	51 %	48 %
Internet	22 %	27 %	21 %	25 %	27 %	25 %
Öffentlicher Raum (Straße etc.)[1]	55 %	65 %	66 %	67 %	76 %	76 %
Institutioneller Raum[2]	7 %	8 %	8 %	6 %	6 %	5 %
Andere Wohnung/ Party	29 %	42 %	41 %	52 %	62 %	62 %
Zuhause	3 %	6 %	4 %	2 %	4 %	3 %
Betrieb[3]	-	-	-	6 %	8 %	6 %

Basis: Jugendliche, die sexualisierte Gewalt beobachtet haben und die den Ort/Kontext angegeben haben, an/in dem sie das beobachtet haben. Quellen: Speak! Hauptstudie (Regelschulen) 452 ≤ $n_{gewichtet}$ ≤ = 1.589; Speak! Berufliche Schulen 275 ≤ $n_{gewichtet}$ ≤ = 720. Anmerkungen: Siehe Abbildung 5.2.

auch für das Beobachten von sexualisierter Gewalt. Das Internet nennen 22 % bzw. 25 % als den Kontext, in dem sie sexualisierte Gewalt beobachtet haben.

Gehen wir den Beobachtungskontexten noch etwas genauer nach und fragen, welche Erfahrungsbereiche sexualisierter Gewalt in welchen Kontexten am häufigsten beobachtet werden. In Tabelle 5.3 ist der Anteil der Beobachter:innen angegeben, die sexualisierte Gewalt – je Erfahrungsbereich – in der Schule, im Internet etc. beobachtet haben.

Bei 64 % derjenigen Teilnehmer:innen an der Hauptstudie, die verbale/oder schriftliche Formen[5] beobachtet haben, geschah die Beobachtung in der Schule, und – als zweithöchster Wert – bei 55 % im öffentlichen Raum. Darauf folgen die andere Wohnung/Party und dann das Internet. Im Vergleich die Konfrontation mit sexuellen Handlungen[6]: Am häufigsten werden diese Formen im öffentlichen Raum beobachtet (65 %), dann in der Schule (55 %) und in der anderen Wohnung/Party (42 %) sowie im Internet (27 %). Die Beobachtung von direkten Formen körperlicher sexualisierter Gewalt[7] verteilt sich anteilsmäßig ähnlich auf diese Orte.

Im Vergleich dazu zeigt sich bei den älteren Jugendlichen (Berufliche Schulen), dass die Schule als Ort der Beobachtung sexualisierter Gewalt über alle Bereiche hinweg etwas an Bedeutung verliert. Dagegen nehmen anteilsmäßig die öffentlichen Orte zu. Die andere Wohnung/Party als Beobachtungsort sexualisierter Gewalt gewinnt am stärksten an Bedeutung: Bei den älteren Jugendlichen (Berufliche Schulen) liegen die Angaben hier bei allen Bereichen sexualisierter Gewalt um jeweils ca. 20 Prozentpunkte über den Angaben der jüngeren Befragten (Regelschulen).

5 Zur Erinnerung: Jemand hat Gerüchte sexuellen Inhalts verbreitet; jemand wurde auf eine negative Art als „schwul" oder „lesbisch" bezeichnet; über jemanden wurden sexuelle Kommentare, Beleidigungen, Witze oder Gesten gemacht.

6 Jemand hat vor einer anderen Person sein/ihr Geschlechtsteil gezeigt (Exhibitionismus); jemand hat eine andere Person gedrängt oder gezwungen, pornografische Bilder, Zeichnungen oder Filme anzuschauen.

7 Jemand hat eine andere Person in sexueller Form am Körper berührt („angetatscht", z. B. Po oder Brust); jemand hat versucht, eine andere Person gegen deren Willen zu küssen; jemand hat eine andere Person am Geschlechtsteil (Penis oder Scheide) berührt.

Wo wird sexualisierte Gewalt ausgeübt (Aggressor:innen)?

Betrachten wir nach den Beobachtungskontexten auch noch jene Kontexte, in denen die Aggressor:innen (siehe Kapitel 4) angeben, sexualisierte Gewalt auszuüben.

Tabelle 5.4: Anteil der Jugendlichen, die sexualisierte Gewalt ausgeübt haben – getrennt nach Ort/Kontext und Speak! Studie

Ort:	Jugendliche Hauptstudie (Regelschulen)	Jugendliche Berufliche Schulen
Schule	69 %	59 %
Internet	17 %	14 %
Öffentlicher Raum (Straße etc.)[1]	36 %	36 %
Institutioneller Raum[2]	8 %	9 %
Andere Wohnung/Party	30 %	42 %
Zuhause	23 %	23 %
Betrieb[3]	-	3 %

Basis: Jugendliche, die sexualisierte Gewalt ausgeübt haben und die den Ort angegeben haben, an dem sie sie ausgeübt haben. Quellen: Speak! Hauptstudie (Regelschulen) $n_{gewichtet}$ = 406; Speak! Berufliche Schulen $n_{gewichtet}$ = 278. Anmerkungen: Siehe Abbildung 5.2.

Aggressor:innen aus der Hauptstudie (die jüngeren Jugendlichen) haben in erster Linie (69 % der Aggressor:innen geben dies an) die Schule als Ort/Kontext für die eigenen Taten genannt. Darauf folgen Orte im öffentlichen Raum (36 %), dann die andere Wohnung/Party (30 %) und schließlich das eigene Zuhause mit 23 %. Im Vergleich dazu geben die Aggressor:innen an den Beruflichen Schulen (also die älteren Jugendlichen) auch die Schule als Hauptort (mit 59 %) an, dann aber gefolgt mit 42 % von der anderen Wohnung/Party und schließlich – gleichauf mit der Hauptstudie – mit 36 % vom öffentlichen Raum. Das eigene Zuhause folgt darauf mit demselben Wert (23 %) wie bei den Aggressor:innen, die Regelschulen besuchen. Fast jede:r Vierte hat sexualisierte Gewalt in diesem privaten Bereich ausgeübt. Auch das Internet als Ort liegt mit 14 % fast gleichauf zur Hauptstudie.

ZUSAMMENFASSUNG

Alles in allem sehen wir in den Analysen zu den Beobachter:innen und Aggressor:innen, dass auch aus diesen Perspektiven die Orte/Kontexte am risikoreichsten sind, die von den direkt Betroffenen am häufigsten genannt werden: Mit Blick auf nicht-körperliche Formen sind das die Schule, der öffentliche und private Raum und mit Blick auf körperliche Formen vor allem der öffentliche und private Raum.

5.4 EIN VERTIEFTER BLICK AUF SEXUALISIERTE GEWALT IN DER KINDHEIT

»Sexuelle Gewalt muss sich beenden, als ich Kind war, habe ich schon ein paar Mal sexualisierte Gewalt erlebt. Solche Dinge vergisst man nicht und das tut wirklich weh, das verletzt mich immer noch, wenn ich mich an die Situation erinnere, und wegen der Dinge, die ich erlebt habe. Ich bin zurückhaltend ein bisschen. Versuche es, nicht [zu] denken. Bitte ich an diejenigen die sexualisierte Gewalt ausüben: dass sie damit aufhören, weil ihr macht uns kaputt!«

O-Ton Speak!

Speak! ist angetreten, die Erfahrungen sexualisierter Gewalt in möglichst all ihren Erscheinungsformen abzubilden. Dazu gehören auch solche, die über strafrechtliche Bestimmungen hinausweisen und die alltägliche sexualisierte Gewalt miteinbeziehen. Sowohl die Prävalenzen aus der Perspektive der direkt Betroffenen als auch der indirekt Betroffenen (Perspektive Beobachtung/Bystander und Perspektive des Hörensagens) sollten erfasst werden, die Folgen für die Betroffenen und verschiedene Zusammenhänge, z. B. Mobbing betreffend, wie auch die Perspektive der jugendlichen Aggressor:innen, verbunden mit Analysen zu Risikoorten, Tatkontexten und Täter:innen. Im Rahmen der Lebenszeitprävalenz, mit der wir ein breites Erfahrungszeitfenster für die Befragten geöffnet haben, spielen die Phasen Kindheit und Jugend eine Rolle. Im Folgenden rücken wir die Phase der Kindheit in den Mittelpunkt und schauen, von welchen Täter:innen in dieser frühen Lebensphase sexualisierte Gewalt ausgeht. Im Vorgriff auf die Befunde aus Kapitel 6.1 zu den Folgen sexualisierter Gewalt lässt sich für die Betroffenen feststellen, dass sexualisierte Gewalt, die ausschließlich von erwachsenen Täter:innen ausgeht, zu höheren Anteilen zu Folgewirkungen physischer oder psychischer Art führt. Vor diesem Hintergrund scheint es plausibel, Erwachsene und ältere Jugendliche als Täter:innen in dieser Phase verstärkt ins Blickfeld zu rücken.

In der hier vorgenommenen Konzentration auf die Kindheit bzw. Kinder als Betroffene, Erwachsene oder ältere Jugendliche als Täter:innen – und insbesondere auf körperliche Formen sexualisierter Gewalt bezogen (nur hier können wir das Alter der Täter:innen abbilden) – wird die Nähe zum ‚sexuellen Kindesmissbrauch' deutlich. Obwohl der Gehalt des Missbrauchsbegriffs im umfassenden Begriff der sexualisierten Gewalt aufgeht, wollen wir an dieser Stelle kurz auf einige Besonderheiten hinweisen.

Welche Handlungen stellen sexuellen Missbrauch dar? Sexueller Missbrauch ist laut § 176 StGB „jede sexuelle Handlung, die an, mit oder vor einem Kind vorgenommen wird" (UBSKM, 2021b). Jeder Versuch, einen solchen sexuellen Kontakt zu einem Kind unter 14 Jahren aufzunehmen, auch unter dem Vorwand, dass das Kind diesem zugestimmt hätte, ist strafbar (ebd.). Sexuelle Handlungen ohne direkten Körperkontakt, wie zum Beispiel Exhibitionismus oder das Zeigen von Pornografie, sind laut § 176 StGB ebenfalls strafbar (ebd.).

Wer wird geschützt? Geschützt werden sollen Kinder bis zum Alter von 14 Jahren mit einer ‚absoluten Schutzaltersgrenze', die der Gesetzgeber in § 176 StGB festgelegt hat. Im Kern geht es darum, „Kindern bis zu ihrem 14. Geburtstag eine Sphäre zu wahren, in der sie ihre eigene Sexualität frei vom Einfluss anderer Menschen entdecken und ihre Fähigkeit zur sexuellen Selbstbestimmung unbeeinträchtigt entwickeln können" (Zinsmeister, 2018, S. 62f.).

Wer kann sich des sexuellen Missbrauchs strafbar machen? „Des sexuellen Missbrauchs Jugendlicher macht sich nach § 182 StGB strafbar, wer einen Jungen oder ein Mädchen in einer Situation zu sexuellen Handlungen nötigt oder die sexuelle Handlung mit Geld entlohnt. Auch Jugendliche im Alter von 14 bis unter 18 Jahren beziehungsweise Heranwachsende zwischen 18 und 21 Jahren können sich auf die soeben genannte Weise strafbar machen. Ist ein Täter oder eine Täterin über 21 Jahre alt, macht sich diese Person nach § 182 StGB strafbar, wenn der/die Betroffene unter 16 Jahre ist und diese/r speziell gegenüber dem/der Täter:in eine „fehlende Fähigkeit zur sexuellen Selbstbestimmung" (UBSKM, 2021b) aufweist.

In diesem Kapitel wollen wir das Alter, in dem Betroffene zum ersten Mal sexualisierte Gewalt erleben (Ersterlebensalter), mit den Täter:innen und deren Alter in Beziehung setzen. Mit beiden Aspekten haben wir uns bislang in getrennten Kapiteln auseinandergesetzt (Kapitel 2.4 und 5.2). Wir wissen aus Kapitel 2.4, dass das Risiko, sexualisierte Gewalt zu erleben, mit dem Übergang von der Kindheit in die Jugend mit Blick auf nicht-körperliche Formen mit etwa 11 Jahren und mit Blick auf körperliche Formen mit etwa 12 Jahren deutlich ansteigt. Sexualisierte Gewalt ist in der Jugendphase besonders virulent. Zudem wissen wir aus Kapitel 5.2 zum Alter der Täter:innen, dass die meisten Täter:innen in etwa gleichen Alters mit den Betroffenen sind und dass das Risiko, sexualisierte Gewalt durch Gleichaltrige zu erfahren, größer ist als das Risiko durch Erwachsene. Sexualisierte Gewalt ist aber nicht auf die Jugendphase und auf gleichaltrige Täter:innen beschränkt. Über das Ersterlebensalter können wir auch einen (vorsichtigen) Blick in die Lebensphase der Kindheit werfen.

Wie ist Kindheit zu definieren? Zieht man die formale Definition der WHO heran, die beispielsweise auch in den Veröffentlichungen der BZgA verwendet wird (Erkens, Scharmanski & Heßling, 2021), so sind Kinder als Personen zu verstehen, die 13 Jahre oder jünger (also noch keine 14 Jahre) sind. Ein solches Vorgehen hätte in unserem Falle aber einen wesentlichen Nachteil. Wie wir zeigen konnten, steigt das Risiko, sexualisierte Gewalt zu erleben, mit 11/12 Jahren stark an. Dieser Anstieg ist vor allem durch sexualisierte Gewalt verursacht, die von in etwa Gleichaltrigen ausgeht. Durch den Einbezug der 13-Jährigen in die Definition von Kindheit würden wir damit den *Anteil* sexualisierter Gewalt durch *Erwachsene* in der Kindheit *unterschätzen*. Wir haben uns deshalb entschieden, den ‚Zuschnitt von Kindheit' an den Grenzen des durch Gleichaltrige verursachten Anstiegs sexualisierter Gewalt zu ziehen. Gleichzeitig müssen für die folgenden statistischen Analysen die Fallzahlen der betrachteten Gruppen ausreichend groß bleiben. Im Ergebnis haben wir entschieden, uns auf das *Ersterlebensalter 12 Jahre oder jünger* zu beziehen. Wir werfen damit einen Blick auf sexualisierte Gewalt *vor dem (starken) Einsetzen* von Peergewalt. Wenn wir im Weiteren von *Kindheit* sprechen, meinen wir also Heranwachsende, die *12 Jahre oder jünger* sind. Die folgenden Analysen beschränken sich auf die beiden teilnahmestärksten Studien (siehe hierzu auch Abbildung 2.11 in Kapitel 2.4). Entsprechende Analysen für Jugendliche, die Förderschulen besuchen, sind aufgrund der niedrigen Fallzahlen nicht möglich.

Tabelle 5.5: Anteil der von sexualisierter Gewalt zum ersten Mal in der Kindheit (mit 12 Jahren oder jünger) Betroffenen an allen betroffenen Jugendlichen – getrennt nach Geschlecht und Speak! Studie

	Jugendliche Hauptstudie (Regelschulen)		**Jugendliche Berufliche Schulen**	
	Erfahrungen im nicht-körperlichen Bereich			
Mindestens eine Form in der Kindheit zum ersten Mal erlebt	25 %		20 %	
	Weibliche Jgdl.	Männliche Jgdl.	Weibliche Jgdl.	Männliche Jgdl.
	20 %***[1]	36 %	22 %	16 %
	Erfahrungen im körperlichen Bereich			
Mindestens eine Form in der Kindheit zum ersten Mal erlebt	18 %		16 %	
	Weibliche Jgdl.	Männliche Jgdl.	Weibliche Jgdl.	Männliche Jgdl.
	18 %	21 %	18 %	7 %

Basis: Jugendliche, die sexualisierte Gewalt erlebt haben. Quellen: Speak! Hauptstudie (Regelschulen), nicht-körperliche Erfahrungen: $n_{gewichtet} = 656$; körperliche Erfahrungen: $n_{gewichtet} = 417$; Speak! Berufliche Schulen, nicht-körperliche Erfahrungen: $n_{gewichtet} = 357$; körperliche Erfahrungen: $n_{gewichtet} = 315$. Anmerkung: 1) Die Testung der Gruppenunterschiede zwischen weiblichen und männlichen Jugendlichen basiert auf einem 2-seitigen Chi-Quadrat-Test je Speak! Studie (*** = $p \leq .001$; ** = $p \leq .01$; * = $p \leq .05$; ohne Kennzeichnung = nicht signifikant).

Tabelle 5.5 zeigt, dass 25 % der Jugendlichen in der Hauptstudie (20 % der Jugendlichen an den Beruflichen Schulen), die nicht-körperliche sexualisierte Gewalt erlebt haben, angeben, dass sie dies zum ersten Mal mit 12 Jahren oder jünger, also in der Kindheit, erlebt haben. Die Befunde für den Bereich der körperlichen sexualisierten Gewalt liegen in beiden Studien mit 18 % bzw. 16 % etwas darunter. Auffällig sind die Unterschiede zwischen männlichen und weiblichen Betroffenen. Von den männlichen (von nicht-körperlicher sexualisierter Gewalt) Betroffenen geben 36 % an, entsprechende Erfahrungen bereits in der Kindheit gemacht zu haben, gegenüber 20 % bei den weiblichen Betroffenen. In der Hauptstudie finden sich auch hinsichtlich körperlicher sexualisierter Gewalt etwas mehr männliche Betroffene (21 % gegenüber 18 % bei den weiblichen), die angeben, körperliche sexualisierte Gewalt das erste Mal bereits in der Kindheit erlebt zu haben. Allerdings ist die Differenz geringer als im Bereich nicht-körperlicher sexualisierter Gewalt. In der Studie an den Beruflichen Schulen ist die Differenz zwischen weiblichen und männlichen Jugendlichen (18 % und 7 %) prägnanter – wenn auch in anderer Richtung: Hier gibt im Vergleich die Gruppe der weiblichen Betroffenen zu einem höheren Prozentsatz an, bereits in der Kindheit zum ersten Mal körperliche sexualisierte Gewalt erlebt zu haben. Über alle Felder in der Tabelle ist zu sehen, dass die Anteile bei den weiblichen Betroffenen zu ihren Erfahrungen in der Kindheit recht konstant sind (zwischen 18 % und 22 % liegend) und bei den männlichen (zwischen 7 % und 36 % liegend) recht stark variieren. Warum die Quoten für die älteren männlichen Befragten aus den Beruflichen Schulen systematisch und deutlich unter denen der jüngeren männlichen Befragten aus der Hauptstudie liegen, muss an dieser Stelle offen bleiben. Erinnerungseffekte müssten bei weiblichen und männlichen Befragten gleichermaßen gelten. Damit können wir den Befund nicht erklären.

Interessant ist ein Vergleich mit der jüngsten Studie ‚Jugendsexualität' der Bundeszentrale für gesundheitliche Aufklärung (Erkens, Scharmanski & Heßling, 2021), in der u. a. erhoben wurde, wann weibliche Jugendliche (das Befragungsalter liegt hier zwischen 14 und 25 Jahren) das erste Mal körperliche sexualisierte Gewalt erlebt haben. 16 % der weiblichen Befragten geben an, dass sie jünger als 14 Jahre alt waren, als sie dies zum ersten Mal erlebten. Unsere Zahlen sind zwar etwas höher, zumal sie sich auf eine ‚kürzere' Kindheit (bis einschließlich 12 Jahre) beziehen, liegen jedoch durchaus im Bereich des Vergleichbaren. An männliche Jugendliche richtet sich diese Frage in der Studie der BZgA nicht, sodass wir die Daten leider nicht vergleichen können.

Wir können festhalten, dass zwischen 16 % und 25 % der von sexualisierter Gewalt betroffenen Befragten entsprechende Erfahrungen bereits in der Kindheit gemacht haben. Im Umkehrschluss heißt dies, dass 75 %–84 % der Betroffenen die Erfahrung sexualisierter Gewalt mit 13 Jahren oder später machen. Dies beschreibt nochmals etwas kompakter den Befund, den wir bereits in Kapitel 2.4 unterstrichen haben, dass das Risiko, sexualisierte Gewalt zu erleben, mit dem Übergang in die Jugendphase deutlich ansteigt.

Körperliche sexualisierte Gewalt in Kindheit und Jugend

Ausgehend von diesem Ergebnis wollen wir in diesem Kapitel den Blick auf die Gruppe derer näher richten, die körperliche sexualisierte Gewalt in der Kindheit erlebt haben. Wir vergleichen sie hierzu mit der Gruppe von Betroffenen, die sexualisierte Gewalt mit 13 Jahren oder später, also erst in der Jugend, erlebt haben. Aufgrund der für diesen Vergleich notwendigen höheren Fallzahlen konzentrieren wir uns auf die Daten der Hauptstudie.

In Abbildung 5.3 zeigt sich ein signifikanter Befund: Diejenigen von sexualisierter Gewalt Betroffenen, die dies zum ersten Mal bereits in der Kindheit erlebt haben, geben häufiger männliche als auch weibliche Familienangehörige als Täter:innen an: In der Hauptstudie geben 13 % männliche bzw. 7 % weibliche Familienangehörige an – gegenüber 2 % bzw. 0 % bei denjenigen, die sexualisierte Gewalt erst im Jugendalter das erste Mal erlebten.

In der Tendenz finden sich noch weitere Befunde, wenngleich diese nicht alle signifikant ausfallen: In der Kindheit Betroffene nennen

- seltener die männliche fremde, unbekannte Person als Täter als die in der Jugendphase Betroffenen.

Sie nennen dagegen häufiger

- bekannte Personen wie auch signifikant häufiger männliche Personen in Institutionen

sowie

- signifikant häufiger Erwachsene (älter als 18 Jahre) als Täter:innen.

Auch dieses Kapitel wollen wir mit dem Hinweis abschließen – wie schon in Kapitel 2.4 –, dass die Erfassung der Erfahrungen sexualisierter Gewalt in der (frühen) Kindheit in standardisierten Dunkelfeldstudien an Grenzen stößt. Sagbar und mitteilbar sind nur die Erfahrungen, die den Betroffenen gegenwärtig sind (siehe auch Kapitel 11).

TÄTER:INNEN(GRUPPEN)

ANGABEN IN %

Abbildung 5.3: Anteil der Betroffenen, die die jeweilige Personengruppe (Auswahl) als Täter:innen körperlicher sexualisierter Gewalt genannt haben – getrennt nach dem Ersterlebensalter (Kindheit oder Jugend), nur Speak! Hauptstudie

Erlebt zum ersten Mal ...

in Kindheit (12 Jahre oder jünger) in Jugend (13 Jahre oder älter)

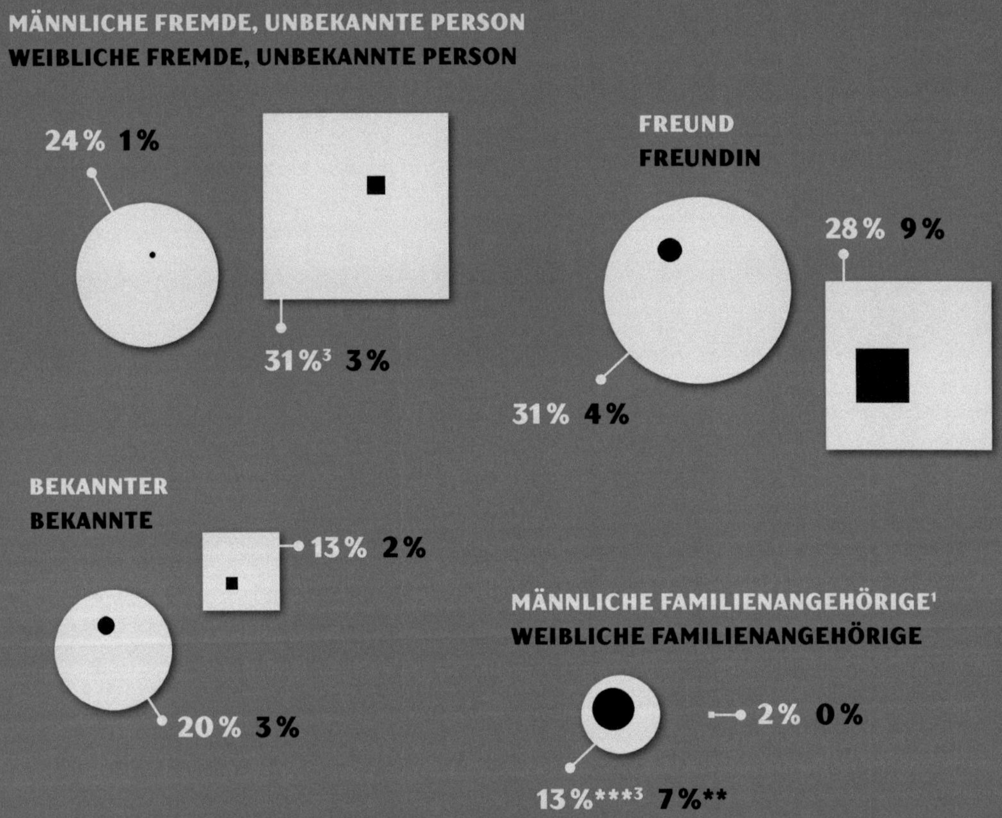

Basis: Jugendliche, die körperliche sexualisierte Gewalt in Kindheit oder Jugend zum ersten Mal erlebt haben. Quelle: Speak! Hauptstudie (Regelschulen) $n_{gewichtet}$, Kindheit = 75, $n_{gewichtet}$, Jugend = 335.

Anmerkungen:

1) Männliche/weibliche Familienangehörige: Vater, Stiefvater/Pflegevater, Freund/Lebensgefährte der Mutter, Stiefbruder/Adoptivbruder/Pflegebruder, Bruder, (anderer) männlicher Verwandter – und das jeweilige weibliche Pendant.

2) Männliche/weibliche Erwachsene aus institutionellen Zusammenhängen: Lehrer, Erzieher, Trainer im Verein, Sozialpädagoge, Erwachsener aus der Kirchengemeinde, Arzt – und das jeweilige weibliche Pendant.

3) Die Testung der Gruppenunterschiede zwischen ‚in der Kindheit erlebt' und ‚in der Jugend erlebt' basiert auf einem 2-seitigen Chi-Quadrat-Test je Speak! Studie (*** = $p \leq .001$; ** = $p \leq .01$; * = $p \leq .05$; ohne Kennzeichnung = nicht signifikant).

Da nicht alle von sexualisierter Gewalt Betroffenen das Ersterlebensalter angegeben haben, sind die Angaben in dieser Abbildung nicht identisch mit Tabelle 5.1.

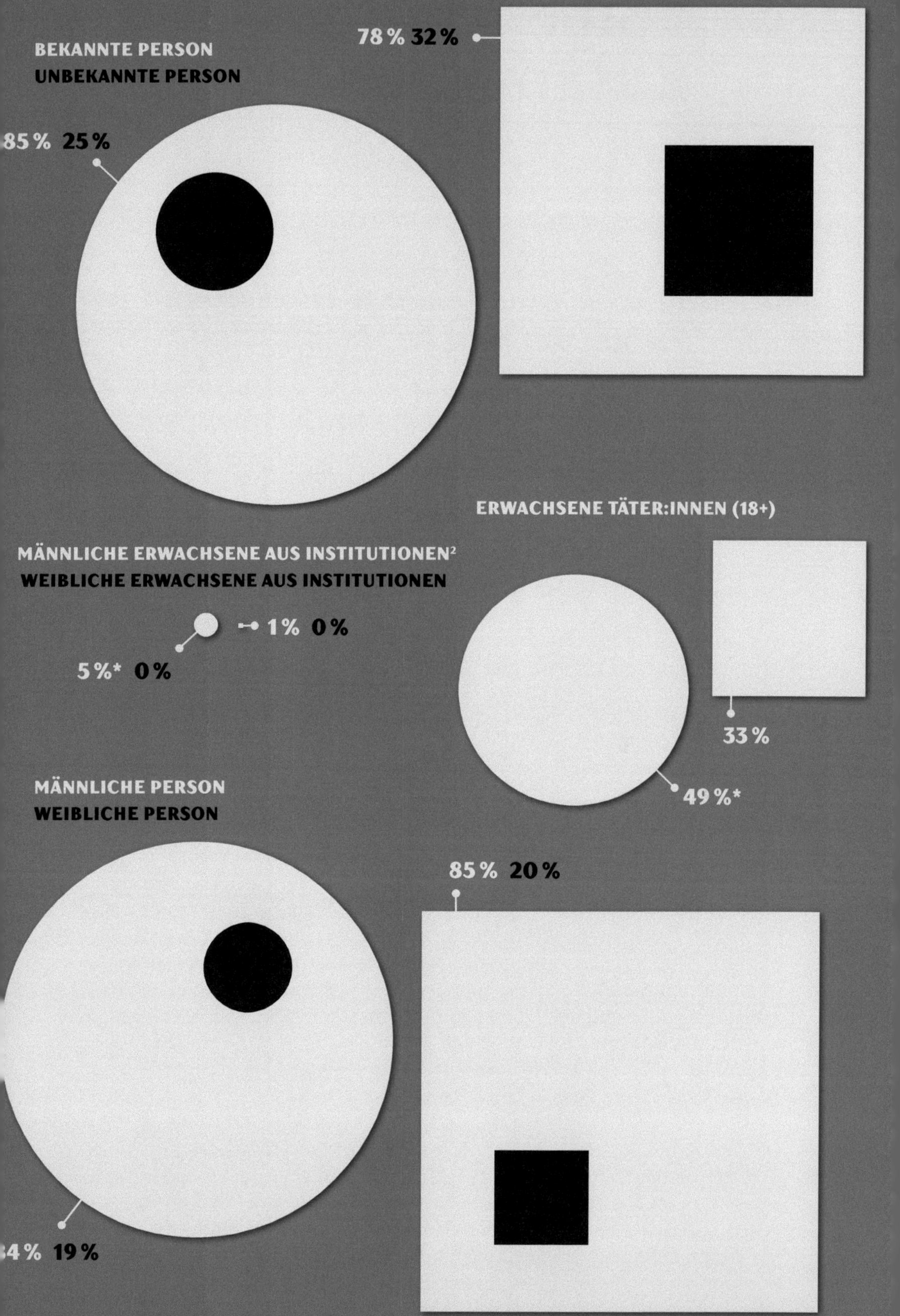

BEKANNTE PERSON
UNBEKANNTE PERSON
78 % 32 %
85 % 25 %
ERWACHSENE TÄTER:INNEN (18+)
MÄNNLICHE ERWACHSENE AUS INSTITUTIONEN[2]
WEIBLICHE ERWACHSENE AUS INSTITUTIONEN
1% 0 %
5 %* 0 %
33 %
49 %*
MÄNNLICHE PERSON
WEIBLICHE PERSON
85 % 20 %
4 % 19 %

6 — Folgen und Zusammenhänge

»Das Thema sexuelle Gewalt liegt mir schon am Herzen, da mir damit schon zu viel passiert ist. Ich finde, an jeder Schule sollte mehr darüber informiert werden, denn die aus sexueller Gewalt führenden Folgen sind schwerwiegender als man denkt. Und ich spreche damit aus Erfahrung.«

O-Ton Speak!

Dieses Kapitel widmet sich den Folgen, die Erfahrungen mit sexualisierter Gewalt für die betroffenen Jugendlichen hatten oder haben. Darüber hinaus betrachten wir in diesem Kapitel auch die Zusammenhänge zwischen erlebter sexualisierter Gewalt und beispielsweise Mobbing oder gesundheitlichen Beeinträchtigungen. Die Fragen, die im Speak! Fragebogen dazu gestellt wurden, richten sich an alle Befragten und nicht nur an Betroffene. Dadurch ergeben sich Gruppen, die miteinander verglichen werden können. Haben beispielsweise Jugendliche, die sexualisierte Gewalt erfahren haben, ein anderes Selbstbild als Jugendliche, die nicht betroffen sind? Dies lässt sich ausweiten auf weitere Gewalterfahrungen wie Mobbing oder auf die Frage etwa, ob von sexualisierter Gewalt Betroffene stärker dazu neigen, Alkohol zu trinken, als Jugendliche ohne solche Erfahrungen.

Die Zusammenhänge oder auch Korrelate, die wir in diesem Kapitel beschreiben, können aufzeigen, ob zwischen Merkmalen eine statistische Beziehung besteht, ob es Muster gibt, beispielsweise zwischen dem Konsum von Pornografie und dem Ausüben sexualisierter Gewalt. Es können jedoch keine kausalen Zusammenhänge daraus abgeleitet werden, wie ‚Ein hoher Konsum von Pornografie führt dazu, dass verstärkt sexualisierte Gewalt ausgeübt wird'.

Eine solche eindeutige Wirkrichtung ist mit Querschnittstudien wie den Speak! Studien nicht zu untersuchen (mit Ausnahme der Folgen sexualisierter Gewalt in Kapitel 6.1). Obwohl damit nur eine wechselseitige Beziehung daraus gefolgert, aber keine Ursache-Wirkungs-Beziehung festgestellt werden kann, liefern die folgenden Befunde doch Hinweise auf mögliche Kausalitäten, die Forschende mithilfe spezifischer Versuchsplanungen weiterverfolgen können. Mit anderen Worten: Wir entdecken signifikante Zusammenhänge, damit liegen Befunde ‚auf dem Tisch', die dazu auffordern, differenzierte Anschlussuntersuchungen durchzuführen.

6.1 PSYCHISCHE UND PHYSISCHE FOLGEN SEXUALISIERTER GEWALT

In vielen Studien wird auf die Folgen hingewiesen, die sexualisierte Gewalt für die Betroffenen haben kann (siehe dazu die Metaanalyse von Horten, 2020, in der ausgewiesen wird, dass gut die Hälfte der dort angeführten Studien auch die Tatfolgen für die Betroffenen untersucht hat). In allen drei Speak! Studien haben wir deshalb nach den Auswirkungen sexualisierter Gewalt gefragt – dies nicht nur aus der Perspektive der direkt Betroffenen und der Beobachter:innen, sondern auch der Aggressor:innen. Auswählen konnten die Jugendlichen in der Hauptstudie und der Förderschulstudie aus einer umfangreichen Liste möglicher sowohl psychischer als auch physischer Folgen. Zudem konnten sie auch nicht aufgeführte Folgen mit eigenen Worten ergänzen. Das Spektrum reicht dabei von Gefühlen der Scham, Angst und Wut bis hin zum Rückzug aus dem Freundeskreis und selbstverletzendem Verhalten. In der Studie an Beruflichen Schulen wurde aus Platzgründen auf die Vorgabe einer Liste verzichtet; die Frage nach den Folgen konnte dort im Freitext beantwortet werden. Anders als bei den sich ab Kapitel 6.2 anschließenden Korrelaten/Zusammenhängen können wir in diesem Kapitel 6.1, das die Folgen beschreibt, von einer kausalen Wirkung der Gewalterfahrungen auf das Belastungserleben ausgehen. Diese Kausalität wird durch die Jugendlichen selbst hergestellt.

»Sehr starke Berührungsängste, Flashbacks (gelegentlich) in unterschiedlichen Situationen, Angstzustände, Vertrauensprobleme und kein Selbstbewusstsein«

»Zurückgezogen und bin empfindlich, was Berührungen angeht«

O-Töne Speak!

»Depressionen, geritzt, Angstzustände, Vertrauensprobleme, Bindungsängste«

»Ich musste viel darüber nachdenken, ich habe mich selbst ekelhaft gefühlt.«

»Ich hasse es seitdem, meine Kleidung auszuziehen, und trage nur noch lange Kleidung.«

O-Töne Speak!

Zunächst zu den *nicht-körperlichen Erfahrungen sexualisierter Gewalt.*

Knapp 20 % der 14- bis 16-jährigen Jugendlichen aus der Hauptstudie, die nicht-körperliche sexualisierte Gewalt erlebt haben, geben an, dass das Erlebte Folgen für sie hatte. Dies berichten dabei doppelt so viele weibliche (24 %) wie männliche Jugendliche (12 %).

Der entsprechende Anteil bei den Betroffenen in der Förderschulstudie beträgt 35 % und liegt damit deutlich höher. Der Unterschied zwischen weiblichen und männlichen Betroffenen ist hier besonders ausgeprägt: 53 % der weiblichen und 16 % der männlichen Betroffenen geben psychische oder physische Folgen zu Protokoll.

Ein detaillierter Blick auf die Förderschwerpunkte zeigt darüber hinaus, dass insbesondere Jugendliche aus dem (von uns zusammengefassten) Förderschwerpunkt Hören und Sehen von entsprechenden Folgen berichten (67 %).

Bei den älteren Befragten (Berufliche Schulen) fallen die Quoten mit 28 % (weibliche Jugendliche: 37 %, männliche Jugendliche: 13 %) im Vergleich zur Förderschulstudie etwas geringer aus.

Ein Viertel der Jugendlichen aus der Hauptstudie (26 %), die *körperliche sexualisierte Gewalt* erlebt haben, gibt an, dass das Erlebte Folgen für sie hatte. Dabei schätzen weibliche Jugendliche (29 %) gegenüber männlichen Jugendlichen (12 %) das Erlebte häufiger als folgenreich für sich ein.

Die entsprechenden Quoten bei den Förderschüler:innen liegen deutlich höher. Mehr als die Hälfte der Förderschüler:innen (51 %), die körperliche sexualisierte Gewalt erlebt haben, gibt an, dass das Erlebte Folgen für sie hatte. Weibliche Jugendliche (62 %) schätzen hierbei gegenüber männlichen Jugendlichen (31 %) die erfahrene Gewalt deutlich häufiger als folgenreich für sich ein. Zwar zeigt sich auch hier, dass Jugendliche, die den Förderschwerpunkt Hören und Sehen besuchen, insbesondere von Folgen betroffen sind; die geringen Fallzahlen lassen aber eine seriöse Angabe der Anteile hier nicht zu.

Bei den Beruflichen Schulen betragen die Quoten derer, die Folge aus ihren Erfahrungen mit körperlicher sexualisierter Gewalt davontrugen, 38 % (weibliche Betroffene: 43 %; männliche Betroffene: 18 %) und liegen damit – wie bei den nicht-körperlichen Erfahrungen – zwischen den Angaben der Jugendlichen aus den Regelschulen und denen der Förderschulen.

Fassen wir die Befunde an dieser Stelle kurz zusammen, können wir festhalten, dass insbesondere weibliche Betroffene – und hier vor allem Betroffene, die Förderschulen besuchen – an Folgen sexualisierter Gewalt leiden. Mit den weiblichen Förderschüler:innen können wir also eine in dieser Hinsicht besonders vulnerable Gruppe von Jugendlichen identifizieren.

Abbildung 6.1 stellt die von den Betroffenen genannten Folgen im Einzelnen vor (die Prozentwerte beziehen sich jeweils auf die zusammengefassten Antwortvorgaben ‚oft' und ‚sehr oft' gespürt). Aufgrund der geringen Fallzahlen an den Förderschulen und des anderen Abfragemodus an den Beruflichen Schulen beschränken wir uns hier auf die Angaben der Hauptstudie.

»Ich habe sehr Probleme damit, mich einem Jungen zu öffnen; Angst, wenn mir ein Junge sehr nahekommt. Vertrauen fällt mir ebenfalls schwer.«

»Ich habe mich verändert!«

O-Töne Speak!

PSYCHISCHE UND PHYSISCHE FOLGEN SEXUALISIERTER GEWALT

ANGABEN IN %

Abbildung 6.1: Die meistgenannten Folgen sexualisierter Gewalt – nur Speak! Hauptstudie

- von nicht-körperlicher sex. Gewalt Betroffene
- von körperlicher sex. Gewalt Betroffene

Basis: Jugendliche, die sexualisierte Gewalt erlebt haben und angeben, dass das Erlebte Folgen für sie hatte. Quelle: Speak! Hauptstudie (Regelschulen), nicht-körperliche Erfahrungen: $n_{gewichtet} \geq 256$; körperliche Erfahrungen: $n_{gewichtet} \geq 157$.

Anmerkung: Zusammengefasst wurden hier die Antwortkategorien ‚oft' und ‚sehr oft' gespürt.

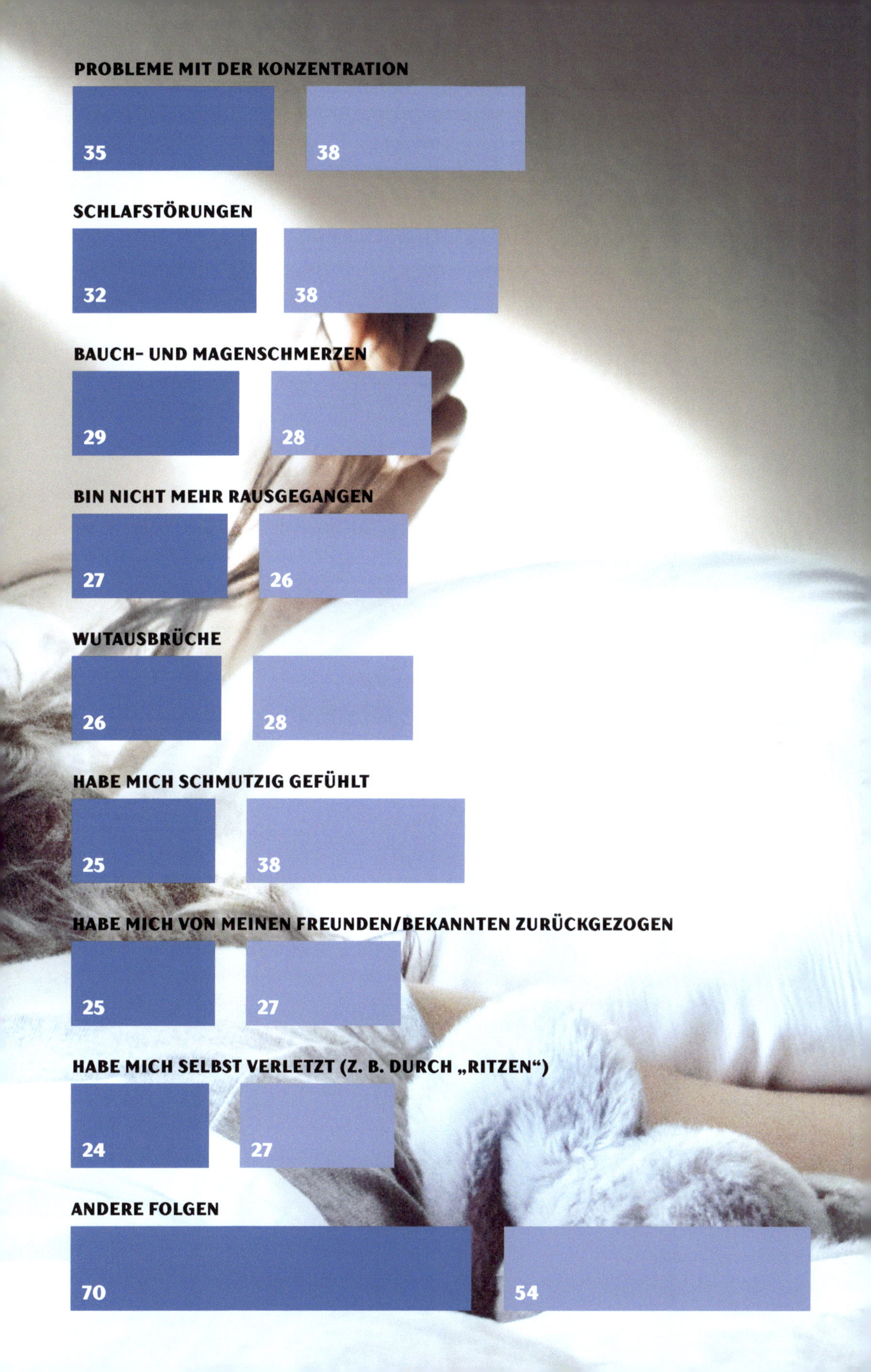
PROBLEME MIT DER KONZENTRATION
35
38
SCHLAFSTÖRUNGEN
32
38
BAUCH- UND MAGENSCHMERZEN
29
28
BIN NICHT MEHR RAUSGEGANGEN
27
26
WUTAUSBRÜCHE
26
28
HABE MICH SCHMUTZIG GEFÜHLT
25
38
HABE MICH VON MEINEN FREUNDEN/BEKANNTEN ZURÜCKGEZOGEN
25
27
HABE MICH SELBST VERLETZT (Z. B. DURCH „RITZEN“)
24
27
ANDERE FOLGEN
70
54

Zu den Folgen nicht-körperlicher sexualisierter Gewalt (‚oft' oder ‚sehr oft') zählen vor allem: geweint zu haben (50 % der Betroffenen, die Folgen spüren, haben dies angegeben), Sorgen und Ängste (44 %) bzw. Scham (43 %) empfunden zu haben oder anderen zu misstrauen (39 %). Es folgen „Habe gedacht, ich will nicht mehr da sein" (36 %) und Konzentrationsprobleme (35 %). Die weiteren Folgen liegen jeweils zwischen 24 % und knapp 32 %. Die Befragten konnten abseits der vorgegebenen Liste auch „andere Folgen" im Freitext angeben. Davon machten 70 % der Betroffenen Gebrauch. Auch hier werden häufig Ängste und Schamgefühle genannt. In Einzelfällen werden auch Suizidgedanken und -versuche als Folgen geäußert.

Im Vergleich zu den Folgen nicht-körperlicher sexualisierter Gewalt fällt das Befundprofil im Bereich körperlicher Erfahrungen insgesamt sehr ähnlich aus. Mit einigen Ausnahmen: Mit 38 % geben die von körperlicher sexualisierter Gewalt Betroffenen deutlich häufiger an, sich als Folge des Erlebten „schmutzig gefühlt" zu haben (bei nicht-körperlicher sexualisierter Gewalt sind dies 25 %). Etwas häufiger werden auch als Folgen Schlafstörungen (38 % gegenüber 32 %), Scham, Sorgen und Ängste angegeben (jeweils mit fünf Prozentpunkten Unterschied zum nicht-körperlichen Bereich). „Andere Folgen" werden etwas seltener genannt. Neben Angst und Schamgefühlen wird auch hier vereinzelt von Suizidgedanken sowie -versuchen berichtet.

Zu den Folgen, die die betroffenen Befragten der Studie an Beruflichen Schulen (abgefragt in Freitext) angaben, gehören Ängste, Schlafstörungen, Vertrauensentzug (bei weiblichen Befragten vor allem männlichen Jugendlichen/Männern gegenüber), Depressionen oder sozialer Rückzug.

Bislang haben wir die Fragen nach den Folgen sexualisierter Gewalt unterschiedslos hinsichtlich des Umfangs und der Schwere der Erfahrungen betrachtet. Schauen wir uns im Folgenden die Quote derer, die Folgen verspürten, näher an (siehe Tabelle 6.1).

Tabelle 6.1: Anteil der von sexualisierter Gewalt betroffenen Jugendlichen, die angeben, dass das Erlebte Folgen für sie hatte – getrennt nach Art der Erfahrungen, Geschlecht und Speak! Studie

	Jugendliche Hauptstudie (Regelschulen)		**Jugendliche Berufliche Schulen**	
	Nicht-körperliche sexualisierte Gewalt			
Ausschließlich verbale und/oder schriftliche Erfahrungsformen (einmalig erlebt)	9 %		13 %	
	Weibliche Jgdl.	Männliche Jgdl.	Weibliche Jgdl.	Männliche Jgdl.
	11 %[1]	6 %	*19 %*	*6 %*
Ausschließlich verbale und/oder schriftliche Erfahrungsformen (mehrmalig erlebt)	17 %		17 %	
	Weibliche Jgdl.	Männliche Jgdl.	Weibliche Jgdl.	Männliche Jgdl.
	23 %*	13 %	31 %*	11 %
Erfahrungen in allen drei Bereichen	41 %		46 %	
	Weibliche Jgdl.	Männliche Jgdl.	Weibliche Jgdl.	Männliche Jgdl.
	44 %*	*16 %*[2]	50 %**	*19 %*
	Körperliche sexualisierte Gewalt			
Ausschließlich Erfahrungen mit direktem Körperkontakt (einmalig erlebt)	14 %		17 %	
	Weibliche Jgdl.	Männliche Jgdl.	Weibliche Jgdl.	Männliche Jgdl.
	16 %	*11 %*	23 %	*6 %*
Ausschließlich Erfahrungen mit direktem Körperkontakt (mehrmalig erlebt)	14 %		25 %	
	Weibliche Jgdl.	Männliche Jgdl.	Weibliche Jgdl.	Männliche Jgdl.
	18 %*	2 %	29 %	*13 %*
Multiple Erfahrungsformen, darunter immer: (versuchter) erzwungener Geschlechtsverkehr	37 %		40 %	
	Weibliche Jgdl.	Männliche Jgdl.	Weibliche Jgdl.	Männliche Jgdl.
	39 %	*29 %*	43 %	*20 %*
Erfahrungen in allen drei Bereichen	54 %		70 %	
	Weibliche Jgdl.	Männliche Jgdl.	Weibliche Jgdl.	Männliche Jgdl.
	54 %	*50 %*	78 %***	*20 %*

Basis: Jugendliche, die sexualisierte Gewalt erlebt haben. Quellen: Speak! Hauptstudie (Regelschulen), nicht-körperliche Erfahrungen: $n_{gewichtet} \geq 1.265$; körperliche Erfahrungen: $n_{gewichtet} \geq 599$. Speak! Berufliche Schulen, nicht-körperliche Erfahrungen: $n_{gewichtet} \geq 684$; körperliche Erfahrungen: $n_{gewichtet} \geq 426$. Anmerkungen: 1) Die Testung der Gruppenunterschiede zwischen weiblichen und männlichen Jugendlichen basiert auf einem 2-seitigen Chi-Quadrat-Test je Erfahrungsgruppe und je Speak! Studie (*** = $p \leq .001$; ** = $p \leq .01$; * = $p \leq .05$; keine Kennzeichnung = nicht signifikant). 2) Kursiv gesetzt: Fallzahl $n < 30$.

Tabelle 6.1 zeigt, dass sowohl für Erfahrungen nicht-körperlicher als auch körperlicher sexualisierter Gewalt alles in allem gilt: **Je umfangreicher bzw. schwerwiegender die Erfahrungen sexualisierter Gewalt sind, desto mehr Betroffene berichten auch von psychischen oder physischen Folgen.** So geben in der Hauptstudie 9 % derer, die ausschließlich eine einmalige Erfahrung im Bereich verbaler und/oder schriftlicher sexualisierter Gewalt gemacht haben, an, dass diese Erfahrung Folgen für sie hatte. Demgegenüber liegt die analoge Quote bei den Jugendlichen, die über Erfahrungen in allen drei nicht-körperlichen Bereichen berichten, bei 41 %. Bei den Formen körperlicher sexualisierter Gewalt reichen die entsprechenden Quoten von 14 % bei denjenigen, die ausschließlich Erfahrungen mit direktem Körperkontakt (und dies einmalig) erlebt haben, hin zu 54 % bei denjenigen, die körperliche sexualisierte Gewalt in allen drei Bereichen erlebt haben (wobei es sich hier fast ausnahmslos um weibliche Jugendliche handelt).

Während die Fallzahlen in der Förderschulstudie eine entsprechend differenzierte Auswertung nicht erlauben, zeigen die Zahlen für die Jugendlichen, die Berufliche Schulen besuchen, dass auch hier – jeweils jedoch auf höherem Niveau – der Anteil der von diesen Erfahrungen belasteten Jugendlichen deutlich ansteigt, je umfangreicher bzw. schwerwiegender die Erfahrungen sexualisierter Gewalt sind. Bei den weiblichen Jugendlichen, die über Erfahrungen in allen drei körperlichen Bereichen sexualisierter Gewalt berichten, liegt der Anteil derer, die physische oder psychische Folgen erleben, bei 78 %. Gut drei Viertel der in diesem Maße von sexualisierter Gewalt betroffenen weiblichen Jugendlichen geben also Folgen an.

Betrachten wir die genannten Folgen etwas genauer (ohne Abbildung): 71 % derjenigen (vornehmlich weiblichen) Jugendlichen, die Erfahrungen in allen drei Bereichen körperlicher sexualisierter Gewalt machen mussten und Folgen davontrugen, geben an, dass sie im Anschluss oft/sehr oft Sorgen und Ängste geplagt hätten. **41 % dieser Jugendlichen geben (auch) selbstverletzendes Verhalten als Folge an.**

Insgesamt gilt für die Hauptstudie (nur hier sind die Fallzahlen groß genug; bei den Beruflichen Schulen wurde diese Frage nicht erhoben), **dass fast die Hälfte derer, die sexualisierte Gewalt erlebt und Folgen angegeben haben, diese Belastungen bis zu drei Monate und länger verspürt haben.** Es macht dabei keinen Unterschied, ob es sich um Erfahrungen nicht-körperlicher oder körperlicher sexualisierter Gewalt handelt.

ZUSAMMENFASSUNG

In den Befunden kommt zum Ausdruck, dass die Erfahrungen sexualisierter Gewalt für zahlenmäßig substanzielle Gruppen von betroffenen Jugendlichen nicht folgenlos bleiben. Zu den in diesem Zusammenhang am häufigsten genannten Folgen gehören u. a., geweint zu haben, Sorgen und Ängste gehabt, sich geschämt oder anderen misstraut zu haben, zu denken ‚Ich will nicht mehr da sein', Konzentrationsprobleme und Schlafstörungen. In Einzelfällen sprechen die Betroffenen auch von Suizidgedanken oder -versuchen.

Folgen zeigen sich dabei für weibliche Betroffene in stärkerem Maße als für männliche. Insbesondere aber bei den betroffenen Jugendlichen, die Förderschulen besuchen, wirken sich die Erfahrungen sexualisierter Gewalt aus. Hier hatten wir gesehen, dass die von sexualisierter Gewalt Betroffenen deutlich häufiger von Folgen berichten als gleichaltrige Betroffene in der Hauptstudie. Außerdem war auch der Unterschied zwischen weiblichen und männlichen Betroffenen sehr ausgeprägt. Wir müssen in dieser Hinsicht von einer erhöhten Vulnerabilität vor allem der (weiblichen) Förderschüler:innen sprechen.

Die Befunde zeigen auch: Je umfangreicher und schwerwiegender die Erfahrungen sexualisierter Gewalt sind, desto höher ist auch der Anteil der Jugendlichen, die über physische oder psychische Folgen des Erlebten klagen. Festzuhalten ist zudem, dass die Folgen oft lange währen. Bei etwa der Hälfte derjenigen, die Folgen verspürt haben, dauerten sie drei oder mehr Monate an.

Beobachtung und vom Hörensagen

Nur ein sehr kleiner Teil (3 %) derjenigen Jugendlichen aus der Hauptstudie, die sexualisierte Gewalt beobachtet haben, gibt an, dass das Erlebte für sie Folgen hatte. Mit 7 % fällt in der Studie an den Beruflichen Schulen diese Quote ähnlich gering aus. Deutlich größer ist jedoch der entsprechende Anteil in der Förderschulstudie. Hier hatte für 20 % der Beobachter:innen das, was sie gesehen haben, persönlich Folgen.

Interessanterweise fühlt sich demgegenüber gut ein Drittel derer belastet, die von sexualisierter Gewalt gehört haben. Vor allem weibliche Jugendliche (in der Hauptstudie: 46 %) fühlen sich belastet, wenn sie hören, dass jemand sexualisierte Gewalt erlebt hat (männliche Jugendliche in der Hauptstudie: 25 %). Noch höher liegen die Quoten bei den Jugendlichen, die Berufliche Schulen besuchen. Hier geben insgesamt 58 % derer an, die von sexualisierter Gewalt gehört haben, dass das Gehörte sie belastet hat. Auch hier liegt der Anteil bei den weiblichen Befragten mit 63 % über dem der männlichen mit 51 %. Das heißt also, knapp zwei Drittel der weiblichen Jugendlichen, die von sexualisierter Gewalt gehört haben – und damit mehr als jede zweite Jugendliche –, gibt an, dass diese Erfahrung sie belastet hat. Wie wir oben berichteten, ist dies vor allem dadurch zu begründen, dass die Jugendlichen den jeweiligen Betroffenen, die über ihre Erfahrungen sexualisierter Gewalt berichten, oft (freundschaftlich) sehr nahestehen.

Aggressor:innen

5 % der Jugendlichen aus der Hauptstudie und 9 % aus der Studie an den Beruflichen Schulen, die sexualisierte Gewalt ausgeübt haben (Aggressor:innen), geben an, dass das, was sie getan haben, Folgen für sie hatte. Die Fallzahlen sind recht klein (es handelt sich hier nur um 29 bzw. 27 Jugendliche); statistisch verlässliche Aussagen können deshalb damit nicht getroffen werden. Als Folgen genannt werden in diesen Fällen vor allem Gefühle der Scham, der Reue oder ein schlechtes Gewissen.

Erwachsene oder Jugendliche als Täter:innen

Auf der Basis aktueller Forschungsliteratur scheint es plausibel – ähnlich wie mit Blick auf das Disclosureverhalten (Hofherr, 2019; siehe Kapitel 7) –, davon auszugehen, dass es hinsichtlich der psychischen und physischen Folgen einen Unterschied macht, ob sexualisierte Gewalt von in etwa gleichaltrigen Jugendlichen oder von erwachsenen Personen ausgeht. Wir können dieser Frage mit den Speak! Daten nachgehen.

Tabelle 6.2: Anteil der von körperlicher sexualisierter Gewalt betroffenen Jugendlichen, die angeben, dass das Erlebte Folgen für sie hatte – getrennt nach der Altersgruppe der Täter:innen, Geschlecht und Speak! Studie

	Jugendliche Hauptstudie (Regelschulen)			**Jugendliche Berufliche Schulen**	
Ausschließlich Täter:innen bis 17 Jahre genannt	23 %		Ausschließlich Täter:innen bis 20 Jahre genannt	36 %	
	Weibliche Jgdl.	Männliche Jgdl.		Weibliche Jgdl.	Männliche Jgdl.
	27 %**[1]	7 %		43 %***	9 %
Sowohl Täter:innen bis 17 Jahre als auch 18 Jahre oder älter genannt	34 %		Sowohl Täter:innen bis 20 Jahre als auch 21 Jahre oder älter genannt	36 %	
	Weibliche Jgdl.	Männliche Jgdl.		Weibliche Jgdl.	Männliche Jgdl.
	35 %	*25 %*[2]		37 %	*31 %*
Ausschließlich Täter:innen 18 Jahre oder älter genannt	33 %		Ausschließlich Täter:innen 21 Jahre oder älter genannt	50 %	
	Weibliche Jgdl.	Männliche Jgdl.		Weibliche Jgdl.	Männliche Jgdl.
	33 %	*22 %*		53 %	*17 %*

Basis: Jugendliche, die körperliche sexualisierte Gewalt erlebt haben und Angaben zum Alter der Täter:innen gemacht haben. Quellen: Speak! Hauptstudie, $n_{gewichtet} \geq 447$; Speak! Berufliche Schulen, $n_{gewichtet} \geq 311$. Anmerkungen: 1) Die Testung der Gruppenunterschiede zwischen weiblichen und männlichen Jugendlichen basiert auf einem 2-seitigen Chi-Quadrat-Test je Täter:innengruppe und je Speak! Studie (*** = p ≤ .001; ** = p ≤ .01; * = p ≤ .05; keine Kennzeichnung = nicht signifikant). 2) Kursiv gesetzt: Fallzahl n < 30.

Aus Tab. 6.2 lässt sich für die Befragten der Hauptstudie ablesen, dass (ausschließlich) von erwachsenen Täter:innen ausgeübte körperliche sexualisierte Gewalt mit höheren Anteilen von Folgewirkungen physischer oder psychischer Art bei den Betroffenen korrespondiert. Die Angaben liegen mit 33 % um 10 Prozentpunkte höher als bei den Betroffenen, die (ausschließlich) Jugendliche als Täter:innen angeben. Insgesamt, auch unter Einbeziehung des Geschlechts der Betroffenen, lassen sich die Befunde vorsichtig dahingehend deuten, dass (körperliche) sexualisierte Gewalt für die Betroffenen folgenreicher ist, wenn sie von Erwachsenen ausgeht.

Ein ähnlicher Beleg dafür findet sich auch in den Daten der Studie an den Beruflichen Schulen. Hier haben wir aufgrund des höheren Alters der Befragten die Täter:innen-Gruppen etwas anders zugeschnitten (siehe Kapitel 5.2). Der höchste Anteil von Jugendlichen, die körperliche sexualisierte Gewalt erlebt haben und psychische und physische Folgen davontrugen, findet sich bei denjenigen Jugendlichen (mit 50 %), die ausschließlich von älteren Täter:innen (d. h. älter als 20 Jahre alt) berichten.

Unsere Befunde weisen in der Tendenz darauf hin, dass sexualisierte Gewalt, die von Erwachsenen bzw. älteren Täter:innen ausgeübt wird, für die Betroffenen folgenreicher ist, als wenn sie von (mehr oder weniger) Gleichaltrigen ausgeht. Um differenziertere Analysen durchführen zu können, müsste der Altersabstand zwischen Betroffenen und Täter:innen und die Schwere der Gewalt im Einzelnen kontrolliert werden; dies können die Speak! Daten jedoch nicht leisten. In Kapitel 5.2 haben wir allerdings zeigen können, dass hinsichtlich schwerwiegender körperlicher sexualisierter Gewalt wie des (versuchten) erzwungenen Geschlechtsverkehrs von den Betroffenen häufiger Erwachsene als Täter:innen angegeben werden. Dies erklärt zumindest zum Teil, warum durch Erwachsene erfahrene sexualisierte Gewalt häufiger zu psychischen und physischen Folgen bei den betroffenen Jugendlichen führt.

6.2 GESUNDHEIT/GESUNDHEITSVERHALTEN

An das Kapitel zu den Folgen schließt sich – mit großer inhaltlicher Nähe – die Analyse des gesundheitlichen Status an. Allerdings mit einem wichtigen Unterschied: Der gesundheitliche Status kann nicht kausal mit den Erfahrungen sexualisierter Gewalt in Zusammenhang gebracht werden, da die Fragen zur Gesundheit *vor* der Abfrage der Erfahrungen sexualisierter Gewalt gestellt wurden und auch nicht von den Befragten selbst in Beziehung zu ihren Erfahrungen gebracht wurden. Unabhängig davon ist davon auszugehen, dass ein (korrelativer) Zusammenhang zwischen dem gesundheitlichen Zustand der Jugendlichen und ihren Erfahrungen mit sexualisierter Gewalt besteht.

Gesundheitsstatus

Um den Zusammenhang zwischen dem Umfang und der Schwere der Erfahrungen sexualisierter Gewalt und gesundheitlichen Aspekten darzustellen, beziehen wir uns im Folgenden auf drei Gruppen von Befragten:

- diejenigen, die über Erfahrungen in allen drei nicht-körperlichen Bereichen berichten,
- diejenigen, die über Erfahrungen in allen drei körperlichen Bereichen berichten, und
- diejenigen Jugendlichen, die (als Referenzgruppe) keinerlei Erfahrungen mit sexualisierter Gewalt als Betroffene haben.

Da grundlegende Analysen zum Gesundheitsstatus, auf die wir hier nicht näher eingehen können, zeigen, dass weibliche Jugendliche ihre Gesundheit signifikant schlechter bewerten als männliche Gleichaltrige, sind in die Analysen nur die weiblichen Jugendlichen aufgenommen. Wie wir in Tabelle 6.1 gesehen haben, sind männliche Jugendliche in den Extremgruppen mit Erfahrungen von sexualisierter Gewalt ohnehin nur in sehr geringer Zahl vertreten, sodass eine Betrachtung der männlichen Jugendlichen zumindest mit Blick auf die hier im Fokus stehenden Erfahrungsgruppen statistisch kaum Sinn ergibt.

Die (weiblichen!) Jugendlichen sollten ihren Gesundheitszustand zunächst ganz allgemein beschreiben. Sie konnten diesen zwischen ‚schlecht' und ‚ausgezeichnet' einschätzen. Von den weiblichen Jugendlichen, die über keinerlei Erfahrungen mit sexualisierter Gewalt berichten, schätzen 67 % ihren Gesundheitszustand allgemein als sehr gut oder ausgezeichnet ein. Bei den weiblichen Jugendlichen, die Erfahrungen in allen drei nicht-körperlichen Bereichen sexualisierter Gewalt haben, sind dies lediglich 31 %. Bei den weiblichen Jugendlichen mit ausgeprägten Erfahrungen körperlicher sexualisierter Gewalt sinkt dieser Anteil nochmals deutlich auf 13 %.

Die Jugendlichen wurden daraufhin auf der Basis einer gekürzten Version des Kidscreen-Instruments (Kidscreen Group, 2004) u. a. gefragt, wie sie sich in der letzten Woche gefühlt haben. Ob sie sich z. B. „fit und wohl gefühlt" haben (siehe Abbildung 6.2). Darauf konnten sie mit ‚nie', ‚selten', ‚manchmal', ‚oft', oder ‚sehr oft/immer' antworten. Aus Platzgründen mussten wir auf den Einsatz der Fragen zur aktuellen Gesundheit in der Förderschul- wie auch der Studie an den Beruflichen Schulen verzichten. In Abbildung 6.2 sind die Angaben ‚oft' und ‚sehr oft/immer' zu einem Anteilswert zusammengefasst.

Die Befunde sind eindeutig. Gegenüber der Referenzgruppe von (weiblichen) Jugendlichen ohne Erfahrungen sexualisierter Gewalt weisen beide Gruppen von Jugendlichen mit umfangreichen und schwerwiegenden Erfahrungen einen signifikant schlechteren Gesundheitszustand auf. Dies gilt für alle in Abbildung 6.2 aufgenommenen Aspekte. So haben sich nur 11 % der weiblichen Jugendlichen, die von sexualisierter Gewalt in allen drei körperlichen Bereichen betroffen sind, in der vorangehenden Woche fit und wohl gefühlt. Bei den weiblichen Jugendlichen mit nicht-körperlichen Erfahrungen sind dies 30 % und bei der Referenzgruppe ohne Erfahrungen sexualisierter Gewalt 70 %.

54 % bzw. 62 % der weiblichen Jugendlichen mit ausgeprägten Erfahrungen hinsichtlich körperlicher sexualisierter Gewalt haben sich in der letzten Woche einsam oder traurig gefühlt, bei der Referenzgruppe gibt dies nur ein kleiner Teil mit 6 % bzw. 12 % an. Auch mit Blick auf die Familie, die Freunde und die Freizeit zeigen sich deutlich negativere Einschätzungen bei den von sexualisierter Gewalt betroffenen weiblichen Jugendlichen. Deutlich wird auch der Zusammenhang zur Schule: Nur ein knappes Drittel (31 %) der von körperlichen Erfahrungen Betroffenen sagt, dass sie in der Schule gut aufpassen konnten. Der Anteil bei der Referenzgruppe liegt um 40 Prozentpunkte höher bei 71 %.

Der Befund, dass von sexualisierter Gewalt Betroffene einen schlechteren Gesundheitsstatus aufweisen als Gleichaltrige ohne solche Erfahrungen, ist auch unter multivariater Kontrolle des Alters, des Geschlechts, der sozioökonomischen Herkunft, der Schulform oder des Migrationshintergrunds stabil – und ist also nicht durch eine mögliche Strukturselektivität der betrachteten Betroffenengruppen zu erklären. **Auf den Punkt gebracht bedeutet dies: Die Erfahrung sexualisierter Gewalt – insbesondere von körperlicher in allen drei Bereichen – macht krank!**

Abbildung 6.2: Anteil der Jugendlichen, die sich in der letzten Woche oft bzw. sehr oft/immer entsprechend den aufgeführten Fragen fühlten – getrennt nach Erfahrungen mit sexualisierter Gewalt, nur weibliche Jugendliche der Speak! Hauptstudie

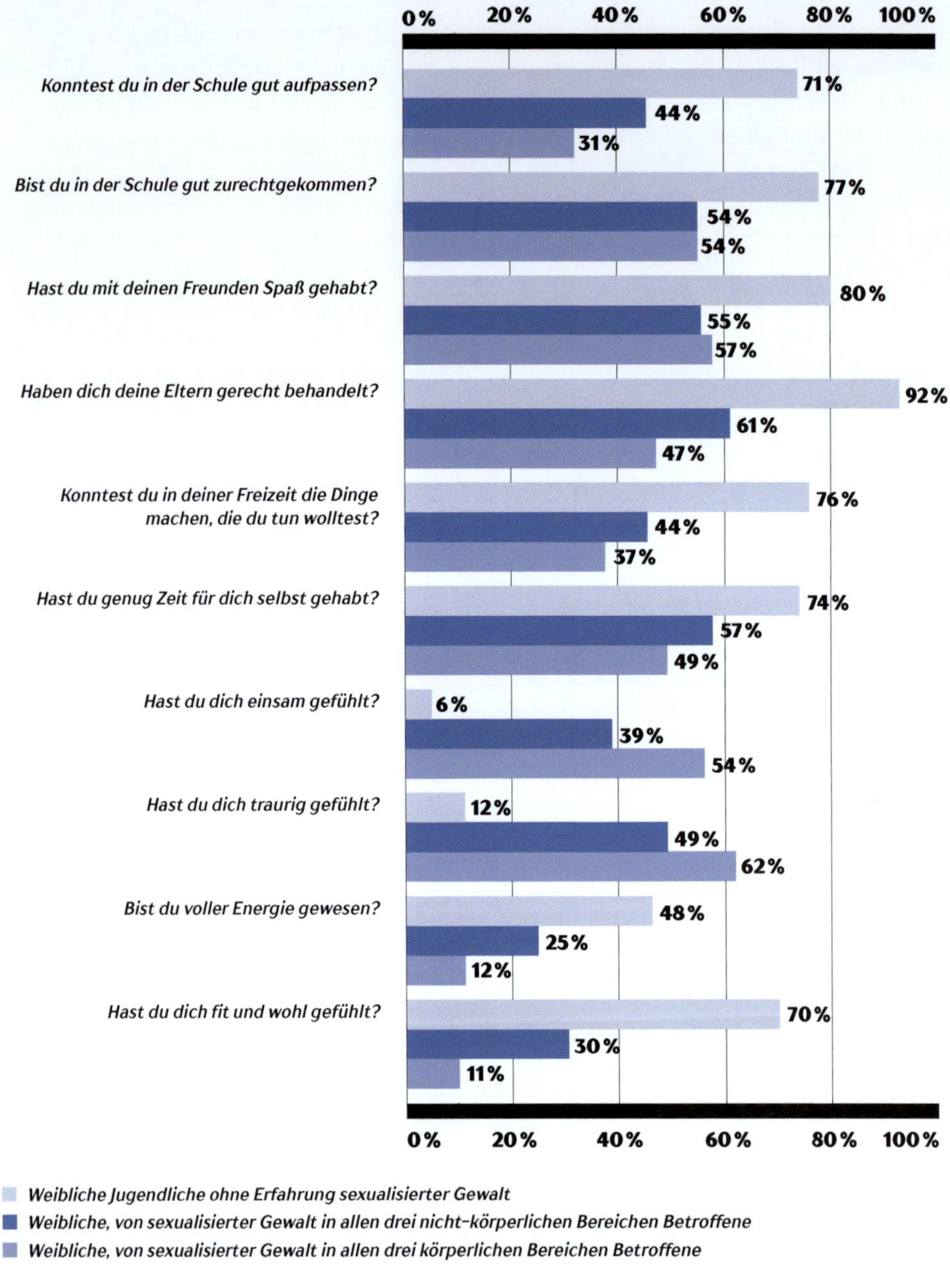

Basis: Weibliche Jugendliche, die Angaben zum Gesundheitsstatus und zu ihren Erfahrungen mit sexualisierter Gewalt gemacht haben. Quelle: Speak! Hauptstudie (Regelschulen), Gruppe ohne Erfahrungen: $n_{gewichtet} \geq 526$; Gruppe mit Erfahrungen in allen drei nicht-körperlichen Bereichen: $n_{gewichtet} \geq 142$; Gruppe mit Erfahrungen in allen drei körperlichen Bereichen: $n_{gewichtet} \geq 83$. Anmerkungen: Zusammengefasst wurden hier die Antwortkategorien ‚oft' und ‚sehr oft/immer'. Sämtliche Differenzen zwischen der jeweiligen Erfahrungsgruppe und der Referenzgruppe der weiblichen Jugendlichen ohne Erfahrungen sind auf dem 0,1-%-Niveau signifikant.

»Ich glaube, dass sexuelle Gewalt sich sehr auf das Selbstwertgefühl der betroffenen Person auswirken kann. Vielleicht haben Kommentare über Körper/Aussehen und Berührungen, welche gegen den Willen passieren, tatsächlich bei mir das Gefühl ausgelöst, nicht liebenswert zu sein und ewig ungeliebt zu bleiben.«

O-Ton Speak!

Die psychische Gesundheit lässt sich u. a. über das Selbstbild und die Selbstwirksamkeit erfassen. Im Selbstbild spiegeln sich „Kognitionen und Gefühle, die man sich selbst gegenüber hat" (Bergius, 2017, o. S.). Ein Bild des Selbst entwickelt sich sowohl „durch die Selbstbeobachtung der eigenen Erlebnisse und des eigenen Handelns als auch durch die versch. Formen der Beurteilung durch andere (Lob, Tadel, Lohn und Strafe)" (ebd.). Sich selbst mit den eigenen Stärken und Schwächen einschätzen und akzeptieren zu können, gehört dazu. Ebenso das persönliche Wohlfühlen bzw. Wellbeing. Eng verknüpft ist damit die Selbstwirksamkeit – die Wahrnehmung der eigenen Handlungsfähigkeit oder „die subjektive Überzeugung, schwierige Aufgaben oder Lebensprobleme aufgrund eigener Kompetenz bewältigen zu können" (Schwarzer, 1998, zitiert nach Krapp & Ryan, 2002, S. 56). Einher geht damit das Gefühl, die Beziehungen zwischen Selbst und Umwelt kontrollieren und meistern zu können.

Wir sind in Speak! der Frage gefolgt, inwieweit Selbstbild und Selbstwirksamkeit der Jugendlichen, die sexualisierte Gewalt erlebt haben, sich von dem der Altersgleichen unterscheidet, die keine solchen Erfahrungen gemacht haben. Wie schon betont, können wir auf der Grundlage unserer Daten allerdings keine kausalen Wirkungsweisen zwischen beiden Merkmalen untersuchen.

Im Speak! Fragebogen haben wir Selbstbild und Selbstwirksamkeit über die Items „Eigentlich bin ich mit mir ganz zufrieden", „Manchmal glaube ich, dass ich zu überhaupt nichts gut bin", „Ich meine, dass ich eine Reihe von guten Eigenschaften habe" und „Ich finde mich ganz in Ordnung" auf einer 4-stufigen Skala (von ‚stimmt nicht' bis ‚stimmt genau') bewerten lassen.

In Abbildung 6.3 sind die Antworten der Jugendlichen auf die Fragen abgebildet. Hier richten wir wieder den Blick auf weibliche und männliche Jugendliche. Zwar unterscheiden sich weibliche und männliche Jugendliche in Selbstbild und Selbstwirksamkeit, aber nicht so eklatant wie beim Gesundheitsstatus, sodass wieder alle einbezogen werden.

Abbildung 6.3: Anteil der Jugendlichen, die über sich sagen ... – getrennt nach Erfahrungen mit sexualisierter Gewalt, nur Speak! Hauptstudie

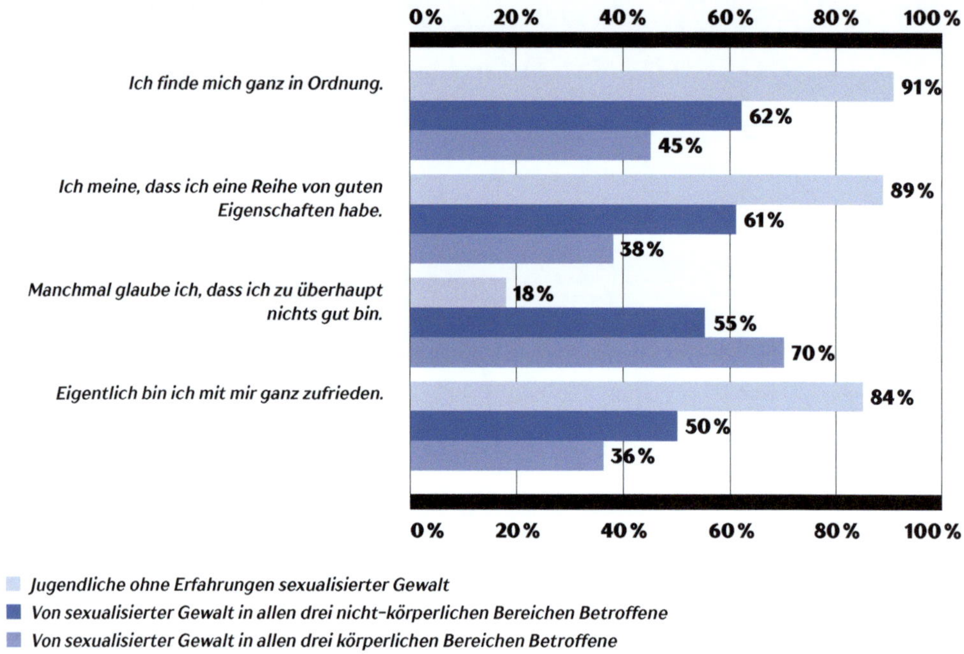

Basis: Alle Jugendlichen. Quelle: Speak! Hauptstudie (Regelschulen), Gruppe ohne Erfahrungen: $n_{gewichtet} \geq 1.249$; Gruppe mit Erfahrungen in allen drei nicht-körperlichen Bereichen: $n_{gewichtet} \geq 167$; Gruppe mit Erfahrungen in allen drei körperlichen Bereichen: $n_{gewichtet} \geq 86$. Anmerkungen: Zusammengefasst wurden hier die Antwortkategorien ‚stimmt eher' und ‚stimmt genau'. Sämtliche Differenzen zwischen der jeweiligen Erfahrungsgruppe und der Referenzgruppe der Jugendlichen ohne Erfahrungen sind auf dem 0,01-%-Niveau signifikant.

Die Unterschiede treten deutlich hervor. Während sich 91 % der Jugendlichen, die keine sexualisierte Gewalt erlebt haben, „ganz in Ordnung finden", sinken die Prozentwerte bei denen, die in allen drei Bereichen nicht-körperliche sexualisierte Gewalt erlebt haben, auf 62 % – und bei denjenigen, die körperliche sexualisierte Gewalt in allen drei Bereichen erlebt haben, sogar auf 45 %. Ein ähnliches Muster zeigt sich auch im Vergleich für das Statement „Ich habe eine Reihe von guten Eigenschaften" – mit hohen Differenzen in den Prozentwerten zugunsten der Referenzgruppe. Zwischen der Referenzgruppe und denen, die in allen drei Bereichen von körperlicher sexualisierter Gewalt betroffen sind, liegen gut 50 (!) Prozentpunkte. Diese deutliche Differenz zwischen der Referenzgruppe und den Betroffenen zeigt sich, auf etwas niedrigerem Niveau, auch beim Statement „Eigentlich bin ich mit mir ganz zufrieden". Das in negative Richtung formulierte Statement „Manchmal glaube ich, dass ich zu überhaupt nichts gut bin" spricht – insbesondere im Vergleich der Referenzgruppe mit den von körperlicher sexualisierter Gewalt Betroffenen (mit 52 Prozentpunkten Differenz) – für ein stark negatives Selbstbild bei den betroffenen Jugendlichen.

Diese gravierenden Differenzen belegen für die umfänglich/schwerwiegend von (vor allem körperlicher) sexualisierter Gewalt Betroffenen ein gering ausgeprägtes Selbstbild und geringe Selbstwirksamkeitsüberzeugungen. Ein Befund, der die nachhaltige und tiefgehende Verletzungsmächtigkeit sexualisierter Gewalt belegt. Diese haben wir im vorangegangenen Kapitel bereits mit Blick auf die physischen und psychischen Folgen untermauert. Dieser Befund gilt auch bei multivariater Kontrolle des Alters, des Geschlechts, der sozioökonomischen Herkunft, der Schulform oder des Migrationshintergrunds und ist nicht durch die Strukturselektivität der verglichenen Gruppen zu erklären.

Gesundheitsbezogenes Verhalten: Substanzgebrauch

Zum Bereich Gesundheit gehört auch das Gesundheits*verhalten* der Jugendlichen. In diesem Zusammenhang wurden alle Jugendlichen gefragt, ob sie Alkohol trinken, Zigaretten rauchen oder Drogen wie Cannabis und Ecstasy konsumieren. Die Antwortmöglichkeiten reichten von ‚nie' über ‚manchmal' bis ‚sehr oft'. Diese Fragen wurden wie die übrigen Gesundheitsfragen *vor* der Abfrage zu den Erfahrungen mit sexualisierter Gewalt gestellt.

Der Anteil der Jugendlichen, die oft oder sehr oft Alkohol trinken (siehe Abbildung 6.4), liegt bei denjenigen, die über keinerlei Erfahrungen sexualisierter Gewalt berichten, bei 7 %. Bei den Jugendlichen, die sexualisierte Gewalt erlebt haben, liegt der Anteil mit 21 % bzw. 26 % signifikant höher. Ähnlich verhält es sich mit dem Rauchen. 4 % der Referenzgruppe rauchen oft/sehr oft, bei den von sexualisierter Gewalt Betroffenen sind es 15 % bzw. 29 %. Die Differenzen mit Blick auf den Konsum von Drogen liegen etwas niedriger, sind aber dennoch signifikant und verlaufen gleichsinnig zu den vorherigen Befunden. Die Befunde bleiben auch bei multivariater Kontrolle stabil. Damit können wir grundsätzlich festhalten, dass es einen deutlichen **Zusammenhang zwischen sexualisierten Gewalterfahrungen und einem riskanten Gesundheitsverhalten** gibt, das sich in einem erhöhten Konsum von Alkohol, Nikotin und (anderen) Drogen zeigt.

GESUNDHEITSBEZOGENES VERHALTEN: SUBSTANZGEBRAUCH

ANGABEN IN %

Abbildung 6.4: Anteil der Jugendlichen, die oft bzw. sehr oft die folgenden Dinge tun – getrennt nach Erfahrungen mit sexualisierter Gewalt, nur Speak! Hauptstudie

- Jugendliche ohne Erfahrungen sexualisierter Gewalt
- Von sexualisierter Gewalt in allen drei nicht-körperlichen Bereichen Betroffene
- Von sexualisierter Gewalt in allen drei körperlichen Bereichen Betroffene

21

ALKOHOL TRINKEN

7

26

15

4

ZIGARETTEN RAUCHEN

29

2

7

7

DROGEN NEHMEN (CANNABIS, ECSTASY O. A.)

Basis: Alle Jugendlichen. Quelle: Speak! Hauptstudie (Regelschulen), Gruppe ohne Erfahrungen: $n_{gewichtet} \geq 1.267$; Gruppe mit Erfahrungen in allen drei nicht-körperlichen Bereichen: $n_{gewichtet} \geq 165$; Gruppe mit Erfahrungen in allen drei körperlichen Bereichen: $n_{gewichtet} \geq 87$.

Anmerkungen: Zusammengefasst wurden hier die Antwortkategorien ‚oft' und ‚sehr oft'. Sämtliche Differenzen zwischen der jeweiligen Erfahrungsgruppe und der Referenzgruppe der Jugendlichen ohne Erfahrungen sind auf dem 0,1-%-Niveau signifikant.

6.3 FREIWILLIGE SEXUELLE ERFAHRUNGEN

Verschiedene Studien, u. a. von Krahé (2009) zur sexuellen Aggression unter Jugendlichen und jungen Erwachsenen und die Studie Jugendsexualität der Bundeszentrale für gesundheitliche Aufklärung (BZgA, 2016), machen deutlich, dass die Erfahrungen sexualisierter Gewalt wahrscheinlicher werden, wenn die Befragten zu den (freiwillig) sexuell Aktiven zählen. Dieser Zusammenhang ist Ausgangspunkt für die folgende Tabelle 6.3. Wir haben die freiwillig sexuell Aktiven in verschiedene Gruppen eingeteilt:

- Diejenigen, die noch keine sexuellen Erfahrungen gesammelt haben,
- eine Gruppe, bei der sich die bisherigen sexuellen Erfahrungen auf Küssen und Petting beschränken, und
- eine Gruppe, die diejenigen umfasst, die bereits einen ersten Geschlechtsverkehr erlebt haben.

Tabelle 6.3 zeigt die Prävalenzen für nicht-körperliche und körperliche sexualisierte Gewalt für alle drei Speak! Studien in Abhängigkeit der freiwilligen sexuellen Erfahrungen der Jugendlichen.

Die Speak! Studien zeigen zu den BZgA-Studien vergleichbare Ergebnisse: Das Risiko, sexualisierte Gewalt zu erleben, steigt mit den freiwilligen sexuellen Aktivitäten (BZgA, 2016, S. 196f.). Betrachten wir zunächst den Bereich nicht-körperlicher sexualisierter Gewalt. In der Hauptstudie geben 35 % derjenigen, die bislang keine freiwilligen sexuellen Erfahrungen gemacht haben, an, dass sie bereits mindestens eine Form nicht-körperlicher sexualisierter Gewalt erlebt haben. Bei den Jugendlichen, die bereits über Erfahrungen im Bereich Küssen und Petting verfügen, steigt diese Quote auf 52 % und bei denjenigen, die bereits den ersten Geschlechtsverkehr erlebt haben, auf 64 %. Mit zunehmenden freiwilligen sexuellen Erfahrungen steigt also das Risiko an, nicht-körperliche Formen sexualisierter Gewalt zu erleben. Die analogen Quoten steigen bei den älteren Jugendlichen (Berufliche Schulen) ausgehend von 45 % auf 71 % und schließlich auf 73 %. Ein paralleler Befund zeigt sich alles in allem auch in der Förderschulstudie.

Der Befund gilt auch für den Bereich der körperlichen sexualisierten Gewalt. Die Prävalenz körperlicher sexualisierter Gewalt steigt bei den Befragten in der Hauptstudie mit jeder Stufe zunehmender freiwilliger sexueller Erfahrungen ausgehend von 11 % über 24 % und dann auf 40 %. Für die Beruflichen Schulen wachsen die Quoten von 20 % über 41 % auf 48 % an. Auch hier zeigt sich ein ähnlicher Befund in der Förderschulstudie.

Da der Umfang freiwilliger sexueller Erfahrungen stark mit dem Alter variiert, haben wir Abbildung 6.4 mit den Daten der 16-Jährigen (aus der Hauptstudie und der Studie an den Beruflichen Schulen) nachgerechnet. Es zeigt sich der gleiche **Gesamtbefund: Mit der Zunahme freiwilliger sexueller Erfahrungen steigt auch das Risiko, sexualisierte Gewalt zu erleben. Dies trifft**

Tabelle 6.3: Prävalenzen nach Gruppen von freiwillig sexuell aktiven Jugendlichen – nach Geschlecht und Speak! Studien

Prävalenzen	Jugendliche Hauptstudie (Regelschulen)		Jugendliche Förderschulen		Jugendliche Berufliche Schulen	
	Bislang keine freiwilligen sexuellen Erfahrungen					
Mindestens eine Form nicht-körperlicher sex. Gewalt erlebt	35 %		40 %		45 %	
	Weibl. Jgdl.	Männl. Jgdl.	Weibl. Jgdl.	Männl. Jgdl.	Weibl. Jgdl.	Männl. Jgdl.
	39 %**[1]	28 %	52 %	33 %	53 %*	33 %
Mindestens eine Form körperlicher sex. Gewalt erlebt	11 %		20 %		20 %	
	Weibl. Jgdl.	Männl. Jgdl.	Weibl. Jgdl.	Männl. Jgdl.	Weibl. Jgdl.	Männl. Jgdl.
	17 %***	4 %	32 %	12 %	28 %**	8 %
	Freiwillige sexuelle Erfahrungen umfassen bislang ausschließlich Küssen und Petting					
Mindestens eine Form nicht-körperlicher sex. Gewalt erlebt	52 %		61 %		71 %	
	Weibl. Jgdl.	Männl. Jgdl.	Weibl. Jgdl.	Männl. Jgdl.	Weibl. Jgdl.	Männl. Jgdl.
	60 %***	45 %	70 %	54 %	81 %***	60 %
Mindestens eine Form körperlicher sex. Gewalt erlebt	24 %		36 %		41 %	
	Weibl. Jgdl.	Männl. Jgdl.	Weibl. Jgdl.	Männl. Jgdl.	Weibl. Jgdl.	Männl. Jgdl.
	39 %***	10 %	52 %	21 %	58 %***	22 %
	Freiwillige sexuelle Erfahrungen umfassen auch Geschlechtsverkehr					
Mindestens eine Form nicht-körperlicher sex. Gewalt erlebt	64 %		60 %		73 %	
	Weibl. Jgdl.	Männl. Jgdl.	Weibl. Jgdl.	Männl. Jgdl.	Weibl. Jgdl.	Männl. Jgdl.
	79 %***	50 %	*68 %*[2]	53 %	86 %***	58 %
Mindestens eine Form körperlicher sex. Gewalt erlebt	40 %		36 %		48 %	
	Weibl. Jgdl.	Männl. Jgdl.	Weibl. Jgdl.	Männl. Jgdl.	Weibl. Jgdl.	Männl. Jgdl.
	63 %***	16 %	*64 %*	13 %	74 %***	18 %

Basis: Alle befragten Jugendlichen je Studie. Quellen: Speak! Hauptstudie (Regelschulen) $n_{gewichtet}$ = 2.651; Speak! Förderschulen $n_{gewichtet}$ = 252; Speak! Berufliche Schulen $n_{gewichtet}$ = 1.037. Anmerkungen: 1) Die Testung der Gruppenunterschiede zwischen weiblichen und männlichen Jugendlichen basiert auf einem 2-seitigen Chi-Quadrat-Test je Speak! Studie (*** = $p \leq .001$; ** = $p \leq .01$; * = $p \leq .05$; ohne Kennzeichnung = nicht signifikant). 2) Kursiv gesetzt: Fallzahl $n < 30$.

sowohl auf nicht-körperliche als auch auf körperliche Formen sexualisierter Gewalt zu. Ein Grund dafür ist, dass sich mit freiwilligen sexuellen Aktivitäten „die Wahrscheinlichkeit [erhöht, d. V.] auf ein sexuell aggressives Gegenüber zu treffen" (Krahé, 2009, S. 178).

6.4 PORNOGRAFIE

Die Online-Nutzung ist für große Teile der Gesellschaft selbstverständlich und „[b]ei den Jugendlichen ist inzwischen ein Diffusionsgrad von 100 % erreicht" (Quandt & Vogelgesang, 2018, S. 95). Diese Verbreitung brachte „drastische Umwälzungen" (ebd.) auch für die Nutzung von Pornografie mit sich: „Im Prinzip kann man inzwischen überall und jederzeit Pornografie umsonst und ohne größere Zugangsschranken konsumieren" (ebd.). Verschiedene Studien zeigen, dass Jugendliche auch von dieser Möglichkeit Gebrauch machen. Die Zahlen dazu differieren jedoch deutlich, wie eine Metaanalyse internationaler Studien von 1995 bis 2015 zeigt (Peter & Valkenburg, 2016). Auch wir haben dieses Thema in die Speak! Studien aufgenommen.

Nutzungshäufigkeit

Kommen wir zu den Ergebnissen aus den Speak! Studien an den Regel- und an den Beruflichen Schulen (die Aufgliederung in Tabelle 6.4 ist mit den Daten der Förderschulstudie nicht möglich):

> *»Es nicht zu übertreiben, weil es zur Gewohnheit wird und man am Ende nicht aufhören kann. Außerdem empfehle ich es erst nach dem 1. Sex, weil man sonst denkt, es müsste beim 1ten Mal so ablaufen wie im Porno.«*
>
> O-Ton Speak!

Tabelle 6.4: Anteil der Jugendlichen, die ‚öfter' Pornografie konsumieren – nach Geschlecht und Speak! Studie

	Jugendliche Hauptstudie (Regelschulen)		Jugendliche Berufliche Schulen	
I) Ja, ich habe das ein- oder zweimal gemacht	33 %		37 %	
	Weibliche Jgdl.	Männliche Jgdl.	Weibliche Jgdl.	Männliche Jgdl.
	32 %***[1]	34 %	45 %***	27 %
Ja, ich mache das öfter	27 %		39 %	
	Weibliche Jgdl.	Männliche Jgdl.	Weibliche Jgdl.	Männliche Jgdl.
	8 %	48 %	15 %	66 %
II) Davon:				
1- bis 2-mal im Monat	20 %		22 %	
	Weibliche Jgdl.	Männliche Jgdl.	Weibliche Jgdl.	Männliche Jgdl.
	40 %***[1]	12 %	57 %***	13 %
1- bis 3-mal in der Woche	47 %		49 %	
	Weibliche Jgdl.	Männliche Jgdl.	Weibliche Jgdl.	Männliche Jgdl.
	46 %	49 %	36 %	52 %
4- bis 5-mal in der Woche/ (fast) täglich	33 %		29 %	
	Weibliche Jgdl.	Männliche Jgdl.	Weibliche Jgdl.	Männliche Jgdl.
	14 %	39 %	7 %	35 %

Basis: I) Alle Befragten; II) Befragte, die angeben, ‚öfter' Pornografie zu schauen. Quellen: Speak! Hauptstudie (Regelschulen) I) $n_{gewichtet}$ = 2.651, II) $n_{gewichtet}$ = 676; Speak! Berufliche Schulen I) $n_{gewichtet}$ = 1.037, II) $n_{gewichtet}$ = 368.
Anmerkung: 1) Die Testung der Gruppenunterschiede zwischen weiblichen und männlichen Jugendlichen basiert auf einem 2-seitigen Chi-Quadrat-Test je Speak! Studie (*** = p ≤ .001; ** = p ≤ .01; * = p ≤ .05; ohne Kennzeichnung = nicht signifikant). Die Testung bezieht sich auf Mehr-Felder-Tafeln mit Geschlecht und den jeweiligen Optionen für die Nutzungsfragen. Die Signifikanz wird je Tabellenblock jeweils nur einmal (im oberen Teil des Tabellenblocks) ausgewiesen.

Zunächst zur Hauptstudie: 33 % der Befragten geben an, bislang ein- oder zweimal Pornos angeschaut zu haben (in etwa gleichverteilt 32 % weibliche und 34 % männliche Jugendliche). „Ja, ich mache das öfter" geben insgesamt 27 % der Befragten an. Von den weiblichen Jugendlichen, die mit 8 % deutlich seltener zur Kategorie der regelmäßigen Nutzer:innen gehören, gibt der größte Teil zwischen 1- bis 2-mal im Monat und bis zu 1- bis 3-mal in der Woche als Nutzungshäufigkeit an. Nur 14 % der Konsumentinnen können wir als Dauernutzerinnen bezeichnen, die 4- bis 5-mal in der Woche bzw. fast täglich Pornos anschauen. Anders das Bild bei den männlichen Jugendlichen. Mit 48 % geben sie deutlich häufiger an, öfter Pornos zu schauen, 39 % der Konsumenten nutzen Pornografie fast täglich (Dauernutzer).

Von allen befragten Jugendlichen in der Förderschulstudie berichten 35 %, dass sie schon mal Pornos angeschaut haben (ohne Abbildung). Von den befragten weiblichen Jugendlichen schauen 23 % und von den männlichen Jugendlichen 43 % zumindest ab und zu. 93 % der weiblichen Jugendlichen, die Pornos schauen, tun dies bis maximal einmal in der Woche und nur 7 % der Nutzerinnen schauen mehrfach wöchentlich. Der Anteil der Pornografie konsumierenden männlichen Jugendlichen, die dies mehrfach wöchentlich tun, beträgt 49 %. Dies entspricht ziemlich genau den Zahlen in der Hauptstudie.

Die Zahlen für die älteren Jugendlichen (Berufliche Schulen) zeigen (siehe Tabelle 6.4), dass der Anteil der regelmäßigen Konsument:innen zunimmt (39 % geben an, öfter zu schauen). Zwei Drittel der männlichen Jugendlichen, die Berufliche Schulen besuchen (66 %), geben an, „öfter" solche Seiten anzuschauen. Das sind also bei den 16- bis 19-Jährigen 18 Prozentpunkte mehr als bei den männlichen 14- bis 16-jährigen Befragten der Hauptstudie. Der Anteil der Dauernutzer, die sehr häufig in der Woche (bis fast täglich) Pornos schauen, liegt bei 35 % der Konsumenten. Bei den weiblichen Jugendlichen, die Berufliche Schulen besuchen, nutzen 15 % öfter Pornografie – und damit auch etwas mehr als bei den jüngeren Befragten der anderen beiden Studien. Allerdings ist die Quote der Dauernutzerinnen hier mit 7 % etwas geringer.

Manche Autor:innen, wie u. a. Sielert (2015), vertreten die These, dass „die *meisten* 16-jährigen Jugendlichen […] keine *Dauerkonsumenten* von Pornografie aller Art" (ebd., S. 124; Hervorhebungen d. V.) sind. Wir haben deshalb die Analysen mit ausschließlich 16-Jährigen aus der Hauptstudie wiederholt und auf alle Jugendlichen hochgerechnet (ohne Abbildung). Dabei ergibt sich für die männlichen Jugendlichen eine Quote von 49 % Dauernutzern, die mindestens 1- bis 3-mal in der Woche Pornos schauen, bei den weiblichen eine Quote von 5 %. Während die These mit Blick auf weibliche Jugendliche sicher richtig ist, ist sie mit Blick auf männliche Jugendliche durchaus mittlerweile kritisch zu sehen.

Ähnlich verhält es sich mit der These, dass es sich „in der Regel" (Sielert, 2015, S. 124) beim Pornografiekonsum um ein initiationsrelevantes männliches Gruppenevent handelt, Jugendliche also gemeinsam „in männlichen Cliquen" (ebd.) Pornos schauen würden. Um diese These zu prüfen, haben wir in der Speak! Hauptstudie gefragt, ob die Konsument:innen sich Pornos meistens alleine oder mit anderen Personen anschauen. In 99 % der Fälle wird Pornografie *allein* konsumiert und stellt damit keinesfalls ein reguläres Gruppenevent dar. Für diejenigen, die zum ersten Mal Pornografisches schauen oder die angeben „Habe das ein- oder zweimal" gemacht, mag die These des gemeinsamen Schauens als (männlicher) Initiationsritus zutreffend sein, kann aus unserer Datenlage heraus jedoch nicht geprüft werden.

Einstellungen Pornografie

Was bedeutet Pornografie für Jugendliche, über die direkte „sexuelle[] Stimulation" (Döring, 2013, S. 22) hinausgehend? Es gehe, so Klein „[b]ei der sexualitätsbezogenen Mediennutzung Jugendlicher [...] um nichts weniger als die Orientierung in der Welt und die Suche nach der eigenen Verortung im Bereich Liebe, Sexualität, Partnerschaft" (Klein, 2015, S. 20). Jugendliche blicken auf diffuse und teils widersprüchliche Sinnhorizonte, zu einem großen Teil vermittelt durch soziale Medien beispielsweise bezogen auf Geschlechterbilder, sexuelle Orientierungen und Lebensweisen oder auch auf die Sinnhaftigkeit beruflicher Entwürfe etc. Diese Sinnangebote müssen (individuell) interpretiert, können angenommen oder abgelehnt werden. Jugendliche werden damit zu Agenten von Lern- und Sinndeutungsprozessen, die sie „zwangsläufig" (Alheit, 2010, S. 219 f.) selbst zu organisieren haben – und Übergänge stellen vor dem Hintergrund dieser Herausforderung besondere „Zonen der Ungewissheit und Verwundbarkeit" (Walther & Stauber, 2013, S. 30) dar.

Der Aufbau einer eigenen (sexuellen) Identität ist dabei angesiedelt zwischen dem Wunsch, möglichst der ‚Norm' zu entsprechen (was Schutz verspricht) – verbunden mit der Suche nach Anerkennung und einer Position im Gefüge der Peers –, und dem Bedürfnis, das ‚Eigene' zu finden (Kröger, 2018, S. 21).

Damit gehört die „Entwicklungsanforderung Sexualität zu den Kernaufgaben des Jugendalters" (Klein, 2015, S. 19). Allerdings ist die Bearbeitung dieser Aufgabe alles andere als leicht. „Männliche Jugendliche und weibliche Jugendliche müssen sich mit Unsicherheiten, Unwissenheit, Versagensängsten, Ideal- und Normalitätsvorstellungen sowie Verhaltensanforderungen unterschiedlicher sozialer Quellen auf der einen Seite und ihren eigenen sexuellen Erfahrungen und Wünschen auf der anderen Seite auseinandersetzen und daraus so etwas wie eine eigene Sexualität entwickeln" (ebd.).

Pornografie scheint auf einige dieser Fragen Antworten zu bieten. Zugleich können Unsicherheiten aber auch verstärkt werden und zusätzliche Irritationen und Sorgen auf Seiten der Nutzer:innen entstehen (Klein, 2015). Dies vor dem Hintergrund, dass pornografische Darstellungen „Verhaltensweisen von Rezipient_innen auch unbewusst beeinflussen können" (Vogelsang, 2017, S. 109).

Pornografie birgt also ein gewisses (Entwicklungs-)Risiko. Nicht zu unterschätzen ist, dass viele digitale Medienangebote, insbesondere der Werbe- und Pornoindustrie, überwiegend auf „die Unzufriedenheit mit dem eigenen Körper" (Kröger, 2018, S. 21) abzielen. Die vermittelte Botschaft lautet beispielsweise „Du wirst nie genügen" (ebd.) oder ‚Echter Sex ist nur das, was du hier siehst'.

Unerreichbare Normen werden gesetzt, um zu verkaufen. Steinbach (2018, S. 6) spricht von „Vereinnahmungsbemühungen aufgrund von ökonomischen Interessen": Kontrolliert und manipuliert werden Jugendliche auf der Suche nach Antworten auf drängende und existenzielle Fragen, die ihre (sexuelle) Identität betreffen. Gerade für männliche Jugendliche und junge Männer heißt es nach wie vor, dem Mainstream zu entsprechen – sich möglichst „heteronormativ zu zeigen, vorgeblich ‚normal' zu sein" (Kröger, 2018, S. 22) – das schützt vor Angriffen. Beispielsweise ist „gefickt zu werden" das „Schicksal der im Status unterlegenen Person, ist unmännlich, feminisierend und abwertend" (ebd.).

In den digitalen Medien ist Sexualität „omnipräsent" (Kröger, 2018, S. 24) – und das Angebot von Pornografie ebenso wie deren Nutzung durch Jugendliche scheint nicht mehr wegzudenken oder anders gesagt: Die Forderung, an den Jugendschutz zu gemahnen, wirkt in gewisser Weise ‚wie aus der Zeit gefallen'. Dies darf jedoch nicht darüber hinwegtäuschen, dass ein Konsum, der nicht mit dem Entwicklungsstand und der Kompetenz einhergeht, das Gesehene distanziert reflektieren zu können, aus pädagogischer Perspektive kritisch zu sehen ist.

In der bereits weiter oben zitierten Metaanalyse (Peter & Valkenburg, 2016) wird herausgestrichen, dass Jugendliche Pornografie nutzen, jedoch die Prävalenzen stark variieren. Übereinstimmend über alle Einzelstudien hinweg kann jedoch festgehalten werden, dass die Jugendlichen, die am häufigsten Pornografie nutzen, männlich sind (das haben unsere Befunde oben bestätigt) und sich in fortgeschrittener pubertärer Entwicklung befinden. Zudem sind sie auf der Suche nach eindrücklichen, besonderen Erfahrungen, die auch mit einem Risiko verbunden sein können (‚sensation-seeking adolescents'). Darüber hinaus hängt die Pornografie-Nutzung zusammen mit freizügigeren sexuellen Einstellungen und stärkeren geschlechterstereotypischen Überzeugungen. Genutzt wird Pornografie vor allem von denen, die (bereits) Geschlechtsverkehr praktizieren und die mehr Erfahrungen mit ‚Gelegenheitssex' (‚casual sex behavior') haben. Die Nutzung geht auch mit einer stärkeren sexuellen Aggression einher (Peter & Valkenburg, 2016, S. 525).

Wir haben u. a. auf diese Befunde gegründet verschiedene Einstellungen/Überzeugungen zur Pornografie abgefragt und dabei zwischen den Jugendlichen unterschieden, die selten bzw. häufig Pornos anschauen. Die Befunde für die Hauptstudie sind in Abbildung 6.5 dargestellt.

Abbildung 6.5: Einstellungen zur Pornografie – nach Nutzungshäufigkeit, Speak! Hauptstudie

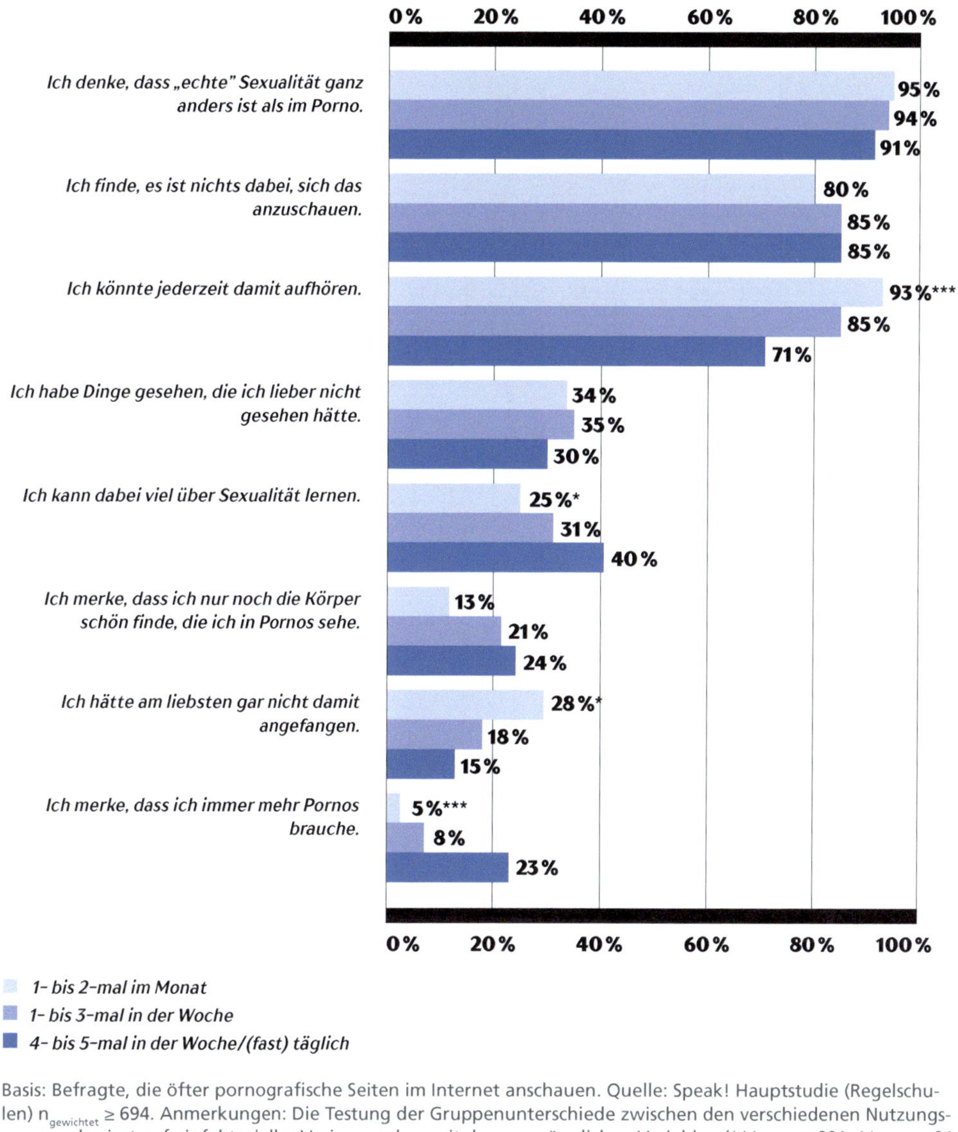

Basis: Befragte, die öfter pornografische Seiten im Internet anschauen. Quelle: Speak! Hauptstudie (Regelschulen) $n_{gewichtet} \geq 694$. Anmerkungen: Die Testung der Gruppenunterschiede zwischen den verschiedenen Nutzungsgruppen basiert auf einfaktorieller Varianzanalyse mit den ursprünglichen Variablen (*** = $p \leq .001$; ** = $p \leq .01$; * = $p \leq .05$; ohne Kennzeichnung = nicht signifikant). Zusammengefasst sind in der Abbildung die Anteile für die Antwortvorgaben ‚stimmt eher' und ‚stimmt genau'.

Vergleichen wir im Folgenden die drei Gruppen von Jugendlichen anhand von Abbildung 6.5:

- diejenigen, die 1- bis 2-mal im Monat pornografische Seiten, also vergleichsweise selten, anschauen und
- diejenigen, die 1- bis 3-mal in der Woche schauen, sowie
- die Dauerkonsument:innen, die dies 4- bis 5-mal bzw. fast täglich machen.

Alle drei Gruppen geben mit in etwa vergleichbaren Anteilen an, dass echte Sexualität ganz anders als im Porno ist (95 %, 94 % und 91 %). Relativ einig sind sich die Dauerkonsument:innen (4- bis 5-mal in der Woche/fast täglich) und die Nutzer:innen aus der mittleren Gruppe (1- bis 3-mal in der Woche), dass „nichts dabei ist, sich das anzuschauen" (jeweils 85 %) – die Wenigkonsumierenden sind mit 80 % etwas skeptischer. Dass man auf diesen Seiten Dinge sieht, die man lieber nicht gesehen hätte, ist bei den Dauerkonsument:innen am geringsten ausgeprägt mit 30 % (gegenüber 34 % und 35 % in den anderen Gruppen). Mit Blick auf die anderen Aspekte unterscheiden sich die Gruppen jedoch deutlicher voneinander: Mit der Häufigkeit bzw. Regelmäßigkeit der Nutzung sinkt die Gewissheit, man könnte „jederzeit damit aufhören" (von 93 % auf 85 % und auf 71 %). Dies spricht in Ansätzen für einen ‚Gewöhnungseffekt'. Für einen Gewöhnungseffekt spricht auch, dass diejenigen, die sehr häufig schauen, zu 23 % angeben, dass sie immer mehr Pornos brauchen (bei denen, die seltener schauen, sind dies nur 8 % und 5 %). Der Wunsch, man hätte rückblickend „am liebsten gar nicht damit angefangen", trifft vor allem die Gruppe derer, die eher selten schauen (28 % bei den Wenigkonsumierenden und 18 % in der mittleren Gruppe). Dies spricht dafür, dass diejenigen, die eher selten(er) schauen, noch eher eine kritische Haltung zum eigenen Konsum bzw. zu dem, was sie in Pornos sehen, einnehmen (können).

Prägen die in Pornografie dargestellten Inszenierungen die Wahrnehmung der Nutzer:innen im realen (sexuellen) Leben? Einen Hinweis darauf, dass sich Wahrnehmungen verändern, bietet der Befund, dass gerade die Gruppe, die am häufigsten schaut, nur noch die Körper schön findet, die sie in Pornos sieht (24 % gegenüber und 21 % gegenüber 13 % bei der Gruppe der Wenigkonsumierenden). Die Bilder der Pornoindustrie scheinen die realen Körperbilder zumindest bei den Dauernutzer:innen mitzuprägen. Ein weiterer interessanter Befund zeigt sich darin, dass mit der Häufigkeit des Pornografiekonsums die Anteile derer steigen, die angeben, dass sie in Pornos viel über Sexualität lernen können; dieser steigt mit zunehmender Nutzung von 25 % bei den Wenigkonsumierenden über 31 % auf 40 % bei den Dauernutzer:innen.

Im Vergleich zur Hauptstudie fällt bei den Nutzer:innen, die Förderschulen besuchen, zweierlei ins Auge (ohne Abbildung). Zum einen: Die Differenzen in den Einstellungen zwischen denen, die nur selten Pornoseiten nutzen, und den Dauerkonsument:innen fallen höher aus. So sagen 86 % der Förderschüler:innen, die häufig Pornos schauen, „Es ist nichts dabei, sich das anzuschauen", bei den Wenigkonsumierenden sinkt dieser Anteil auf 53 %. Der Wunsch, man hätte rückblickend „am liebsten gar nicht damit angefangen", äußert sich noch deutlicher als in der Hauptstudie in der Gruppe derer, die eher selten schauen (65 % gegenüber 25 % bei den Dauerkonsumierenden). Zum anderen zeigt sich im Vergleich zu den Nutzer:innen aus der Hauptstudie, dass Förderschüler:innen zu höheren Anteilen nur noch die Körper schön finden, die sie in Pornos sehen, zudem am liebsten gar nicht mit den Pornos angefangen hätten, Dinge gesehen haben, die sie lieber nicht gesehen hätten, und merken, dass sie immer mehr Pornos brauchen. Vorsichtig gedeutet, scheint die Reflexionsfähigkeit beispielsweise die Bewertung des Gesehenen betreffend, die Distanzierung dazu etc. weniger ausgeprägt als bei den Jugendlichen aus der

Hauptstudie. In der Tendenz spricht dies tendenziell für eine stärkere Manipulierbarkeit der Förderschüler:innen durch Pornografiekonsum.

Betrachten wir noch die älteren Jugendlichen, die Berufliche Schulen besuchen (siehe Abbildung 6.6). Hier zeigt sich zunächst, dass sich die Einstellungen zur Pornografie zwischen den verschiedenen Nutzungsgruppen weniger unterscheiden als in der Haupt- und der Förderschulstudie. Mit zwei gewichtigen Ausnahmen:

Dies betrifft zum einen die Annahme, jederzeit damit aufhören zu können. Während in der Hauptstudie 93 % der Wenigkonsumierenden und 71 % der Dauerkonsumierenden davon überzeugt sind, sie könnten jederzeit damit aufhören, beträgt die analoge Differenz bei den älteren Jugendlichen an den Beruflichen Schulen 31 Prozentpunkte: 94 % – 63 %.

Auch die Differenz zwischen den Nutzungsgruppen hinsichtlich der Einschätzung, dass man immer mehr Pornos brauche, unterscheidet sich zwischen der Hauptstudie und der Studie an den Beruflichen Schulen. Beträgt die Differenz im ersten Fall acht Prozentpunkte (13 % – 5 %), beträgt sie im Falle der Jugendlichen an den Beruflichen Schulen 22 Prozentpunkte (23 % – 1 %). Wir müssen davon ausgehen, dass die älteren Jugendlichen bereits längere Zeit Pornos nutzen. Gewöhnungs- und vielleicht auch Suchteffekte, die sich in den beiden genannten Aspekten abbilden, kommen deshalb deutlicher zum Vorschein. Dies unterstützt die sogenannte Habituierungstheorie. Darin wird die Hypothese aufgestellt, dass sich mit „zunehmender Nutzung von Pornografie ein Gewöhnungseffekt in Bezug auf die sexuelle Erregung einstellt" (Vogelsang, 2017, S. 92). Den Pornografiekonsum einzuschränken oder aufzuhören fällt zunehmend schwer. Ähnlich nimmt die Kultivierungstheorie weniger die unmittelbare Verhaltensänderung als vielmehr eine langfristige Veränderung von Einstellungen in den Blick. Sie postuliert, „dass die in Pornografie gezeigte ‚Realität' die Vorstellungen der Nutzer_innen über die ‚reale Welt' prägt" (ebd.).

Festzuhalten ist aber auch, dass der Anteil der Dauernutzer:innen, die glauben, über Pornografie etwas über Sexualität lernen zu können, bei den Jugendlichen an den Beruflichen Schulen geringer ausfällt als bei den (jüngeren) Jugendlichen der Hauptstudie. Die Skepsis gegenüber den Bildern der Pornografie steigt also mit den Altersphasen etwas.

Abbildung 6.6: Einstellungen zur Pornografie – nach Nutzungshäufigkeit, Speak! Berufliche Schulen

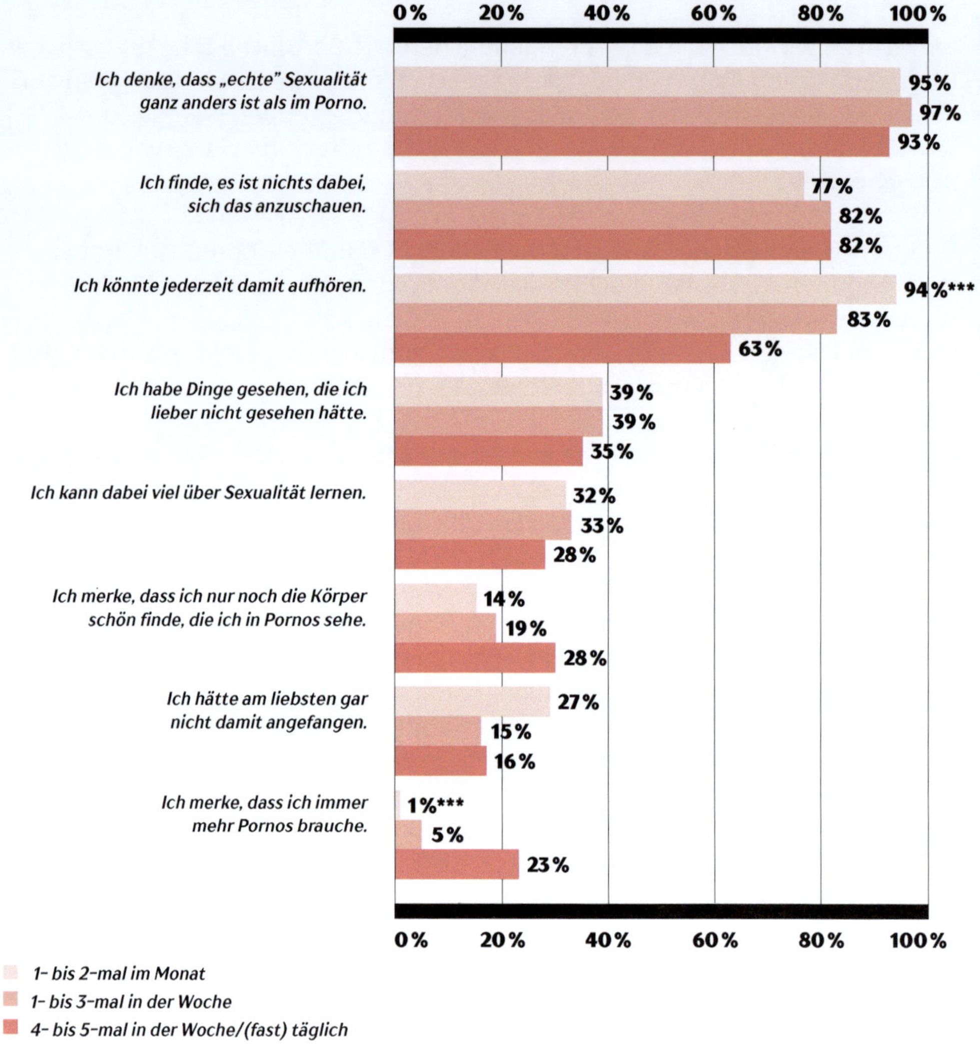

Basis: Befragte, die öfter pornografische Seiten im Internet anschauen. Quelle: Speak! Berufliche Schulen $n_{gewichtet} \geq 352$. Anmerkungen: Siehe Abbildung 6.5.

Pornografiekonsum und sexualisierte Gewalt

Wir schauen uns in Speak! verschiedene Zusammenhänge an, um das Phänomen sexualisierte Gewalt möglichst umfassend beschreiben zu können. Die Prüfung von Zusammenhängen zwischen dem Umfang des Konsums von Pornografie und der Ausübung sexualisierter Gewalt als jugendliche Aggressor:innen gehört dazu. Wir beschränken uns hier auf die Hauptstudie.

Abbildung 6.7 zeigt sehr deutlich, dass die Quote derjenigen Jugendlichen, die selbst sexualisierte Gewalt ausgeübt haben, steigt, je häufiger Pornos geschaut werden. Das gilt sowohl für nicht-körperliche als auch für körperliche sexualisierte Gewalt. So beträgt die Quote der Aggressor:innen, die nicht-körperliche sexualisierte Gewalt ausgeübt haben, unter den Jugendlichen, die noch nie bzw. maximal 1- oder 2-mal entsprechende Seiten besucht haben, 20 % und steigt bis zu 50 % bei den Jugendlichen an, die mindestens 4-mal in der Woche Pornos konsumieren. Die Quote der Aggressor:innen, die körperliche sexualisierte Gewalt ausgeübt haben, steigt analog von 5 % bei den Nichtnutzer:innen auf 22 % bei den Dauernutzer:innen.

Dabei unterscheiden sich die Jugendlichen allerdings vor allem mit Blick darauf, ob sie überhaupt Pornos schauen, etwas weniger dadurch, wie häufig sie dies tun. Die deutlichsten Sprünge in der Prävalenzquote der Aggressor:innen finden wir zwischen der Gruppe, die überhaupt keine Pornos schaut und der, die maximal 3-mal in der Woche schaut. Allerdings ist zu bedenken, dass zwischen den beiden Gruppen von regelmäßigen Nutzer:innen die ‚Dosis-Unterschiede' an Pornografie – maximal 3-mal pro Woche bei der einen Gruppe, minimal 4-mal die Woche bei der anderen – recht gering ausfallen und deshalb nur geringe Unterschiede zu erwarten sind. Zu betonen ist allerdings auch, dass mit diesen Befunden nicht ausgesagt ist – im Sinne eines Ursache-Wirkung-Prinzips –, dass der Konsum von Pornografie zu sexualisierten Gewalthandlungen führt oder verleitet. Jedoch kann das Aufdecken statistischer Zusammenhänge dazu beitragen, begründete Thesen zu formulieren, die in spezifischen Studiendesigns näher untersucht werden können.

Jugendliche, die angeben, dass sie ‚1- bis 3-mal in der Woche' oder ‚4- bis 5-mal in der Woche oder fast täglich' Pornos schauen, gehören signifikant häufiger als Jugendliche, die bislang nie oder nur 1- oder 2-mal Pornos geschaut haben, zu denen, die selbst sexualisierte Gewalt ausüben (Aggressor:innen). Dieser Befund bleibt auch unter multivariater Berücksichtigung von Geschlecht, Alter, sozialer Herkunft, Bildungsgang sowie Migrationshintergrund statistisch hoch signifikant.

Ohne an dieser Stelle zu einer (zeitweise intensiv geführten) Schädigungs- oder sexuellen Verwahrlosungsdebatte Jugendlicher durch Pornografie beitragen zu wollen (Quandt & Vogelgesang, 2018; Weller, 2020), verweisen sowohl die eingangs berichteten internationalen Befunde als auch die aus den Speak! Studien auf die Notwendigkeit, „sexual- und medienpädagogisch" (Quandt & Vogelgesang, 2018, S. 91) zu handeln. Dazu zählt u. a. eine „reflexive Auseinandersetzung" pädagogischer Fachkräfte innerhalb und außerhalb der Schule „mit den heterogenen – medialen und sexuellen – Lebensrealitäten und Lebensentwürfen ihrer Adressat/innen" (Klein, 2015, S. 24).

PORNOGRAFIEKONSUM UND SEXUALISIERTE GEWALT

ANGABEN IN %

Abbildung 6.7: Anteil der Jugendlichen, die sexualisierte Gewalt selbst ausgeübt haben – getrennt nach der Nutzungshäufigkeit von Pornografie, nur Speak! Hauptstudie

Basis: Alle befragten Jugendlichen. Quelle: Speak! Hauptstudie (Regelschulen) $n_{gewichtet}$ = 2.651. Anmerkung: Die Unterschiede je Bereich sexualisierter Gewalt sind zwischen den Konsument:innengruppen auf dem 0,1-%-Niveau signifikant.

6.5 PARTNERSCHAFTSVORSTELLUNGEN

»Selbst wenn du jemanden liebst und du dich mit ihm in einer Partnerschaft befindest, heißt das nicht, dass du alles gut finden oder mitmachen musst zu jeder Zeit. Mache immer nur das, wozu du in dem Moment Lust hast, und höre auf, wenn es sich falsch anfühlt oder es dir dadurch schlechter geht.«

O-Ton Speak!

Erste intime Beziehungen, aber auch der Aufbau von Paarbeziehungen stellen eine wichtige Entwicklungsaufgabe in der Jugendphase dar. Um Einstellungen zur Partnerschaft zu erheben, haben wir gefragt, was Jugendliche von einer Partnerschaft erwarten und wie sie Partnerschaft verstehen. Gehört Eifersucht zur Partnerschaft? Darf der Partner oder die Partnerin den anderen kontrollieren? Ist der Austausch erotischer Bilder okay? In Anlehnung an die von Krahé (2009) als sexuelle Skripte bezeichneten „sexuelle[n] Verhaltensdrehbücher" (ebd., S. 180) sprechen wir bezogen auf die oben genannten Einstellungen von Partnerschaftsskripten. Gemeint sind „innere Vorstellungen davon, wie sexuelle Interaktionen abzulaufen haben" (Delphendahl, 2018, S. 7), z. B. bezogen darauf, auf welchem Wege ein sexueller Kontakt verlaufen sollte. Gelernt wird dies über die Nachahmung von Vorbildern, basierend auf gesellschaftlich strukturierten Geschlechterbildern (ebd.). Eine uneindeutige, teils wahre Bedürfnisse verschleiernde Kommunikation, beispielsweise in Form von ‚Token Resistance' oder ‚Compliance' (siehe Seite 193, Fußnote 17 und 18), bildet daraus abgleitet zentrale Risikofaktoren.

Wir haben die Jugendlichen gefragt: „Stell dir vor, du hättest einen Partner/ eine Partnerin. Wie stehst du zu den folgenden Aussagen?" Auf einer vierstufigen Skala konnte zwischen „1 = stimmt nicht" bis „4 = stimmt genau" gewählt werden. Die Angaben der Jugendlichen wurden je Statement zu einem Mittelwert verrechnet.

Wie denken Jugendliche heutzutage über Partnerschaft? Uns interessiert diese Frage vor allem auch deshalb, weil wir u. a. mit Blick auf Kapitel 4 oder auf das vorangegangene Kapitel 6.4 in Erfahrung bringen wollen, ob Jugendliche, die selbst sexualisierte Gewalt ausüben oder häufig Pornos schauen, unterschiedliche Vorstellungen von Partnerschaft haben.

Abbildung 6.8 enthält die Mittelwerte für weibliche und männliche Jugendliche je vorgegebenem Statement für die Hauptstudie.

Abbildung 6.8: Partnerschaftsvorstellungen – Mittelwerte nach Geschlecht, nur Speak! Hauptstudie

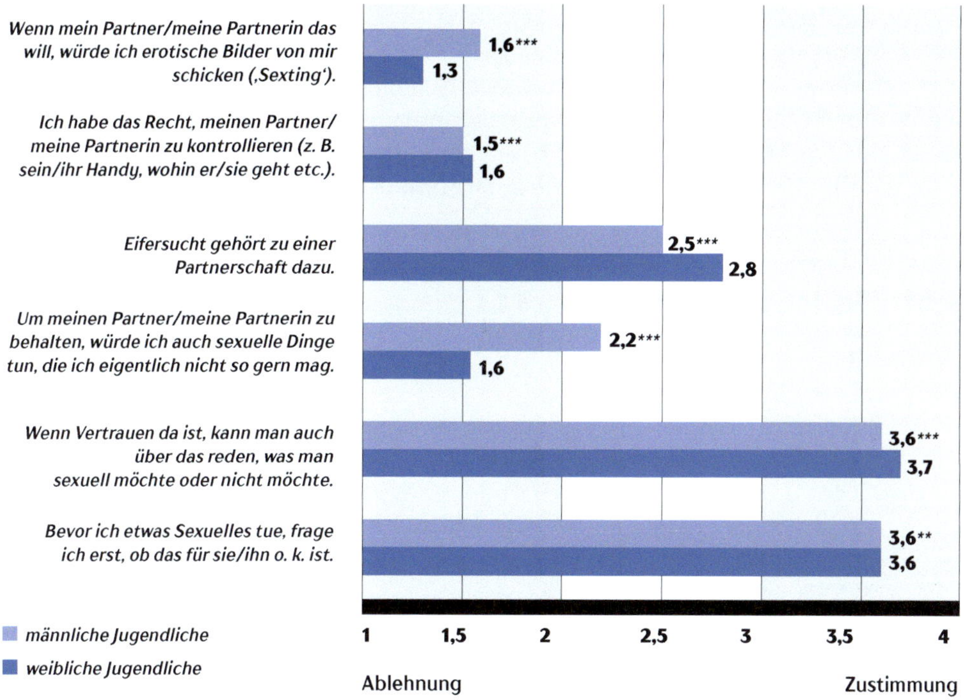

Basis: Alle befragten Jugendlichen. Quelle: Speak! Hauptstudie (Regelschulen) $n_{gewichtet}$ = 2.651. Anmerkung: 1) Die Testung der Gruppenunterschiede zwischen weiblichen und männlichen Jugendlichen basiert auf einem T-Test je Speak! Studie (*** = p ≤ .001; ** = p ≤ .01; * = p ≤ .05; ohne Kennzeichnung = nicht signifikant).

Manche Statements gewichten (wie die Abbildung zeigt) weibliche und männliche Jugendliche ähnlich stark. „Bevor ich etwas Sexuelles tue, frage ich erst, ob das für sie/ihn o. k. ist" wird jeweils durchschnittlich mit 3,6 und damit sehr zustimmend bewertet. Auch die Aussage „Wenn Vertrauen da ist, kann man auch über das reden, was man sexuell möchte oder nicht möchte" ist bei beiden Geschlechtern fast gleich hoch ausgeprägt. Vergleichbare Werte bei weiblichen und männlichen Jugendlichen, jedoch auf sehr viel niedrigerem Niveau (Mittelwerte 1,6 bzw. 1,5), finden sich auch bei „Ich habe das Recht, meinen Partner/meine Partnerin zu kontrollieren". Deutlich wird, dass zentrale Vorstellungen und Werte von Partnerschaft von weiblichen wie männlichen Jugendlichen relativ ähnlich (entweder sehr hoch oder sehr niedrig) bewertet werden.

Stärkere Unterschiede finden sich vor allem hinsichtlich der Einschätzung, dass man auch Dinge machen würde, die man nicht so gerne mag, um seinen Partner bzw. seine Partnerin zu halten. Männliche Jugendliche stimmen dieser Aussage mit durchschnittlich 2,2 deutlich stärker zu als weibliche mit 1,6. Männliche Befragte sind auch etwas eher bereit, erotische Bilder von sich zu verschicken (Mittelwert 1,6 gegenüber 1,3). Weibliche Jugendliche gehen andererseits eher davon aus, dass Eifersucht zu einer Partnerschaft gehört (Mittelwert 2,8 gegenüber 2,5).

Insgesamt spiegelt sich in den Befunden eine Vorstellung von Partnerschaft wider, die keine eindeutig geschlechterspezifische Ausprägung hat. Gerade die von beiden Geschlechtern ähnlich hoch bewerteten Aussagen zur vertrauensvollen Partnerschaft und der Bedeutung der Kommunikation („Frage ich erst") sind ein Beleg dafür. Allerdings scheinen männliche Vorstellungen („Würde ich auch sexuelle Dinge tun, die ich eigentlich nicht so gern mag" und „Sexting" betreffend) dafür zu sprechen, dass männliche Jugendliche eine größere (sexuelle) Offenheit in diesen Fragen (bereit sind zu) zeigen. Anders ausgedrückt, werden damit aber auch Ansprüche an Männlichkeit transportiert, die für weibliche Jugendliche weniger selbstverständlich zu einer Partnerschaft dazuzugehören scheinen, weil sie für sie u. U. stärker risikobehaftet sind.

PARTNERSCHAFTSVORSTELLUNGEN VON AGGRESSOR:INNEN

In Abbildung 6.9 untersuchen wir, ob die Partnerschaftsvorstellungen von Jugendlichen, die selbst sexualisierte Gewalt ausüben, sich von denen anderer Jugendlicher unterscheiden. Da wir in der vorigen Abbildung Differenzen zwischen weiblichen und männlichen Jugendlichen in manchen Bereichen gesehen haben und wir aus Kapitel 4 wissen, dass männliche Jugendliche im Vergleich zu weiblichen Jugendlichen überdurchschnittlich häufig als Aggressoren in Erscheinung treten und sexualisierte Gewalt ausüben, bezieht sich Abbildung 6.9 *ausschließlich auf männliche Jugendliche*.

Ähnlich Abbildung 6.8 gibt es auch in Abbildung 6.9 dieselben zwei Aussagen, die von allen männlichen Jugendlichen in ähnlicher Weise geteilt und hoch bewertet werden, unabhängig davon, ob sie als Aggressoren in Erscheinung getreten sind oder nicht. Diese beziehen sich auf das Vertrauen, das man braucht, um über Sexuelles zu sprechen, und dass man seine Partnerin/seinen Partner fragt, ob bestimmte sexuelle Dinge für sie/ihn o. k. sind.

Abbildung 6.9: Partnerschaftsvorstellungen – Mittelwerte nach Gruppen von Aggressoren, nur männliche Jugendliche, Speak! Hauptstudie

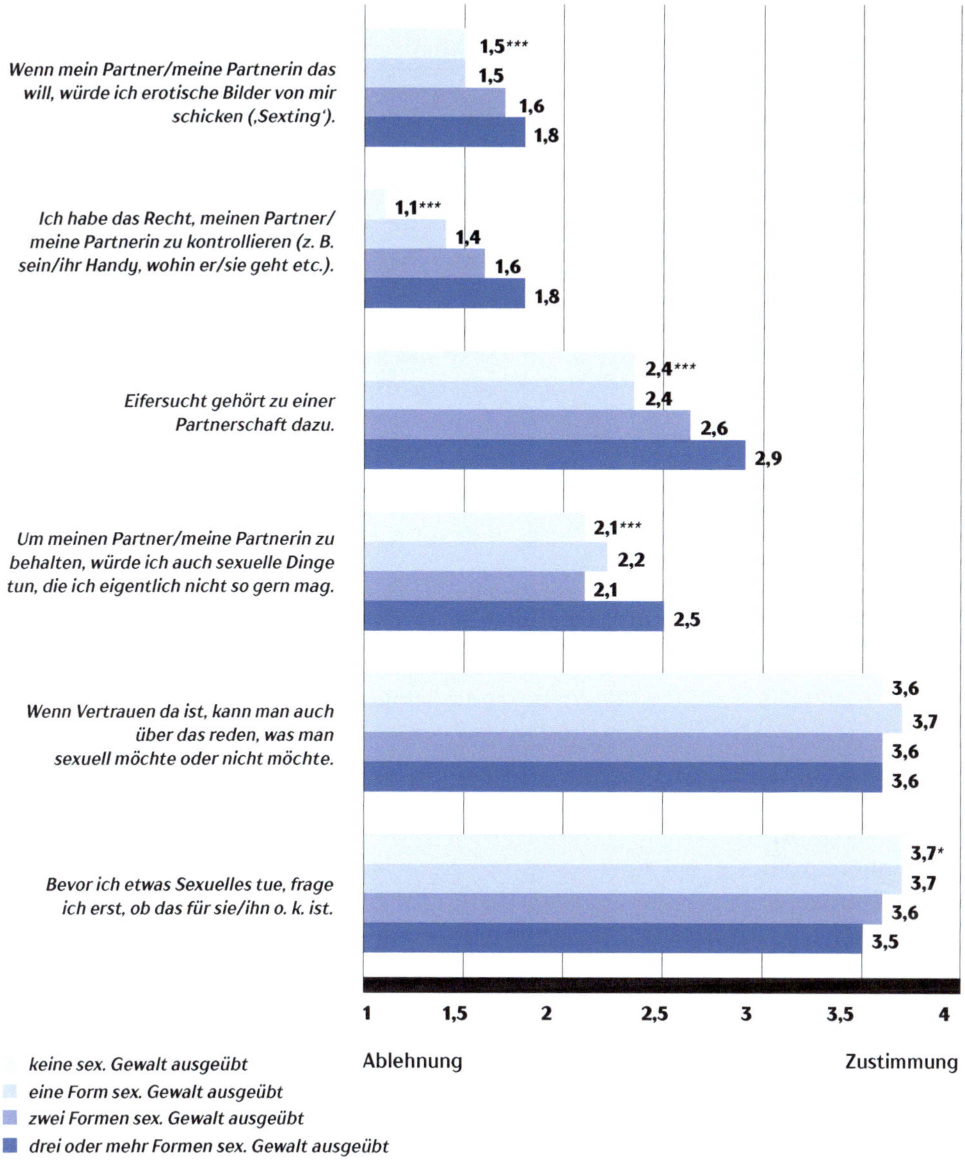

Basis: Alle männlichen Befragten. Quelle: Speak! Hauptstudie (Regelschulen) $n_{gewichtet} \geq 1.172$. Anmerkung: 1) Die Testung der Gruppenunterschiede basiert auf einer einfaktoriellen Varianzanalyse (*** = $p \leq .001$; ** = $p \leq .01$; * = $p \leq .05$; ohne Kennzeichnung = nicht signifikant).

Signifikante Differenzierungen zeigen sich wiederum bei den Statements, die auch beim vorhergehenden Vergleich zwischen weiblichen und männlichen Jugendlichen hervortraten. Am stärksten sind die Differenzen zwischen den verschiedenen Aggressorengruppen mit Blick auf die Frage, ob man das Recht hat, seinen Partner/seine Partnerin zu kontrollieren, und ob Eifersucht zu einer Partnerschaft dazugehört. Beide Statements werden von den männlichen Jugendlichen, die am umfangreichsten als Aggressoren in Erscheinung treten, auch am stärksten befürwortet. So beträgt der Mittelwert hinsichtlich der

Kontrolle des Partners/der Partnerin bei den männlichen Jugendlichen, die keine sexualisierte Gewalt ausgeübt haben, 1,1 und wird also stark abgelehnt. Er steigt über die verschiedenen Aggressorengruppen auf 1,8 bei den männlichen Jugendlichen an, die drei oder mehr Formen sexualisierter Gewalt ausgeübt haben. Die Differenz beträgt 0,7 Skaleneinheiten. 0,5 Skaleneinheiten beträgt die gleichgerichtete Differenz hinsichtlich des Eifersucht-Statements, 0,4 Skaleneinheiten hinsichtlich der Bereitschaft, sexuelle Dinge zu tun, um den Partner/die Partnerin zu halten, auch wenn man diese Dinge nicht mag. Das heißt, dass männliche Jugendliche, die in besonderer Weise als Aggressoren in Erscheinung treten, überdurchschnittlich stark die Berechtigung hervorheben, den Partner/die Partnerin zu kontrollieren, sowie Eifersucht als Teil von Partnerschaft betonen – und gleichzeitig bereit sind, über ihre eigenen persönlichen sexuellen Grenzen hinauszugehen. Bezogen auf die eingangs beschriebenen Partnerschaftsskripte spricht dies für handlungsleitende Partnerschaftseinstellungen, mit denen ein erhöhtes Risiko zur Ausübung sexualisierter Gewalt einhergeht.

Unabhängig von Differenzen zwischen den verschiedenen Gruppen von männlichen Jugendlichen, die wir in Abbildung 6.9 unterschieden haben, ist es wichtig, zu betonen, dass die weit überwiegende Mehrheit der Befragten sowohl dem Statement zustimmt, dass man bei gegenseitigem Vertrauen über Sexuelles offen sprechen kann, als auch, dass man seinen Partner/seine Partnerin vorher fragt, ob bestimmte sexuelle Dinge für ihn/sie o. k. sind. Beide Überzeugungen gehören auch für diejenigen männlichen Jugendlichen, die sexualisierte Gewalt ausüben, zu den ‚Selbstverständlichkeiten'.

Partnerschaftsvorstellungen und Pornografiekonsum

Wir haben in Kapitel 6.4 zur Pornografie darauf hingewiesen, dass sich bei Dauerkonsumierenden von Pornografie gewisse Gewöhnungseffekte einstellen, die sich unter anderem darauf beziehen, mit dem Porno-Schauen nicht mehr aufhören zu können oder nur noch Körper schön zu finden, die auf pornografischen Seiten zu sehen sind. Im Folgenden konzentrieren wir uns auf die Frage, ob sich die auf Sexualität bezogenen Partnerschaftsvorstellungen zwischen Jugendlichen, die keine Pornos schauen, und solchen, die regelmäßig und häufig Pornos konsumieren, unterscheiden.

Auch in dieser Frage sind wir nur den männlichen Befragten gefolgt, da wir in Kapitel 6.4 gesehen haben, dass vor allem männliche Befragte regelmäßig Pornos schauen. Deshalb sind auch in Abbildung 6.10 nur die *männlichen Jugendlichen* aufgenommen.

Abbildung 6.10: Partnerschaftsvorstellungen – Mittelwerte nach Gruppen von Pornonutzern, nur männliche Jugendliche, Speak! Hauptstudie

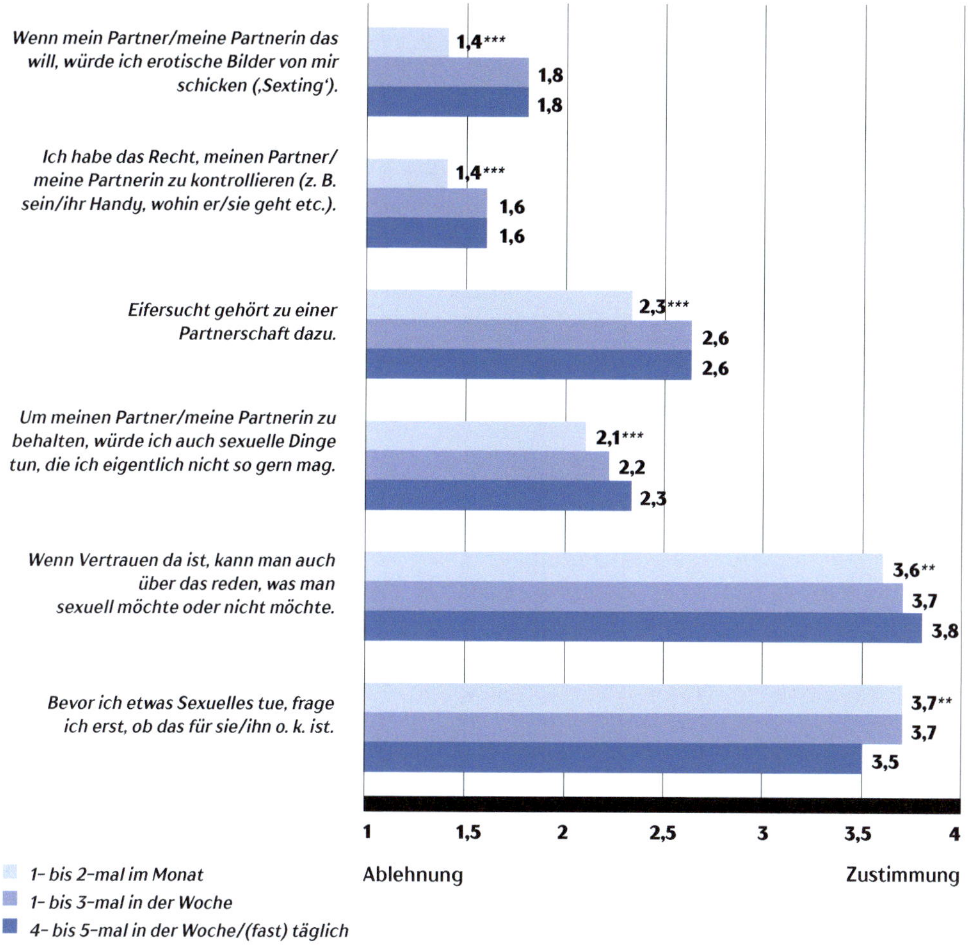

Basis: Alle männlichen Befragten. Quelle: Speak! Hauptstudie (Regelschulen) $n_{gewichtet} \geq 1.172$. Anmerkung: 1) Die Testung der Gruppenunterschiede basiert auf einer einfaktoriellen Varianzanalyse (*** = $p \leq .001$; ** = $p \leq .01$; * = $p \leq .05$; ohne Kennzeichnung = nicht signifikant).

In Abbildung 6.10 finden wir ein analoges Bild zum vorangegangenen, allerdings mit deutlich geringeren Differenzen zwischen den Untergruppen. Männliche Pornonutzer stimmen eher den Aussagen zu, dass sie das Recht haben, ihren Partner/ihre Partnerin zu kontrollieren, und dass Eifersucht zu einer Partnerschaft gehöre, als Gleichaltrige, die nie oder nur selten Pornos schauen. Diejenigen, die regelmäßig Pornos schauen, sind auch eher bereit, sexuelle Dinge zu tun, die sie eigentlich nicht so gerne mögen. Zudem sind sie auch eher geneigt, an ihren Partner/ihre Partnerin erotische Bilder von sich zu schicken. Etwas weniger stimmen sie der Aussage zu, dass sie zuerst ihren Partner/ihre Partnerin fragen, bevor sie etwas Sexuelles tun.

Festzuhalten ist allerdings auch, dass die überwiegende Mehrheit der Pornokonsumenten weitestgehend dem Verhaltenskodex folgt, zuerst zu fragen, bevor etwas Sexuelles getan wird, und dass bei gegenseitigem Vertrauen auch über Sexuelles offen gesprochen werden kann.

6.6 GEWALTERFAHRUNGEN IN DER SCHULE

»Nacktbilder von Personen wurden verschickt, woraufhin diese dann gemobbt oder über diese gelästert wurden.«

»Nicht runterkriegen lassen. Sei der Mensch, der du sein möchtest. Egal ob schwul, lesbisch, hetero, transgender, Angehöriger der LGBTQ. Wenn die Täter merken, dass z. B. verbale sexuelle Gewalt einem nahegeht, z. B. durch Mobbing, empfinden sie Spaß daran und machen weiter.«

O-Töne Speak!

Schule bedeutet für Schüler:innen nicht nur Unterricht, sondern ist ein geselliger Ort, eine soziale Arena. Hier kann man Freund:innen treffen, gemeinsam AGs am Nachmittag besuchen, die Pausen miteinander verbringen und sich über alle jugendrelevanten Fragen austauschen. Das ist, bezogen auf die Peers, die positive soziale Seite von Schule. Schule kann für Schüler:innen aber auch „die Hölle" bedeuten, wie ein Schüler in einer der Speak! Studien sagte. Dann beispielsweise, wenn Heranwachsende durch die Peers Gewalt erfahren, wenn sie z. B. gehänselt, beschimpft oder geschlagen werden. Wir haben in den Speak! Studien diese Seite von Schule mitberücksichtigt, um den Zusammenhang zwischen Gewalt unter Mitschüler:innen und den Erfahrungen sexualisierter Gewalt zu untersuchen.

Im Mittelpunkt der Gewalt unter Mitschüler:innen stehen Handlungen, die das Gegenüber zielgerichtet schädigen wollen (Schubarth, 2013), wie physische Gewalt (Schlagen, Treten, Stoßen etc.), Formen psychischer Gewalt (Gerüchte verbreiten, Schikanieren und Verspotten etc.) und Gewalt gegen Sachen von Mitschüler:innen (etwa Stehlen, Verstecken oder Zerstören von Gegenständen). Auch Gewalt in digitalen Medien ist verbreitet. Die Jugendlichen wurden gefragt, wie oft ihnen die folgenden Formen von Gewalt im letzten Schuljahr zugestoßen sind:

- Ich bin von anderen geschlagen worden.
- Ich bin von anderen gehänselt oder geärgert worden.
- Mir wurden von anderen Sachen absichtlich kaputt gemacht.
- Es wurden Dinge über mich erzählt, die nicht stimmen.
- Mir wurde gewaltsam etwas weggenommen.
- Ich wurde von anderen mit Ausdrücken beschimpft.
- Ich bin von anderen belästigt oder bedroht worden.

Die Antwortvorgaben reichten von „1 = nie" bis „5 = (fast) täglich". Mit Blick auf die Jugendlichen, die Berufliche Schulen besuchen, haben wir die Perspektive über den schulischen Bereich hinaus auch auf den betrieblichen Bereich ausgedehnt.

Mobbing und sexualisierte Gewalt

Gehen wir der Frage nach, wie die schulischen Gewalterfahrungen mit den Erfahrungen sexualisierter Gewalt zusammenhängen. Dabei werden wir uns nicht mit den einzelnen Erfahrungen beschäftigen, sondern sie mit Blick auf ihr gleichzeitiges und wiederholtes Auftreten zusammenfassen. Mobbing wird entsprechend definiert als „wiederholt[e] und über einen längeren Zeitraum" (Schubarth, 2013, S. 97) andauernde negative Handlungen, die physisch, verbal und nonverbal oder indirekt ausfallen können (ebd., S. 80). Beim Mobbing ist das „Vorliegen einer zielgerichteten Schädigungshandlung, eine bestimmte Intensität und Zeitdauer [...] sowie ein Ungleichgewicht der Kräfte" (ebd., S. 79) zentral. Im Gegensatz zur sexualisierten Gewalt sind männliche Jugendliche häufiger von Mobbing betroffen als weibliche Jugendliche, sie sind auch besonders häufig die ‚Mobber' (Gruber & Fineran, 2008). Zudem handelt es sich um einen gruppendynamischen Prozess; mit steigendem Alter (bezogen auf Schulen: steigender Klassenstufe) verändern sich die Formen des Mobbings: „Subtilere Formen wie soziale Manipulation, Aufwertung bzw. Abwertung des sozialen Status nehmen zu" (Schubarth, 2013, S. 81). Die größte Gewaltbelastung liegt im Alter zwischen 12 und 15 Jahren, in der Phase der Pubertät; dies weist laut Schubarth (2013) auf entwicklungspsychologische Probleme und den komplexen Prozess der jugendlichen Identitätsfindung hin. Die Befunde einer WHO-Studie (Currie et al., 2012) deuten allerdings darauf hin, dass Mobbing mit fortschreitendem Alter nicht abzunehmen scheint. Vielmehr bewegt sich Mobbing (erhoben wurde die Altersstufe von 11 bis 15 Jahren) auf etwa konstantem Niveau. In der Studie Jugend.Leben (Maschke et al., 2013) zeigt sich, dass körperliche Attacken (z. B. geschlagen werden) mit dem Alter zurückgehen, verbale und nonverbale Formen (z. B. Hänseleien und Spott) aber über das Alter relativ konstant bleiben.

Entsprechend der oben genannten Definition sollen im Folgenden jene Befragte unter Mobbingbetroffene fallen, die in mindestens zwei der oben genannten Erfahrungsformen die Antwort „3 = mehrmals im Monat", „4 = mehrmals in der Woche" oder „5 = (fast) täglich" gegeben haben.

12 % der Jugendlichen an Regelschulen und 11 % an den Beruflichen Schulen fallen unter diese Definition (in den Förderschulen wurde anders abgefragt, sodass ein unmittelbarer Vergleich nicht möglich ist).[8] Von den Jugendlichen, die Berufliche Schulen besuchen, erleben dies außerdem 2 % im betrieblichen Zusammenhang.

Tabelle 6.5: Anteil der Mobbingbetroffenen – getrennt nach Erfahrungsbereich nicht-körperlicher und körperlicher sexualisierter Gewalt, Geschlecht und Speak! Studie

	Jugendliche Hauptstudie (Regelschulen)		**Jugendliche Berufliche Schulen**	
	Keine sexualisierte Gewalt erlebt			
Anteil Mobbingbetroffener	4 %		5 %	
	Weibliche Jgdl.	Männliche Jgdl.	Weibliche Jgdl.	Männliche Jgdl.
	3 %[1]	5 %	6 %	4 %
	Nicht-körperliche sexualisierte Gewalt erlebt			
Anteil Mobbingbetroffener	24 %		18 %	
	Weibliche Jgdl.	Männliche Jgdl.	Weibliche Jgdl.	Männliche Jgdl.
	24 %	23 %	19 %	17 %
	Körperliche sexualisierte Gewalt erlebt			
Anteil Mobbingbetroffener	26 %		31 %	
	Weibliche Jgdl.	Männliche Jgdl.	Weibliche Jgdl.	Männliche Jgdl.
	29 %	*14 %*[2]	27 %	*40 %*

Basis: Alle befragten Jugendlichen. Quellen: Speak! Hauptstudie (Regelschulen) $n_{gewichtet}$ = 2.651; Speak! Berufliche Schulen $n_{gewichtet}$ = 1.037. Anmerkungen: 1) Die Testung der Gruppenunterschiede zwischen weiblichen und männlichen Jugendlichen basiert auf einem 2-seitigen Chi-Quadrat-Test je Speak! Studie (*** = $p \leq .001$; ** = $p \leq .01$; * = $p \leq .05$; ohne Kennzeichnung = nicht signifikant). 2) Kursiv gesetzt: Fallzahl n < 30.

Tabelle 6.5 zeigt sehr deutlich, dass diejenigen Befragten, die sexualisierte Gewalt als direkt Betroffene erlebt haben, verstärkt auch über Mobbingerfahrungen berichten. Jugendliche, die keine sexualisierte Gewalt erfahren haben, erleben auch weniger Mobbing: So beträgt die Quote der von Mobbing Betroffenen in der Referenzgruppe (die keine sexualisierte Gewalt erlebt haben) 4 % in der Hauptstudie und 5 % in der Studie an den Beruflichen Schulen.

8 Die Zahlen sind gegenüber den bisherigen Veröffentlichungen leicht korrigiert, dort hatten wir jeweils 12 % angegeben.

Diese Quote steigt auf 24 % bzw. 26 % in der Hauptstudie und 18 % bzw. 31 % an den Beruflichen Schulen, wenn wir die Erfahrungen im nicht-körperlichen und körperlichen Bereich sexualisierter Gewalt mit einbeziehen. Das heißt auch, dass der Zusammenhang zwischen Mobbing und körperlicher sexualisierter Gewalt etwas stärker ausgeprägt ist als der zwischen Mobbing und nicht-körperlicher sexualisierter Gewalt.

Bei den Jugendlichen, die Förderschulen besuchen, findet sich derselbe Befund. Auch hier korreliert der Umfang der Erfahrungen mit sexualisierter Gewalt mit den Erfahrungen schulischer Gewalt signifikant. Aufgrund der etwas anderen Erhebungsweise an den Förderschulen haben wir in Tabelle 6.5 nur die unmittelbar vergleichbaren Daten der Hauptstudie sowie der Studie an den Beruflichen Schulen aufgenommen.

Tabelle 6.5 birgt darüber hinaus noch einen überraschenden Befund. Der Vergleich der Quoten an Mobbingbetroffenen zwischen weiblichen und männlichen Befragten fällt in allen Fällen nicht signifikant aus – eine Befundlage, die wir bislang noch nicht berichten konnten. Das heißt, dass ein enger Zusammenhang zwischen schulischen Gewalterfahrungen und dem Erleben sexualisierter Gewalt für beide Geschlechter gleichermaßen zutrifft.

Fassen wir den zentralen Befund zusammen: Ein hoch signifikanter Zusammenhang besteht zwischen der Erfahrung von Mobbing und sexualisierter Gewalt: **Die Jugendlichen, die sexualisierte Gewalt erlebt haben (insbesondere körperliche Gewalt), berichten auch verstärkt von Mobbingerfahrungen.** Dabei ist zu berücksichtigen, dass die Erfahrungen von Mobbing und sexualisierter Gewalt nicht unbedingt zeitgleich, sondern auch zeitversetzt haben stattfinden können. Denkbar ist z. B., dass sexualisierte Gewalterfahrungen (erhoben haben wir die Lebenszeitprävalenz) *vor* der Zeit der Mobbingerfahrungen (hier wurde das letzte Schuljahr erfragt) liegen.

Sexualisiertes Mobbing?

Wir haben in den Kapiteln 2.1 und 2.2 konstatiert, dass die meisten Befragten, die sexualisierte Gewalt erleben, mehrheitlich bereits mehrere Formen und diese auch wiederholt erlebt haben. Das gilt für nicht-körperliche wie für körperliche Formen. Diese Wiederholung oder gar Regelmäßigkeit, sexualisierte Gewalt zu erfahren, und die empirische Nähe zu gewaltbezogenem Mobbing könnte durchaus die Frage aufwerfen, ob es sich hier vielleicht um eine Art des sexualisierten Mobbings handelt.

In der nordamerikanischen Literatur sehen verschiedene Forscher:innen (u. a. Pellegrini, 2001) in sexual harassment (oder: in sexueller Belästigung und Gewalt) eine adoleszente Form des Bullying oder Mobbing. Von „sexual bullying" (Gruber & Fineran, 2008, S. 2) ist dort beispielsweise die Rede. Zu bedenken ist dabei allerdings, dass Studien zu sexual harassment oder sexueller/sexualisierter Gewalt bzw. zu Bullying oder Mobbing eine unterschiedliche historische und theoretische Basis haben. Der norwegische Forscher Olweus hat das Phänomen des Bullying in den 1970er-Jahren aufgebracht (ebd.). Gruber und Fineran (2008, S. 2) sehen den größten Unterschied zwischen Bullying (bzw. Mobbing) und sexual harassment im Bezug zu „gender and sexuality": „sexual harassment is more directly and clearly related to hegemonic masculinity and therefore taps into potent structural and culturally-sanctioned roles and meanings (masculine–feminine, heterosexual–homosexual) that are central components of social stratification. In contrast, research and theory on bullying tends to focus on the personal or psychological characteristics of bullies (e.g., severe adjustment problems), situational factors that prompt bullying or the reciprocity of bullying behaviors (a number of adolescents are characterized as 'bully/victims'). One of the strengths of sexual harassment theory is that it prioritizes gender – and sexually-based experiences as key factors in stabilizing differences in power and privilege. Specifically, some people (females and sexual minorities) experience greater victimization and more harm (physical, psychological, and emotional) than others because of gender and sexual stereotypes."

Die Autor:innen zeigen zudem in ihrer vergleichenden Studie, in der sie über 500 Schüler:innen (middle und high schools) befragt haben, dass männliche Jugendliche in den Wirkungen auf die Gesundheit stärker betroffen sind von sexual harassment als von Bullying (Gruber & Fineran, 2008, S. 8). Dies bedeutet, dass die Annahme der Nähe oder teils Überschneidung von Mobbing und sexualisierter Gewalt – als sexualisiertes Mobbing beispielsweise – auf den ersten Blick für den Bereich der nicht-körperlichen Formen, das heißt insbesondere bezogen auf sexualisierte Gewalthandlungen in verbaler und mediatisierter Form (von denen durchaus auch männliche Jugendliche betroffen sind), plausibel erscheint. Allerdings liegt hier die Gefahr nahe, die gesellschaftlichen Wirkmechanismen von Geschlecht, Macht und Gewalt auszublenden und die Wirkungen zu negieren, die auch verbale und mediatisierte Formen nicht-körperlicher sexualisierter Gewalt – auch auf männliche Jugendliche – haben können (siehe zu den Folgen nicht-körperlicher sexualisierter Gewalt Kapitel 6.1 und 6.2).

7 — Disclosure

»Was ich von diesem Thema sexuelle Gewalt denke: das ist kein Spaß, weil ich das selber alles durchgemacht habe. Und deswegen tun mir die Leute leid, die keinen Mut haben und es nicht sagen. Hab Mut – das kann echt Leben ändern.«

»Schäm dich nicht, vertraue dich jemandem an! Rede es dir nicht klein. Jemand hat eine Grenze überschritten und du musst das nicht aushalten und über dich ergehen lassen.«

O-Töne Speak!

Was können wir unter Disclosure verstehen?

Folgen wir Scambor, Wittenzellner und Rieske (2018), so ist unter Disclosure allgemein der Prozess des Aufdeckens, des Anvertrauens und des Offenbarens von belastenden Erfahrungen gegenüber Dritten zu verstehen. Dieser Prozess kann von außen initiiert werden. Die Speak! Studien beispielsweise regen die Befragten durch das Ansprechen des Themas sexualisierte Gewalt in der Erhebungssituation und im Speziellen durch den Fragebogen dazu an, sich anonymen Dritten gegenüber (in anonymisierter Form) mit ihren Erfahrungen sexualisierter Gewalt zu öffnen. Ähnliche Anstöße können von Präventionsangeboten und der Beschäftigung mit sexualisierter Gewalt im schulischen Kontext ausgehen.

»Ich finde es sehr wichtig, darüber zu reden, und finde es gut, dass es anonym gemacht wird. Jedoch finden es viele Jugendliche peinlich oder trauen sich nicht darüber zu reden, weil es zu selten angesprochen wird. Deswegen ist es gut, dass ihr das so gemacht habt, um darauf mehr aufmerksam zu machen! :)«

O-Ton Speak!

Disclosure als Stärkung und Bewältigung

Dass Jugendliche, die von sexualisierter Gewalt betroffen sind, von ihren Erfahrungen sprechen, ist ein wünschenswerter Prozess. Dies zum einen deshalb, „weil hierdurch erneute Viktimisierung verhindert werden kann", und zum anderen, weil eine Vermeidung von (möglicherweise) belastenden Situationen durch das Nicht-darüber-Sprechen dazu beitragen kann, die „Symptomatik einer Posttraumatischen Belastungsstörung" aufrechtzuerhalten (Muck, Schiller & Kärtner, 2018, S. 157). Ein Disclosureprozess kann also zur Stärkung der Betroffenen und zu einer Bewältigung des Erlebten beitragen (Hagemann-White, 2016, S. 29). Wichtig ist, den ‚Schweigepanzer' zu durchbrechen. Die pädagogische Verantwortung, die sowohl die Gestaltung von Befragungen wie den Speak! Studien umfasst (siehe Maschke & Stecher, 2022) als auch die Möglichkeit, sich im schulischen Kontext anzuvertrauen (siehe Kapitel 10 zur Prävention), zielt darauf, betroffenen Jugendlichen diese Möglichkeit zu eröffnen und ihnen eine Stimme zu geben.

Verläufe von Disclosure

Die Verläufe und Muster von Disclosureprozessen sind unterschiedlich. Es gibt beispielsweise, so Kavemann, Nagel und Hertlein (2016), Prozesse des kontinuierlichen, des plötzlichen oder des fragmentarischen Erinnerns. Jedes dieser Muster hat „eigene Grenzen des Erinnerbaren und Mitteilbaren" (ebd., S. 56). Mit Blick auf Befragungen wie Speak! lässt sich dabei nur schwer einschätzen, ob die von sexualisierter Gewalt betroffenen Jugendlichen durch den Fragebogen plötzlich und gegebenenfalls zum ersten Mal an das Erlebte erinnert werden oder ob die Fragen auf Betroffene treffen, die sich bereits länger mit dem Erlebten auseinandersetzen, hier also im Sinne von Kavemann, Nagel und Hertlein (2016) ein plötzliches Erinnern oder ein bereits eingesetzter kontinuierlicher Prozess durch das Befragungssetting unterstützt werden. Was wir jedoch empirisch untersuchen konnten, ist die Frage, ob die betroffenen Jugendlichen bereits einmal mit jemand anderem über ihre Erfahrungen gesprochen haben. Zumindest bei denjenigen, die dies bereits einmal getan haben, können wir von einem eher kontinuierlichen, schon vor der Befragung beginnenden Prozess ausgehen.

Aber auch wenn sexualisierte Gewalt erinnert wird, heißt dies noch nicht, dass Betroffene dann auch darüber sprechen. Je nachdem, wie mit der Offenheit des Gegenübers umgegangen wird, kann der Prozess des Disclosure positiv oder auch negativ beeinflusst werden (Kavemann, Nagel & Hertlein, 2016). Staller und Nelson-Gardell (2005) beschreiben beispielhaft verschiedene Stufen von Disclosure, die den Einfluss von externen Akteur:innen auf den Prozessverlauf aufzeigen. In der ersten Stufe von Disclosure, „Self" genannt, werden innere Prozesse der betroffenen Person von der Akzeptanz der erlebten Gewalterfahrung bis hin zu der Entscheidung, über das Erlebte zu sprechen, dargestellt. Die zweite Stufe wird als „Confidant-Selection-Reaction" bezeichnet und meint das gezielte Offenbaren des Erlebten gegenüber einer bestimmten Person sowie den Umgang mit deren Reaktion. Daraufhin folgt der dritte Schritt „Consequences"; hier werden, abhängig von der erlebten Reaktion, Entscheidungen bezüglich des weiteren Umgangs mit den Viktimisierungserfahrungen getroffen. Gerade die beiden letzten Stufen sind zentrale Marker, an denen die Entscheidung für oder auch gegen das weitere Sprechen über die erlebte Gewalt fällt (Kavemann et al., 2015).

Schule und Disclosure

Das heißt, dass die erste Gelegenheit, „über das Erlebte sprechen zu können", die Entscheidung beeinflusst, ob ein Disclosureprozess beginnt oder (weiter) geschwiegen wird (Kavemann et al., 2015). Damit Betroffene über ihre erinnerten Gewalterfahrungen sprechen bzw. sie mitteilen, sollten sie keine Stigmatisierung fürchten müssen oder Gefühlen von Scham ausgesetzt sein (ebd.). Die Schaffung von Bedingungen, die den Betroffenen diesen Schutz gewähren und damit zugleich die Bereitschaft erhöhen, sich mitzuteilen, steht an erster Stelle (Christmann, 2020).

Dazu bedarf es kompetenter und vertrauenswürdiger Personen. Im schulischen Kontext können dies die ‚Ansprechpersonen zur sexuellen Gewalt' sein (siehe Kapitel 10 zur Prävention). Damit kommt auch und gerade der Schule eine zentrale Bedeutung zu. Schule als bedeutsame Lebenswelt und soziale Arena für Jugendliche lässt im Besonderen Disclosureprozesse erwarten, denn der kontinuierliche Kontakt zwischen Schüler:innen und Pädagog:innen birgt ein „erhebliches Potential" (Christmann & Wazlawik, 2018, S. 730) zum Anstoß von Disclosureprozessen. Christmann und Wazlawik (2018) verweisen darauf, dass beispielsweise im Anschluss an präventive Maßnahmen Schüler:innen sich den Fach- und Lehrkräften verstärkt anvertrauen, so etwa Klassenlehrer:innen, zu denen oft ein langfristiger und auch enger Kontakt besteht (ebd.). Im möglichst aktiven Einbeziehen der Lehrkräfte liegt also ein besonderes Potenzial, das zur Begleitung und Stärkung von Disclosure- wie auch Präventionsprozessen beiträgt. Vorausgesetzt, Lehr- und Fachkräfte erfahren „eine Expansion ihrer sozialen Rolle hin zu einer möglichen Ansprechperson" (ebd., S. 733). Schulungen von Lehrkräften und weiteren pädagogischen Fachkräften sind in diesem Zusammenhang von Bedeutung (siehe Kapitel 10 zur Prävention).

Bedeutsam im Disclosureprozess ist es, den Mut und die Bereitschaft, über Viktimisierungserfahrungen zu sprechen, positiv anzuerkennen und entsprechend zu begleiten. Sollten Jugendliche den Impuls zum Reden verspüren, sollte das Gegenüber in der Lage sein, angemessen zu reagieren (dies kann z. B. bedeuten, an eine geeignete professionelle Beratungsstelle zu verweisen oder auch zu wissen, wie mit Verdachtsfällen umzugehen ist).

Ziel dieser einleitenden Gedanken war es, die Bedeutung von Disclosure für Betroffene darzulegen. Aufgezeigt wurden die Chancen für eine Verarbeitung der erfahrenen sexualisierten Gewalt durch ein ‚Sich-Anvertrauen' sowie Verläufe und Rahmenbedingungen, die die Bereitschaft für Disclosure erhöhen können. Angelehnt an die drei oben angesprochenen Stufen des Disclosureprozesses von Staller und Nelson-Gardell (2005) sind wir in den Speak! Studien den folgenden Fragen nachgegangen:

Self: Entscheidung, über das Erlebte zu sprechen – wie viele von sexualisierter Gewalt betroffene Jugendliche haben mit jemandem darüber bereits einmal gesprochen? Warum tun manche Betroffene dies nicht?

Confidant-Selection-Reaction: Wem vertrauen sich betroffene Jugendliche an?

Consequences: Hat es geholfen, über die Erfahrungen mit jemandem zu sprechen bzw. sich anzuvertrauen?

7.1 ÜBER DIE ERFAHRUNGEN IM BEREICH NICHT-KÖRPERLICHER SEXUALISIERTER GEWALT SPRECHEN

Betrachten wir in einem ersten Schritt die Stufe ‚Self', also die Stufe, auf der die Entscheidung getroffen wird, sich anzuvertrauen oder nicht. Forschungsergebnisse legen nahe, dass ein hoher Prozentsatz von betroffenen Jugendlichen *nicht* über ihre Erfahrungen mit sexualisierter Gewalt mit anderen spricht (Hofherr, 2019; Maschke & Stecher, 2018a). Gehen wir dieser Perspektive zunächst mit Blick auf nicht-körperliche Formen sexualisierter Gewalt nach. Jugendliche, die Formen nicht-körperlicher sexualisierter Gewalt erlebt haben, wurden gefragt, ob sie mit jemandem über ihre Erfahrungen gesprochen haben (Disclosurebereitschaft). Die Betroffenen sollten dabei an das Ereignis bzw. Erlebnis denken, das ihnen am stärksten in Erinnerung ist.

Die Speak! Hauptstudie zeigt für die dort befragten 14- bis 16-Jährigen, die nicht-körperliche sexualisierte Gewalt erfahren haben, dass 52 % von ihnen darüber mit jemandem gesprochen haben (siehe Abbildung 7.1). Bei den Förderschüler:innen sind es 53 % und 57 % bei den Jugendlichen, die Berufliche Schulen besuchen. Dies heißt im Umkehrschluss, dass zwischen 43 % und 48 % (also etwas weniger als die Hälfte) der Betroffenen bislang noch mit niemandem über ihre Erfahrungen gesprochen haben.

Stabil über alle drei Studien hinweg, das zeigt Abbildung 7.1, ist darüber hinaus der Befund, dass weibliche Betroffene häufiger bereit sind, über ihre Erfahrungen zu sprechen, als dies bei männlichen der Fall ist (auch wenn der Unterschied aufgrund der geringen Fallzahlen bei den Förderschüler:innen nicht statistisch signifikant ausfällt). Dabei gilt: (Etwa) zwei Drittel der weiblichen und (etwas mehr als) ein Drittel der männlichen Betroffenen vertrauen ihre Erfahrungen einer anderen Person an.

Bezogen darauf, dass insbesondere männliche Betroffene bei Weitem seltener über ihre Erfahrungen mit (nicht-körperlicher) sexualisierter Gewalt sprechen, ist zu berücksichtigen, dass die gesellschaftliche Sensibilisierung für sexualisierte Gewalt an männlichen Jugendlichen gering ist. Dies kann „zu einer geringeren Offenbarungsbereitschaft von männlichen Betroffenen" führen, wie wir sie hier beobachten können (Horten, 2020, S. 348). Hier kommen in der Sozialisation vermittelte Bewältigungsstrategien zum Zuge, die im Kontext der Selbstsozialisation der Peers noch weiter verstärkt werden (ebd.). Mit Bezug auf Stoltenborgh et al. führt Horten aus, dass eine traditionelle Sicht auf Männlichkeit „männliche Personen eher als Angreifer und nicht als Opfer" (ebd.) definiert. Das Schamgefühl verhindert, verbunden mit einer Strategie der Beschwichtigung des Erlittenen, dass die eigene Betroffenheit offenbart wird. Zum Ausdruck kann darin eine Art „Selbstzwang" (Fobian et al., 2018, zitiert nach Horten, 2020, S. 348) kommen, die den Betroffenen Kraft und Mut nimmt, sich anzuvertrauen.

In weiterführenden Analysen haben wir untersucht, ob die Disclosurebereitschaft vom *Umfang* der nicht-körperlichen Erfahrungen (gemessen über die Anzahl erlebter Formen) abhängt. Ein solcher Zusammenhang findet sich allerdings nur bei den (älteren) Jugendlichen an den Beruflichen Schulen. Während bei den 14- bis 16-jährigen Befragten aus der Haupterhebung der Umfang der Betroffenheit keinen statistisch bedeutsamen Einfluss darauf nimmt, ob die jeweils Betroffenen über ihre Erfahrungen sprechen oder nicht, zeigt sich bei den älteren Jugendlichen an den Beruflichen Schulen, dass mit zunehmender Anzahl der von den Jugendlichen berichteten Erfahrungsformen auch die Disclosurebereitschaft signifikant zunimmt. Eine Lesart dieses Befundes könnte sein, dass Betroffene in dieser höheren Altersgruppe stärker mit stillschweigenden Übereinkünften im Spannungsfeld von ‚Nicht darüber reden dürfen' und ‚Das ist Teil des alltäglichen Miteinanders und keine große Sache' brechen (können), als dies bei den jüngeren Betroffenen der Fall ist.

DISCLOSUREBEREITSCHAFT

ANGABEN IN %

Abbildung 7.1: Anteil der von nicht-körperlicher sexualisierter Gewalt betroffenen Jugendlichen, die über ihre Erfahrungen mit jemandem gesprochen haben (Disclosurebereitschaft) – getrennt nach Geschlecht und Speak! Studie

- Jugendliche Hauptstudie (HS)
- Jugendliche Förderschulen (FöS)
- Jugendliche Berufliche Schulen (BS)

52

DAVON

männliche Jgdl. HS

35***[1]**

weibliche Jgdl. HS

62

Basis: Jugendliche, die nicht-körperliche sexualisierte Gewalt erlebt haben. Quellen: Speak! Hauptstudie (Regelschulen) $n_{gewichtet}$ = 1.265 Speak! Förderschulen $n_{gewichtet}$ = 131; Speak! Berufliche Schulen $n_{gewichtet}$ = 684.

Anmerkung:

[1] Die Testung der Gruppenunterschiede zwischen weiblichen und männlichen Jugendlichen basiert auf einem 2-seitigen Chi-Quadrat-Test je Speak! Studie (*** = $p \leq .001$; ** = $p \leq .01$; * = $p \leq .05$; ohne Kennzeichnung = nicht signifikant).

53

DAVON

männliche Jgdl. FöS

42

weibliche Jgdl. FöS

60

57

DAVON

männliche Jgdl. BS

42***

weibliche Jgdl. BS

66

Wir sind im Weiteren der Frage nachgegangen, ob die Bereitschaft, über die eigenen Erfahrungen zu sprechen, von der *Art* der Erfahrungen abhängt. Wir hatten im Kapitel zu den Prävalenzen die nicht-körperlichen Erfahrungsformen in drei Erfahrungs*bereiche* eingeteilt: in den Bereich der verbalen und/oder schriftlichen Erfahrungen, in den Bereich der Konfrontation mit sexuellen Handlungen und in den Bereich der Erfahrungen im Internet (siehe die Anmerkungen zu Tabelle 7.1). Die Analysen zeigen in der Hauptstudie einen signifikanten Befund: Von den Jugendlichen, die sexualisierte Gewalt (auch) im

Tabelle 7.1: Anteil der von nicht-körperlicher sexualisierter Gewalt betroffenen Jugendlichen, die über ihre Erfahrungen mit jemandem gesprochen haben (Disclosurebereitschaft) – getrennt nach Erfahrungsbereich, Geschlecht und Speak! Studie

	Jugendliche Hauptstudie (Regelschulen)		**Jugendliche Förderschulen**		**Jugendliche Berufliche Schulen**	
	Erfahrungsbereich: Verbal und/oder schriftlich[3]					
... ja, ich habe mit jemandem darüber gesprochen	51 %		54 %		56 %	
	Weibliche Jgdl.	Männliche Jgdl.	Weibliche Jgdl.	Männliche Jgdl.	Weibliche Jgdl.	Männliche Jgdl.
	61 %***[1]	36 %	60 %	46 %	66 %***	41 %
	Erfahrungsbereich: Konfrontation mit sexuellen Handlungen[4]					
... ja, ich habe mit jemandem darüber gesprochen	53 %		54 %		63 %	
	Weibliche Jgdl.	Männliche Jgdl.	Weibliche Jgdl.	Männliche Jgdl.	Weibliche Jgdl.	Männliche Jgdl.
	59 %***	31 %	*65 %*[2]	*29 %*	67 %*	50 %
	Erfahrungsbereich: Sexualisierte Gewalt im Internet[5]					
... ja, ich habe mit jemandem darüber gesprochen	60 %		64 %		64 %	
	Weibliche Jgdl.	Männliche Jgdl.	Weibliche Jgdl.	Männliche Jgdl.	Weibliche Jgdl.	Männliche Jgdl.
	65 %***	36 %	*70 %*	*0 %*	67 %*	55 %

Basis und Quellen siehe Abbildung 7.1. Anmerkungen: 1) Die Testung der Gruppenunterschiede zwischen weiblichen und männlichen Jugendlichen basiert auf einem 2-seitigen Chi-Quadrat-Test je Speak! Studie (*** = p ≤ .001; ** = p ≤ .01; * = p ≤ .05; ohne Kennzeichnung = nicht signifikant). 2) Kursiv gesetzt: Fallzahl n < 30. 3) Jemand hat ... über mich Gerüchte sexuellen Inhalts verbreitet; ... mich auf eine negative Art als „schwul" oder „lesbisch" bezeichnet; ... über mich sexuelle Kommentare, Beleidigungen, Witze oder Gesten gemacht. 4) Jemand hat ... mich dazu gedrängt oder gezwungen, pornografische Bilder etc. anzuschauen (auch auf dem Handy); ... mich dazu gebracht, sein/ihr Geschlechtsteil anzusehen, obwohl ich das nicht wollte (Exhibitionismus). 5) Jemand hat ... gegen meinen Willen intime Fotos oder Filme von mir ins Internet gestellt; ... mich im Internet (z. B. in Facebook, Instagram, Snapchat) sexuell belästigt.

Internet erlebt haben, geben 60 % an, mit jemandem über ihre Erfahrungen gesprochen zu haben. Von den Gleichaltrigen, die *andere Formen* nicht-körperlicher sexualisierter Gewalt erlebt haben, sind es nur 51 bzw. 53 %, die über ihre Erfahrungen sprechen.

Dieser Befund bestätigt sich bei den älteren Jugendlichen (Berufliche Schulen); hier liegt die Disclosurequote derer, die sexualisierte Gewalt (auch) im Internet erlebt haben, mit 64 % höher als bei denjenigen, die andere Formen erlebt haben. Ähnlich ausgeprägt ist dies auch bei den Jugendlichen, die Förderschulen besuchen.

Das heißt, dass **Jugendliche, die sexualisierte Gewalt im Internet erleben, diese Erfahrungen (etwas) häufiger mitteilen.** Eine Lesart besteht darin, dass diese Form nicht-körperlicher sexualisierter Gewalt im Besonderen belastend ist, wie Vobbe und Kärgel (2019) betonen.

Warum sprechen Befragte nicht über ihre Erfahrungen?

Staller und Nelson-Gardell (2005) hatten die zweite Stufe im Disclosureprozess als gezielte Suche nach vertrauenswürdigen Ansprechpartner:innen benannt (Confidant-Selection-Reaction). In den Speak! Studien wurden die – von *nicht-körperlicher* sexualisierter Gewalt – betroffenen Jugendlichen, die bislang noch mit *niemandem* über ihre Erfahrungen gesprochen haben, gefragt, warum sie das nicht getan haben. Hierzu war eine Liste möglicher Motive (siehe Abbildung 7.1) vorgegeben. In einem offenen Antwortformat konnten auch andere, nicht in der Liste enthaltene Gründe angegeben werden. Angaben für die Jugendlichen, die Förderschulen besuchen, können hier nicht gemacht werden, da zu wenige auf die Frage nach den Gründen für ihr Schweigen geantwortet haben. Vergleichen lassen sich jedoch die Jugendlichen, die Regelschulen besuchen, mit den (älteren) Jugendlichen, die Berufliche Schulen besuchen.

Abbildung 7.2: Gründe, warum von nicht-körperlicher sexualisierter Gewalt betroffene Jugendliche mit niemandem darüber gesprochen haben – getrennt nach Geschlecht und Speak! Studie

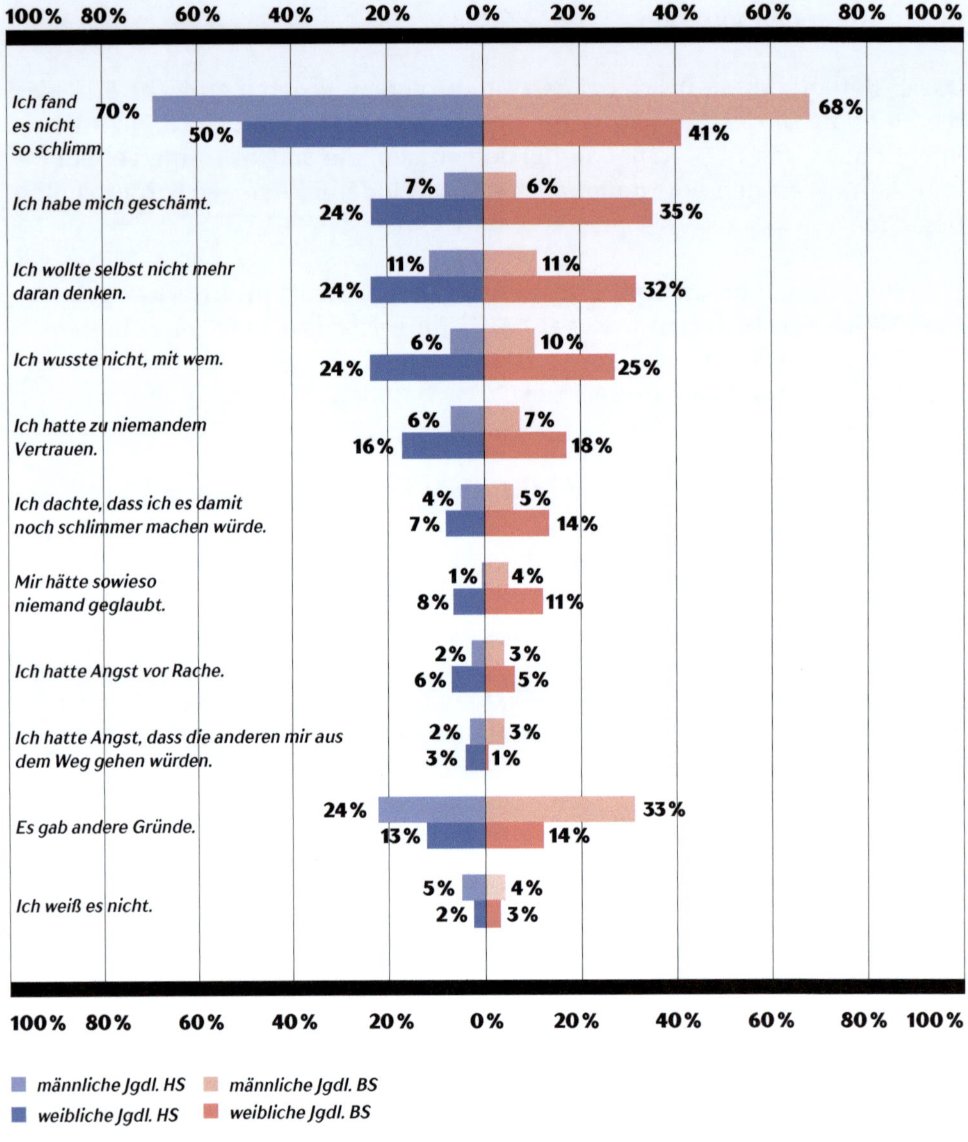

Basis: Jugendliche, die nicht-körperliche sexualisierte Gewalt erlebt und mit niemandem darüber gesprochen haben. Quellen: Speak! Hauptstudie (Regelschulen) (‚männliche/weibliche Jgdl. HS') $n_{gewichtet} = 530$; Speak! Berufliche Schulen (‚männliche/weibliche Jgdl. BS') $n_{gewichtet} = 270$. Anmerkung: Die Testung der Gruppenunterschiede zwischen weiblichen und männlichen Jugendlichen ist hier aufgrund des Multiple-Response-Verfahrens (Listen-Abfrage) nicht durchgeführt.

Aus Abbildung 7.2 gehen folgende Befunde hervor: Der von den betroffenen Jugendlichen am häufigsten genannte Grund, warum sie nicht darüber gesprochen haben, ist, dass sie es „nicht so schlimm" fanden. 70 % der von nicht-körperlicher sexualisierter Gewalt betroffenen männlichen Jugendlichen in der Hauptstudie gaben dies an und 68 % (und damit ähnlich viele) in der Studie an den Beruflichen Schulen.

Ins Auge fällt, dass von den weiblichen Jugendlichen dieser Grund für das Schweigen über ihre Erfahrungen zwar auch am häufigsten genannt wird, aber zu deutlich geringeren Anteilen als von den männlichen Betroffenen: 50 % der weiblichen Betroffenen in der Hauptstudie und 41 % der Betroffenen in der Studie an Beruflichen Schulen sagen, dass sie über ihre Erfahrungen nicht gesprochen haben, weil sie es nicht so schlimm fanden.

Weibliche und männliche Betroffene unterscheiden sich im Profil ihrer Antworten, warum sie nicht über ihre Erfahrungen gesprochen haben, deutlich voneinander. Während männliche Betroffene vor allem „Fand es nicht so schlimm" und nur selten andere Begründungen angeben (mit Ausnahme der „anderen Gründe", siehe unten), ist das Antwortprofil bei den weiblichen Betroffenen deutlich diversifizierter. Bei ihnen fallen substanzielle Anteile sowohl in der Hauptstudie als auch in der Studie an den Beruflichen Schulen unter anderem auf „Habe mich geschämt" und „Wollte selbst nicht mehr daran denken". Etwas weniger weibliche Jugendliche – aber immerhin noch jede vierte bis fünfte – nennen darüber hinaus, dass sie keine:n Ansprechpartner:in bzw. zu niemandem Vertrauen gehabt hätten. Scham, Verdrängung und fehlende Ansprechpartner:innen haben damit bei den weiblichen einen wesentlicheren Anteil als bei den männlichen betroffenen Jugendlichen daran, dass sie nicht über ihre Erfahrungen mit (nicht-körperlicher) sexualisierter Gewalt sprechen.

Auf dem zweiten Rang der Gründe, warum betroffene männliche Jugendliche nicht über ihre Erfahrungen gesprochen haben, stehen „andere [als die in den Antwortlisten vorgegeben] Gründe". Betrachten wir diese „anderen Gründe" näher, zeigt sich, dass hier mehrheitlich angegeben wird, dass es „Spaß" (unter Freunden), oder es einem „egal" gewesen sei und man es „nicht so ernst genommen" habe. Alles in allem handelt es sich hierbei um Differenzierungen für das oben als Hauptgrund genannte Statement „Ich fand es nicht so schlimm". Solche „anderen Gründe" werden von weiblichen Betroffenen deutlich seltener angegeben.

„Ich fand es nicht so schlimm"

In multivariaten Analysen haben wir die Frage weiter untersucht, ob es Gruppen von Jugendlichen gibt, die den Grund „Ich fand es nicht so schlimm" für ihr Schweigen besonders häufig bzw. besonders selten angeben. Wir haben diese Analysen vor dem Hintergrund angestellt, einerseits die Bagatellisierung und männliche Komplizenschaft (Connell) genauer in den Blick zu nehmen (siehe dazu die in Kapitel 9 zur Klärung der Peergewalt diskutierten Ansätze). Bagatellisierungen von Formen sexualisierter Gewalt (‚Alles nicht so schlimm' oder ‚War doch bloß Spaß'), ob von Aggressor:innen, Bystandern oder Beobachter:innen ausgehend, gehören dazu. Ebenso gehört die weiter oben angesprochene geringere ‚Offenbarungsbereitschaft' dazu, die ihre Wurzeln in traditionellen Bildern von Männlichkeit hat. Angreifender und nicht Opfer, aktiv und nicht passiv zu sein, gehören zu solchen Vorstellungen. Scham über das Erlittene wird kompensiert mit einer Strategie der Beschwichtigung. Die Analysen zeigen, dass je mehr Formen sexualisierter Gewalt erlebt wurden, desto geringer ist die Wahrscheinlichkeit, für das Schweigen den Grund „Fand es nicht so schlimm" anzugeben. Von den Jugendlichen, die Berufliche Schulen besuchen und eine einzige Form nicht-körperlicher sexualisierter Gewalt erlebt haben, geben 67 % an, dass sie das Erlebte „nicht so schlimm" fanden. Bei drei oder mehr zu Protokoll gegebenen Formen sinkt dieser Prozentsatz auf 39 % und darunter. (Bei den jüngeren Jugendlichen der Hauptstudie ist dieser Befund tendenziell zu beobachten, fällt jedoch statistisch nicht signifikant aus.)

Wirklich nicht so schlimm?

Wir haben festgestellt, dass „Ich fand es nicht so schlimm" der am häufigsten genannte Grund ist, warum Betroffene sich niemandem über die Erfahrungen nicht-körperlicher sexualisierter Gewalt anvertraut haben. Dies gilt allerdings nicht für alle Jugendlichen – was der vorangegangene Abschnitt bereits deutlich machte. Gehen wir nochmals zurück zu Abbildung 7.2, so lässt sich aus den dortigen Daten im Umkehrschluss folgern, dass 30 % der männlichen und 50 % der weiblichen Betroffenen aus der Hauptstudie nicht deshalb geschwiegen haben, weil sie es nicht so schlimm fanden. Sie geben andere Gründe an, die mit Scham, Verdrängenwollen, aber auch mit fehlenden Ansprechpartner:innen zu tun haben.

Wir wissen aus Abbildung 7.1, dass in der Hauptstudie 35 % der betroffenen männlichen Jugendlichen über ihre Erfahrungen mit nicht-körperlichen Formen sexualisierter Gewalt mit jemandem gesprochen haben. Wir können bei diesen Betroffenen davon ausgehen, dass sie ihre Erfahrungen als so schwerwiegend wahrgenommen haben, dass sie sich veranlasst sahen, sich jemandem anzuvertrauen. Wir interpretieren dies als ‚Es war so schlimm, dass ich darüber gesprochen habe'. Addieren wir nun zu diesen 35 % diejenigen hinzu, die aus anderen Gründen als „Ich fand es nicht so schlimm" über ihre Erfahrungen geschwiegen haben. Wir sehen, dass auf diese Berechnungsweise für 55 % (35 % + 65 % * 0,30) – und damit für etwas mehr als jeden zweiten Betroffenen – die Gründe woanders als im ‚Nicht so schlimm' zu finden sind. Noch deutlicher wird dies bei den weiblichen Jugendlichen der Hauptstudie. Hier ergibt sich ein Anteil von 81 % (62 % + 38 % * 0,50) an weiblichen Betroffenen, für die andere Gründe als „Nicht so schlimm" für ihr Schweigen gelten. Für die älteren Betroffenen (Berufliche Schulen) betragen die jeweiligen Quoten 61 % für die männlichen bzw. 86 % für die weiblichen betroffenen Jugendlichen. Kurz zusammengefasst: die *Mehrheit* der Betroffenen findet die eigenen Erfahrungen durchaus ‚schlimm'.

Wem vertrauen sich Betroffene an?

Eine zentrale Frage auf der zweiten Stufe im Disclosureprozess nach Staller und Nelson-Gardell (2005; Confidant-Selection-Reaction) ist, *wem* sich die betroffenen Jugendlichen anvertrauen. Gefragt wurden die Betroffenen (die angeben, darüber gesprochen zu haben), wem sie sich anvertraut haben. Hierzu war eine Liste mit 19 möglichen Gesprächspartner:innen – wie etwa Freund/in, Mutter/Vater, Polizist/in – vorgegeben, zu der auch nicht aufgelistete Personen hinzugefügt werden konnten. (Die Zahlen für die Förderschulen sind zu gering, um sie hier ähnlich differenziert auszuwerten.)

Tabelle 7.2 enthält die fünf Personengruppen, mit denen die meisten von nicht-körperlicher sexualisierter Gewalt betroffenen Jugendlichen geredet haben. Gesondert aufgenommen (da diese Gruppe besonders auch mit Blick auf die Prävention und Intervention interessiert) wurden die Angaben zu (Vertrauens-)Lehrer:innen als Ansprechpersonen.

Der allgemeine Befund hier ist eindeutig: Jugendliche, die nicht-körperliche sexualisierte Gewalt erlebt und darüber mit jemandem gesprochen haben, tun dies vor allem mit Gleichaltrigen. Sie vertrauen sich bevorzugt ihren Freund:innen an, in geringerem Umfang ihren Mitschüler:innen oder ihren Partner:innen. Deutlich weniger sprechen mit ihren Eltern darüber. Wenn sie dies tun, dann in allererster Linie mit ihrer Mutter. Beide Befunde gelten sowohl für weibliche als auch männliche Jugendliche und über beide Speak! Studien hinweg. Zu einem ähnlichen Ergebnis kommt auch eine DJI-Studie (Hofherr, 2019, S. 147): Der Großteil der Schüler:innen spricht mit Gleichaltrigen über Erfahrungen mit sexualisierter Gewalt.

Gesondert aufgenommen sind in Tabelle 7.2 auch die Angaben zu den Lehrkräften. Neben der Gruppe der Gleichaltrigen und der Familie sind sie eine Personengruppe, die (wenn auch zahlenmäßig mit großem Abstand) von den Betroffenen angesprochen wird. Dabei zeigt sich, dass es nicht immer die Vertrauenslehrer:innen sind, mit denen geredet wird. 7 % der betroffenen Jugendlichen, die über ihre Erfahrungen sprechen, geben eine Lehrkraft an, 1 % haben sich (auch) an eine:n Vertrauenslehrer:in gewandt.

Die Befundlage ist für die Hauptstudie und die Studie an den Beruflichen Schulen nahezu identisch. Der einzige Unterschied besteht darin, dass die älteren Jugendlichen, die Berufliche Schulen besuchen, deutlich häufiger mit dem Partner bzw. der Partnerin sprechen, als dies für die jüngeren Jugendlichen der Hauptstudie gilt. In dieser Altersklasse sind Partnerschaften allerdings auch häufiger als bei den jüngeren Befragten.

Gehen wir noch einen Schritt weiter und betrachten diejenigen betroffenen Jugendlichen, die aufgrund ihrer Erfahrungen institutionell-therapeutische Hilfe angefragt haben. Damit sind Jugendliche gemeint, die sich u. a. an Psycholog:innen, Sozialarbeiter:innen, Therapeut:innen oder Beratungsstellen

Tabelle 7.2: Ausgewählte Personen(-gruppen), mit denen betroffene Jugendliche über ihre Erfahrungen nicht-körperlicher sexualisierter Gewalt gesprochen haben – getrennt nach Geschlecht und Speak! Studie

	Jugendliche Hauptstudie (Regelschulen)		**Jugendliche Berufliche Schulen**	
Freund/Freundin	83 %		81 %	
	Weibliche Jgdl.	Männliche Jgdl.	Weibliche Jgdl.	Männliche Jgdl.
	87 %[1]	74 %	85 %	71 %
Mutter	35 %		34 %	
	Weibliche Jgdl.	Männliche Jgdl.	Weibliche Jgdl.	Männliche Jgdl.
	34 %	39 %	38 %	24 %
Mitschülerin/Mitschüler	20 %		18 %	
	Weibliche Jgdl.	Männliche Jgdl.	Weibliche Jgdl.	Männliche Jgdl.
	19 %	21 %	16 %	24 %
Vater	14 %		18 %	
	Weibliche Jgdl.	Männliche Jgdl.	Weibliche Jgdl.	Männliche Jgdl.
	10 %	26 %	17 %	21 %
Partnerin/Partner	11 %		26 %	
	Weibliche Jgdl.	Männliche Jgdl.	Weibliche Jgdl.	Männliche Jgdl.
	11 %	10 %	27 %	21 %
...				
Lehrerin/Lehrer	7 %		6 %	
	Weibliche Jgdl.	Männliche Jgdl.	Weibliche Jgdl.	Männliche Jgdl.
	7 %	8 %	6 %	7 %
Vertrauenslehrerin/ Vertrauenslehrer	1 %		1 %	
	Weibliche Jgdl.	Männliche Jgdl.	Weibliche Jgdl.	Männliche Jgdl.
	1 %	4 %	2 %	0 %

Basis: Jugendliche, die nicht-körperliche sexualisierte Gewalt erlebt und mit jemandem darüber gesprochen haben. Quellen: Speak! Hauptstudie (Regelschulen) $n_{gewichtet}$ = 566 Speak! Berufliche Schulen $n_{gewichtet}$ = 357.
Anmerkung: 1) Die Testung der Gruppenunterschiede zwischen weiblichen und männlichen Jugendlichen ist hier aufgrund des Multiple-Response-Verfahrens (Listen-Abfrage) nicht durchgeführt.

gewandt haben.[9] Bei den älteren Jugendlichen (Berufliche Schulen) haben dies 4 % aller von nicht-körperlicher sexualisierter Gewalt Betroffenen getan. Bei den jüngeren Jugendlichen der Hauptstudie sind dies 2 % der Betroffenen (ohne Abbildung).

Über die bisherigen Analysen hinaus lassen sich die *von nicht-körperlicher sexualisierter Gewalt betroffenen Jugendlichen, die sich einer anderen Person anvertrauen*, in drei Gruppen einteilen:

- eine Gruppe von Jugendlichen, die *ausschließlich mit Erwachsenen* über ihre Erfahrungen gesprochen haben (Hauptstudie: 9 % der betroffenen Jugendlichen, die überhaupt mit jemandem über ihre Erfahrungen gesprochen haben; Studie Berufliche Schulen: 7 %),
- eine Gruppe von Jugendlichen, die *ausschließlich mit Gleichaltrigen* gesprochen haben (Hauptstudie: 59 %; Studie Berufliche Schulen: 55 %),
- und eine Gruppe von Jugendlichen, die *sowohl mit Gleichaltrigen als auch mit Erwachsenen* gesprochen haben (Hauptstudie: 32 %; Studie Berufliche Schulen: 38 %).

Betrachten wir diese drei Gruppen in der Zusammenschau, so zeigt sich erwartungsgemäß, dass vor allem mit Gleichaltrigen gesprochen wird: In der Hauptstudie sprechen 88 % (auch) mit Gleichaltrigen (Berufliche Schulen: 93 %), 41 % (auch) mit Erwachsenen (Berufliche Schulen: 45 %).

Weitere Analysen zeigen, dass männliche betroffene Jugendliche, wenn sie über ihre Erfahrungen sprechen, stärker als weibliche dazu neigen, ausschließlich mit Erwachsenen darüber zu sprechen (19 % geben dies an im Vergleich zu 6 % bei den weiblichen Betroffenen). Dies könnte ein Hinweis darauf sein, dass Gefühle der Scham gegenüber Erwachsenen leichter überwunden werden können. Gleichzeitig liegt bei den weiblichen betroffenen Jugendlichen der Prozentsatz derer, die sich ausschließlich an gleichaltrige Gesprächspartner:innen wenden, mit 61 % um zehn Prozentpunkte höher als bei männlichen Betroffenen. Weibliche Betroffene bleiben also etwas stärker als männliche Betroffene im Disclosureprozess auf die Altersgleichen fokussiert.

Die *Erfahrungsbereiche* hinsichtlich nicht-körperlicher Formen sexualisierter Gewalt betrachtend, zeigt sich darüber hinaus, dass die Bereitschaft, ausschließlich mit Gleichaltrigen über ihre Erfahrungen zu sprechen, am höchsten bei den Jugendlichen ist, die sexualisierte Gewalt im Internet erlebt haben. 64 % dieser Jugendlichen wenden sich ausschließlich an Gleichaltrige, nur 5 % ausschließlich an Erwachsene. Bei Jugendlichen, die sexualisierte Gewalt ausschließlich in anderen Bereichen erlebt haben, liegen die Quoten bei 53 % (ausschließlich mit Gleichaltrigen gesprochen) und 15 % (ausschließlich mit Erwachsenen gesprochen). **Interneterfahrungen werden also häufiger als andere Erfahrungen nicht-körperlicher sexualisierter Gewalt**

9 Dazu gehören Schulpsycholog/in, Schulsozialarbeiter/in, Beratungsstelle (z. B. pro familia), Internetberatung, Sorgentelefon, Krankenhaus/Arzt/Ärztin oder die Angaben in der offen gestellten Frage nach ‚anderen, nicht aufgelisteten' Personen: Therapeut/in, Kinderpsycholog/in, Psychiater/in, Psycholog/in, Psychotherapeut/in.

nur mit Gleichaltrigen besprochen. Eine Interpretation hierfür könnte sein, dass die betroffenen Jugendlichen Gleichaltrige für kompetenter im Umgang mit digitalen Medien halten.

Hilft es, darüber zu sprechen?

> *»Offen mit Familie und/oder Freunden darüber sprechen. Die kennen einen am besten und haben immer ein offenes Ohr.«*
>
> O-Ton Speak!

Die Tatsache, dass die Mehrheit der von nicht-körperlicher sexualisierter Gewalt betroffenen Jugendlichen über ihre Erfahrungen spricht, sagt noch nichts darüber aus, ob dieses Sprechen auch tatsächlich Hilfe und Entlastung bedeutet. Hier geht es um Konsequenzen des Darüber-Sprechens – und damit um die dritte von Staller und Nelson-Gardell (2005) genannte Stufe des Disclosureprozesses: Consequences. Diese Perspektive aufgreifend, wollten wir recht allgemein von den Jugendlichen wissen, ob es ihnen *geholfen* hat, darüber zu sprechen. Ob es ‚geholfen' hat, stellt aus unserer Sicht eine Art ‚positive Konsequenz' dar – abgebildet wird eine idealtypische Verbindung des aktiven Darüber-Sprechens und einer unterstützenden bzw. entlastenden Hilfeleistung, wie immer diese auch aussehen mag.

84 % der von nicht-körperlicher sexualisierter Gewalt betroffenen 14- bis 16-jährigen Jugendlichen aus der Hauptstudie, die sich jemandem anvertraut haben, sagen, dass dies etwas oder sehr geholfen habe. Wobei dies für weibliche Jugendliche (86 %) in etwas stärkerem Maß zutrifft als für männliche (77 %). Die Zahlen für die älteren Jugendlichen, die Berufliche Schulen besuchen, sind hierzu nahezu identisch.

Da wir wissen, dass 48 % der betroffenen Jugendlichen (Hauptstudie) nicht über ihre Erfahrungen sprechen und 16 % durch das Sprechen keine wirkliche Hilfe erleben (100 % – 84 %), heißt dies, dass mit 56 % (48 % + 52 % * 0,16) die Mehrheit der 14- bis 16-jährigen Betroffenen der Hauptstudie mehr oder weniger alleine und ‚hilflos' gegenüber den Erfahrungen und möglichen Folgen bleibt. Bei den älteren Jugendlichen an den Beruflichen Schulen beträgt dieser Anteil 52 %.

Hängt die Einschätzung, ob das ‚Darüber-Sprechen' hilfreich gewesen ist, davon ab, ob die betroffenen Jugendlichen sich Erwachsenen oder Gleichaltrigen anvertrauen? Im vorangegangenen Abschnitt haben wir drei Gruppen von betroffenen Jugendlichen unterschieden. Diejenigen, die sich (ausschließlich) an Erwachsene, diejenigen, die sich (ausschließlich) an Gleichaltrige und diejenigen, die sich an beide Gruppen gewandt haben.

In der Hauptstudie zeigt sich der Tendenz nach, dass betroffene Jugendliche, die sich ausschließlich an Erwachsene gewandt haben, mit 90 % (gegenüber 82 % bzw. 84 % bei den anderen beiden Gruppen) etwas häufiger angeben, dass über ihre Erfahrungen zu sprechen geholfen habe (allerdings ist dieser Befund statistisch nicht signifikant).

Für die Studie an den Beruflichen Schulen gilt, dass die Quote derjenigen, die sagen, dass das Sprechen geholfen hat, mit 92 % am höchsten bei denjenigen Jugendlichen liegt, die sich *sowohl* an Gleichaltrige *als auch* an Erwachsene gewandt haben.

Wird (andere) Hilfe gewünscht?

Zusätzlich haben wir (ausschließlich) in der Hauptstudie gefragt, ob sich die von nicht-körperlicher sexualisierter Gewalt betroffenen Jugendlichen (andere) Hilfe gewünscht hätten. Diese Frage richtete sich an jene, die über ihre Erfahrungen gesprochen haben, und an jene, die nicht über ihre Erfahrungen gesprochen haben. 7 % der von nicht-körperlicher sexualisierter Gewalt betroffenen Jugendlichen bejahen dies. Mit Blick auf die in diesem Zusammenhang darüber hinaus offen gestellte Frage, *welche* Hilfe sie sich gewünscht hätten, wird am häufigsten die (fehlende) Unterstützung von den Eltern, von Lehrkräften oder anderen Erwachsenen eingeklagt, aber auch, dass eine Person, der man vertraut – wie etwa ein Freund/eine Freundin – fehlte, um mit ihm/ihr darüber zu sprechen.

Weiterführende Analysen der Daten aus der Hauptstudie zeigen, dass **der Wunsch nach (anderer) Hilfe umso häufiger geäußert wird, je mehr Formen nicht-körperlicher sexualisierter Gewalt die Betroffenen erlebt haben.**

7.2 ÜBER DIE ERFAHRUNGEN IM BEREICH KÖRPERLICHER SEXUALISIERTER GEWALT SPRECHEN

Gehen wir nun über zu den Erfahrungen körperlicher sexualisierter Gewalt.

Tabelle 7.3: Anteil der von körperlicher sexualisierter Gewalt betroffenen Jugendlichen, die über ihre Erfahrungen mit jemandem gesprochen haben (Disclosurebereitschaft) – getrennt nach Geschlecht und Speak! Studie

	Jugendliche Hauptstudie (Regelschulen)		Jugendliche Förderschulen		Jugendliche Berufliche Schulen	
... ja, ich habe mit jemandem darüber gesprochen	60 %		70 %		69 %	
	Weibliche Jgdl.	Männliche Jgdl.	Weibliche Jgdl.	Männliche Jgdl.	Weibliche Jgdl.	Männliche Jgdl.
	66 %***[1]	33 %	81 %*	47 %	72 %**	53 %

Basis: Jugendliche, die körperliche sexualisierte Gewalt erlebt haben. Quellen: Speak! Hauptstudie (Regelschulen) $n_{gewichtet}$ = 599; Speak! Förderschulen $n_{gewichtet}$ = 75; Speak! Berufliche Schulen $n_{gewichtet}$ = 426. Anmerkung: 1) Die Testung der Gruppenunterschiede zwischen weiblichen und männlichen Jugendlichen basiert auf einem 2-seitigen Chi-Quadrat-Test je Speak! Studie (*** = $p \leq .001$; ** = $p \leq .01$; * = $p \leq .05$; ohne Kennzeichnung = nicht signifikant).

Zunächst einmal lässt sich in Tabelle 7.3 festhalten, dass die Disclosurequoten mit Blick auf die körperlichen Erfahrungen insgesamt etwas höher liegen als für die nicht-körperlichen Erfahrungen. Hatten in der Hauptstudie 51 % derjenigen, die von nicht-körperlicher sexualisierter Gewalt betroffen sind, angegeben, mit jemandem darüber gesprochen zu haben, sind es mit Blick auf körperliche Formen 60 %, die ihre Erfahrungen mit anderen teilen. Auch bei den Jugendlichen, die Förder- bzw. Berufliche Schulen besuchen, liegen die Disclosurequoten um 16 bzw. 13 Prozentpunkte höher als bei den nicht-körperlichen Erfahrungen.

Tabelle 7.4 zeigt, dass mit Blick auf alle drei Erfahrungsbereiche, die wir hinsichtlich körperlicher Formen sexualisierter Gewalt unterschieden haben, die Mehrzahl der betroffenen Jugendlichen über ihre Erfahrungen mit jemandem spricht. Die höchste Offenlegungsquote findet sich bei den Jugendlichen, die Förderschulen besuchen und die von einem versuchten oder vollzogenen erzwungenen Geschlechtsverkehr berichten: 76 % von ihnen vertrauen sich jemandem an. Die entsprechenden Quoten liegen bei den Jugendlichen, die Regelschulen besuchen, mit 56 % und bei den Jugendlichen, die Berufliche Schulen besuchen, mit 67 % deutlich darunter.

Darüber hinaus zeigt Tabelle 7.4 einen weiteren – bislang immer wiederkehrenden – Befund: Weibliche und männliche Jugendliche unterscheiden sich in ihrem Antwortverhalten deutlich. So liegen, mit einer einzigen Ausnahme, die

Offenlegungsquoten bei den männlichen betroffenen Jugendlichen zum Teil um 20 bis 36 Prozentpunkte niedriger als bei den weiblichen. **Männliche von körperlichen Formen sexualisierter Gewalt betroffene Jugendliche vertrauen sich also seltener als weibliche Betroffene mit ihren Erfahrungen anderen an.** Dieser Befund bleibt auch stabil, wenn wir in multivariaten Analysen berücksichtigen, dass männliche Jugendliche mit Blick auf die Zahl der erlebten Formen geringer belastet sind als weibliche Jugendliche.

Tabelle 7.4: Anteil der von körperlicher sexualisierter Gewalt betroffenen Jugendlichen, die über ihre Erfahrungen mit jemandem gesprochen haben (Disclosurebereitschaft) – getrennt nach Geschlecht, Speak! Studie und Erfahrungsbereich

	Jugendliche Hauptstudie (Regelschulen)		**Jugendliche Förderschulen**		**Jugendliche Berufliche Schulen**	
	Erfahrungsbereich: Indirekte körperliche sexualisierte Gewalt[3]					
... ja, ich habe mit jemandem darüber gesprochen	53 %		60 %		61 %	
	Weibliche Jgdl.	Männliche Jgdl.	Weibliche Jgdl.	Männliche Jgdl.	Weibliche Jgdl.	Männliche Jgdl.
	57 %***[1]	22 %	*64 %*[2]	*40 %*	65 %*	34 %
	Erfahrungsbereich: Direkte körperliche sexualisierte Gewalt[4]					
... ja, ich habe mit jemandem darüber gesprochen	61 %		74 %		70 %	
	Weibliche Jgdl.	Männliche Jgdl.	Weibliche Jgdl.	Männliche Jgdl.	Weibliche Jgdl.	Männliche Jgdl.
	66 %***	34 %	*87 %**	*50 %*	74 %**	55 %
	Erfahrungsbereich: Versuchter/vollzogener erzwungener Geschlechtsverkehr[5]					
... ja, ich habe mit jemandem darüber gesprochen	56 %		76 %		67 %	
	Weibliche Jgdl.	Männliche Jgdl.	Weibliche Jgdl.	Männliche Jgdl.	Weibliche Jgdl.	Männliche Jgdl.
	61 %**	25 %	*77 %*	*75 %*	71 %*	44 %

Basis und Quellen siehe Tabelle 7.3. Anmerkungen: 1) Die Testung der Gruppenunterschiede zwischen weiblichen und männlichen Jugendlichen basiert auf einem 2-seitigen Chi-Quadrat-Test je Speak! Studie (*** = $p \leq .001$; ** = $p \leq .01$; * = $p \leq .05$; ohne Kennzeichnung = nicht signifikant). 2) Kursiv gesetzt: Fallzahl $n < 30$. 3) Mich hat jemand … zu Nacktaufnahmen (auch pornografische Aufnahmen) gedrängt oder gezwungen; … dazu gedrängt oder gezwungen, mich auszuziehen (ganz nackt oder teilweise). 4) Mich hat jemand ... gedrängt oder gezwungen, Sex mit einer anderen Person zu haben; … gedrängt oder gezwungen, sein/ihr Geschlechtsteil (Scheide oder Penis) zu berühren; … gegen meinen Willen an meinem Geschlechtsteil (Scheide oder Penis) berührt; … gegen meinen Willen in sexueller Absicht geküsst; … gegen meinen Willen in sex. Form am Körper berührt („angetatscht“, z. B. Po/Brust). 5) Mich hat jemand ... zum Geschlechtsverkehr gedrängt oder gezwungen. (Es ist zum Geschlechtsverkehr gekommen.); … versucht, zum Geschlechtsverkehr zu drängen oder zu zwingen. (Es ist nicht zum Geschlechtsverkehr gekommen.)

Warum sprechen Befragte nicht über ihre Erfahrungen?

Mit Blick auf die zweite Stufe im Disclosureprozess (Staller & Nelson-Gardell, 2005; Confidant-Selection-Reaction) wurden in den Speak! Studien auch die von *körperlicher* sexualisierter Gewalt betroffenen Jugendlichen, die bislang noch mit *niemandem* über ihre Erfahrungen gesprochen haben, gefragt, warum sie das nicht getan haben. Hierzu war eine Liste möglicher Motive (siehe Abbildung 7.3) vorgegeben. In einem offenen Antwortformat konnten auch andere, nicht in der Liste enthaltene Gründe angegeben werden. Angaben für die Jugendlichen, die Förderschulen besuchen, können hier nicht gemacht werden, da zu wenige auf die Frage nach den Gründen für ihr Schweigen geantwortet haben. Vergleichen lassen sich jedoch die Jugendlichen, die Regelschulen besuchen, mit den (älteren) Jugendlichen, die Berufliche Schulen besuchen.

Abbildung 7.3 zeigt, ähnlich wie mit Blick auf den nicht-körperlichen Bereich sexualisierter Gewalt, dass das Antwortverhalten zwischen weiblichen und männlichen Jugendlichen sehr unterschiedlich ausfällt: Die meisten männlichen Jugendlichen, die mit niemandem über ihre Erfahrungen gesprochen haben, geben als (einen) Grund dafür (wie im nicht-körperlichen Bereich) an, das Erlebte als „nicht so schlimm" empfunden zu haben: 52 % der betroffenen männlichen Jugendlichen, die mit niemandem gesprochen haben, sind es in der Hauptstudie und 70 % der betroffenen männlichen Jugendlichen in der Studie zu den Beruflichen Schulen, die ihr Schweigen damit begründen. Andere Gründe werden dagegen deutlich seltener genannt. **Die älteren männlichen Jugendlichen neigen mit Blick auf die Erfahrungen körperlicher sexualisierter Gewalt also stärker als die jüngeren zu einer bagatellisierenden Haltung der eigenen Betroffenheit gegenüber.**

Anders bei den weiblichen Betroffenen. Hier sind die Beweggründe dafür, nicht über die Erfahrungen zu sprechen (ebenfalls wie auch schon im nicht-körperlichen Bereich), deutlich diversifizierter. Betrachten wir zunächst die jüngeren weiblichen Jugendlichen der Hauptstudie. Mit 35 % hat etwas mehr als ein Drittel „Fand es nicht so schlimm" angegeben, aber auch „Ich habe mich geschämt", der Versuch, das Erlebte zu verdrängen („Ich wollte selbst nicht mehr daran denken") ebenso wie fehlende Ansprechpartner:innen („Ich wusste nicht, mit wem" bzw. „Ich hatte zu niemandem Vertrauen") werden ähnlich häufig genannt. Mit Blick auf den Aspekt der Verdrängung und fehlender Ansprechpartner:innen fällt das Antwortverhalten der älteren weiblichen Jugendlichen (Berufliche Schulen) sehr ähnlich dazu aus. Allerdings unterscheiden sich die älteren weiblichen Jugendlichen von den jüngeren im Hinblick auf die ersten beiden Statements in Abbildung 7.3. Mit 16 % nennen bei Weitem weniger ältere weibliche Jugendliche, dass sie das Erlebte als „nicht so schlimm" empfunden hätten. Bei den jüngeren weiblichen Jugendlichen sind es 35 %. Andererseits geben mit 55 % sehr viel häufiger ältere weibliche Jugendliche an, sich geschämt und deshalb geschwiegen zu haben. Von den jüngeren weiblichen Befragten geben dies 39 % als Grund an. **Bei älteren weiblichen Jugendlichen ist die erlebte sexualisierte Gewalt also zunehmend schambesetzt und das Erlebte als „nicht so schlimm" zu empfinden, ist nur selten ein Grund dafür, sich nicht jemandem anzuvertrauen.**

Abbildung 7.3: Gründe, warum von körperlicher sexualisierter Gewalt betroffene Jugendliche mit niemandem darüber gesprochen haben – getrennt nach Geschlecht und Speak! Studie

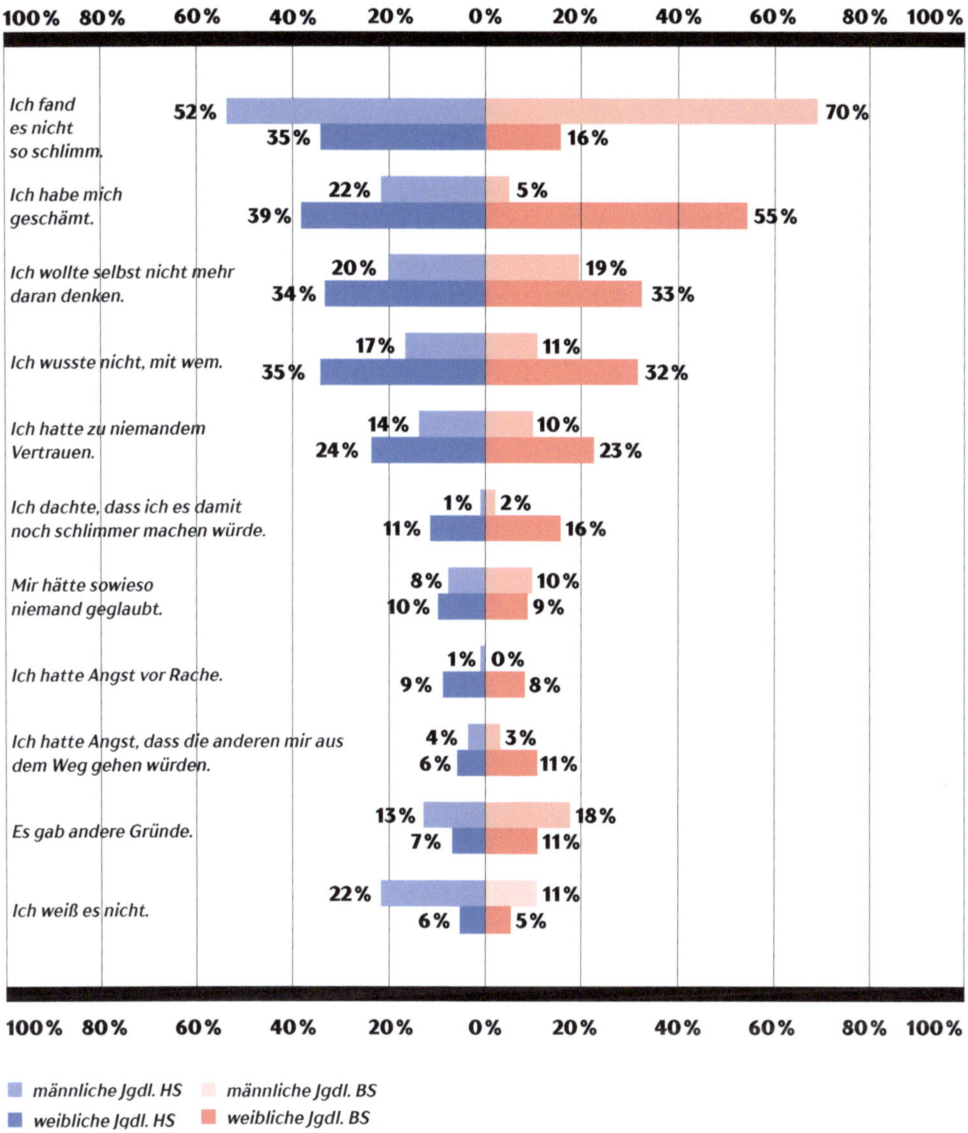

Basis: Jugendliche, die körperliche sexualisierte Gewalt erlebt und mit niemandem darüber gesprochen haben. Quellen: Speak! Hauptstudie (Regelschulen) (‚männliche/weibliche Jgdl. HS') $n_{gewichtet}$ = 214; Speak! Berufliche Schulen (‚männliche/weibliche Jgdl. BS') $n_{gewichtet}$ = 124. Anmerkung: Die Testung der Gruppenunterschiede zwischen weiblichen und männlichen Jugendlichen ist hier aufgrund des Multiple-Response-Verfahrens (Listen-Abfrage) nicht durchgeführt.

„Ich fand es nicht so schlimm"

Wir sind in multivariaten Analysen auch hinsichtlich körperlicher sexualisierter Gewalt der Frage nachgegangen, ob es Gruppen von Jugendlichen gibt, die diesen Grund für ihr Schweigen besonders häufig bzw. besonders selten angeben. Diese Analysen zeigen u. a.: **Je mehr Formen körperlicher sexualisierter Gewalt erlebt werden, desto seltener wird „Ich fand es nicht so schlimm" als Grund angegeben, nicht darüber gesprochen zu haben.** Während bei den jüngeren Jugendlichen der Hauptstudie, die nur *eine* Form körperlicher sexualisierter Gewalt erlebt haben (und darüber nicht gesprochen haben), 59 % angeben, dass sie es „nicht so schlimm" fanden, beträgt diese Quote bei den Jugendlichen, die zwei oder mehr Formen erlebt haben, 31 % bzw. darunter. Der Befund zeigt sich analog auch bei den älteren Jugendlichen (Berufliche Schulen): Von den Jugendlichen, die Berufliche Schulen besuchen und eine einzige Form körperlicher sexualisierter Gewalt erlebt haben, geben 67 % an, dass sie das Erlebte „nicht so schlimm" fanden. Bei drei oder mehr zu Protokoll gegebenen Formen sinkt dieser Prozentsatz auf 39 % und darunter.

Wirklich nicht so schlimm?

Aus Tabelle 7.3 wissen wir, dass in der Hauptstudie 33 % der von körperlicher sexualisierter Gewalt betroffenen männlichen Jugendlichen über ihre Erfahrungen mit jemandem gesprochen haben. Dies interpretieren wir dahingehend (wie auch bereits oben bei den nicht-körperlichen Erfahrungen), dass diese betroffenen Jugendlichen ihre Erfahrungen als so schwerwiegend wahrgenommen haben, dass sie sich jemandem anvertraut haben. Wir addieren auch hier diese 33 % zu denjenigen hinzu, die aus anderen Motiven heraus als „Fand es nicht so schlimm" geschwiegen haben. Auf dieser Grundlage wird deutlich, dass mit 65 % (33 % + 67 % * 0,48) bei der Mehrheit der betroffenen männlichen Jugendlichen in der Hauptstudie andere Beweggründe (als „Nicht so schlimm") dazu geführt haben, zu schweigen. Noch deutlicher wird dies bei den weiblichen Jugendlichen; hier ergibt sich ein Anteil von 88 % (66 % + 34 % * 0,65). Die analogen Quoten für die Jugendlichen, die Berufliche Schulen besuchen, betragen 67 % für die männlichen Jugendlichen bzw. 96 % für die weiblichen. Auch hier kurz zusammengefasst: Die weit überwiegende Mehrheit der Betroffenen findet die eigenen Erfahrungen durchaus ‚schlimm'.

Wem vertrauen sich Betroffene an?

Eine zentrale Frage auf der zweiten Stufe im Disclosureprozess nach Staller und Nelson-Gardell (2005; Confidant-Selection-Reaction) ist, wem gegenüber sich die betroffenen Jugendlichen anvertrauen. Die Jugendlichen (die Formen körperlicher sexualisierter Gewalt erlebt haben und angeben, darüber gesprochen zu haben) wurden gefragt, mit wem sie darüber gesprochen haben. Hierzu waren die gleichen Antwortmöglichkeiten wie für den nicht-körperlichen Bereich vorgegeben. (Aufgrund der geringen Fallzahlen ist eine Auswertung für die Förderschulen nicht möglich.)

Tabelle 7.5: Ausgewählte Personen(-gruppen), mit denen betroffene Jugendliche über ihre Erfahrungen körperlicher sexualisierter Gewalt gesprochen haben – nach Geschlecht und Speak! Studie

	Jugendliche Hauptstudie (Regelschulen)			**Jugendliche Berufliche Schulen**		
	Gesamt	Weibl. Jgdl.	Männl. Jgdl.	Gesamt	Weibl. Jgdl.	Männl. Jgdl.
Freund/Freundin	85 %	86 %[1]	74 %	83 %	85 %	78 %
Mutter	30 %	31 %	21 %	28 %	30 %	11 %
Mitschüler/Mitschülerin	15 %	15 %	19 %	13 %	11 %	27 %
Vater	10 %	9 %	15 %	9 %	10 %	7 %
Partner/Partnerin	12 %	13 %	7 %	26 %	29 %	13 %
…						
Lehrer/Lehrerin	3 %	3 %	3 %	3 %	3 %	3 %
Vertrauenslehrer/ Vertrauenslehrerin	1 %	1 %	0 %	1 %	1 %	0 %

Basis: Jugendliche, die körperliche sexualisierte Gewalt erlebt und mit jemandem darüber gesprochen haben. Quellen: Speak! Hauptstudie (Regelschulen) $n_{gewichtet} = 319$; Speak! Berufliche Schulen $n_{gewichtet} = 271$. Anmerkung: 1) Die Testung der Gruppenunterschiede zwischen weiblichen und männlichen Jugendlichen ist hier aufgrund des Multiple-Response-Verfahrens (Listen-Abfrage) nicht durchgeführt.

Alles in allem sehen wir in Tabelle 7.5 denselben Befund wie hinsichtlich des nicht-körperlichen Bereichs sexualisierter Gewalt: **Diejenigen, die über ihre Erfahrungen sprechen, tun dies in der weit überwiegenden Mehrheit mit Gleichaltrigen, insbesondere mit ihren Freunden bzw. Freundinnen.** In zweiter Linie mit der Mutter und in einzelnen Fällen auch mit Lehrkräften. **Bei den älteren Jugendlichen an den Beruflichen Schulen kommt jedoch eine wichtige Personengruppe, der sie sich anvertrauen, hinzu: der Partner bzw. die Partnerin.** 29 % der weiblichen Betroffenen, die darüber sprechen, wählen ihren Partner/ihre Partnerin. Ähnlich viele sprechen mit ihrer Mutter darüber.

Gehen wir, wie im nicht-körperlichen Bereich, einen Schritt weiter und betrachten diejenigen von körperlicher sexualisierter Gewalt betroffenen Jugendlichen, die aufgrund ihrer Erfahrungen institutionell-therapeutische Hilfe angefragt haben (zur Definition siehe Kapitel 7.1). Bei den älteren betroffenen Jugendlichen (Berufliche Schulen) sind dies 5 % und bei den jüngeren Jugendlichen der Hauptstudie sind dies insgesamt 2,5 %.

Wir haben die von körperlichen Formen sexualisierter Gewalt betroffenen Jugendlichen, die mit jemandem über ihre Erfahrungen gesprochen haben, parallel zu Kapitel 7.1 in drei Gruppen eingeteilt: in die Gruppe von betroffenen Jugendlichen, die ausschließlich mit Erwachsenen bzw. ausschließlich mit Gleichaltrigen, und die Gruppe der Jugendlichen, die sowohl mit Gleichaltrigen als auch mit Erwachsenen gesprochen haben. In der Hauptstudie sprechen insgesamt 94 % der Betroffenen, die sich öffnen, (auch) mit Gleichaltrigen (Berufliche Schulen: 95 %), 34 % (auch) mit Erwachsenen (Berufliche Schulen: 32 %). **In der weit überwiegenden Mehrheit werden also Gleichaltrige gewählt, um über die Erfahrungen mit sexualisierter Gewalt zu sprechen.** Dieser Befund ist noch deutlicher als für den Bereich der nicht-körperlichen Erfahrungen (siehe Kapitel 7.1). Auf die Übereinstimmung dieses Befundes mit der DJI-Studie von Hofherr (2019) haben wir oben bereits hingewiesen. Unsere Befunde decken sich aber noch in einem weiteren Punkt: Die DJI-Studie zeigt, dass Jugendliche vor allem dann mit Peers sprechen, wenn andere Gleichaltrige die Täter:innen sind; bei Taten, die von Erwachsenen ausgehen, wird verstärkt eine erwachsene Vertrauensperson hinzugezogen (ebd., S. 147). In der Hauptstudie geben 30 % der von körperlicher sexualisierter Gewalt (ausschließlich) durch Gleichaltrige Betroffenen (die über ihre Erfahrungen sprechen) an, über ihre Erfahrungen auch mit Erwachsenen gesprochen zu haben. Geben die Betroffenen (ausschließlich) Erwachsene als Täter:innen an, so sprechen 49 % von ihnen auch mit Erwachsenen. Der Anteil, zu dem Erwachsene hinzugezogen werden, steigt also, wenn Erwachsene als Täter:innen benannt werden.

Hilft es, darüber zu sprechen?

In Anlehnung an die dritte Stufe des Disclosureprozesses nach Staller und Nelson-Gardell (2005; Consequences) haben wir auch die von körperlichen Formen sexualisierter Gewalt Betroffenen gefragt, ob es ihnen geholfen hat, sich anzuvertrauen. 74 % der betroffenen 14- bis 16-jährigen Jugendlichen aus der Hauptstudie, die darüber gesprochen haben, sagen, dass dies etwas oder sehr geholfen habe. Wobei – ähnlich wie oben – dies für weibliche Jugendliche (81 %) in etwas stärkerem Maß gilt als für männliche (70 %; allerdings ist diese Differenz statistisch nicht signifikant). Die Zahlen für die älteren Jugendlichen, die Berufliche Schulen besuchen, liegen etwas höher. Insgesamt geben 81 % der Betroffenen, die über ihre Erfahrungen gesprochen haben, an, dass das Sprechen geholfen hat, wobei sich weibliche und männliche Jugendliche in dieser Einschätzung nicht unterscheiden.

Da wir wissen, dass 40 % der von körperlichen Formen sexualisierter Gewalt betroffenen Jugendlichen (Hauptstudie) nicht über ihre Erfahrungen sprechen und 26 % durch das Sprechen keine wirkliche Hilfe erleben (100 % – 74 %), können wir dies dahingehend interpretieren, dass mit 56 % (40 % + 60 % * 0,26) die Mehrheit der 14- bis 16-jährigen Betroffenen der Hauptstudie mehr oder weniger alleine und ohne Unterstützung gegenüber den Erfahrungen und möglichen Folgen bleibt. Bei den älteren Jugendlichen in den Beruflichen Schulen liegt dieser Anteil mit 46 % um 10 Prozentpunkte niedriger.

Analog zu den nicht-körperlichen Erfahrungen haben wir auch zu den körperlichen Erfahrungen in den Blick genommen, ob das ‚Darüber-Sprechen' hilfreich(er) war, wenn mit Erwachsenen oder Gleichaltrigen geredet wurde: In der Hauptstudie zeigt sich hierbei kein signifikanter Unterschied. Für die Studie an den Beruflichen Schulen gilt, dass die Quote derjenigen, die sagen, dass das Sprechen geholfen hat, mit 84 % am höchsten bei denjenigen Jugendlichen liegt, die sich *sowohl* an Gleichaltrige *als auch* an Erwachsene gewandt haben (gegenüber einer Quote von 67 %, bei denjenigen, die ausschließlich mit Erwachsenen gesprochen haben). Der Unterschied ist allerdings statistisch nicht signifikant.

Wird (andere) Hilfe gewünscht?

Wie im Bereich der nicht-körperlichen sexualisierten Gewalt haben wir (ausschließlich) in der Hauptstudie gefragt, ob sich die von körperlicher sexualisierter Gewalt betroffenen Jugendlichen (andere) Hilfe gewünscht hätten. Diese Frage richtete sich an die Betroffenen, die über ihre Erfahrungen gesprochen haben, und an diejenigen, die nicht darüber gesprochen haben. 13 % der von körperlicher sexualisierter Gewalt betroffenen Jugendlichen bejahen dies. Auf die darüber hinaus offen gestellte Frage, *welche* Hilfe sie sich gewünscht hätten, wird am häufigsten die (fehlende) Unterstützung von den Eltern genannt sowie, dass niemand in der Situation da war, der eingeschritten wäre.

Weiterführende Analysen der Daten aus der Hauptstudie zeigen, dass **der Wunsch nach (anderer) Hilfe umso häufiger formuliert wird, je mehr Formen körperlicher sexualisierter Gewalt die Betroffenen erlebt haben.**

Einordnung

Einer der zentralen Befunde dieses Kapitels ist, dass die Jugendlichen mit ihren Erfahrungen sexualisierter Gewalt größtenteils – wenn sie sich überhaupt mitteilen – ‚unter sich' bleiben, d. h. überwiegend mit ihren Peers über das

Erlebte sprechen. Wie ist dies zu erklären bzw. einzuordnen (siehe dazu auch ausführlich Kapitel 9)? Hinweise geben hier die Thesen von Selbstsozialisation und Entpädagogisierung, wie sie von Zinnecker zu Beginn der 2000er-Jahre formuliert wurden. Zinnecker geht darin von einer grundlegenden Veränderung des Aufwachsens im Jugendalter aus, die sich in einer Intensivierung des eigenaktiven Anteils im Sozialisationsprozess aufgrund von Veränderungen der entwicklungsrelevanten Umwelten für die Heranwachsenden ergeben. Im Besonderen ist hier auf die wachsende Bedeutung digitaler Medien hinzuweisen. Zinnecker folgend haben sich die „kleinräumigen Anbindungen des Aufwachsens" (Zinnecker, 2000a, S. 277) im letzten Jahrhundert entscheidend gewandelt. An die Stelle der nahen Einbindung von Kindern und Jugendlichen, z. B. in ein Stadtquartier mit nachbarschaftlichen oder schulischen Kontakten, sind markt- und konsumförmige Agenten der Sozialisation gerückt, die einer ganz und gar anderen Logik folgen. In der Konsequenz werden, als eine Art Anpassungsleistung an veränderte Umwelten, den Heranwachsenden verstärkt selbstaktive und selbstsozialisatorische Leistungen abverlangt. Sich selbst zu sozialisieren bedeutet dabei nicht, sich individuell zu sozialisieren, sondern innerhalb der Peers – ohne großes Zutun der Erwachsenen.

Zinnecker verdeutlicht, dass zeitgleich mit der Hinwendung zu den Gleichaltrigen als Sozialisationsagenten eine „Entpädagogisierung […] weiter voranschreitet" (2000a, S. 276). Zu beobachten ist dies u. a. als eine zunehmende Abkehr Erwachsener, ob Eltern oder Lehrkräfte, aus dem Erziehungsprozess und der Verantwortung als Sozialisationsagenten, die sich etwa in der (pädagogischen) Haltung ausdrückt, dass Jugendliche ‚untereinander am besten zurechtkommen' (Zinnecker, 2000a).

Zusammenfassend können wir den Befund, dass die (betroffenen) Jugendlichen unter sich mit ihren Erfahrungen sexualisierter Gewalt bleiben, als Folge zunehmender Hinwendungsprozesse zu den Gleichaltrigen und zunehmender Abkehrprozesse sozialisatorisch relevanter Erwachsener sehen.

8 — Wissen und Sprechen über sexualisierte Gewalt

»Ich finde es sehr gut, dass auf das Thema aufmerksam gemacht wird und nicht ‚unter den Teppich gekehrt' wird. In der Schule redet man nur selten darüber, eigentlich nie.«

O-Ton Speak!

Ein Statement eines Befragten aus Speak!, das zum Ausdruck bringt, dass in der Schule über sexualisierte Gewalt gesprochen werden sollte.

8.1 WISSEN ÜBER SEXUALITÄT/SEXUALISIERTE GEWALT

Das Statement ist ein Beispiel dafür, dass sich die Jugendlichen mit dem Thema der sexualisierten Gewalt auseinandersetzen. Wir haben die Jugendlichen gefragt, zu welchen Themen im Zusammenhang mit Sexualität und sexualisierter Gewalt sie gerne mehr wissen möchten (siehe Tabelle 8.1; im Fragebogen wurde der Begriff der ‚sexuellen' Gewalt verwendet).

Tabelle 8.1: Anteil der Jugendlichen, die über die jeweiligen Themen mehr wissen wollen – nach Geschlecht und Speak! Studien

Darüber möchte ich mehr wissen:	Jugendliche Hauptstudie (Regelschulen)		Jugendliche Förderschulen		Jugendliche Berufliche Schulen	
... Aufklärung (z. B. über Schwangerschafts-verhütung; Schutz vor Aids, Sexualität etc.)	22 %		33 %		23 %	
	Weibliche Jgdl.	Männliche Jgdl.	Weibliche Jgdl.	Männliche Jgdl.	Weibliche Jgdl.	Männliche Jgdl.
	27 %***[1]	17 %	35 %	33 %	25 %***	21 %
... Partnerschaft (z. B. über die Rolle von Mann und Frau; homosexuelle und lesbische Beziehungen)	18 %		25 %		21 %	
	Weibliche Jgdl.	Männliche Jgdl.	Weibliche Jgdl.	Männliche Jgdl.	Weibliche Jgdl.	Männliche Jgdl.
	22 %***	13 %	31 %	21 %	25 %***	17 %
... sexuelle Gewalt unter Jugendlichen	34 %		27 %		43 %	
	Weibliche Jgdl.	Männliche Jgdl.	Weibliche Jgdl.	Männliche Jgdl.	Weibliche Jgdl.	Männliche Jgdl.
	43 %***	25 %	34 %	23 %	53 %***	31 %
... sexuelle Gewalt gegen Jugendliche durch Erwachsene	36 %		23 %		45 %	
	Weibliche Jgdl.	Männliche Jgdl.	Weibliche Jgdl.	Männliche Jgdl.	Weibliche Jgdl.	Männliche Jgdl.
	46 %***	24 %	30 %*	18 %	56 %***	33 %
... Hilfe und Beratung (An wen kann ich mich wenden, wenn ich sexuelle Gewalt erlebt oder beobachtet habe?)	26 %		24 %		31 %	
	Weibliche Jgdl.	Männliche Jgdl.	Weibliche Jgdl.	Männliche Jgdl.	Weibliche Jgdl.	Männliche Jgdl.
	35 %***	18 %	34 %**	18 %	39 %***	21 %
... Pornografie	13 %		8 %		16 %	
	Weibliche Jgdl.	Männliche Jgdl.	Weibliche Jgdl.	Männliche Jgdl.	Weibliche Jgdl.	Männliche Jgdl.
	11 %***	14 %	3 %	10 %	16 %	17 %

Basis: Alle befragten Jugendlichen je Studie. Quellen: Speak! Hauptstudie (Regelschulen) $n_{gewichtet}$ = 2.651; Speak! Förderschulen $n_{gewichtet}$ = 252; Speak! Berufliche Schulen $n_{gewichtet}$ = 1.037. Anmerkung: 1) Die Testung der Gruppenunterschiede zwischen weiblichen und männlichen Jugendlichen basiert auf einem 2-seitigen Chi-Quadrat-Test je Speak! Studie (*** = $p \leq .001$; ** = $p \leq .01$; * = $p \leq .05$; ohne Kennzeichnung = nicht signifikant).

Zunächst zu den jüngeren Befragten (Hauptstudie): Zu je (gut) einem Drittel würden diese Jugendlichen gern mehr über sexuelle Gewalt gegen Jugendliche durch Erwachsene und über sexuelle Gewalt unter Jugendlichen wissen. Beide Themen sind bei den Jugendlichen von vergleichsweise besonderem Interesse. Konkrete Hilfe und Beratung – an wen sie sich wenden können, wenn sexuelle Gewalt erlebt oder beobachtet wurde – wünscht sich ein gutes Viertel der befragten Jugendlichen. Die klassische Aufklärung (Schwangerschaftsverhütung etc.) wird von 22 % genannt und Fragen zur Partnerschaft (Rolle von Mann/Frau) von 18 %. 13 % der Jugendlichen wollen gern mehr zur Pornografie wissen.

Bei den Jugendlichen, die Förderschulen besuchen, ist das Thema Sexualität und Aufklärung offensichtlich von besonderem Interesse. Mit 33 % vereint es die meisten Jugendlichen, die davon mehr wissen wollen. Die anderen Themen liegen in etwa gleichauf zwischen 23 % und 27 %. Weibliche Jugendliche geben in allen Bereichen (mit Ausnahme des Wissens über Pornografie, ein Thema, das sie überwiegend nicht interessiert) zu deutlich höheren Anteilen an, mehr wissen zu wollen. Die Motivation, sich mit Fragen sexualisierter/sexueller Gewalt zu beschäftigen, ist zwischen den Geschlechtern deutlich ungleich ausgeprägt. Ein Befund, der sich so auch in der Hauptstudie zeigt.

Bei den älteren Jugendlichen, die Berufliche Schulen besuchen, sind es vor allem die Themen der sexualisierten/sexuellen Gewalt – von Jugendlichen und von Erwachsenen ausgehend – sowie, wohin man sich wenden kann, wenn man selbst betroffen ist oder sexualisierte Gewalt beobachtet. Insgesamt ähnelt das Antwortprofil der älteren Jugendlichen in etwa den jüngeren Jugendlichen in der Hauptstudie – interessanterweise liegen die Quoten zumindest bei den Themen zur sexualisierten Gewalt höher als bei den jüngeren. Etwa ein Viertel möchte mehr zu Aufklärung und Partnerschaft wissen.

Zusätzliches aus der Hauptstudie: Von sexualisierter Gewalt betroffene Jugendliche (ohne Abbildung) wollen auch zu größeren Anteilen mehr über die verschiedenen Bereiche von sexualisierter/sexueller Gewalt und Sexualität wissen. Auch Jugendliche, die sexualisierte Gewalt beobachtet haben, wollen zu höheren Anteilen mehr über sexualisierte/sexuelle Gewalt wissen als die, die so etwas nicht beobachtet haben.

8.2 SPRECHEN ÜBER SEXUALISIERTE/SEXUELLE GEWALT

Für Fragen der Prävention ist es wichtig zu wissen, welche Fragen Jugendliche mit Blick auf Sexualität und sexualisierte Gewalt haben und ob (ausreichend) beispielsweise im Unterricht oder im Rahmen der betrieblichen Ausbildung über das Thema sexualisierte Gewalt diskutiert und informiert wird.

Tabelle 8.2: Anteil der Jugendlichen, die ‚nie' über sexuelle Gewalt sprechen – nach Geschlecht und Speak! Studien

Sprichst du über sexuelle Gewalt?	Jugendliche Hauptstudie (Regelschulen)		Jugendliche Förderschulen		Jugendliche Berufliche Schulen	
… mit deinen Freunden oder in deiner Clique	43 %		59 %		34 %	
	Weibliche Jgdl.	Männliche Jgdl.	Weibliche Jgdl.	Männliche Jgdl.	Weibliche Jgdl.	Männliche Jgdl.
	32 %***[1]	55 %	43 %***	75 %	25 %***	45 %
… im Unterricht	47 %		63 %		65 %	
	Weibliche Jgdl.	Männliche Jgdl.	Weibliche Jgdl.	Männliche Jgdl.	Weibliche Jgdl.	Männliche Jgdl.
	46 %**	48 %	59 %	66 %	65 %	64 %
… zu Hause mit deinen Eltern	59 %		74 %		59 %	
	Weibliche Jgdl.	Männliche Jgdl.	Weibliche Jgdl.	Männliche Jgdl.	Weibliche Jgdl.	Männliche Jgdl.
	48 %***	70 %	64 %*	82 %	49 %***	71 %

Basis: Alle befragten Jugendlichen je Studie. Quellen: Speak! Hauptstudie (Regelschulen) $n_{gewichtet}$ = 2.651; Speak! Förderschulen $n_{gewichtet}$ = 252; Speak! Berufliche Schulen $n_{gewichtet}$ = 1.037. Anmerkung: 1) Die Testung der Gruppenunterschiede zwischen weiblichen und männlichen Jugendlichen basiert auf einem 2-seitigen Chi-Quadrat-Test je Speak! Studie (*** = $p \leq .001$; ** = $p \leq .01$; * = $p \leq .05$; ohne Kennzeichnung = nicht signifikant).

Tabelle 8.2 stellt den Anteil der Jugendlichen dar, die ‚nie' über das Thema sexualisierte/sexuelle Gewalt sprechen. Betrachtet man die Tabelle, zeigt sich für alle drei Studien, dass ein großer Teil der Jugendlichen ‚nie' über sexualisierte Gewalt in der Schule/im Unterricht spricht: Das reicht von 47 % in der Hauptstudie über 63 % in den Förderschulen bis hin zu 65 % in der Studie Berufliche Schulen. Angesichts der Tatsache, dass dieses Thema Teil des Lehrplans ist, ein Befund, der auf eine gewisse Leerstelle in der schulischen Umsetzung verweist.

Mit ihren Freunden bzw. in der Clique wird zu etwas größeren Anteilen sexualisierte/sexuelle Gewalt thematisiert, darauf deuten die niedrigeren Quoten des ‚nie' hin. Die Familie ist hingegen, ähnlich der Situation an Schulen, seltener der Ort, an dem über sexualisierte Gewalt gesprochen wird. Dies ist umso erstaunlicher, als die Familie für Jugendliche, wie die 18. Shell-Jugendstudie aufzeigt, „einen ‚sicheren Heimathafen'" darstellt, „der jungen Menschen Halt und Unterstützung gibt" (Shell, 2019, S. 20). Spätestens seit Beginn der 2000er-Jahre wird in den Shell-Jugendstudien die Zunahme des positiven Verhältnisses Jugendlicher zu ihren Eltern berichtet. Eine vertrauensvolle Grundlage ist in den meisten Familien gegeben. Dem scheint jedoch, ähnlich wie dies für das Sprechen über eigene Erfahrungen mit sexualisierter Gewalt gilt (siehe Kapitel 7 Disclosure), ein weitgehendes Ausblenden der Bedeutung sexualisierter Gewalt im Jugendalter entgegenzustehen.

Berufliche Schule und Ausbildung

Wie verschiedene Studien belegen, stellen sexuelle Belästigung (so der vorherrschende Terminus im beruflichen Bereich) oder sexualisierte Gewalt einen alltäglichen Bestandteil von Diskriminierungs- und Gewalterfahrungen im Kontext des Ausbildungs- und Berufslebens dar (Gamsjäger, 2010). Zu diesen Studien zählen u. a. Studien der Antidiskriminierungsstelle des Bundes (ADS, 2015a, 2019). In einer Studie der Antidiskriminierungsstelle von 2019 wird beispielsweise aufgezeigt, dass 7 % der Personen, die sich noch in beruflicher Ausbildung befinden (Auszubildende, Schüler:innen an Berufsfach-/Handelsschulen, Student:innen) von sexueller Belästigung am Arbeitsplatz betroffen sind (ADS, 2019).

Die Zahlen aus der Speak! Studie an Beruflichen Schulen liegen etwas niedriger, bestätigen aber durchaus den kritischen Blick auf den Ausbildungsbereich, den die Antidiskriminierungsstelle anmahnt: 9 % der von nicht-körperlicher sexualisierter Gewalt Betroffenen, die sich in dualer Ausbildung befinden, geben den Betrieb als Tatkontext an, 8 % derer, die von körperlicher sexualisierter Gewalt betroffen sind. Bezieht man diese Zahlen auf die Prävalenzwerte für Jugendliche in betrieblicher Ausbildung (für nicht-körperliche sexualisierte Gewalt: 62 %; für körperliche: 40 %), lassen sich damit die Prävalenzen sexualisierter Gewalt im Betrieb zwischen 3 % (für körperliche Formen) und 6 % (für nicht-körperliche Formen) schätzen.

Wir haben untersucht, inwieweit die Auszubildenden über ihre Rechte bzw. Handlungsmöglichkeiten informiert sind. Die Ergebnisse finden sich in Tabelle 8.3.

Wie Tabelle 8.3 zeigt, scheinen die Rechte, die Auszubildenden im Betrieb gegen sexualisierte/sexuelle Gewalt und Belästigung zur Verfügung stehen, im Allgemeinen relativ gut bekannt zu sein. Allerdings ist sich mit 20 % auch ein substanzieller Anteil der Auszubildenden unsicher, ob ihnen nicht vielleicht Nachteile entstehen können, wenn sie gegen sexuelle Belästigung vorgehen. 17 % wissen nicht, ob sie sich bei sexualisierter/sexueller Gewalt sofort zur Wehr setzen dürfen. Signifikante Unterschiede zwischen weiblichen und männlichen Auszubildenden finden sich in den Einschätzungen in Tabelle 8.3 keine.

Die Studie der Antidiskriminierungsstelle des Bundes von 2015 zeigte neben den Befunden der Prävalenz sexueller Belästigung am Ausbildungsplatz, dass bezüglich der Präventionsarbeit sowie der Einrichtung und Kenntnis von Beschwerdestellen Handlungsbedarf besteht – **rund 40 % aller Beschäftigten** hatten keine Kenntnis über betriebsinterne Beschwerdestellen bei Fällen von sexueller Belästigung/sexualisierter Gewalt oder anderen Formen der Diskriminierung (vgl. ebd.). „Bei der Mehrzahl der Arbeitgeber_innen gibt es keine Betriebs-, Dienstvereinbarungen oder Leitbilder, die festlegen, wie bei Bekanntwerden von sexueller Belästigung zu verfahren ist" (ADS, 2015b, S. 2). Die Studie zeigte, dass es in fast der Hälfte der befragten Betriebe (49 %) keine Beschwerdestelle gibt, die für Fälle sexueller Belästigung zuständig ist (vgl. ebd.). Ebenso wisse nur jede:r fünfte Beschäftigte, dass die:der Arbeitgeber:in die Beschäftigten vor Belästigung schützen muss (vgl. ADS, 2015a, S. 10).

Tabelle 8.3: Wissen über Rechte als Auszubildende bei sexualisierter/sexueller Gewalt – nach Geschlecht, nur Speak! Berufliche Schulen (nur duale Ausbildung)

Ja, ich habe das Recht …	Auszubildende	
… mich bei meinem/er Arbeitgeber/in, Vorgesetzten zu beschweren.	93 %	
	Weibliche Jgdl.	Männliche Jgdl.
	91 %	94 %
… vom/von der Arbeitgeber/in zu verlangen, Maßnahmen zu ergreifen, um mich vor sexueller Gewalt zu schützen.	88 %	
	Weibliche Jgdl.	Männliche Jgdl.
	86 %	89 %
… mich auch gerichtlich gegen sexuelle Gewalt zur Wehr zu setzen.	89 %	
	Weibliche Jgdl.	Männliche Jgdl.
	86 %	91 %
… mich sofort zur Wehr zu setzen (sprachlich, körperlich).	83 %	
	Weibliche Jgdl.	Männliche Jgdl.
	85 %	80 %
Es dürfen mir keine Nachteile entstehen, wenn ich gegen Belästigung vorgehe.	80 %	
	Weibliche Jgdl.	Männliche Jgdl.
	77 %	82 %

Basis: Jugendliche in der dualen Berufsausbildung. Quelle: Speak! Berufliche Schulen $n_{gewichtet} \geq 491$.
Anmerkung: 1) Die Testung der Gruppenunterschiede zwischen weiblichen und männlichen Jugendlichen basiert auf einem 2-seitigen Chi-Quadrat-Test je Speak! Studie (*** = $p \leq .001$; ** = $p \leq .01$; * = $p \leq .05$; ohne Kennzeichnung = nicht signifikant).

Auch diesen Befund, der den Handlungsbedarf unterstreicht, stärken die Befunde aus Speak! Berufliche Schulen. Wir haben die Auszubildenden gefragt, welche Schutzmechanismen es in ihrem Ausbildungsbetrieb gibt (inklusive der Antwortmöglichkeit, dass sie es nicht wissen). Die Ergebnisse sind in Tabelle 8.4 dargestellt.

Ein durchgängig hoher Prozentsatz gibt jeweils an, dass es solche Angebote bei ihnen nicht gibt bzw. dass sie nicht wissen, ob ein solches Schutz- oder Beratungsangebot überhaupt im Betrieb und ihrer Ausbildung vorhanden ist. Insbesondere der Blick auf das letzte Statement der Tabelle verdeutlicht, dass das Thema sexualisierte Gewalt/sexuelle Belästigung weder in den Betrieben noch in der Ausbildung ausreichend thematisiert wird. In diesem Bereich ist der Nachholbedarf immens. Dies lässt sich durchaus mit den Ergebnissen der Studien der Antidiskriminierungsstelle vergleichen.

Tabelle 8.4: Wissen über Rechte als Auszubildende bei sexualisierter/sexueller Gewalt – nach Geschlecht, nur Speak! Berufliche Schulen (nur duale Ausbildung)

Welchen Schutz gibt es im Betrieb für dich?	**Auszubildende**			
	‚stimmt nicht'		‚weiß nicht'	
Es gibt eine Ansprechperson, die für Fragen zur sexuellen Gewalt oder Belästigung da ist.	24 %		43 %	
	Weibliche Jgdl.	Männliche Jgdl.	Weibliche Jgdl.	Männliche Jgdl.
	31 %***[1]	15 %	41 %	46 %
Es gibt Informationen zum Thema sexuelle Gewalt oder Belästigung.	44 %		45 %	
	Weibliche Jgdl.	Männliche Jgdl.	Weibliche Jgdl.	Männliche Jgdl.
	49 %*	36 %	41 %	49 %
Es werden Fortbildungen oder Schulungen angeboten.	48 %		44 %	
	Weibliche Jgdl.	Männliche Jgdl.	Weibliche Jgdl.	Männliche Jgdl.
	52 %	42 %	39 %	47 %
Sexuelle Gewalt oder Belästigung ist Thema in der Ausbildung.	69 %		27 %	
	Weibliche Jgdl.	Männliche Jgdl.	Weibliche Jgdl.	Männliche Jgdl.
	71 %	64 %	25 %	30 %

Basis: Jugendliche in der dualen Berufsausbildung, Quelle und Anmerkungen siehe Tabelle 8.3.

9 — Sexualisierte Gewalt Peer-to-Peer – eine Einordnung

Fragestellung: Wir haben Jugendliche – überwiegend im Alter zwischen 14 und 19 Jahren – im schulischen Kontext zu ihren Erfahrungen mit sexualisierter Gewalt in drei repräsentativen Speak! Studien befragt. Die vielfältigen Ergebnisse dazu zeigt das vorliegende Buch auf. Die Prävalenzen verweisen auf eine starke Verbreitung sexualisierter Gewalt, die von in etwa Gleichaltrigen, den Peers, ausgeht. Dazu liegen zwar einige statistische Analysen im deutschsprachigen Raum vor (siehe die Metanalyse[10] von Horten, 2020), jedoch kaum erziehungswissenschaftlich orientierte theoretische Verortungen. Im Folgenden steht deshalb der Versuch der Einordnung des Phänomens der sexualisierten Gewalt Peer-to-Peer im Fokus. Eine leitende Frage dabei ist: Wie können wir die starke Durchdringung sexualisierter Gewalt in dieser Altersphase in (jugend-)theoretischer Perspektive zumindest in ersten Ansätzen erklären?

Die nachfolgend dargestellte Einordnung sexualisierter Gewalt in der Erfahrung Jugendlicher (sie ist angelehnt an Maschke, 2020) blickt auf die Lebensphase Jugend. Diese Phase ist durchzogen von kleineren und größeren Übergängen, die die vielfältigen Herausforderungen und Konflikte auf dem Weg von der Kindheit in die Jugend und von der Jugend in das Erwachsenenleben beschreiben. Von Bedeutung sind dabei die „Übergangshaftigkeit" (Walther & Stauber, 2007, S. 20) der Jugendphase selbst und die Peers bei der Lösung von Entwicklungsaufgaben, insbesondere bezogen auf die Bildung einer geschlechtlichen Identität. Dabei geht es im Zuge zunehmender Selbstsozialisation und begleitender Entpädagogisierung um das Spannungsfeld von Peers als Ressource und/oder Risiko. Bei der Suche nach einflussnehmenden Faktoren wird der Einfluss der digitalen Medien als umfassende Übergangsbegleitung sichtbar und verknüpft sich u. a. mit der Frage, in welcher Weise sich Heranwachsende mit Geschlecht (und geschlechtlicher Identität) auseinandersetzen – in diesem Kontext spielen „sexuelle Skripts" (Krahé, 2009) eine Rolle. Zudem geraten soziale Praktiken und Inszenierungen Jugendlicher in den Blick. Eine zentrale Fragestellung lautet, ob es sich bei sexualisierter Gewalt um das

10 Die Metaanalyse beschreibt den nationalen und internationalen Forschungsstand zur sexualisierten Gewalt unter Peers. Die Ergebnisse der Metaanalyse zeigen, dass es sich bei sexualisierter Gewalt, die von in etwa Gleichaltrigen ausgeht, „um ein nicht zu vernachlässigendes Problem handelt" (Horten, 2020, S. 355).

Bemühen Jugendlicher handelt, im Modus der Inszenierung Übergangskonflikte zu bearbeiten. Dabei ist zu bedenken, dass männliche Jugendliche im Besonderen als Täter in Erscheinung treten – weibliche Jugendliche sind demgegenüber zu hohen Prozentsätzen, insbesondere bei Formen körperlicher sexualisierter Gewalt, unter den Betroffenen zu finden; eine Konstellation, die suggeriert, dass es sich beim Thema sexualisierte Peergewalt vor allem um eines der Problematisierung männlicher Täterschaft handelt. Zu problematisieren ist das Phänomen jedoch in seiner *Gesamtgestalt*. Näher zu betrachten und einzuordnen ist beispielweise die Bagatellisierung sexualisierter Gewalthandlungen. Sowohl gewaltausübende als auch betroffene Jugendliche drücken dies in Statements aus wie „Ist keine große Sache", „Fand ich nicht so schlimm", „War doch nur Spaß". Jugendliche scheinen einander ‚gewähren' zu lassen, das trifft insbesondere auf männliche Betroffene zu. Flankiert wird dies durch einen pädagogischen Diskurs und eine gesellschaftliche Ordnung, die sexualisierte Peergewalt weitestgehend negiert bzw. nicht problematisiert. Eine produktive Auseinandersetzung mit dem Phänomen wird in dieser Weise, so die These, blockiert. Gefördert wird eine (schleichende) *Normalisierung* sexualisierter Peergewalt.

Übergänge, Diskurse und gewaltförmige Praktiken

Übergänge: In den Speak! Studien haben wir die 14- bis 19-jährigen Jugendlichen befragt. Damit geraten Übergänge in das Blickfeld, die den Weg von der Kindheit in die Jugend beschreiben, Übergänge in der Jugendphase selbst und (erste) Übergangsbewegungen in den Erwachsenenstatus. Alle diese Übergänge können wir an dieser Stelle nicht differenziert beschreiben. Vielmehr konzentrieren wir uns auf einige zentrale Marker. Einen solchen Marker stellt das Ersterlebensalter sexualisierter Gewalt dar. Wie in Kapitel 2.4 aufgeführt, ist ab etwa 11 Jahren ein prägnanter Anstieg der Erfahrungen mit nicht-körperlicher sexualisierter Gewalt zu verzeichnen und ein Jahr später, ab etwa 12 Jahren, dann auch ein Anstieg körperlicher sexualisierter Gewalt. Der Beginn der Gewalterfahrungen fällt hier mit der Pubertät zusammen, der Zeit großer physischer und psychischer Umbrüche – und markiert den Übergang in die Jugend. Der erste Marker ist recht eindeutig zu bestimmen. Wie verhält es sich mit der Jugendphase selbst? Ausmachen können wir, dass die Erfahrungen mit sexualisierter Gewalt ab 11/12 Jahren weiter zunehmen, teils rasant. Dieser Befund bildet den zweiten Marker und spricht für eine starke Virulenz in dieser Phase. Gibt es analog zum Ersterlebensalter auch einen Marker, der das Ende der Erfahrungen mit sexualisierter Gewalt kennzeichnet? Wir können feststellen, dass bis zum Alter von etwa 17 Jahren die Erfahrungen (Prävalenzen) weiter zunehmen. Ab etwa 18 Jahren jedoch zeichnet sich eine Abflachung des Anstiegs der Prävalenzraten, sogar ein leichter Rückgang, ab. Dieses ‚Einpendeln' der Prävalenzen (auf dem erreichten hohen Niveau) sehen wir als einen dritten Marker am Ende der Jugendphase. Von diesem Plateau aus ist, bezogen auf die Daten der Speak! Studien, nicht auszumachen, wie sich in der Folge (im Übergang zum jungen Erwachsenenalter) die Prävalenzen entwickeln. Möglicherweise lässt im Zuge der Intensivierung des Übergangs in den Erwachsenenstatus das peerbezogene Gewalthandeln weiter nach (siehe dazu etwa Meuser & Scholz, 2005). Darauf gehen wir später in diesem Kapitel noch ein.

Schauen wir uns einige allgemeine Überlegungen zu Übergängen im Folgenden an.

Übergangshaftigkeit: Seit den 1990er-Jahren rückt die „Verlängerung und Ausfransung" (Stauber & Walther, 2013, S. 270) von Jugend in den Blick. Phänomene, die damit assoziiert sind, umfassen u. a. längere Ausbildungszeiten und Bildungsverläufe sowie daraus resultierend den späteren Eintritt in das berufliche Leben und im Vergleich zu früheren Jahrzehnten die spätere Gründung von Familien. Mit diesen Entwicklungen verbunden sind ausgedehntere jugendkulturelle Zeiten (ebd., S. 270; siehe u. a. zum Bildungsmoratorium weiter unten). Mit der Verlängerung und der gleichzeitigen Diversifizierung bzw. Entstandardisierung verlieren Übergänge ihren „linearen Charakter" und werden „komplizierter" (Stauber, 2007, S. 131). Einen „stabilen und erwartbaren Erwachsenenstatus" (Stauber & Walther, 2013, S. 272) als anzupeilendes Ziel gibt es nicht (mehr). Dies geht mit einer „wachsende[n] Ungewissheit" (ebd.) einher, da Übergänge kaum mehr in einen stabilen, verlässlichen Status hineinführen – ‚Normalität' wird relativiert. Immer deutlicher wird vielmehr die „Unabgeschlossenheit der Übergänge ins Erwachsenenalter" (Wanka et al., 2020, S. 16). Übergänge können gar zu „eigenen Lebenslagen" (Walther & Stauber, 2007, S. 20) führen und somit zu einer „Übergangshaftigkeit" (ebd.). Das bedeutet, dass verschiedene Bereiche des Lebens sich gleichzeitig und über einen verlängerten Zeitraum im Übergang befinden und bewältigt werden müssen.

Im besonderen Maße trifft dies für die Jugendphase und den Übergang in das Erwachsenenleben zu. Sie stellt eine Art Entscheidungshochphase dar, in der unterschiedliche biografische Entscheidungen getroffen und Schritte umgesetzt werden müssen, z. B. solche der Ablösung vom Elternhaus, den Aufbau (erster) intimer Beziehungen oder die Planung von schulischen Abschlüssen betreffend. Die Bewältigung von Entwicklungsaufgaben knüpft sich daran. Diese stellen (je nach Kulturkreis differierende) Erwartungen an Jugendliche. „Faktisch sind Entwicklungsaufgaben damit soziale Normen" (Hurrelmann & Bauer, 2015, S. 160). Gefordert wird von den Jugendlichen, „die persönliche Individuation und die soziale Integration" (ebd.) in ein Passungsverhältnis zu bringen. Zu solchen Anforderungen, die zentrale Übergangsthemen darstellen, gehören u. a., sich mit Sexualität auseinanderzusetzen und die „geschlechtsbezogene Identitätsarbeit" (Stauber & Walther, 2013, S. 277).

Der Körper gerät in den Fokus: Im Übergang Kindheit–Jugend werden auch biologische Veränderungen nach außen sichtbar. „So zeichnen sich am Körper jene Veränderungen ab – mit dem Auftreten der sekundären Geschlechtsmerkmale –, die den Übergang von der Kindheit zur [sic] Erwachsenenalter einleiten und anzeigen. Gerade weil der Körper in dieser Lebensphase großen Veränderungen unterworfen ist, zieht er die Aufmerksamkeit des Individuums auf sich" (Misoch, 2007, S. 140). Mit Blick auf diese körperlichen Veränderungen und die sexuelle Entwicklung liegen die Entwicklungsaufgaben beispielsweise darin, das veränderte körperliche Erscheinungsbild akzeptieren zu lernen und intime Beziehungen aufnehmen zu können – eine Geschlechtsidentität zu entwickeln (Vogelsang, 2017). Verbunden ist damit, wie bei allen Entwicklungsaufgaben, die aktive Gestaltung der Persönlichkeit im Prozess der „produktiven Verarbeitung" der inneren und äußeren Realität (Hurrelmann & Bauer, 2015, S. 159). In diesem Verarbeitungsprozess spielen alltagsweltliche sozialisatorische Einflüsse der digitalen Medien und informeller Kontexte wie die Peers eine große Rolle (ebd.). Wie im Kapitel Pornografie (Kapitel 6.4) beschrieben, werden Heranwachsende dabei mit diffusen, teils widersprüchlichen Sinnhorizonten, z. B. Geschlechterbilder oder sexuelle Orientierungen und Lebensformen betreffend, konfrontiert. All diese Angebote gilt es einzuordnen und sich dafür oder dagegen zu entscheiden – der:die Einzelne ist zunehmend gezwungen, sich selbst zu organisieren (Alheit, 2010).

Die Peers und auch der Vergleich mit ihnen gewinnen im Jugendalter an Bedeutung (Vogelsang, 2017). „In den Peers wird nicht nur Jugend ausgelebt, sondern – damit verbunden – Geschlechtsidentität (weiter)entwickelt und inszeniert" (Böhnisch, 2013, S. 507). Der sexualisierte Körper wird zur „Bühne" (Misoch, 2007, S. 141), auf der „Konflikte, Spannungen etc. [sich, d. V.] manifestieren, inszeniert und ausagiert werden" (ebd.).

Gewalt im Übergang: Der Übergang bewegt sich damit, wenn wir beispielsweise an die umfassenden Entwicklungsaufgaben denken, für die Heranwachsenden zwischen großer Herausforderung und Überforderung. Den Übergang vom Kind zum Jugendlichen, die Jugendphase selbst wie auch zum Erwachsenenalter hin durchziehen Unsicherheit, Ungewissheit und eine höhere „Verwundbarkeit" (Walther & Stauber, 2013, S. 30). In Phasen der Unsicherheit werden verstärkt gerade von männlichen Jugendlichen gewaltförmige Praktiken eingesetzt. Gewalt stellt dabei eine „Handlungsform zur Bewältigung von Alltag" (Stickelmann, 2013, S. 439) dar. Gewalt, die für Stärke, Männlichkeit, Durchsetzungskraft steht und Gelegenheit bietet, „sich zu inszenieren" (ebd., S. 441). Gewalt als Bewältigungshandeln setzt sich vor allem dann durch, wenn Gelegenheiten, Angebote oder „soziale Potentiale" (Walther & Stauber, 2013, S. 14) z. B. in der Familie, der Schule, unter den Peers etc. fehlen. Mithilfe einer unterstützenden „produktive[n] Dynamik" (Schröer et al. 2013, S. 139) können (über-)fordernde Phasen jedoch auch in reflexions- und entwicklungsförderliche gewendet und bewältigt werden. Dazu mehr im Kapitel zur Prävention.

Die Schnittstelle von Übergangs- und Gewaltforschung: Wie entstehen eigentlich Übergänge? Überlegungen zu „doing transitions" (Wanka et al., 2020, S. 19) verdeutlichen, dass Übergänge nicht als gegebene soziale Tatsachen verstanden werden können. Vielmehr ist zu fragen „was von wem auf welche Weise als Übergang relevant gemacht wird und mittels welcher sozialen Praktiken dieser konstituiert wird" (Pohling, 2021, S. 5).[11] Auf welche Weise also machen Akteure – in unserem Kontext sind es Jugendliche bzw. Peers – „etwas als Übergang relevant"? (Wanka et al., 2020, S. 12) Eine solche Übergangsforschung, die reflexiv orientiert ist, nimmt die Beteiligten in den Blick und fragt, „welche sozialen Beziehungen, Strukturen und Prozesse darin zum Ausdruck kommen und sich reproduzieren" (ebd.). Daraus ergibt sich eine Schnittstelle für Übergangs- und Gewaltforschung, wie auch das nachfolgende Forschungsbeispiel zeigt.

11 Ohne soziale Praktiken wären Übergänge gar nicht denkbar (Wanka et al., 2020).

Die Übergangsforschung hat sich, von einzelnen Ausnahmen abgesehen, bislang kaum bzw. nicht systematisch mit dem Thema Gewalt und im Besonderen nicht mit sexualisierter Gewalt befasst. Eine Ausnahme (neben Stickelmann, 2013, weiter unten) bildet beispielsweise die Arbeit von Pohling (2021) zum Thema der Artikulation sexualisierter Gewalt, in der die Verbindungsstellen des Themas sexualisierter Gewalt mit der Übergangsforschung aufgezeigt werden. Im Fokus der biografie- und diskursanalytischen Vorgehensweise steht die „Beschreibung von Gewalt- und Machtverhältnissen, die sexualisierte Gewalt gegen Kinder und Jugendliche hervorbringen und aufrechterhalten" (ebd., S. 239). Forschungsleitend ist dabei eine Sicht auf den Übergang, die sich am Subjekt orientiert. Pohling folgend werden die „soziale Wirklichkeit und die in ihr handelnden Subjekte zwar auch von diskursiven Ereignissen, aber nicht ausschließlich von diesen ‚gemacht'" (ebd., S. 62). Vielmehr sind Wechselverhältnisse zwischen dem handelnden Subjekt und gesellschaftlichen bzw. sozialen Strukturen wirklichkeitserzeugend. Den Peers, so kann abgeleitet werden, kommt darin eine wichtige Funktion im Prozess der Herstellung von Realität zu.

Diskurse gestalten Übergänge: Diskursive Formen der Herstellung und Gestaltung von Übergängen spielen auch in dem hier vorliegenden Kontext eine Rolle (Wanka et al., 2020). Diskurse, die sich teils überlagern, widersprechen etc., erzeugen Wirklichkeiten, Deutungsmuster, Denkweisen und symbolische Ordnungen über Aussagen. Solche Aussagen sind performativ, d. h., dass etwas sozusagen im Bezeichnen ‚hergestellt' wird. Diskurse ‚filtern' in gewisser Weise das, was sagbar ist und was nicht (ebd., S. 21). Transportiert werden „sanktionsbewehrte Vorstellungen von Normalität, auf die individuelle und kollektive Akteur*innen kaum umhin können sich zu beziehen" (ebd.). Mit Bezug auf Foucault wird verdeutlicht, dass die Akteur:innen fortlaufend in diese „machtvollen Diskurse" (ebd.) hineingezogen werden – und in diesem Prozess eine „Adressierung" (ebd.) stattfindet. Auf diese Weise werden Handlungen gerahmt und soziale Praktiken geformt (ebd.). Rekonstruieren lässt sich vor diesem Hintergrund, „mit welchen Wahrnehmungen von Unsicherheit und Ungewissheit Übergänge häufig verbunden sind" (ebd.). Ein Beispiel stellt die diskursiv gestiftete, „machtförmige symbolische Ordnung[]" (Rieger-Ladich, 2020, S. 226) der Geschlechterverhältnisse dar.

Nicht alle Diskurse sind für alle Akteure jederzeit und vollumfänglich relevant, so unsere Annahme. Die Akteure, gemeint sind die Peers, werden vor allem dann von Diskursen ‚eingeholt' und können sich ihnen nicht entziehen, wenn sie anschlussfähig sind an ‚sensible Phasen' in der Entwicklung und der biografischen Bearbeitung von Fragen, die z. B. Sexualität, Geschlechteridentitäten etc. betreffen.

Aber auch Pädagog:innen sind Akteure im Diskurs. Bezogen auf pädagogisch orientierte Diskurse zur sexualisierten Peergewalt spannen sich hier Deutungshorizonte für Pädagog:innen auf, die einerseits Machtdifferenzen zwischen Jugendlichen ausblenden und eine Problematisierung sexualisierter Peergewalt vermeiden und andererseits ein sexuelles Neugier- und Experimentierverhalten als ‚jugendtypisches' Verhalten Jugendlicher anführen. Über diesen Deutungen steht z. B. die Sorge, als rückständig und sexualitätsfeindlich zu gelten. Wie der Sexualpädagoge Uwe Sielert (2015) zum Ausdruck bringt, werden durch sexualpädagogische Konzepte, die die „dunkle Seite des Sexuellen" (S. 148) ausblenden und die einzig die „Lernziele ‚Zärtlichkeit' und ‚Liebesfähigkeit' verordnen", Jugendliche „dazu veranlasst" sexualisierte Gewalt „nicht wahrhaben zu dürfen und aus dem Bewusstsein verdrängen" (S. 149) zu müssen. Konrad Weller (2020) beispielsweise beklagt die „Trennung von Gut und Böse" und dass dadurch „Sexualität zum bloßen Risikofaktor vereinseitigt" und das Sexualverhalten Jugendlicher zum „Risikoverhalten" werde (S. 47). Aus unserer Sicht verstärkt dieses Argument allerdings eine (sexual)pädagogische Haltung, die sexualisierte Gewalt, die von Jugendlichen ausgeht, weitestgehend negiert. Verhindert wird damit eine „produktive Beschäftigung mit den aggressiven Aspekten von Sexualität" (Sielert, 2015, S. 149) – hier bezogen auf die sexualisierte Peergewalt – und Betroffene werden wiederholt verletzt und entmachtet. Deutlich wird die doppelte Wirkung von Diskursen, die Einstellungen und Deutungen sowohl der Erwachsenen beschreibt, als auch einen Ordnungsrahmen definiert, in dem Jugendliche und Peers schließlich agieren. Wie Rieger-Ladich (2020) betont, sind symbolische Ordnungen und damit Übergangsgestaltungen jedoch „grundsätzlich veränderbar" (ebd., S. 226). Ein Punkt, dem das Kapitel Prävention folgt.

ZUSAMMENFASSUNG

- Übergänge führen nicht (mehr) zuverlässig und zwangsläufig in einen erwartbaren Status. ‚Normalität' wird zunehmend in Frage gestellt.
- Festzuhalten ist, dass dem Übergangsbegriff, da er auf die gesellschaftlichen Dimensionen sexualisierter Gewalt verweist, ein Potenzial für die Beschreibung von Gewaltphänomenen zukommt.
- Jugendliche sind in machtvolle Diskurse verstrickt, z. B. in pädagogische, in denen sexualisierte Peergewalt als gesellschaftliches Problem kaum Anerkennung findet. Im Zuge dieser Diskurse werden soziale Praktiken der Jugendlichen im Übergang geformt. Damit ist eine Grundlage für soziale Praktiken beschrieben, die gewaltförmiger Art sein können.
- Eine zentrale Entwicklungsaufgabe liegt in der Bildung geschlechtlicher Identität. Die ‚produktive Verarbeitung' von innerer und äußerer Realität wird von gesellschaftlichen (teils widersprüchlichen) Diskursen, medialen Einflüssen und durch die Peers (mit-)bestimmt.
- Die Inszenierung des sich verändernden, sexualisierten Körpers gewinnt an Bedeutung.

Von Selbstsozialisation, Moratorium und Entpädagogisierung

Selbstsozialisation: Mit dem Konzept der Selbstsozialisation wird die besondere Rolle der Peers für die Sozialisation herausgestrichen. Der Begriff ist vielleicht ein wenig irreführend, da er auf das ‚Selbst' zu zielen scheint, aber das Kollektiv Heranwachsender (die Peers) meint. Das Konzept stammt u. a. von Jürgen Zinnecker (2000a), der die Akteursperspektive Heranwachsender über das Konzept des produktiv verarbeitenden Subjekts nach Hurrelmann hinaus beleuchtet. Zinnecker fragt darin nach dem Potenzial von Selbstsozialisation[12] und wertet die Rolle auf, „die Sozialisierte in diesem Prozeß spielen" (Zinnecker, 2000a, S. 274).

Dabei gründet der Diskurs um Selbstsozialisation – in Form der Aktivitäten von Gruppen bzw. Peers – vor allem in der Notwendigkeit, den eigenaktiven Anteil zu intensivieren, weil sich die für Heranwachsende entwicklungsrelevanten Umwelten verändert haben und weiter verändern. Zinnecker sagt damit aber nicht, dass es keine „Fremdsozialisation" (ebd.) beispielsweise durch Eltern, Lehrkräfte oder andere Erwachsene mehr gäbe. Vielmehr verweist er darauf, dass sich „die kleinräumigen Anbindungen des Aufwachsens an die Einrichtungen der Nachbarschaft, Familie, Kirchengemeinde, Nachbarschaftsschule, Quartiersstraßen usw. […] im Verlauf des 20. Jahrhunderts entscheidend abgeschwächt haben" (Zinnecker, 2000a, S. 277). An deren Stelle sind als neue Sozialisationsagenten „Instanzen des Marktes, des Konsums, der neuen Dienstleistungen für Kinder und Jugendliche" (ebd.) getreten. Zentral für diesen deutlichen Wandel ist, „dass die neuen Instanzen den Kindern und Jugendlichen andere Formen der Beteiligung anbieten und ihnen diese auch abverlangen, als es die kleinräumig-nachbarschaftlichen Milieus der Erwachsenengesellschaft taten" (ebd.). Dieses neue Beteiligungsangebot verlangt mehr Eigeninitiative und -tätigkeit als das Agieren in und der Umgang mit den traditionellen Sozialisationsinstanzen. Die marktorientierte (und austauschorientierte) Verfasstheit dieser neuen Agenten der Fremdsozialisation verweist damit auf die zunehmenden Anforderungen an das handelnde Subjekt. Zu verstehen ist dies im Sinne einer „Freisetzungsdynamik von Übergängen" (Schröer et al., 2013, S. 13), die in zunehmendem Maß selbstsozialisatorische und eigenaktive Handlungsanteile einfordert.

Zentral ist an Zinneckers Ansatz insbesondere die Rückführung von Selbstsozialisation auf „Gruppenaktivitäten" (2000a, S. 282). Darunter wird die Aktivität einer Generation wie auch Gruppe verstanden, sich wechselseitig *selbst* zu sozialisieren, auch ohne Beteiligung und Einfluss von Erwachsenen. Basierend auf den Arbeiten u. a. von Margaret Mead und William Corsaro, führt Zinnecker an, dass die Stadien der „Peer Culture" von den Heranwachsenden nicht nur durchlaufen, sondern aktiv mit anderen gestaltet werden. „Die entscheidenden Impulse zur Sozialisation [gehen, d. V.] heute von den peers und nicht mehr von den Sozialisationsinstanzen der älteren Generation" (ebd., S. 283)

12 Zinneckers ‚Erkundungen' haben einige kritische Stimmen auf den Plan gerufen (im Besonderen Bauer, 2002). Fern all der Diskussionen um Selbstsozialisation vs. Selbstorganisation (Hurrelmann, 2002), Selbstsozialisation vs. Fremdsozialisation (Krappmann, 2002) etc. bieten die Überlegungen Zinneckers wertvolle Ansatzpunkte, um über das Verhältnis von (Selbst-)Sozialisation und Peers und dem Rückzug der Pädagogik aus dem Sozialisations- und Erziehungsprozess zu reflektieren.

aus. Nordamerikanische Forschungen aufgreifend, spricht Zinnecker von der „Inthronisierung der peers" (ebd., S. 284). Begleitet wird dies beispielsweise von der Beobachtung, dass die Selbstverantwortung Heranwachsender steigt, „immer früher [...] lebensperspektivisch relevante Entscheidungen" (Veith, 2002, S. 170) treffen und tragen zu müssen. Hurrelmann spricht in ähnlicher Weise gar von einer „Frühreife der Persönlichkeitsentwicklung" (2002, S. 157), mit der zugleich die „Vielfalt von Anregungen in allen Lebensbereichen [...] und die Pluralität der Ausdrucksformen der Lebensaneignung in den Gleichaltrigengruppen gestiegen" (ebd.) seien. Auch Ecarius, Köbel und Wahl stellen in ihrer Analyse der Sozialisationskontexte von Jugendlichen eine „stärkere Betonung der Eigenstrukturiertheit der Peerkultur" (2011, S. 123) fest. Das bedeutet, dass in der erziehungswissenschaftlichen Jugendforschung Heranwachsende vornehmlich verstanden werden „als aktive Gestalter ihrer Umwelt [...], die gesellschaftliche Erwartungen nicht lediglich übernehmen, sondern produktiv gestalten und Ko-Konstrukteure ihrer Bildungsbiographie sind" (Krüger et al., 2012, S. 15).

Das (Bildungs-)Moratorium: Mit Blick auf das prominente Konzept des (Bildungs-)Moratoriums, das Zinnecker (1991, 2000b, 2003) entscheidend geprägt hat, sollen die (sich verändernden) Rahmenbedingungen des Aufwachsens zusätzlich verdeutlicht werden. Das Konzept, ausgehend von den verlängerten Schul- und Ausbildungszeiten, richtet den Fokus auf den Erwerb von Bildungs- bzw. allgemeiner: kulturellem Kapital. Es bedeutet Freistellung von der Arbeit und gesellschaftlichen Verpflichtungen und stellt Jugendlichen „mehr frei gestaltbare Zeit" (Reinders, 2016, S. 149) zur Verfügung, beispielsweise für Freizeitaktivitäten, für die Nutzung von digitalen Angeboten etc., insbesondere mit den Peers. Dabei werden auf verschiedenen gesellschaftlichen Ebenen Prozesse beobachtet, ausgelöst insbesondere durch die Bildungsexpansion, „die das Auszeit-Modell des Bildungs- sukzessive in ein Optimierungsmoratorium verwandeln" (Reinders, 2016, S. 148). Dies bedeutet, wie Zinnecker bereits 2003 vorausgesehen hat, „dass das Bildungsmoratorium einer gesellschaftlichen Optimierung ausgesetzt wird, welche die Freiräume des Moratoriums wieder eingrenzen wird" (Reinders, 2016, S. 157). Konnten sich Jugendliche zwischen Bildung und Freizeit entscheiden, beides kombinieren etc., kommt mit der Jahrtausendwende (deutlich am sogenannten Pisa-Schock) das gesellschaftlich „massiv eingetretene Engagement zur Optimierung des Bildungsmoratoriums" (ebd., S. 152) hinzu. Bezogen auf den Übergang vom Jugendlichen zum Erwachsenen besteht eine Aufgabe des Bildungsmoratoriums darin, das „Gelingen des Übergangs" (Walther, 2014, S. 78) sozusagen *vorzubereiten*. Eine mit der Optimierung einhergehende Eingrenzung sowie zunehmende Handlungskonflikte, die sich aus teils widersprüchlichen Handlungsoptionen – angesiedelt in der „Dualität" (Reinders, 2016, S. 152) von Bildung und Freizeit – ergeben, fordern den Jugendlichen jedoch ab, vermehrt „eigenaktive produktive Lösungen für Entwicklungsanforderungen" (ebd., S. 150) finden und in Handlungen umsetzen zu müssen. Die Funktion des Bildungsmoratoriums, den Übergang vorzubereiten, scheint damit deutlich reduziert.

Entpädagogisierung oder: der Rückzug der Erwachsenen: Plausibel scheint, folgen wir Zinnecker weiter, „dass mit der Akzentsetzung auf Selbstsozialisation die Entpädagogisierung des Diskurses um Sozialisation weiter voranschreitet" (2000a, S. 276).[13] Selbstsozialisation klammert „pädagogisches Handeln und Wollen" (ebd.) geradezu aus und die „Ziele des Aufwachsens versubjektivieren sich unter dem Druck der Selbstsozialisation" (ebd., S. 286). Dies hat Folgen und gipfelt beispielsweise in der pädagogischen Haltung, die besagt, „die pädagogische Klientel wisse sich schon selber zu helfen" (ebd.). Wie im Kapitel Disclosure ausgeführt, bleiben Jugendliche größtenteils unter sich, unter Altersgleichen: Speak! zeigt, dass sie sich kaum an Erwachsene wenden, wenn sie von sexualisierter Gewalt betroffen sind; ein Hinweis auf sich verstärkende selbstsozialisatorische Prozesse unter Peers. Hurrelmann konstatiert eine Distanzierung Jugendlicher von „pädagogisch-normativen Zielvorstellungen und erzieherischen Methodiken" (2002, S. 156).

Verantwortlich für die „Verwahrlosung guter pädagogischer Sitte" (Zinnecker, 2000a, S. 287) ist der Rückzug der Pädagogik aus der Erziehung beispielsweise durch die „Schaffung pädagogisch verdünnter Zonen innerhalb der pädagogischen Einrichtungen" (ebd.). Ein Prozess, der durch „teilweisen Rückzug der Eltern, Verwandten und Schulpädagogen aus dem Erziehungsprozess" (Hurrelmann, 2002, S. 156) verstärkt wird. Andere Agenten treten auf den Plan, neben den Peers insbesondere mediale Agenten.[14] Wir können mit Zinnecker festhalten, dass Pädagog:innen zum einen „Betroffene des historischen Schubs in Richtung Selbstsozialisation" (2000a, S. 287), zum anderen aber auch als „Mitverursachende" (ebd.) zu sehen sind, „indem sie sich von sich aus der Verantwortung von Sozialisationsagenten zurückziehen" (ebd.). Ein Punkt, den wir mit Blick auf die Frage nach der ‚Anerkennung' sexualisierter Peergewalt weiter unten thematisieren.

Insgesamt findet sich in der Verbindung von Selbstsozialisation, der spezifischen Bedeutung der Peers füreinander sowie der Zunahme der Entpädagogisierung ein Konstrukt, das eine vermeintlich natürliche Grenze zieht zwischen jugendlichen Akteuren in ihrer Eigenständigkeit, Eigenstrukturiertheit und Gestaltungskompetenz und den Erwachsenen, die aus einer pädagogischen Haltung heraus den Heranwachsenden deutliche selbstsozialisatorische Fähigkeiten zuschreiben, auch verbunden mit der Vorstellung des Selbst als „agency" (Zinnecker, 2000a, S. 281). Kompetenzzuschreibungen, die die Verantwortung zur Lösung von Problemen – auch solche der Bearbeitung der Erfahrungen mit sexualisierter Gewalt – bei den Peers belassen. ‚Macht das unter euch aus' kann eine solche Haltung zum Ausdruck bringen,

13 Dabei ist zu bedenken, dass Zinnecker ‚Entpädagogisierung' und ‚Pädagogisierung' als eine paradoxe Doppelbewegung versteht, einmal im Sinne der „Abschwächung des pädagogischen Monopols und der Wirkmacht des Moratoriums" (2002, S. 152), zum anderen in der Expansion des pädagogischen Moratoriums.

14 Digitale Medien und Sexualität beispielsweise scheinen in der Schule „spezifischen Tabuisierungen" (Budde et al., 2019, S. 41) zu unterliegen. Dies zeigt sich u. a. in Unsicherheiten im Umgang sexueller Grenzverletzungen via digitaler Medien bei den Lehrkräften. Anführen lässt sich in diesem Kontext, dass ein großer Teil der in Speak! befragten Jugendlichen in der Schule ‚noch nie' über sexuelle Gewalt gesprochen hat (siehe Kapitel 8). Insgesamt, so der Eindruck, ist die Distanzierung Erwachsener zu den Themen Sexualität, sexualisierte Gewalt und digitale Medien groß.

ebenso Bagatellisierungen von sexualisierten Gewaltformen als ‚unbeholfene Flirtversuche' etc. Eine Haltung, die leicht übersieht, dass die Jugendphase durchzogen ist von Wechselwirkungen zwischen „Autonomie und Abhängigkeit, Kompetenz und Verletzlichkeit" (Andresen & Künstler, 2015, S. 332). Jugendliche brauchen neben Peers auch kompetente Erwachsene als Ansprechpartner:innen und Vertrauenspersonen. Gerade auch die Frage, zu welchen Themen Jugendliche mehr wissen möchten (siehe Kapitel 8.1), zeigt auf, dass Jugendliche einen recht hohen Bedarf an Themen wie sexuelle Aufklärung, sexualisierte Gewalt, Partnerschaft, Hilfe und Beratung haben, der – so die pädagogische Forderung – nicht allein über soziale Medien und die Peers abzudecken ist.

ZUSAMMENFASSUNG

- Entwicklungsbedeutsame Umwelten ändern sich und die Intensivierung selbstsozialisatorischer Prozesse innerhalb der Peers ist eine Antwort darauf.
- Fraglich ist, welche Funktion das Bildungsmoratorium aktuell hat – und ob es (noch) in der Lage ist, den Übergang ausreichend vorzubereiten.
- Der Einfluss Erwachsener (im Zuge der Entpädagogisierung) nimmt ab, der Einfluss der Peers und digitaler Medien als Sozialisationsagenten nimmt zu. Abgeleitet werden kann aus den Wünschen, zu jugendrelevanten Themen mehr wissen zu wollen (sexuelle Aufklärung etc.), dass kompetente und vertrauenswürdige Erwachsene als Ansprechpartner:innen fehlen.

Die Peers – Ressourcen und Risiken

Die Bedeutung der Peers im Entwicklungsprozess: Die Jugendforschung bezieht sich spätestens seit den grundlegenden Arbeiten von Youniss und Smollar (1985) auf die wichtige und kaum zu überschätzende Rolle der Peers im Sozialisations- und Entwicklungsprozess Heranwachsender. Fussan kommt zu dem Schluss, dass den Peers „eine entscheidende Bedeutung für die Persönlichkeits- und Identitätsentwicklung im Jugendalter zukommt" (2006, S. 384). Ähnlich betont auch Fend die Bedeutung der Gleichaltrigen als „unentbehrliche Umwelten" (1998, S. 231) im Entwicklungsprozess der Heranwachsenden. Ecarius et al. (2011, S. 161) weisen auf die überwiegend „positive Konnotation der Peergroup" in verschiedenen Arbeiten hin und konkret darauf, dass über Disziplinen hinweg Konsens darüber herrsche, „dass Peergroups als Sozialisationsinstanz den jugendlichen Individuationsprozess positiv unterstützen" (ebd.).

Die machtförmigen Beziehungen der Peers: Die Beziehungen zwischen Gleichaltrigen werden als stark austauschorientiert und durch „cooperation, consensus, and co-construction" (Youniss & Smollar, 1985, S. 125) bestimmt beschrieben, basierend auf einem weitestgehend symmetrischen Beziehungsgefüge (King, 2004). Übersehen wird durch eine solche Engführung, dass Beziehungen Peer-to-Peer auch „machtförmig strukturiert" (ebd., S. 205) sind und, geprägt von Geschlechterverhältnissen, diese reproduzieren oder teils auch transformieren (vgl. ebd.). Macht kann als ein „ubiquitäres Phänomen" (Wolf, 2014, S. 139) verstanden werden, welches es in „jeweils spezifischen Ausdrucksformen" (ebd.) überall gibt – und damit auch in Beziehungsgefügen gleichaltriger Jugendlicher.

Über „Fragen der Zugehörigkeit und der Teilhabe [werden, d. V.] stets auch Übergänge verhandelt" (Rieger-Ladich, 2020, S. 215). Peers können als soziale Agentur verstanden werden, die z. B. über Inklusion und Exklusion machtvoll in den Übergang eingreifen und „Identitäten stiften" (ebd., S. 207). Dabei entstehen fortlaufend Prozesse, die von Macht und Ohnmacht und damit von Asymmetrien gekennzeichnet sind. Selbst geringe „Macht-Differentiale" (Wolf, 2014, S. 147) können Macht- und Statuskämpfe auslösen, beispielsweise im Ringen um soziale Anerkennung in der Gruppe, die mit zunehmendem Alter verstärkt eingefordert und gesucht wird (Göppel, 2005). Diese Bedeutung des Machtgefälles im Jugendalter wird als „Ursache sexualisierter Gewalt" (Enders, 2021, S. 5) von „therapeutischen, sozialarbeiterischen und pädagogischen Fachkräften" (ebd.) oft unterschätzt.

Peers und Männlichkeit: Wie Connell ausführt (2015), wird in der Jugend Männlichkeit in einem kollektiven Prozess, in der Gruppe Gleichaltriger, konstruiert. Der Autor nimmt die Beziehungen zwischen Männlichkeiten in den Blick: Hegemonie, Unterordnung, Komplizenschaft und Marginalisierung.[15] Als hegemoniale Männlichkeit bezeichnet er eine solche „Form von Männlichkeit, die in einer gegebenen Struktur des Geschlechterverhältnisses die bestimmende Position einnimmt" (ebd., S. 130). Bezieht sich Hegemonie auf die kulturelle Dominanz in der Gesellschaft insgesamt, gibt es innerhalb dieses Rahmens „spezifische Geschlechterbeziehungen von Dominanz und Unterordnung zwischen Gruppen von Männern" (ebd., S. 131).

Eine untergeordnete Männlichkeit ist – aus der Sicht der hegemonialen Männlichkeit – beispielsweise die schwule Männlichkeit. Schwulsein „wird Weiblichkeit gleichgesetzt" (Connell, 2015, S. 132). Homophobe Äußerungen, die gerade unter männlichen Jugendlichen weit verbreitet sind, wie auch die Speak! Studien zeigen, drohen sozusagen den Ausschluss bei Abweichung an. Aber auch heterosexuelle Jugendliche und Männer „können aus dem Kreis der Legitimierten ausgestoßen werden" (ebd.). Beleidigungen, die damit einhergehen, wie Schwächling, Warmduscher, Muttersöhnchen, Mimi, Hosenscheißer etc. (siehe auch ebd.), weisen eine „symbolische Nähe zum Weiblichen" (ebd., S. 132) auf. Untergeordnet werden Formen von Männlichkeit, die im Kollektiv der männlichen Peers (und im Rahmen der weit verbreiteten symbolischen Ordnung) als weiblich bzw. nicht-heterosexuell definiert werden.

15 Als „Marginalisierung" bezeichnet Connell „die Beziehungen zwischen Männlichkeiten dominanter und untergeordneter Klassen oder ethnischer Gruppen" (2015, S. 134). Dabei ist Marginalisierung immer in Relation „zur Ermächtigung hegemonialer Männlichkeit der dominanten Gruppe" (ebd.) zu sehen. Für eine Marginalisierung fehlen uns Hinweise, da wir keine Prozesse in den quantitativen Speak! Studien abbilden können.

Männlichkeit und die Bagatellisierung von Gewalt: Obwohl nicht alle Männer den „normativen Ansprüchen" (Connell, 2015, S. 133) hegemonialer Männlichkeit wirklich genügen, profitieren sie davon. Sie haben aus der „patriarchalen Dividende [...] den allgemeinen Vorteil, der den Männern aus der Unterdrückung der Frauen erwächst" (ebd.) – in Form der Komplizenschaft. Bagatellisierungen von Formen sexualisierter Gewalt, auch als Bystander, vor allem, wenn es um diskriminierende, homophobe Beleidigungen geht, gehören dazu. Im Kapitel 3.1 zu den Beobachtungen geben z. B. drei Viertel der männlichen Jugendlichen an, sie hätten das Beobachtete für „keine große Sache gehalten". Sie gehen auch häufig davon aus, dass sich das „von alleine erledigen" würde oder nur „im Spaß" geschehen sei. Geübt wird damit der Schulterschluss mit anderen männlichen Jugendlichen – z. B. eine Tat-Komplizenschaft via Bagatellisierung sexualisierter Gewalt und deren Folgen.

Gewalt als ‚Einübung' des männlichen Habitus: Auf die verschiedenen kritischen Einwände zum Konzept der hegemonialen Männlichkeit, beispielsweise auf Fragen zur Notwendigkeit der begrifflichen Präzisierung (Meuser & Scholz, 2005), können wir hier nicht eingehen. *Eine* Präzisierung im Rahmen der vorliegenden Einordnung, die in Connells Ausführungen „zu kurz" (ebd., S. 221) kommt, ist jedoch von besonderem Interesse. Die Rede ist von der „kompetitiven Logik" (ebd.), die Männlichkeit konstruiert. „Der Wettbewerb, das Bemühen, einem anderen Mann – in welcher Weise auch immer – überlegen zu sein, wird frühzeitig eingeübt. Der Wettstreit ist ein zentrales Mittel männlicher Sozialisation" (ebd.). Meuser und Scholz (2015) weisen auf die Einübung des männlichen Habitus, im Modus der Ritualisierung, als „Strukturübung" (ebd., S. 222) hin. Eine solche ritualisierte Strukturübung findet sich im Übergang vom Jugendlichen zum Erwachsenen in Form von Gewalthandlungen. Eingeübt wird darin „lebensphasentypisch übersteigert[]" (ebd.) die Logik des männlichen Habitus. Gewalt im Übergang ist nach Meuser und Scholz als Episode anzusehen, die „weitaus meisten gewaltaffinen männlichen Adoleszenten [lassen, d. V.] nach dem Übergang in den Erwachsenenstatus davon ab" (ebd., S. 223). Inwieweit sich eine solche ‚Abkehr' auch von sexualisiertem Gewalthandeln nach dem Übergang tatsächlich, quasi automatisch, vollzieht, vermögen die Speak! Daten nicht zu belegen – da sie nicht über das 19. Lebensjahr hinausgehen. Die Logik der „sexuellen Skripts" (Krahé, 2009, siehe weiter unten) dämpft diese Erwartungen; betont wird mit den Skripten das Habituelle und damit das Festhalten an einem internalisierten und handlungsleitenden Verhaltensdrehbuch.

Die Daten in Speak! (siehe Kapitel 2.1 und 2.2) zu den körperlichen und nicht-körperlichen Prävalenzen zeigen, dass in etwa ab einem Alter der Betroffenen von 17 Jahren kein weiterer Anstieg der Prävalenzen von sexualisierter Gewalt mehr zu verzeichnen, teils ein leichter Rückgang auszumachen ist. Allerdings ist das Niveau, auf dem sich die Prävalenzen der Erfahrungen der Betroffenen weiterhin bewegen, hoch. Bei nicht-körperlicher sexualisierter Gewalt ist erstmalig ein Rückgang im Alter von 17 bis 19 Jahren von 71 % auf 66 % (Berufsschulstudie) und bei körperlichen Formen fällt der Rückgang im Alter von 17 bis 19 Jahren etwas stärker aus – von 45 % auf 35 % z. B. in der Studie an den Beruflichen Schulen. Die aktuelle Studie zur

Jugendsexualität der Bundeszentrale für gesundheitliche Aufklärung (Erkens, Scharmanski & Heßling, 2021), die Jugendliche im Alter von 14 bis 25 Jahre befragt, kommt zu einem etwas anderen Ergebnis. Gezeigt werden kann auf der Basis des aus Speak! übernommenen Frageinstruments zu Formen nicht-körperlicher sexualisierter Gewalt, dass in der Altersgruppe von 18 bis 25 Jahren die Erfahrungen teils eher noch zunehmen, insbesondere bezogen auf sexualisierte Gewalthandlungen im Internet, Verbreitung von Gerüchten sexuellen Inhalts etc. Für körperliche Formen können wir leider keine Entwicklung nachzeichnen.

Böhnisch (2013) verweist, konkreter noch als Connell, auf die jugendliche, männliche Gleichaltrigengruppe. Diese hat – vor dem Hintergrund eines entgrenzten Übergangs zum Erwachsensein – den Schutz des Moratoriums (siehe dazu weiter oben) verloren und steht deshalb unter früh einsetzendem Problemdruck (ebd., S. 509). Freigesetzt wird in ihr „Maskulinität" (ebd., S. 508) und damit verbunden die Abwertung des Weiblichen und die „Idolisierung des männlich Starken" (ebd.). Böhnisch geht davon aus, dass „gerade maskulin auftretende Cliquen den Jungen eher ritualisierte Nicht-Bewältigung bieten, als dass sie dort tatsächlich ‚selbstständiger', im Sinne der Fähigkeit des Rückbezuges auf das eigene Selbst, werden" (ebd.). Riskantes Verhalten unter männlichen Peers wird in Cliquen kultiviert und „hält sie zusammen" (ebd.). Zu diesem riskanten Verhalten kann sexualisierte Gewalt zählen, die im männlichen Peerkontext z. B. über Strategien der Bagatellisierung und zugleich wechselseitiger Anerkennung ‚kultiviert' wird.

Gewalt männlicher Jugendlicher als Bewältigungshandeln: Ähnlich verweist Stickelmann (2013) darauf, dass insbesondere männliche Jugendliche mit der Ausübung von Gewalt das „Regelverletzende" (ebd., S. 441) betonen: Gewalthandeln lässt Inszenierungen zu, „Gewalt, Spaß und Action sind die Themen einer jugendlichen, männlich geprägten Orientierung in der peergroup" (ebd.). Gewalt im Jugendalter wird als Übergangs- und Bewältigungshandeln in den Blick genommen. Erwartungen von außen „treffen auf ein unsicheres Subjekt" (ebd.). Auf ein Subjekt, das sich in einem Prozess körperlicher wie psychischer Veränderungen befindet. Eine Anforderung in diesem Prozess besteht beispielsweise im „neu bewohnen lernen müssen" (Fend, 2005) des sich in der Pubertät verändernden Körpers als Teil der Ausbildung einer umfassenden sexuellen Identität. Gerade in herausfordernden oder auch „unklaren Situationen" (Stickelmann, 2013, S. 449) können sich Gewaltformen als ein „Muster" (ebd.) durchsetzen. Solche uneindeutigen Situationen können darin bestehen, die ‚Zeichen' eines Gegenübers auf der Grundlage unterschiedlicher sexueller Skripte (siehe dazu weiter unten), beispielsweise bezogen auf die Anbahnung sexueller Kontakte, nicht richtig deuten zu können.

Enke (2013, S. 456) setzt sich mit Jugenddevianz im Bewältigungsverlauf von Krisen auseinander. Er argumentiert, dass in der Adoleszenz gestellte Entwicklungsaufgaben und die daran geknüpften Erwartungen einen hohen Druck aufbauen, diese zu erfüllen. Krisen, riskante und abweichende Verhaltensweisen können die Folge sein. Sexualisierte Gewalt in verschiedenen

Formen können wir dazurechnen. Riskant ist dabei, dass sowohl andere Personen (insbesondere weibliche Jugendliche wie auch männliche beispielsweise in Form sexueller Beschimpfung) als auch die eigene Person in ihrer „leibseelischen Integrität" (Böhnisch, 2013, S. 509) gefährdet oder diese sogar zerstört werden können. Das Kapitel Folgen und Zusammenhänge berichtet darüber.

Peers als Entwicklungsrisiko: Aus dieser Betrachtung heraus können die jugendlichen Gleichaltrigen auch ein Entwicklungs*risiko* darstellen (Ecarius et al., 2011). Das Risiko bezieht sich für die Heranwachsenden dabei u. a. darauf, von den Gleichaltrigen sozial ausgegrenzt und stigmatisiert zu werden oder Gewalt durch sie zu erleben – hierzu gehört auch sexualisierte Gewalt. Folgen können dabei in einer nachhaltig negativ beeinflussten Identitätsbildung – sowohl der Betroffenen als auch der jugendlichen Tatausübenden selbst – liegen. Peers bilden füreinander zentrale Umwelten. Sie stellen soziale Agenturen dar, die Identitäten stiften. Begleitet wird dies von Prozessen (z. B. im Kampf um Positionen und Anerkennung), die zwischen Macht und Ohnmacht changieren (Macht-Asymmetrien).

ZUSAMMENFASSUNG

- Peers stellen sowohl eine Ressource bzw. Chance für die Entwicklung als auch ein Risiko dar. Erklärungsansätze für risikoreiches Gewalthandeln bietet das Konzept „hegemonialer Männlichkeit" (Connell) und die Einübung des männlichen Habitus (ausgehend von einer Wettbewerbslogik) durch ritualisierte Gewalthandlungen im Übergang (Meuser & Scholz). Weitere Ansätze liegen in einem Problemdruck und der Freisetzung von „Maskulinität" sowie im Verlust des Moratoriumsschutzes (Böhnisch). Angeführt werden auch „unklare Situationen", in denen sich Gewaltformen als ein Bewältigungsmuster durchsetzen können (Stickelmann).
- Inwieweit sexualisierte Peergewalt als Episode verstanden werden kann, die nach dem Übergang in den Erwachsenenstatus ein Ende findet, kann nicht eindeutig beantwortet werden. Speak! zeigt zwar, dass es im Alter zwischen 17 und 19 Jahren einen leichten Rückgang der Erfahrungen gibt (vor allem bei körperlichen Formen); allerdings verbleiben die Werte auf insgesamt hohem Niveau.

Soziale Praktiken und Inszenierungen

Soziale Praktiken: Kommen wir in einem weiteren Schritt zu den sozialen Praktiken, mit denen der Übergang konstituiert wird. Praktiken folgen einer spezifischen Logik und beruhen auf „praktischen Wissensbeständen [...], die häufig routinisiert, habitualisiert und inkorporiert sind" (Wanka, 2020, S. 186). Aufgezeigt haben wir die Bedeutung zirkulierender, teils sich überlagernder, auch sich widersprechender machtförmiger Diskurse und symbolischer Ordnungen, die die Praktiken (mit-)formen. Unsere These ist, dass gewaltförmige (sexualisierte) Praktiken einen vermeintlichen Weg aus der Unsicherheit und Überforderung aufzeigen, beginnend z. B. in Situationen, die uneindeutig sind und sich verstärken in ritualisierten Gewalthandlungen unter männlichen Peers. Übergangspraktiken finden häufig in „Übergangsräume[n]" (ebd., S. 190) statt. Sexualisierte Gewalt beispielsweise, wie Speak! zeigt (siehe Kapitel 5.3), wird u. a. in der sozialen Arena Schule oder darüber hinaus in (von Erwachsenen wenig kontrollierten) Räumen wie dem Internet oder auf der Party ausgeübt.

Von Interesse sind für unsere Fragestellung die „Adressierungs- und Identifizierungspraktiken" (Wanka, 2020, S. 195). Als körperliche oder verbale Praktiken sind sie in der Lage, beispielsweise jemanden oder auch etwas anzuerkennen oder Anerkennung zu verweigern (ebd., S. 201). Produziert werden damit „(Macht-)Verhältnisse von Subjektpositionen" (ebd., S. 195). Diese haben eine je spezifische Historie, die kulturell typisiert ist, beispielsweise die Subjektpositionen von Schüler:innen und Lehrer:innen im Kontext Schule (ebd.). Wer ist in solche Übergangspraktiken eingebunden? An erster Stelle die Jugendlichen, und dies insbesondere über soziale Interaktionen mit anderen Jugendlichen vermittelt, die Teil der Lebenswelt sind bzw. diese kreuzen. Die Praktiken verweisen auf eine deutliche Bezüglichkeit zueinander – und auf Übergänge, die hervorgebracht werden in Interaktionen, eingebunden in soziale Netzwerke und Beziehungen (Stauber et al., 2020). Auf weitere „Mitspielende" im Übergang verweisen in Praktiken sedimentierte Traditionen, Stereotype[16] etc., beruhend beispielsweise auf einer „gewaltförmigen, heteronormativen Geschlechterordnung" (Rieger-Ladich, 2020, S. 220).

Sexuelle Skripte: Anzuführen sind in diesem Zusammenhang insbesondere *Skripte sexueller Art* (Krahé, 2009). Die Autorin versteht darunter „Verhaltensdrehbücher" (ebd., S. 180): Schemata, „die zunächst über Beobachtungslernen und sekundäre Verstärkung gelernt und anschließend durch wiederholte Aufführung im eigenen Verhaltensrepertoire verfestigt werden" (ebd.). Im Rückgriff auf frühere Erfahrungen werden neue Erfahrungen selektiert – eine aktuelle Situation wird in bekannter Weise gemäß dem internalisierten Skript bearbeitet.

16 Altbekannte Geschlechterstereotype können im neuen Gewand daherkommen und sind in ihrer diffusen und vielschichtigen Gestalt kaum zu entlarven.

Als Beispiel für ein Skript eine Erinnerung an die eigene Jugendzeit von Connell (2015), in der er ein „Muster" beschreibt: „Als Jugendlicher gingst du abends aus und hast dich betrunken, um Schüchternheit oder Nervosität zu besiegen. Und dann hast du dich an jede 'rangeschmissen, wirklich an jede, vor allem natürlich an die Hübscheren, aber wenn das nicht geklappt hat, war es wirklich auch egal, solange du nur eine gefunden hast, die sich flachlegen ließ. Nach diesem Muster verlief mein jugendliches Sexualleben und eigentlich auch noch meine Ehe zum größten Teil" (ebd., S. 183).

Delphendahl (2018, S. 7) beschreibt sexuelle Skripte als „durch Nachahmung bzw. Interpretation von einer Generation zur nächsten weitergegeben". Transportiert werden darin „vorherrschende Normen und Kommunikationsmuster, welche auf […] Geschlechterbildern und Gesellschaftsstrukturen basieren" (ebd.). In dieser Weise verstanden, sind sexuelle Skripte *habituell*. Kontur erhalten sexuelle Skripte vor allem im Jugendalter, in dem Jugendliche besonders herausgefordert sind, eine sexuelle Haltung, Orientierung und Praxis einzuüben. In dieser Zeit, beginnend mit der Pubertät, können sich besondere Risikofaktoren innerhalb der sexuellen Skripte herausbilden. Dazu zählen u. a. die „uneindeutige Kommunikation sexueller Absichten" (ebd., S. 180), beispielsweise in Form von Token Resistance[17] und Compliance[18], eine „höhere Akzeptanz aggressiver Strategien zur Durchsetzung sexueller Interessen" (Krahé, 2009, S. 181) sowie als situativer Risikofaktor der Konsum von Alkohol. Darin wird deutlich, dass sexuelle Skripte gewaltförderliche Bedingungen beschreiben können, die mit „einer erhöhten Wahrscheinlichkeit sexueller Aggression bzw. Viktimisierung verbunden sind" (ebd., S. 180). **Anders gesagt, das ‚Drehbuch' leitet im Wechselspiel eines gewaltförderlichen Klimas nicht nur die Risikoverhaltensweisen der Täter:innen an, sondern bezieht auch das der Betroffenen (besonders deutlich in mehrdeutiger Kommunikation) innerhalb des Prozesses der Viktimisierung mit ein.** Die sexuellen Verhaltensdrehbücher in ihrer Funktion als „verhaltensleitend" (ebd.) zu verstehen, verdeutlicht die Notwendigkeit, in der Prävention Skripte zu thematisieren, „die den Konsens zwischen den PartnerInnen betonen, sexuelle Aggression eindeutig ausgrenzen und die klare Kommunikation sexueller Absichten fördern" (ebd., S. 182).

Dimensionen der Ausübung von Praktiken: An die weiter oben bereits thematisierten Praktiken anknüpfend, stellen die sexuellen Skripte eine Art ‚Bauplan' der Praktiken dar. Nach Rieger-Ladich (2020, S. 222–223) spielen verschiedene Dimensionen in der Ausübung von Praktiken eine Rolle, allen voran die körperliche Dimension. Der Körper wird insbesondere in der Pubertät sichtbar exponiert. Die räumliche Dimension der Subjektivierungspraktiken rückt jugendtypische Orte als relativ klar eingrenzbare soziale

17 Token Resistance: „Eine Person signalisiert einer anderen (durch Sprache oder Körpersprache), dass sie keinen sexuellen Kontakt wünscht, obwohl sie es eigentlich doch tut" (PETZE, 2018, S. 60). Also: Nein sagen, Ja meinen. Die Person hofft, dass der:die andere erkennt, dass man eigentlich will (ebd.).

18 Compliance: „Eine Person signalisiert einer anderen (durch Sprache oder Körpersprache) den Wunsch nach einem sexuellen Kontakt, obwohl sie es eigentlich nicht will" (PETZE, 2018, S. 60). Also: Ja sagen, Nein meinen. Die Person hofft, dass der:die andere erkennt, dass man eigentlich nicht will (ebd.).

Felder in den Fokus. Dem Körperlichen und Räumlichen kommt gerade in der Konstituierung von Übergängen eine bedeutsame Rolle zu (Stauber et al., 2020, S. 291). Die zeitliche Dimension fragt z. B. danach, wann die Ausbildung einer geschlechtlichen Identität beginnt – und wann sie abgeschlossen ist. Eine Dimension, die nicht klar zu bestimmen ist. In unserem Fall finden wir zeitliche, nach Lebensaltern deutlicher werdende Verdichtungen, in denen spezifische Formen sexualisierter Gewalt besonders ausgeprägt sind (siehe dazu den Beginn des Kapitels). Die symbolische Dimension verweist darauf, dass Subjektivierungspraktiken eingebunden sind in „machtförmig verfasste[] Sozialbeziehungen" (Rieger-Ladich, 2020, S. 223). Der Autor streicht heraus, dass Subjektivierungspraktiken von Verletzbarkeit gekennzeichnet sind, da die Gewährung von Anerkennung voraussetzungsreich ist (ebd., S. 225). Auf Übergänge bezogen, können diese als „machtförmige Einrichtungen" (ebd., S. 226) gelten, die neben persönlichen Verläufen auch „über die Zukunft von sozialen Gruppen und ganzen Kollektiven" (ebd.) entscheiden.

Die Hervorbringung von Praktiken sexualisierter Gewalt: Die Begleitung durch den Übergang hindurch erfolgt, die vorherigen Ausführungen zusammenfassend, insbesondere durch die und mit den Peers. Jugend, so Ferchhoff und Hugger (2014, S. 254), ist zu ihrer eigenen *„Bezugsgruppe"* (Hervorhebung im Original) geworden, wie bereits im Abschnitt zur Selbstsozialisation dargelegt. Die verstärkt geforderte Eigenaktivität schließt auch Entwicklungsaufgaben ein, die die sexuelle Sozialisation betreffen (vgl. Vogelsang, 2017), im Besonderen den Umgang mit den Veränderungen des Körpers und seines Erscheinungsbildes, die Entwicklung sexueller Beziehungen und der eigenen geschlechtlichen Identität (Hurrelmann & Bauer, 2015). Die „Sexualisierung des Körpers" (Vogelsang, 2017, S. 48) bringt neue Bedürfnisse und Interessen, zugleich Anziehungskräfte, Selbstzweifel und Unsicherheiten hervor. In diesem Prozess kommt den Medien – zu denken ist beispielweise an Angebote der Werbe- und Pornografieindustrie, aber auch an soziale Netzwerke wie beispielsweise Instagram oder an Mobile-Dating-Apps wie Tinder und Co. – eine „äußerst ambivalente Orientierungsfunktion" (ebd.) zu. Ein strukturell erzeugtes „Spannungsfeld" (Stauber & Walther, 2013, S. 280) ist die Folge, das, so unsere These, Praktiken sexualisierter Gewalt hervorbringen kann.

Inszenierungen: Aus den beschriebenen Charakteristika der Peergroup, der sexuellen Skripte und der Praktiken geht die Aufforderung zur Inszenierung einher – Konzepte von Männlichkeit und Weiblichkeit kommen zur Aufführung, „Unsicherheiten und Suchbewegungen überspielende" (Stauber, 2013, S. 529) Inszenierungen. Gefragt wird in diesem Zusammenhang u. a., mit welchen „Inszenierungspraktiken" (ebd., S. 526) Jugendliche und junge Erwachsene die Auseinandersetzung mit Geschlecht, Sexualität und Macht insbesondere über und mit dem Körper entäußern (Stauber & Walther, 2013, S. 277). Inszenierungen beziehen das Symbolische mit ein, z. B. durch symbolisch „gehaltvolle" (Stauber, 2013, S. 530) Arten, sich zu bewegen, zu kleiden etc. Performativ, mit deutlicher Körperpräsenz, werden Zugehörigkeiten oder auch Abgrenzungen inszeniert – sie sind Teil eines interaktiven und kommunikativen Prozesses und präsentieren Zugehörigkeiten, Abgrenzungen, Selbstentwürfe etc. Dargestellt werden soll Kompetenz, wo eigentlich Unsicherheit vorherrscht.

Wie weiter oben angeführt, bedarf es, um Positionen in der Gesellschaft (insbesondere auf das Geschlecht bezogene) zu finden, des Ausprobierens und Aushandelns sowie auch der (machtvollen) Durchsetzung von Positionen in Peer-Kontexten. Stauber (2013, S. 538) fragt, wie etwas inszeniert wird, und daran anschließend, welchen Beitrag Selbstinszenierungen einmal zu „Konstitutionslogiken von Gruppen" (ebd.) leisten im Sinne von Abgrenzung und Zugehörigkeit sowie zum anderen der „individuellen Identitätsarbeit in riskanten Zeiten" (ebd.) dienen. Das Wie kann mit aller Vorsicht übertragen werden auf einen gewaltförmigen, grenzüberschreitenden Modus. Dessen Konstitutionslogik spiegelt sich wider in den Peers. Sie stellen sowohl einen Risikofaktor in Form sexualisierter Peergewalt dar – und betonen den Machtaspekt, Abwertung und Ausgrenzung – als auch einen stark verbindenden Faktor, im Sinne eines Peers for Peers (beispielsweise Peers als Vertrauenspersonen, denen von eigener Betroffenheit berichtet wird).

ZUSAMMENFASSUNG

- „Sexuelle Skripts" (Krahé) werden in diesem Kontext als habituell verstanden. Der Ansatz bezieht das sexualisierte Gewalthandeln ebenso wie die Viktimisierung mit ein. Die sexuellen Skripte stellen einen ‚Bauplan' der Praktiken dar.
- Zum Einsatz kommen „Subjektivierungspraktiken" (Rieger-Ladich), die machtförmig gestaltet sind.
- In der Inszenierung kommen Konzepte von Männlichkeit und Weiblichkeit zur Aufführung.
- Die Peers können sowohl einen Risikofaktor in Form sexualisierter Peergewalt darstellen (Macht, Abwertung und Ausgrenzung) als auch stark verbindend sein, im Sinne eines Peers for Peers.

Sexualisierte Gewalt als Ausdruck von Übergangskonflikten?

Angesprochen ist eine Form der jugendlichen Alltags- und Übergangsbearbeitung, die verbal und körperlich sowie digital inszeniert wird. In den Blick rücken zum einen gewaltausübende (überwiegend) männliche Jugendliche, zum anderen (überwiegend) weibliche Betroffene. Sexualisierte Gewalt kann vor dem Hintergrund der bisherigen Ausführungen als Inszenierungspraktik angesehen werden. Stauber (2013, S. 534) spricht davon, dass Inszenierungen in Form der Jugendgewalt als riskante Praktiken ‚sinnhaft' sein können bzw. den „Schlüssel zum Verständnis von Übergangskonflikten" (ebd.) darstellen. Ausgangspunkt der Überlegungen ist, dass Jugendliche sich mit ihren teils existenziellen Fragen rund um Gender, Sexualität usw. „quasi automatisch dominanten (Gender-)Diskursen stellen müssen" (ebd.,

S. 536). Dies gilt für alle Jugendlichen. Zu bedenken ist dabei, dass manche Diskurse als abgeschlossen gelten; Themen des Feminismus werden z. B. häufig als bereits bearbeitet und im Alltag umgesetzt betrachtet (Vogelsang, 2017, S. 46). Wenn aber (immer noch) bestehende asymmetrische Machtverhältnisse verleugnet werden, können sie schleichend und unhinterfragt zu einer Zementierung ungleicher Geschlechterverhältnisse führen (ebd., S. 47). Ähnliches gilt für die vermeintlich gegebene Pluralität, die verschleiert, „dass das zweigeschlechtliche System, die heterosexuelle Matrix und die nach Geschlechtern polarisierten Zuschreibungen den Orientierungsrahmen dominieren", wie Vogelsang (2017, S. 53) mit Rückgriff auf Tillmann ausführt. Medial thematisiert wird die Öffnung von Geschlecht als „Variationsraum" (Stauber & Walther, 2013, S. 277), zugleich werden aber traditionelle Geschlechterbilder vermittelt. Medial produzierte (unerfüllbare) Erwartungen, Unsicherheiten und Unzulänglichkeiten gehen damit einher. Angesichts solcher teils verschleierter Geschlechterverhältnisse scheint es besonders schwierig für Jugendliche, sich bewusst zu positionieren und eine eigene Haltung zu finden. Deutlich wird an diesen Beispielen, dass diese Praktiken am „Schnittpunkt" (Stickelmann, 2013, S. 446) zwischen dem Subjekt bzw. im Kontext der Peers und den gesellschaftlichen Herausforderungen liegen.

»Das ‚Begrabschen', also Anfassen an Po oder Brust, genauso wie das ungewollte Küssen, [ist] auf Festen wie Kirmes fast schon normal geworden.«

Der O-Ton Speak!

Inszenierungen riskanter Praktiken – wie sexualisierten Gewalthandlungen – können, wie oben angesprochen, im Jugendalter ‚sinnhaft' sein und auf Übergangskonflikte und riskante Versuche, diese zu bearbeiten, hindeuten (ebd., S. 534). Wie in verschiedenen Kapiteln (z. B. Kapitel 3.1; 4) bereits angesprochen, gehen Bagatellisierungen sexualisierter Gewalt und Normalisierungstendenzen damit einher, die sich beispielhaft im O-Ton oben ausdrücken. Die unauflösbar scheinenden Peerbeziehungen liegen insbesondere in der Bewältigung entwicklungsrelevanter Aufgaben begründet, die nur mit den Peers gelöst werden können. Darüber hinaus zeigt die Intensivierung selbstsozialisatorischer Bestrebungen an, dass Jugendliche verstärkt peer- oder eigenstrukturiert auf gesellschaftliche Veränderungen antworten (siehe dazu weiter oben und im Kapitel Disclosure). Begleitet wird diese Intensivierung von einer zunehmenden Entpädagogisierung. Das heißt, Erwachsene fühlen sich, wenn es um jugendrelevante Probleme in Peerkontexten geht, oft pädagogisch nicht zuständig. Aussagen von Erwachsenen, mit denen wir immer wieder im Rahmen unseres Präventionspilotprojekts (SePP, siehe Kapitel 10) konfrontiert wurden, lauteten in etwa ‚Die machen das unter sich aus', ‚Da geht es eben rauer zu', ‚Für die Entwicklung ist es wichtig, sich als Erwachsener nicht einzumischen',

'Ich kann da nicht entscheiden, was Gewalt und was nur Spaß ist'. Diese „Scheu" (Delphendahl, 2018, S. 4) Erwachsener, von Jugendlichen ausgehende sexualisierte Gewalt „als solche wahrzunehmen, ernst zu nehmen oder zu benennen, verhindert die Sanktionierung der Taten und nimmt Opfern ebenso wie sexuell übergriffigen Jugendlichen die Chance auf Unterstützung und Hilfe" (ebd.). Erwachsene bagatellisieren sexualisierte Gewalt, die von Jugendlichen ausgeht. Sprachlich spiegelt sich das z. B., wie Ursula Enders (2021) ausführt, in der „Tatsache" (ebd., S. 5), dass pädagogische Fachkräfte von sexuellen Übergriffen oder sexualisierter Gewalt „unter" (ebd.) statt *durch* oder *von* Heranwachsenden ausgehend sprechen.

Im Kapitel Disclosure wurde aufgezeigt, welche Hilfen sich Betroffene gewünscht hätten; am häufigsten wird die (fehlende) Unterstützung aus dem Nahbereich, insbesondere die Eltern betreffend, genannt, aber auch, dass Ansprechpartner:innen fehlten und niemand in der Situation da war, der eingeschritten wäre. All dies trägt auch wesentlich dazu bei, dass Betroffene nicht über ihre Erfahrungen mit sexualisierter Gewalt sprechen.

> ***»Es ist eher die AUSNAHME, dass wir sexuelle Gewalt mitbekommen. [...] Diese Anonymität passt dazu; im Internet sind sie anonym und in der Schule wird das mehr oder weniger verdeckt gemacht.«***
>
> O-Ton SePP (Lehrkraft)

Der O-Ton, der aus einer Gruppendiskussion mit Lehrkräften zum Thema sexualisierte Gewalt stammt, verdeutlicht, dass sexualisierte Gewalt häufig außerhalb des Blickfeldes von Pädagog:innen stattfindet, „anonym" und „verdeckt", sodass vorgeblich keine Eingriffsmöglichkeiten bestehen. Verdeutlicht wird darin, dass man es gar nicht „mitbekommen" könne, da die Jugendlichen im Verborgenen agieren. Dies widerspricht den häufigen Beobachtungen sexualisierter Gewalt im schulischen Raum oder auch in anderen öffentlichen Räumen, von denen die Jugendlichen mehrheitlich berichten (siehe Kapitel 5.3).

Ausdruck findet die Eigenstrukturiertheit in der Inszenierung peerinterner sozialer Praktiken, die einem kollektiven 'Kodex' zu folgen scheinen – Beschwichtigungen und Normalisierungen wie 'Ist keine große Sache' beispielsweise sind Ausdruck davon. Zu bedenken ist in diesem Zusammenhang mit Stauber (2013, S. 536), dass Interpretationen der Selbstinszenierungen leicht zu Verwechslungen führen können, indem beispielsweise soziale Praktiken der Peers, die wir in Anlehnung an sexuelle Skripte als habituell bezeichnet haben, fälschlicherweise als abweichende individuelle Handlungen gedeutet werden.

Im Kapitel Disclosure konnte u. a. gezeigt werden, dass es sich mit Blick auf den kollektiven Kodex um vordergründige Beschwichtigungen oder Bagatellisierungen handelt. Bei näherer Betrachtung können wir für das ‚Nicht darüber sprechen' teils auch tiefgründigere Motive als „Ich fand es nicht so schlimm" ausmachen. Weiterhin wird deutlich: Obwohl die allermeisten Jugendlichen, die sich anderen gegenüber offenbaren, dies insbesondere Gleichaltrigen gegenüber tun, finden sich unter den Befragten auch Jugendliche, die ausschließlich mit Erwachsenen gesprochen haben – das sind jedoch nur 5 % bis 6 %. Dies stützt die These von der Abgeschlossenheit der Peers. Wir konnten jedoch auch eine Gruppe Befragter ausmachen, die sowohl mit Gleichaltrigen als auch mit Erwachsenen gesprochen haben. In jeder Speak! Studie ist das jeweils gut ein Viertel. Hier zeigt sich zudem, dass es am meisten geholfen hat, sich sowohl an Gleichaltrige als auch an Erwachsene gewandt zu haben. Dies deutet an, dass die Kombination von Peerkontakten wie auch das Sprechen mit Erwachsenen den stärksten Effekt hat hinsichtlich der Wahrnehmung ‚Es hat mir geholfen'.

ZUSAMMENFASSUNG

- Sexualisierte Gewalt kann als Inszenierungspraktik verstanden werden. Obwohl es sich um riskante Praktiken handelt, können sie ‚sinnhaft' sein, d. h. kollektive Übergangskonflikte zum Ausdruck bringen.
- Kaum lösbare Widersprüche begleiten den Übergang, angesiedelt zwischen der sich öffnenden Vielfalt sexueller Orientierungen und Identitätsentwürfen einerseits und geschlossenen traditionellen Geschlechterbildern andererseits. Unerfüllbare Erwartungen, Unsicherheiten und Unzulänglichkeiten können die Folge sein.
- Die Eigenstrukturiertheit der Peerwelt findet Ausdruck in der Inszenierung peerinterner sozialer Praktiken. Sie folgen einem kollektiven ‚Kodex' von Bagatellisierungen und Normalisierungstendenzen (‚Ist keine große Sache').

Wie bereits angedeutet, kann einer solch (über)fordernden Übergangsphase, sofern soziale Potenziale zur Verfügung stehen oder eingesetzt werden, mit produktiver Dynamik begegnet werden (Schröer et al., 2013, S. 13). Dazu muss die oftmals ambivalente Haltung von Pädagog:innen der sexualisierten Peergewalt gegenüber – die einerseits um die Wichtigkeit der Bearbeitung des Themas weiß, andererseits aber eine Auseinandersetzung mit den Emotionen und Bedürfnissen der Jugendlichen scheut oder gar abwehrt – dringend überwunden werden.

10 —Was präventiv tun gegen sexualisierte Peergewalt? Der SePP-Ansatz

»[Beim] Thema sexualisierte Gewalt haben wir Nachholbedarf. Deswegen bin ich da auch froh einfach, da nochmal sensibilisiert zu werden. Also ich denke, dass DA noch mehr passieren könnte oder müsste. Und auch einfach das aktive Sprechen auch mit den Jugendlichen, weil es ist schon so ein Stück weit Tabuthema.«

O-Ton SePP (Lehrkraft)

Ausgangspunkt für SePP – die Ergebnisse der Speak! Studien

Das Hauptrisiko für sexualisierte Gewalt im Jugendalter sind andere Jugendliche (Peers), in etwa Gleichaltrige, in der Schule und in anderen Lebensbereichen. Das Risiko, betroffen zu sein, steigt mit dem Alter. Im Kindesalter dagegen geht von Erwachsenen und teils älteren Jugendlichen das Hauptrisiko aus. Das zeigen die drei repräsentativen Speak! Studien, die in der vorliegenden Publikation vergleichend in den Blick genommen wurden.

Im Folgenden schauen wir auf die Prävention im Bereich sexualisierter Peergewalt und stellen dazu SePP vor. SePP zielt auf die **Se**nsibilisierung und **P**rävention sexualisierter Peergewalt durch **P**artizipation.

Zur Erinnerung: Die erste Speak! Studie nahm 14- bis 16-Jährige an Regelschulen – Real- und Hauptschulen, Gymnasien und Gesamtschulen – in den Blick (die ‚jüngeren Jugendlichen'). Die zweite Studie befragte Jugendliche in vergleichbarem Alter (mit eigens entwickelten barrierefreien Fragebögen), die

Förderschulen mit unterschiedlichen Förderschwerpunkten besuchen. Die dritte Studie befragte ältere Jugendliche im Alter von (mehrheitlich) 16 bis 19 Jahren an Beruflichen Schulen. Insgesamt konnten über 4.100 Jugendliche an gut 100 Schulen befragt werden.

Vergegenwärtigen wir uns nochmals einige der zentralen Befunde aus Speak!:

- Erfahrungen mit sexualisierter Gewalt sind in der jugendlichen Lebenswelt weit verbreitet.
- Erfahrungen reichen von (verbalen) Grenzverletzungen bis zu Formen sexuellen Missbrauchs.
- Sexualisierte Gewalt wird in der Schule kaum thematisiert, obwohl sie dort häufig ausgeübt und beobachtet wird.
- Jugendliche vertrauen sich Erwachsenen nur selten an, sie sprechen überwiegend mit Gleichaltrigen.
- Die Auswirkungen sexualisierter Gewalt für die Betroffenen, physisch und psychisch sowie auf das Gesundheitsverhalten, sind weitreichend und langfristig belastend.
- Eine Sexualisierung der Lebenswelt Jugendlicher zeigt sich vor allem im Pornografiekonsum, der insbesondere unter männlichen Jugendlichen weit verbreitet ist.
- Es bestehen signifikante Zusammenhänge mit weiteren Gewaltformen (Mobbing).

An diese Befunde schließt SePP an. SePP hat diese – und weitere – Erkenntnisse in einem langwierigen Pilotierungsprozess, den wir weiter unten darstellen werden, als Kooperationsprojekt zwischen den Universitäten Marburg und Gießen sowie dem Hessischen Kultusministerium in ein Präventionsprogramm für Schulen übersetzt. Davon soll im Folgenden die Rede sein.

Das SePP-Kartenset[19]

Kern des SePP-Programms ist das SePP-Kartenset. Das Kartenset ist ein flexibel zu handhabendes Präventionsangebot, mit dessen Hilfe Schulen (und andere pädagogische Einrichtungen) rund um das Thema sexualisierte Peergewalt arbeiten können. In einem Begleitheft werden schulische Akteure – Lehrkräfte, Schulsozialarbeiter:innen, Schulleitungen usw. – über den Umgang und die Einsatzmöglichkeiten informiert, die das Kartenset bietet. Das Kartenset ist darauf ausgelegt, sowohl die Diskussion in Kollegien als auch zwischen Lehrkräften und Schüler:innen anzuregen und pädagogisch zu leiten. Hierzu ist das Kartenset in verschiedene Module aufgeteilt:

WIBA – das erste Modul

Ziel ist es, mithilfe dieser Karten eine Wissensbasis zum Thema sexualisierte Gewalt wie auch zu Formen digitaler (sexualisierter) Gewalt aufzubauen.

19 Das Kartenset soll Ende 2022 zur Verfügung stehen.

Dieser erste Schritt stellt eine Art Warming-up für die teilnehmenden Schüler:innen und die Lehrkräfte dar. Vermittelt werden Begriffe, Daten und Fakten zum Thema, oft in spielerischer Quizform. Die Wissensbasis verdeutlicht, **worum es bei sexualisierter Peergewalt überhaupt geht und warum Prävention dringend notwendig ist.**

Abbildung 10.1: Eine Beispielkarte des Moduls WIBA

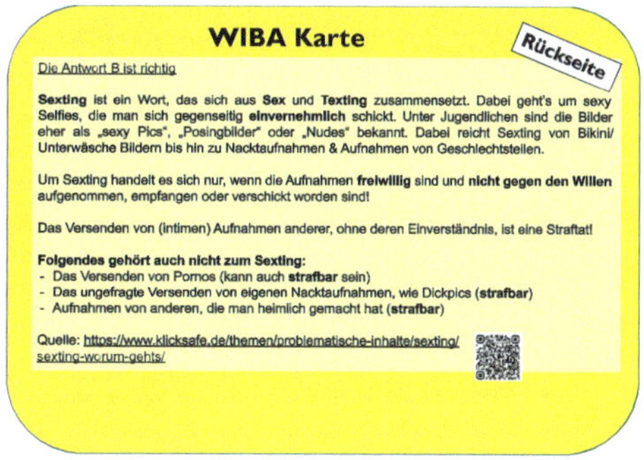

SENSI – das zweite Modul

Ziel ist es in diesem zweiten Modul, für das Thema sexualisierte Gewalt zu sensibilisieren – das erworbene Basiswissen anzuwenden und beispielsweise Situationen einschätzen zu lernen. Die Karten enthalten Illustrationen von Situationen, die eingeordnet werden sollen. Verwendet werden auch O-Töne von Jugendlichen aus den Speak! Studien, die zum Nachdenken und zur Diskussion anregen. **Das Modul sensibilisiert die Wahrnehmung.**

Abbildung 10.2: Eine Beispielkarte des Moduls SENSI

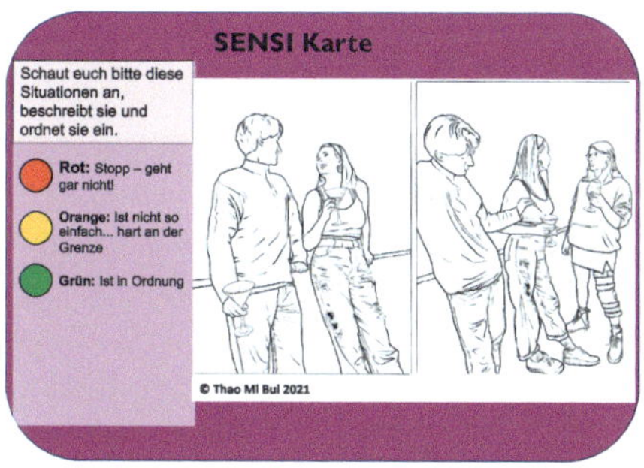

PRÄV – das dritte Modul

Aufbauend auf den beiden vorherigen Modulen steht in diesem Modul die Prävention im Fokus. Ziel ist es, handlungsfähig(er) und sicherer im Umgang mit sexualisierter Gewalt zu werden. Dazu weisen die Karten konkrete Übungen und Aufgaben aus, die in (Klein-)Gruppen durchgeführt werden sollen. Das dritte Modul verbindet das erworbene Basiswissen und die sensibilisierte Wahrnehmung aus den vorangegangenen Modulen und zielt auf die Förderung einer präventiven Haltung sowie auf die Frage, wie sexualisierte Gewalt möglichst vermieden werden kann.

Abbildung 10.3: Eine Beispielkarte des Moduls PRÄV

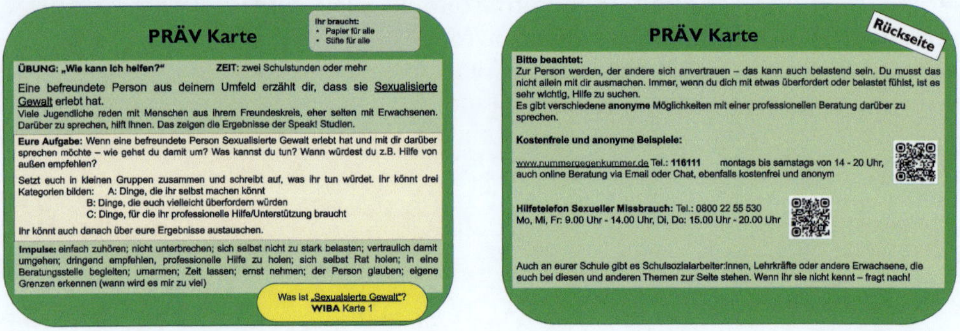

Um zum Nachdenken und Diskutieren anzuregen, enthalten viele Karten Impulse in Form von einzelnen Wörtern/Fragen etc. Zusätzlich bieten QR-Codes (Quick Response) die Möglichkeit, sich weitergehend zu informieren, u. a. Hilfe- und Unterstützungsangebote zu erhalten, Videos und Bilder zu speziellen Fragestellungen anzuschauen etc.

Zudem enthält das Kartenset sogenannte ERKLÄR-Karten, die verschiedene Begriffe, die im Kartenset vorkommen (wie Compliance, Diskriminierung, Empowerment, gendergerechte Sprache, sexualisierte Gewalt etc.), erklären.

Das Kartenset in der Praxis – was ist zu bedenken?

Wir haben das Kartenset mit Schulen erprobt. Hier einige Hinweise für die erfolgreiche Verwendung der Materialien:

- **Die erwachsenen schulischen Akteure werden dazu angeregt, mit ihren Kolleg:innen das Kartenset vor dem Einsatz selbst durchzuspielen** – insbesondere die Module WIBA und SENSI, um Erfahrungen im Umgang mit dem Thema zu sammeln und sich selbst auf die Diskussion einzustimmen.
- Als günstig hat sich ab der 8. Jahrgangsstufe die Zusammenstellung von Kleingruppen aus 4 bis 6 Schüler:innen erwiesen (getrennt in weibliche und männliche Schüler:innen oder gemischt). Weiterhin sollte bedacht werden, dass gerade in ‚pubertätsnahen' Jahrgängen eine Geschlechtertrennung sinnvoll sein kann, da man sich dort freier austauschen kann. Für ältere Jugendliche sind gemischte Gruppen oft interessanter. Zu achten ist darauf, dass auch homosexuelle, bisexuelle und transsexuelle Jugendliche einen geeigneten Platz in einer Gruppe finden (PETZE, 2018).
- Zudem ist zu bedenken: Verunsicherung, Zweifel etc. sind Bestandteil von Bildungsprozessen, an deren Ende eine präventive(re) Haltung steht. Darüber sollten die Teilnehmenden vorher aufgeklärt werden.
- Im ‚Alleingang' können von den Schüler:innen einige Karten aus den Modulen WIBA und SENSI durchgespielt werden. Dazu können alle Karten oder nur eine Auswahl eingesetzt werden.

- Nach einem zuvor festgelegten Zeitlimit sollen die Erfahrungen und Ergebnisse einander vorgestellt werden (bspw. über Flipchart, Methoden wie Fishbowl etc.): etwa die Schüler:innen den Lehrkräften und umgekehrt.
- Empfohlen wird, ausreichend Zeit für Diskussionen einzuplanen.
- Nach ersten Runden mit den Modulen WIBA und SENSI folgt das Modul PRÄV. Daraus können – in Abstimmung mit den Schüler:innen – Übungen ausgewählt werden, die dann gemeinsam mit den Schüler:innen umgesetzt werden.
- Das Thema sexualisierte Peergewalt ist eines, das gerade in der Pubertät junge Menschen, die zunehmend sexuell aktiv werden, anregt, sich mit weiteren Fragen zu beschäftigen. Dazu gehören Fragen zur eigenen Sexualität, zur sexuellen Vielfalt und Identität, zu Geschlechterfragen und weitere Themen. Dies kann eine Grundlage und einen Aufhänger bieten, auch solche angrenzenden Themen aufzugreifen und zu bearbeiten.
- Im Modul PRÄV finden sich auch z. B. Internetadressen zu Beratung und Hilfe, die an die Schüler:innen weitergegeben werden können.
- Möglich und erwünscht sind im Rahmen dieses Moduls Erweiterungen. Lehrkräfte können mit ihren Schüler:innen gemeinsam überlegen, aus den Modulen WIBA, SENSI und PRÄV ein kleines aufeinander aufbauendes Programm zusammenzustellen, das an jüngere Schüler:innen (ab 8. Jahrgang) in anderen Klassen weitergegeben wird.

Der SePP-Prozess: Hintergründe und Ergebnisse

Das SePP-Kartenset ist ein Produkt, das im Zuge eines langen Entwicklungs-, Pilotierungs- und Evaluationsprozesses entstanden ist. Neben dem Kartenset hat das SePP-Projekt, pilotiert und evaluiert an verschiedenen Schulen, eine Reihe weiterer Ergebnisse erbracht, auf die wir hier jedoch nur ausschnitthaft eingehen können. Unter anderem gehört dazu auch die Evaluation des Prozessverlaufs von Prävention an den Schulen (siehe unten die fünf Phasen von SePP).

Zuerst wollen wir aber auf die Notwendigkeit der Entwicklung von Präventionsansätzen zur Peergewalt hinweisen, daran anschließend die verschiedenen Phasen von SePP und schließlich auch einige Ergebnisse der Evaluation des Programms vorstellen.

Zur Notwendigkeit präventiver Ansätze zur Peergewalt

Wie die Ergebnisse der Speak! Studien zeigen, sind präventive Maßnahmen notwendig, um sexualisierter Peergewalt entgegenzuwirken. Sie sollten sich nicht nur an Jugendliche wenden, sondern gleichermaßen an Pädagog:innen (darauf haben wir in Kapitel 9 hingewiesen). Dazu zählt, in pädagogisch orientierten Diskursen zur sexualisierten Peergewalt bisherige Deutungshorizonte, die Machtdifferenzen zwischen Jugendlichen ausblenden oder eine Problematisierung sexualisierter Peergewalt vermeiden, zu öffnen und sexualisierte Peergewalt als ein weitverbreitetes Phänomen mit weitreichenden Folgen für die Betroffenen anzuerkennen. Grundlage dafür ist die Förderung einer präventiv wirkenden Haltung. Dazu zählen vor allem eine „reflektierte, enttabuisierte innere Haltung zu Fragen von Sexualität, Macht und Abhängigkeit sowie eine ‚fehlerfreundliche' Kommunikations- und Streitkultur in einer Einrichtung" (Rosenbauer, 2007, S. 47). Eine präventive Haltung bildet die Basis für Disclosureprozesse – denn ob betroffene Schüler:innen künftig (weiter) schweigen oder sprechen, hängt zu einem großen Teil davon ab, ob sie auf Pädagog:innen treffen, die sie ernst nehmen und glaubhaft Unterstützung anbieten können (Kavemann et al., 2016). Eine Grundlage dazu liegt in der Wahrnehmung von Jugendlichen zum einen in ihrer (potenziellen) Verletzlichkeit als auch zum anderen darin, ihre Sicherheit zu gewährleisten und zugleich ihrem Bedürfnis nach zunehmender Autonomie, Freiraum, Eigengestaltung und Mitwirkung zu entsprechen. Die spezifischen Ressourcen und Kompetenzen Jugendlicher in Prozesse der Gestaltung ihrer Umgebung partizipativ einzubinden sowie der gleichberechtigte Einbezug jugendlicher wie erwachsener Akteure sind zentrale Eckpfeiler der präventiven Arbeit in SePP.

Abbildung 10.4: Die drei Säulen von SePP

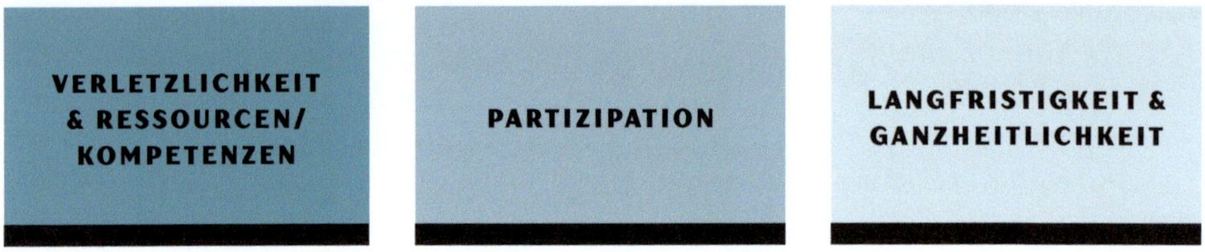

SePP in fünf Phasen

> *»Mir war vorher nicht bewusst, tatsächlich, wie weit verbreitet sexualisierte Gewalt ist und dass es deswegen sehr wichtig ist, das Thema in die Schule zu tragen.«*
>
> O-Ton SePP (Lehrkraft)

Wie wir bereits betonten, gehört zum SePP-Programm nicht nur das Kartenset, sondern SePP beschreibt auch den Prozess der Prävention an Schulen und gibt Hinweise für dessen erfolgreichen Ablauf. Diese Hinweise, wir nennen sie Gelingensfaktoren, sind am Ende dargestellt. Zuvor wollen wir den Ablauf von SePP und einige Evaluationsergebnisse vorstellen.

Die Vorbereitung: Ausgewählt wurden (auf der Basis von 46 Schulen) hierzu als Pilotschulen ein Gymnasium, eine Gesamtschule und eine Förderschule mit dem Förderschwerpunkt Lernen (LH). Auf freiwilliger Basis wurden die sogenannten *Projektgruppen* gebildet, bestehend aus Lehrkräften und Schüler:innen (9. Klasse, je ca. 6 Personen), sowie *Maßnahmengruppen* mit

Schüler:innen vollständiger Klassen (8. Klasse). Die Aufgabe der Projektgruppen bestand darin, für die Schüler:innen an der Schule (Maßnahmengruppe) eine Präventionsmaßnahme zu entwickeln. Eine Fachberatungsstelle in der Region war für etwaige Krisenfälle während des gesamten Prozesses ansprechbar. Zur Anregung für die Planung einer Unterrichtsmaßnahme wurde ein Methodenkoffer mit verschiedenen Materialien zur Verfügung gestellt.

Ziele: Über die (längerfristige) Entwicklung von Präventionsangeboten sollen Prozesse initiiert werden, die zur Sensibilisierung, zum Verstehen und Reflektieren – zu einer präventiven Haltung – beitragen. Ein weiteres Ziel besteht darin, Prävention zur Peergewalt in der Schulkultur nachhaltig zu verankern. Zentral ist dabei die Berücksichtigung und Wertschätzung verschiedener Perspektiven und eine Zusammenarbeit zwischen schulischen Akteuren – insbesondere zwischen Lehrkräften und Schüler:innen – auf Augenhöhe. Eine solche ‚Augenhöhe' oder gleichberechtigte Zusammenarbeit gilt es in einem längerfristigen Prozess (vor allem in den Projektgruppen) zu erarbeiten.

Abbildung 10.5: SePP-Prozess – die Treffen und Phasen im Überblick

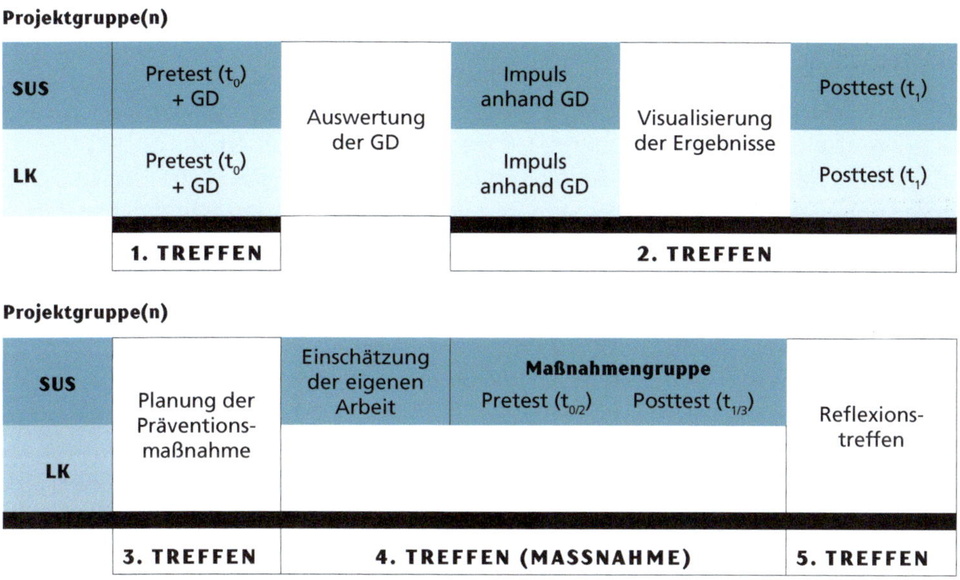

Anmerkungen: SUS = Schüler:innen; LK = Lehrkräfte; GD = Gruppendiskussion(en)

1. Treffen

Zu Beginn wurden von allen Teilnehmer:innen die für Lehrkräfte oder Schüler:innen konzipierten Pretest-Fragebogen für die Evaluation des Prozesses ausgefüllt. Der Fragebogen wurde für die vorliegende Studie SePP als empirische Methode der Datenerhebung ausgewählt, um sowohl Schüler:innen als auch Lehrkräfte anonym und in Abgrenzung zur Diskussion im Gruppenkontext (siehe unten) zu ihren persönlichen Einschätzungen, Einstellungen und ihrer Haltung zum Thema sexualisierte Gewalt durch Peers zu befragen.

Beispielsweise sollte im Fragebogen der eigene Wissensstand zum Thema sexualisierte Gewalt ‚benotet' werden, in zwölf alltagsnahen Situationen (Vignetten) sollte eingeschätzt werden, ob es sich dabei um sexualisierte Gewalt handelt, in welcher Situation die Befragten (Schüler:innen wie Lehrkräfte) in welcher Weise reagieren würden und wen sie in solchen Situationen um Hilfe bitten würden. Für die Lehrkräfte wurde u. a. noch eine Einschätzung dazu aufgenommen, wie sicher sie sich darin sind, ‚richtige' Hilfe oder Unterstützung anbieten zu können, wenn Schüler:innen ihnen davon erzählen, dass sie von sexualisierter Gewalt betroffen sind. In einer (beim zweiten Treffen durchgeführten, siehe unten) Post-Messung konnte ein Vergleich dieser Einschätzungen im Projektverlauf vorgenommen werden.

Im Anschluss an den Pretest fanden Gruppendiskussionen (GD) der Projektgruppen – getrennt in Lehrkräfte- und Schüler:innen-Gruppen – statt. Jede Gruppendiskussion wurde von einem Mitglied des SePP-Teams moderiert. Impulsgebend[20] für die Diskussion waren Karten mit zentralen Ergebnissen aus Speak!, die an die Projektgruppe verteilt und nacheinander von diesen vorgelesen wurden. Ein weiterer Impuls wurde in Form eines Plakates aus dem Buch „ECHT KRASS" (PETZE, 2018) gegeben. Mit visuellen und bewusst uneindeutig gehaltenen Situationsdarstellungen, die u. a. auf sexualisierte Gewalt im schulischen Kontext zielen, sollten sowohl eigene Erfahrungen aus der Beobachtungsperspektive (bei Jugendlichen z. B. als Bystander; bei Lehrkräften als verantwortlich Handelnde bspw. während der Pausenaufsicht) als auch die eigene Wahrnehmungskompetenz intensiviert bzw. angesprochen werden. Abschließend wurde nach Beobachtungen aus dem eigenen schulischen Kontext gefragt, u. a. nach möglichen Risikoorten bzw. -kontexten, die sexualisierte Gewalt zwischen Jugendlichen an den jeweiligen Schulen begünstigen. Abschließend wurde den Projektgruppen Material zur Verfügung gestellt, insbesondere der vom SePP-Team zusammengestellte Methodenkoffer.

Zwischenschritt: Die Audioaufnahmen der Gruppendiskussion beim ersten Treffen wurden transkribiert und der Dokumentarischen Methode folgend vom SePP-Team ausgewertet. Im Besonderen galt die Analyse der Ermittlung sogenannter „Fokussierungsmetaphern" (Bohnsack, 2003), die so etwas wie die dramaturgischen Höhepunkte innerhalb eines Diskurses widerspiegeln, sichtbar durch Stellen von metaphorischer und interaktiver Dichte (ebd.). In gewisser Weise stellen diese Fokussierungsmetaphern *markante Stellen oder Zentren dar, die der Nachbearbeitung durch Reflexion bedürfen.* Zu diesem Zweck wurden diese Zentren gebündelt und die Aussagen in verständlicher Sprache ‚auf den Punkt' gebracht. Die Punkte/Themen wurden auf Moderationskarten übertragen und für das zweite Treffen, zum Schwerpunkt Ergebnispräsentation, vorbereitet.

20 Die Impulse zielten nicht darauf, persönliche Erfahrungen mit sexualisierter Gewalt zu ‚triggern'. Vielmehr sollte aus der Distanz eines an das Kollektiv gerichteten Impulses heraus Gelegenheit gegeben werden, offen Einschätzungen, allgemeine Beobachtungen und Erfahrungen zu teilen.

2. Treffen

Im Wesentlichen wurde beim zweiten Treffen mithilfe der neuen Impulskarten (‚Auf den Punkt gebracht') eine neue Diskussion über die wichtigsten Themenschwerpunkte initiiert. Die Teilnehmenden erarbeiteten konkrete Themen für Präventionsmaßnahmen. Im Anschluss an die Themensammlung beider Gruppen (Lehrkräfte und Schüler:innen getrennt) kamen die Gruppen zusammen und stellten sich die erarbeiteten Ergebnisse gegenseitig vor (die Schüler:innen berichteten jeweils zuerst). Dabei wurde darauf geachtet, sowohl vergleichbare Ideen und Gedanken dazu zu thematisieren, als auch Unterschiede der Gruppen deutlich zu machen. Ziel war es, Schüler:innen wie Lehrkräfte in die Lage zu versetzen, offen ihre Gedanken und Meinungen auszutauschen, um zu gemeinsamen Lösungen zu kommen. Wichtig war es an dieser Stelle auch, durch die Visualisierung der Ergebnisse aus den Gruppen einen Perspektivwechsel zu erzeugen.

Als abschließende Aufgabe wurde vereinbart, ein gemeinsames Planungstreffen zur Erarbeitung einer Präventionsmaßnahme für jüngere Schüler:innen (8. Klasse) zu erarbeiten. Zur Unterstützung konnte der vom SePP-Team zusammengestellte Methodenkoffer verwendet sowie – bei Bedarf – eine professionelle Beratungsstelle eingeladen werden.

Zum Abschluss des zweiten Treffens wurde der Post-Fragebogen ausgefüllt, um mögliche Veränderungen der (präventiven) Haltung und des Wissensstandes der teilnehmenden Schüler:innen und Lehrkräfte bzw. der pädagogischen Fachkräfte nachvollziehen zu können.

3. Treffen

Die Mitglieder des SePP-Teams besuchten die Schulen in der sich an das zweite Treffen anschließenden Planungsphase, um den Entwicklungsprozess hin zu einer Präventions-Unterrichtsmaßnahme zu dokumentieren. Verschiedene Beobachtungskategorien wurden angelegt, beispielsweise zur Frage, wie sich die Gruppen vorbereiten, ob der Methodenkoffer genutzt wird, wie Entscheidungen getroffen werden (partizipativ?) etc.

4. Treffen

Vor der konkreten Durchführung der Maßnahme an der Schule nahmen alle an der Unterrichtsmaßnahme teilnehmenden Schüler:innen der 8. Klasse an einer Pre-Befragung zum Thema sexualisierte Gewalt teil. Die Durchführung der Präventionsmaßnahme wurde durch das SePP-Team mit einem detaillierten Kategoriensystem beobachtet und dokumentiert. Den Abschluss der Maßnahme bildete eine Post-Befragung der Schüler:innen aus den 8. Klassen, die den Wissens- und Reflexionszuwachs nach der durchgeführten Maßnahme in den Blick rückte.

»Vielleicht sollte man irgendwie in der Schule noch einen/irgendwie etwas einrichten, wo man dann auch wirklich weiß, dass die Personen damit Erfahrung haben. Also nicht Erfahrung in dem Sinne, dass sie das schon mal/ dass es bei denen schon mal passiert ist, sondern einfach, dass sie sich damit auseinandergesetzt haben und dass man auch mit den Personen normal darüber reden kann, dass sie einen/ dass das einem nicht veralbert wird. Das finde ich auch jetzt sehr gut, dass wir so offen darüber sprechen und wirklich uns diesem Thema bewusst werden. Weil ich das ganz wichtig finde.«

O-Ton SePP (Schüler:in)

Die Mitglieder der Projektgruppen (Schüler:innen und Lehrkräfte) gaben eine schriftliche Einschätzung ihrer eigenen Arbeit ab, z. B. dazu, was aus ihrer Sicht besonders gut gelungen war und was nicht so gut geklappt hatte, zur Qualität der Zusammenarbeit zwischen beiden Gruppen (Schüler:innen und Lehrkräften) etc.

Ergebnisse

Die Ergebnisse des hier knapp skizzierten Präventionsprozesses an den teilnehmenden Schulen sind vielschichtig und differenziert. Aus Gründen des Umfangs haben wir uns für eine kleine Auswahl entschieden, die wir im Folgenden in aller Kürze vorstellen.

Die Schüler:innen, die einmalig an der Maßnahme teilgenommen haben (Maßnahmengruppe)

- schätzen nach der Maßnahme ihr Wissen über sexualisierte Gewalt besser ein – sind z. T. aber auch stärker verunsichert.
- Die Sensibilität, was die Schüler:innen (sicher) zur sexualisierten Gewalt zählen, nimmt bei den Jugendlichen in der Post-Befragung deutlich zu. Sowohl

Beleidigungen, Witze und sexuelle Kommentare, in negativer Art als schwul oder lesbisch bezeichnet zu werden oder auch die Verbreitung von Gerüchten sexuellen Inhalts im Internet werden am Ende der Maßnahme von mehr Jugendlichen als in der Eingangsmessung als sexualisierte Gewalt eingestuft.
- In einigen Bereichen nimmt die Bereitschaft der Jugendlichen zu, anderen (die von sexualisierter Gewalt betroffen sind) zu helfen.
- Die Hinwendung zu Erwachsenen als Vertrauenspersonen, insbesondere zu Lehrkräften und zur Polizei, nimmt zu.
- Als neu/wichtig wurde die Aufklärung über Rechtliches empfunden und die Erkenntnis, dass man nicht macht- und wehrlos ist.
- Überaus positiv fiel die Resonanz hinsichtlich der Einschätzung uneindeutiger lebensweltnaher Situationen aus.
- Die Trennung in Mädchen- und Jungengruppen wurde teils kritisiert, da insbesondere für die männlichen Befragten dadurch eine (vermeintliche) Zuschreibung in Täter- und Opferrollen erfolgte.
- Körperliche Aktivitäten werden im Rahmen einer solchen Maßnahme verstärkt gewünscht.

Die Schüler:innen aus der (längerfristigen) Projektgruppe

- Die Auseinandersetzung mit sexualisierter Gewalt führt nicht dazu, Unsicherheiten im alltäglichen Umgang zwischen den Geschlechtern hervorzurufen.
- Nicht-körperliche Formen werden nach dem Projekt stärker als sexualisierte Gewalt eingeschätzt.
- Schüler:innen schätzen eigene Hilfeleistungen nach dem Projekt kritischer und zurückhaltender ein. Durch die intensive Auseinandersetzung mit dem Thema und durch die Projektarbeit schätzen die Jugendlichen, so eine Lesart, die Folgen, die eine mögliche Hilfeleistung für sie haben könnte, möglicherweise gefahrvoller, realer bzw. kritischer ein (z. B. im Sinne einer ‚second order'-Viktimisierung). Dies ist ein Aspekt, der in weiteren Studien eingehender betrachtet werden sollte.
- Schüler:innen der Projektgruppe würden sich nach dem Projekt noch stärker an Gleichaltrige wenden als zuvor. Jugendliche zeigen in der Post-Befragung noch deutlicher, dass sie sich an gleichaltrige Freund:innen wenden würden. Gleichzeitig geben weniger Jugendliche am Ende der Projektphase an, sich in solchen Fällen an die Eltern, an eine Beratungsstelle oder die Polizei zu wenden. Eine mögliche Erklärung könnte sein, dass sich die Jugendlichen der Projektgruppe als eine durch die Projektarbeit ‚zusammengeschweißte' und kompetente Gruppe wahrnehmen, die im Falle sexualisierter Gewalt Rückhalt bietet. Ein mit Blick auf Disclosure (im Sinne der Öffnung gegenüber Erwachsenen) unter Umständen problematischer Effekt. (Ein Effekt, der sich bei den Jugendlichen, die an der Präventionsmaßnahme teilgenommen haben, nicht zeigt. Dies legt nahe, dass es sich hier um einen gruppendynamischen Effekt handeln könnte.)

Lehrkräfte aus den (längerfristigen) Projektgruppen

- Die Ergebnisse der Lehrkräfte-Befragung zusammenfassend, können wir festhalten, dass die Lehrkräfte bereits vor der Projektarbeit klare und weitreichende Überzeugungen zur sexualisierten Gewalt aufweisen. Dies gilt sowohl für die nicht-körperlichen als auch die körperlichen Formen sexualisierter Gewalt. Diese Überzeugungen erweisen sich auch nach der Projektarbeit als relativ stabil.

- Verstärkt wurde die Sichtweise, dass jugendliche Peers eine wichtige Rolle in der Präventionsarbeit übernehmen können.
- Gewünscht wurde eine verpflichtende Schulung durch eine Fachberatungsstelle für alle Lehrkräfte. Zudem, dass Präventionskisten, die bereits an der Schule vorhanden sind, um Materialien zum Thema sexualisierte Peergewalt erweitert werden sollten.
- Die Bedeutung von Kontinuität wurde herausgestrichen, z. B. über die Aufnahme ins Schulprogramm und Spiral-Curriculum.
- Betont wurde die Bedeutung der stärkeren Einbindung der Schulsozialarbeit und der Eltern (Elternabend mit Jugendlichen).
- Außerdem wurde die Notwendigkeit betont, verbale sexualisierte Gewalt (als alltägliche Form) stärker in den Blick zu nehmen, Offenheit zu schaffen und nicht wegzuschauen.

Im Gesamtergebnis, den gesamten SePP-Präventionsprozess betrachtend, ergaben sich an den teilnehmenden Schulen (S1–S3) folgende Veränderungen:

Tabelle 10.1: Ausgangslage und Veränderungen an den am Pilotprojekt zu SePP teilnehmenden drei Schulen

S1	S2	S3
Anfangs: Tendenz der Überforderung und Verunsicherung. Eine partizipative Basis war nicht gegeben. Strategie: Bewegung in vertrauten Bahnen und eine leichte Abwehrhaltung dem Thema sexualisierte Peergewalt gegenüber	**Anfangs:** Tendenz zur selbstkritischen Betrachtung und eine leichte Verunsicherung gegenüber spezifischen Fragen zu sexualisierter Peergewalt. Eine partizipative Basis war gegeben. Strategie: auch Neues zu versuchen	**Anfangs:** Tendenz zu einer deutlichen Problematisierung sexualisierter Peergewalt, verbunden mit hohen Ansprüchen an die Umsetzung. Eine partizipative Basis war nicht gegeben, vielmehr eine deutliche Distanz aus der Perspektive der Schüler:innen den Lehrkräften gegenüber. Strategie: Theoretisierung des Themas sexualisierte Peergewalt
▪ Entwicklung hin zu einer selbstkritischeren Betrachtung der (Schul-) Situation und der eigenen Haltung, Überwindung der Verunsicherung durch Einbeziehung einer Fachberatungsstelle, erste partizipative Schritte in Interaktionen zwischen Lehrkräften und Schüler:innen. ▪ Strategie: Ausweitung des Projektes auf die gesamte Schulgemeinde (Reduzierung der Abwehrhaltung)	▪ Entwicklung hin zu mehr Handlungssicherheit. Das (konkrete) Wie der Umsetzung steht im Mittelpunkt. ▪ Strategie: Eine stärkere Öffnung für die lebensweltlichen Erfahrungen der Schüler:innen	▪ Formulierung des Anspruchs, sich theoretisch umfassend mit dem Thema auseinanderzusetzen zu wollen. Dies kollidiert mit den Möglichkeiten der (praktischen) Umsetzung. ▪ Strategie: Einen langfristigen Prozess initiieren, der den Lehrkräften Sicherheit gibt (durch Fort- und Weiterbildung)

Nachfolgend werden zwei grundlegende und weitere kleinere Gelingensfaktoren für die präventive Arbeit vorgestellt, die sich aus den Ergebnissen des SePP-Pilotprojekts ableiten lassen.

Gelingensfaktoren

Gelingensfaktor Partizipation: Als besonders bedeutsam für die präventive Arbeit hat sich der Aspekt der Partizipation erwiesen. Angebote und Maßnahmen, die zu einer veränderten Wahrnehmung und Sensibilisierung führen sollen, sind vor allem dann erfolgreich bzw. werden von allen ‚angenommen', wenn schulische Akteure zusammenarbeiten. Oder anders formuliert: wenn Jugendliche von Anfang an in die Entwicklung der Maßnahmen, bei der Auswahl von Methoden und Materialien, bei der Durchführung – im Sinne des partizipativen Ansatzes – aktiv einbezogen werden (Rudolf-Jilg, 2008, S. 28). Partizipation kennt verschiedene Ansätze. Eine gemeinsame Schnittmenge ist jedoch „die aktive Einbeziehung und Stärkung (Empowerment) der Menschen" (ebd.). Das angestrebte Miteinander ‚auf Augenhöhe' ist nicht ohne Aushandlungen – als Teil eines längeren Prozesses – zu erreichen. Gerade den Erwachsenen fällt die Aufgabe zu, die Heranwachsenden in ihren Anliegen, Gedanken, Wünschen und Ängsten ernst zu nehmen und diese verstehen zu wollen – und zwar weniger als Schüler:innen, sondern vielmehr als Jugendliche. Eine Basis für solche Verstehens- und Verständigungsprozesse bilden dabei individuelle Aneignungsprozesse (im Gegensatz zur reinen (Wissens-)Reproduktion): Die aneignenden Akteur:innen, Schüler:innen, Lehrkräfte bringen individuelle Fähigkeiten der Aneignung und Bewältigung z. B. von neuen und herausfordernden Situationen mit, an die angeknüpft werden kann. Umgesetzt werden konnte dies in einem ersten Schritt in den Gruppendiskussionen, getrennt in Lehrkräfte und Schüler:innen, und in den weiteren Schritten über den Austausch in von Lehrkräften und Schüler:innen gemeinsam gestalteten Diskussionen und Vorbereitungen von Maßnahmen. Vor allem die Zielvorgabe der gemeinsamen Konzeptionierung und Durchführung einer Maßnahme in einer 8. Klasse hat Aushandlungs- und Abstimmungsprozesse erheblich gefördert:

> ***»Besonders wichtig ist, dass man den anderen respektiert und achtet. Und dass man ihre Meinungen akzeptiert.«***
>
> O-Ton SePP (Schüler:in)

Gelingensfaktor biografische Anschlussfähigkeit: Soll die Vermittlung und Aneignung neuer bzw. bislang wenig reflektierter Inhalte gelingen, sollte bedacht werden, dass jedes Wissen von „geringer Halbwertszeit" (Helsper, 2002, S. 97) ist, wenn es „biographisch irrelevant" (ebd.) bleibt. Wichtig ist also, an die biografische Erfahrungsebene aller Akteure, der Lehrkräfte und der Schüler:innen, anzuschließen. Nur dann, wenn eine biografische Anschlussfähigkeit bzw. Relevanz besteht, lassen sich die Akteure so „intensiv auf die neuen Erfahrungsräume und die sich dort bietenden Orientierungsgehalte ein […], dass diese schließlich zu den eigenen werden" (Nohl, Rosenberg & Thomsen, 2015, S. 243).

Dazu haben wir Themen (Sexualität, Partnerschaft, sexualisierte Gewalt, Pornografiekonsum) und Verfahren (z. B. die Einschätzung/der Umgang mit uneindeutigen Situationen auf dem Schulhof) vorgestellt, die anschlussfähig sind an die Erfahrungs- und Lebenswelt Jugendlicher, die sie besonders beschäftigen und herausfordern. Damit einher geht eine Sensibilisierung für das Thema.

Gelingensfaktor schulindividuelle Maßnahmenerarbeitung: Jede Einzelschule hat eine individuelle Ausgangssituation, Herangehens- und Umgangsweise mit dem Thema sexualisierte Gewalt. Dies zeigen auch die Profile der Schulen mit Blick auf die Ausgangssituation und Veränderungen im Prozess der Maßnahme (siehe oben). Es spricht dafür, schulische Akteure in die Erarbeitung von Konzepten von Anfang an einzubeziehen und individuelle Konzepte zu erarbeiten, die an die jeweilige schulinterne Ausgangslage anknüpfen (‚Abholen, wo die Schule steht' vs. ‚Überstülpen von Konzepten').

Gelingensfaktor Langfristigkeit und Kontinuität vs. ‚Single event': Wie der Vergleich zwischen der Projektgruppe, die über mehrere Monate in SePP eingebunden war, und der Gruppe zeigt, die einzig an der Klassenmaßnahme teilgenommen hat (Maßnahmengruppe), stellt erst das längerfristige und kontinuierlich begleitende Programm die Basis dar, um eine präventive Haltung (möglichst nachhaltig) zu fördern. In mehreren ‚Schleifen' – von der Diskussion über die Reflexion der Ergebnisse bis hin zur Konzeptionierung und Durchführung einer Maßnahme – konnten (selbst-)reflexive Prozesse angestoßen und vertieft werden. Dabei dienten vor allem herausfordernde (z. B. mit Blick auf die Zusammenarbeit von Lehrkräften und Schüler:innen) und irritierende (z. B. waren uneindeutige Szenen einzuschätzen) Situationen dazu, eigene Einstellungen kritisch zu betrachten oder ad hoc Lösungen zu überdenken. Diesen Prozess begleiten teils Verunsicherungen, die jedoch verdeutlichen, dass (habituelle) Überzeugungen und vermeintliche Handlungssicherheiten ‚unter Spannung' (Maschke, 2013) geraten – und damit Bildungs- und Veränderungsprozesse in Gang gesetzt werden können.

11 — Die Speak! Studien

In diesem Schlusskapitel wollen wir die Durchführung der Studien, unsere Erhebungsprinzipien und einige methodische Hinweise geben, die unseren Analysen zugrunde liegen.

11.1 DURCHFÜHRUNG

Im Mittelpunkt der Speak! Befragungen steht die pädagogisch verantwortungsvolle Gestaltung der Erhebungssituation. Dazu zählt u. a. die Vermeidung von Retraumatisierungen der Befragten, die Gestaltung von barrierefreien Fragebögen an Förderschulen etc. Der Anspruch, die Befragten zu schützen, durchzieht alle Maßnahmen, die wir in Speak! getroffen haben. In einigen Schritten findet er jedoch spezielle Umsetzungen, z. B. hinsichtlich der Fragebogengestaltung – und wird dort etwas genauer ausgeführt. (Dieses Kapitel lehnt sich teils an Ausführungen unserer Expertise zur Machbarkeit einer Dunkelfeldstudie an, siehe Maschke & Stecher, 2022.)

Das Vorgehen in Speak! Alle drei Speak! Studien sind in ihrem Vorgehen in Grundzügen vergleichbar. Besonderheiten, beispielsweise die Barrierefreiheit der Fragebögen in der Förderschulstudie betreffend, beschreiben wir weiter unten.

Der partizipative Ansatz: Wichtig ist es, zu betonen, dass wir in den Speak! Studien einem (weitgehend) partizipativen Forschungsansatz gefolgt sind. Das heißt, möglichst viele Akteure, die sich mit dem Thema sexualisierte Gewalt beschäftigen bzw. damit betraut sind, wurden in den Prozess der Vorbereitung und Durchführung der Studie einbezogen. Hierzu gehörten u. a. Beratungsstellen (Wildwasser Gießen e. V.), der Landeselternbeirat in Hessen sowie die für Gewaltprävention zuständigen hessischen Schulpsycholog:innen. Ein vollkommenes Mitbestimmungsrecht für alle Akteure im Rahmen einer solchen Befragung ist nur schwer zu erreichen. Wir sprechen deshalb von *Einbeziehung* in die Studie die Stakeholder (sogenannte Anspruchsgruppen wie Schulleitungen etc.) betreffend – und von *Beteiligung* (die einen Schritt weiter in Richtung Partizipation führt) auf verschiedenen Ebenen mit Blick auf die

Jugendlichen. Aus unserer Sicht lässt der Begriff Beteiligung, z. B. bezogen auf die Gruppe der teilnehmenden Jugendlichen, Freiheiten zur Ausgestaltung nach deren Bedürfnissen zu. Allerdings wird nicht der oftmals starke „normative[] Druck" (Lorenz, Hoffmann & Hitschfeld, 2020, S. 19) des Partizipationsbegriffs, der auf umfassende Mitbestimmung zielt, verbreitet. Im Sinne der Beteiligung wurde in Pilotstudien mit Schüler:innen diskutiert und wurden einzelne Fragebereiche gemeinsam erarbeitet. Ziel war es, dass die Jugendlichen, die als Befragte und von sexualisierter Gewalt Betroffene im Fokus dieser Dunkelfeldstudie stehen, ausreichend Gelegenheit erhalten, ihr spezifisches Wissen und ihre Fähigkeiten zur Gestaltung der Erhebung einbringen zu können. Umsetzbar ist auf diese Weise eine Beteiligung in „eigener Sache" (ebd., S. 146). Dabei kommt es darauf an, die Jugendlichen „als ExpertInnen des eigenen Lebens anzuerkennen, sie zu informieren, ihnen zuzuhören, sie anzuhören und sie zu ermutigen, ihre Gefühle, Wünsche, Interessen und Erfahrungen mitzuteilen" (ebd.).

Der Schutz der Befragten

Fragen zur sexualisierten Gewalt erfordern einen *geschützten Rahmen* für die Befragten. Dieser Rahmen muss zum einen Freiwilligkeit und Anonymität sowie umfassende Information gewährleisten. Zum anderen muss ein solcher Rahmen auch geeignet sein, Belastungen oder gar Retraumatisierungen für die Befragten möglichst zu vermeiden bzw. deren mögliche Folgen in der konkreten Situation auffangen zu können. Voraussetzung für die Schaffung eines solchen Rahmens sind geschulte Interviewer:innen und flankierende Sicherungs- und Schutzmaßnahmen vor, während und nach der Erhebung.

Betonen möchten wir aber auch, dass neben dem Schutz vor Belastung und Retraumatisierung es ebenso dazugehört, Betroffene zu stärken. Eine solche Stärkung liegt beispielsweise darin, den von sexualisierter Gewalt Betroffenen, unabhängig von möglichen kognitiven oder körperlichen Beeinträchtigungen, in den Befragungen die Gelegenheit zu geben, ihre Erfahrungen selbstbestimmt und anonym äußern zu können. Die Erhebungssituation muss also so gestaltet sein, dass keine Teilnahme- und Beantwortungsbarrieren entstehen bzw. diese so weit wie möglich abgebaut werden.

Wann sprechen wir von einer Retraumatisierung? Von einer Retraumatisierung bzw. Reaktivierung wird dann gesprochen, wenn ein erneutes Trauma erlebt wird oder wenn eine „Konfrontation mit traumaassoziierten Reizen" (Schock et al., 2010, S. 243) zu einem „Wiederanstieg der traumareaktiven Symptomatik" (ebd.) führt. Das heißt, durch Schlüsselreize oder Trigger können traumatische Erinnerungen unter bestimmten Voraussetzungen (re-)aktiviert werden, die die Betroffenen „in das Erleben des überwältigenden Ereignisses zurückwerfen" (Zillig, 2018, S. 835). Zu diesen Reizen zählen alle Erlebnisse, „die von den Betroffenen mit dem Ursprungstrauma in Verbindung gebracht werden" (Schock et al., 2010, S. 247). Grundsätzlich kann jede Situation einen traumaassoziierten Stimulus darstellen. Schock et al. zählen hierzu aber insbesondere „Situationen, in denen detailliert Auskunft über den Hergang des traumatischen Erlebnisses gegeben werden muss" (ebd.) – wie dies in gewissem

Umfang im Rahmen der Beantwortung der Fragen zu den eigenen Erfahrungen mit sexualisierter Gewalt in einem standardisierten Fragebogen der Fall ist.

Wann und welche traumareaktiven Symptome dabei in der Erhebungssituation konkret auftreten können, hängt u. a. von „der Art des sexuellen Missbrauchs, [und] den Umständen, unter welchen dieser stattfand" (Amann & Wipplinger, 2004, S. 400) ab und davon, welche individuellen psychischen bzw. psychosomatischen Folgen die entsprechenden Erfahrungen hatten bzw. haben (siehe z. B. Lütttichau, 2020). Dies heißt, dass eine sichere Beurteilung oder Einschätzung dessen, was bzw. welche Reaktionen durch die Teilnahme an einer Befragung zum Thema sexualisierte Gewalt ausgelöst werden können, nur schwer möglich ist. Dennoch gilt es, in der Erhebungssituation auf „unerwartete Krisen" (Kavemann, 2016, S. 58) vorbereitet zu sein und entsprechend Vorsorge zu treffen. Diese Vorsorge bezieht sich auf alle Phasen des Forschungsprozesses und manifestiert sich u. a. in der Fragebogengestaltung, in einer Schulung und Vorbereitung der Interviewenden oder in der Flankierung der Befragung durch beratende und unterstützende Maßnahmen vor, während und nach der Erhebung.

Ob die Teilnahme Jugendlicher an einer Befragung zu den eigenen Erfahrungen mit sexualisierter Gewalt „eine Belastung oder gar Re-Traumatisierung", oder „vielmehr eine Stärkung und Bewältigungshilfe bedeutet" (Hagemann-White, 2016, S. 29), hängt wesentlich vom Vorgehen vor, während und nach der Befragung ab. Diese Gesamtsituation gilt es als Projektverantwortliche pädagogisch verantwortungsvoll zu gestalten.

Homepage: In der Speak! Studie haben wir vorab – das heißt, bevor eine Schule mit Blick auf ihre mögliche Beteiligung an der Studie angesprochen wurde – eine Homepage eingerichtet. Sie enthielt die wichtigsten Informationen zur (geplanten) Studie und zum Thema sexualisierte Gewalt inklusive möglicher Hilfs- und Beratungsangebote für Betroffene. Auf diese Homepage konnten wir bei allen Kontakten verweisen und damit erste Anfragen zur Studie schon vor der Erhebung beantworten.

Vorabinformationen für Schulen, Eltern und Schüler:innen: Um auf gut informierter Basis über die Teilnahme an der Studie Speak! entscheiden zu können, wurden geraume Zeit vor dem Start der Befragung gedruckte Informationsmaterialien an die Schulen bzw. Schulleitungen (eine Infomappe mit Begleitmaterial), die Eltern und an alle Schüler:innen ausgehändigt. Alle Beteiligten fanden dort Informationen zum Thema der Forschung bzw. dem Forschungsvorhaben, zum Ablauf der Befragung und zu externen Beratungs- und Unterstützungsangeboten, die insbesondere die befragten Jugendlichen vor, während und nach dem Befragungszeitraum in Anspruch nehmen konnten (aber auch den Eltern oder Lehrkräften offenstanden). Die Jugendlichen hatten somit die Möglichkeit, sich über die Befragung zu informieren und eine Teilnahme bereits im Vorfeld abzuwägen. Mit einer Einverständniserklärung stimmten Eltern und Befragte formal zu. Verdeutlicht wurde darin, dass ein Abbruch der Befragung ohne Angabe von Gründen jederzeit (auch mitten in der Befragung) möglich war.

Im Rahmen von Speak! wurde den Lehrkräften und weiteren pädagogischen Fachkräften im Vorfeld der Befragung eine Checkliste (erarbeitet durch Wildwasser Gießen e. V.) mit zentralen Punkten beispielsweise zur Möglichkeit der Sensibilisierung für das Thema vor der Befragung, zum Umgang mit möglichen aufkommenden Fragen im Unterricht nach der Befragung und mit Informationen zur Beratung und Hilfe zur Verfügung gestellt; ebenso ein telefonisches Beratungsangebot.

Freiwilligkeit und Informiertheit: Die Teilnahme an der Befragung war für die Schüler:innen freiwillig und anonym. Noch nicht volljährige Schüler:innen konnten nur teilnehmen, wenn sie eine entsprechende Einverständniserklärung ihrer Eltern hatten. Die einzelnen Schulen, an denen die Befragung durchgeführt wurde, hatten sich im Vorfeld per Schulkonferenzbeschluss zur Teilnahme an der Studie bereit erklärt. Insbesondere die befragten Jugendlichen müssen – auf der Basis umfangreicher Informationen zum Thema und zu den Hintergründen der Befragung (siehe Vorabinformationen weiter oben) – informiert werden. Jugendliche sollten keinesfalls ohne ‚Vorwarnung' mit dem Thema sexualisierte Gewalt konfrontiert werden. In Speak! wurde zudem die Freiwilligkeit der Teilnahme von den Interviewer:innen vor der Ausgabe der Fragebögen explizit betont. Im Fragebogen selbst wurde folgendermaßen darauf hingewiesen. „Gut zu wissen: Du kannst entscheiden: Ich fülle den Fragebogen aus. Ich fülle den Fragebogen nicht aus. Ich habe angefangen, den Bogen auszufüllen, möchte aber nicht weitermachen. Dann kannst du aufhören" (Maschke & Stecher, 2018a, S. 2).

Beratungs- und Unterstützungsangebote für Schüler:innen und Lehrkräfte: Die Bereitstellung von externen Beratungs- und Unterstützungsangeboten für die befragten Schüler:innen nahm das Speak! Team als Teil seiner Verantwortung wahr. Durch mehrere externe Beratungs- und Unterstützungsangebote (Materialien hierzu wurden im Klassenzimmer verteilt) hatten die Schüler:innen die Möglichkeit, falls notwendig, während und nach der Befragungszeit (für sie passende) Unterstützung auszuwählen und anzufragen. Während der Befragung in den Klassen war in allen Fällen eine Notrufhotline geschaltet, über die psychologische Unterstützung für die Beteiligten (die Interviewer:innen und Schüler:innen) zur Verfügung stand. Eine solche Unterstützung war allerdings in keiner der befragten Klassen notwendig.

Schulungen der Interviewer:innen: Umfassend vorbereitende Schulungen zählen unserer Einschätzung nach zu den wichtigsten Vorbereitungen auf eine Befragung. Schule bzw. die Klasse als Ort der Befragung muss ein sicheres Setting bieten. Von Köppen, Schmidt und Tiefenthaler (2020, S. 32) führen an, dass dafür vertrauensvolle Beziehungen zwischen den Jugendlichen und den (die Befragung durchführenden und unterstützenden) Interviewer:innen Voraussetzung sind, zudem eine „gemeinsame Sprache" (ebd.), die einen Austausch gewährleistet. Dass die Fähigkeit, angemessen mit den Emotionen der Befragten umgehen und diese einschätzen zu können, eine große Rolle im Kontext einer Befragung spielt, ist den meisten pädagogisch Tätigen bewusst. Dennoch ist die Haltung dem Thema sexualisierte Gewalt gegenüber oft eine ambivalente: Das Wissen über die Wichtigkeit der Auseinandersetzung mit

Emotionen steht auf der einen Seite, auf der anderen Seite gibt es oft eine eher abwehrende Haltung, verknüpft mit dem Wunsch, eine Auseinandersetzung mit den Emotionen des:der Befragten – wie auch eine Konfrontation mit den eigenen Emotionen – möglichst zu vermeiden. In der gemeinsamen Kommunikation in der Erhebungssituation gilt es eine Balance zu finden, sodass die Auseinandersetzung mit Begrifflichkeiten und Fragestellungen bezogen auf sexualisierte Gewalt nicht abwehrend, aber auch nicht zu intensiv oder zu persönlich wird (Schröttle, 2016).

Die Speak! Befragungen in den Schulen erfolgten durch intensiv geschulte Studierende der Sozial- und Erziehungswissenschaften hessischer Universitäten. Die Schulung der Interviewer:innen wurde in Kooperation mit der Fachberatungsstelle Wildwasser Gießen e. V. durchgeführt.

Pilotierung: Zu den flankierenden Maßnahmen vor der Erhebung gehörte u. a. eine Pilotierung des Fragebogens unter Beteiligung der späteren Befragtengruppen. In Speak! sind die Forschenden selbst im Rahmen der Pilotstudie in einzelne Klassen (der später zu befragenden Jahrgänge 9 und 10) unterschiedlicher Schulformen gegangen und haben mit den Jugendlichen über das Thema sexualisierte Gewalt, die geplante Studie und die Fragen, die dabei eingesetzt werden sollten, diskutiert (kognitiver Pretest). Zudem wurden die Fragebögen im Pretest mit ca. 150 Schüler:innen erprobt. Aus diesen Diskussionen und den Ergebnissen der Befragung folgte u. a. sowohl die Überarbeitung der Fragebögen bzw. einzelner Fragen als auch der Erhebungsanweisungen für die Interviewer:innen.

Datenschutz und Ethikgutachten: Da es sich bei den Befragungen um sensible Daten und Erhebungssituationen handelte, wurde im Besonderen Wert auf sichere Datenschutzkonzepte entsprechend den Richtlinien des Landes Hessen wie auch auf die ethische Machbarkeit gelegt. Von Seiten der Ethikkommission der Philipps-Universität Marburg wurden für alle drei Studien positive Voten erteilt. Auch die – für jede Studie getrennt erfolgte – datenschutzrechtliche und fachliche Prüfung durch das Hessische Kultusministerium ergab keine Einwände gegen die Durchführung.

Die Bedeutung der Fragebogen-Gestaltung

Der Fragebogen umfasste in allen drei Studien neben dem Hauptteil, der sich auf die Erfahrungen mit sexualisierter Gewalt bezieht, auch Fragen allgemein zur schulischen Situation, zum Familienleben, zu freiwilligen sexuellen Erfahrungen oder zum Pornografiekonsum (siehe weiter unten). Der Fragebogen, der an den Förderschulen zum Einsatz kam, wurde barrierefrei gestaltet.

Vermeidung allzu detaillierter Fragen: Grundsätzlich ist davon auszugehen, dass traumareaktives Verhalten in der Erhebungssituation umso wahrscheinlicher auftreten dürfte, je „intensive[r die, d. V.] Konfrontation mit erfahrener sexueller Gewalt" (Kindler, 2016, S. 78) ausfällt, das heißt, je detaillierter die Abfrage des entsprechenden Gewalterlebens und des damit verbundenen Evozierens konkreter Erinnerungsbilder erfolgt. Daraus ergeben sich zunächst Anforderungen an den Fragebogen und die Instrumente zur Messung sexualisierter Gewalt. Bei den gestellten Fragen ist es u. a. wichtig, „eine Balance zu finden zwischen Fragen, die möglichst konkret und neutral erfassen, welche Handlungen erlebt wurden, zugleich aber sensibel und nicht zu detailliert Situationen sexueller Gewalt in Erinnerung rufen" (Schröttle, 2016, S. 109). Fragen, die sich differenziert auf unterschiedliche Penetrationserfahrungen (oral, vaginal, anal) beziehen, scheinen uns zu detailliert und aus diesem Grunde für eine Befragung von Jugendlichen ungeeignet.[21] Kavemann (2016, S. 58) betont, dass die Teilnahmebereitschaft von Betroffenen dort an ihre Grenze stößt, „wo Teile des Gewalterlebens so schambesetzt sind, dass sie nicht ausgesprochen werden" können. Dies dürfte sowohl mit der Schwere der ursprünglich erlebten sexualisierten Gewalt als auch der detailgenauen Beschreibung zunehmen. Durch den Versuch, Erinnern zu erzwingen, ist die Gefahr einer Retraumatisierung groß. Das Abwägen des Stellens angemessener Fragen, welche weder zu oberflächlich noch zu detailliert sind, ist die Konsequenz (Schröttle, 2016). In Speak! haben wir uns deshalb bemüht, die verwendeten Items zur Abfrage einzelner Formen sexualisierter Gewalt bewusst an manchen Stellen unbestimmt zu lassen; zum Beispiel wird dort der Begriff ‚Geschlechtsverkehr' verwendet (ob dieser vollzogen oder versucht wurde), ohne dabei spezifische Penetrations*formen* anzusprechen.

Aus der Forderung, nicht zu detailliert abzufragen, ist jedoch nicht zu schließen, dass sich die Abfrage nur auf wenige Items beziehen sollte. Horten (2020, S. 103) spricht sich auf der Grundlage der Ergebnisse einer Metaanalyse verschiedener Studien zum Thema sexualisierte Gewalt dafür aus, möglichst viele Items einzubeziehen. Grund dafür ist, dass oft erst im Durchgang durch (ausreichend umfassende) Itemlisten von den Befragten angegeben werden kann, dass sie sexualisierte Gewalt erfahren haben.

Der hinführende Fragebogen-Aufbau: Der Schutz der Befragten vor einer möglichen Retraumatisierung oder Reaktivierung in der Erhebungssituation macht neben Überlegungen zur Detailliertheit des Instruments auch Überlegungen zur Fragebogenstruktur notwendig. Dabei kommt es vor allem darauf an, die Befragten auf das Thema schrittweise einzustimmen – und nicht abrupt (beispielsweise mit Fragen zu schweren Formen sexualisierter Gewalt) zu konfrontieren. Wir haben uns in Speak! für einen hinführenden (schrittweisen) Aufbau der Befragung entschieden.

Der Fragebogen für Regelschulen und Berufliche Schulen ist zweigeteilt. Nach der Abfrage der grundlegenden soziodemografischen Informationen wie Alter, Geschlecht oder Wohnorttyp bezieht sich der erste Teil des Fragebogens auf allgemeine lebensweltliche Aspekte wie z. B. Familie (u. a. Familienklima) oder Schule (u. a. Klassenklima, Lern- oder Schulfreude). Danach folgen Fragen zu ‚freiwilligen sexuellen Erfahrungen', zum Blick auf Partnerschaft und zum

21 Als Beispiel von hoher Detailliertheit zählen Items aus der MIKADO-Studie wie „Hat eine andere Person gegen deinen Willen versucht, ihre Finger oder ein Objekt in deine Scheide oder deinen Anus (Po) einzuführen?" (Focus, 30.07.2014; verfügbar unter: https://www.focus.de/familie/psychologie/schulgewalt-special/heikle-fragen-in-missbrauchsstudie-wurdest-du-schon-zur-prostitution-gezwungen_id_2967675.html). Fragen in dieser detaillierten Form wurden in den Speak! Studien bewusst nicht gestellt.

Pornografiekonsum. Erst im zweiten Teil des Fragebogens folgen die Fragen zu den Erfahrungen mit sexualisierter Gewalt. Zunächst enthält der Fragebogen eine kurze Erläuterung zu dem, was kommt, dass beispielsweise bei den weiteren Fragen zwischen ‚sprachlicher sexueller Gewalt' und ‚körperlicher sexueller Gewalt' unterschieden wird und nacheinander Fragen zur ersten Kategorie und anschließend zur zweiten Kategorie gestellt werden. Durch informierende Überleitungen zwischen den Teilen des Fragebogens wird Transparenz sichergestellt, sodass die Teilnehmenden durchgehend wissen, was auf sie zukommt. Dies lässt eine Einschätzung bereits vor dem Lesen der konkreten Fragen darüber zu, ob die Teilnahme fortgesetzt oder vielleicht auch abgebrochen wird.

Außerdem haben wir den Befragten auch die Möglichkeit geboten, über offen gestellte Fragen selbstbestimmt und in eigenen Worten über ihre Erfahrungen berichten und Empfehlungen oder Einschätzungen zum Thema geben zu können.[22]

Der Fragebogen als Belastung oder Lernchance?

Wie denken Jugendliche selbst über eine Beschäftigung mit dem Thema sexualisierte Gewalt im Rahmen einer Befragung? In Speak! wurden die Jugendlichen am Ende des Fragebogens gebeten, anzugeben, inwieweit sie

> *»Ich finde das Thema ein bisschen peinlich, aber auch interessant. Mir hat es Spaß gemacht, an der Speak Studie teilzunehmen. Weil man da auch konkreter über das Thema sprechen kann.«*
>
> O-Ton Speak!

den Fragebogen als ‚wichtig', ‚interessant', ‚belastend', ‚schwierig' oder ‚peinlich' empfunden haben. Fasst man die Antwortvorgaben ‚stimmt eher' und ‚stimmt genau' zusammen, zeigt sich:

22 In Speak! wurden die Jugendlichen z. B. gefragt, was sie Gleichaltrigen raten würden, die ähnliche Erfahrungen wie sie selbst gemacht haben.

- Die weit überwiegende Mehrheit der Befragten an Beruflichen Schulen schätzt den Fragebogen als wichtig und interessant ein (90 % bzw. 84 %). In der Speak! Haupterhebung sagen dies jeweils 80 % der Befragten. In der Förderschulstudie geben 42 % an, dass der Fragebogen wichtig war, knapp die Hälfte (49 %) gibt an, den Fragebogen interessant gefunden zu haben. Diese Ergebnisse weichen stark von den anderen beiden Studien ab.
- Nur jede:r zehnte Befragte aus der Berufsschulstudie schätzt den Fragebogen als peinlich ein und 10 % als schwierig, dies gilt ähnlich für die Hauptstudie. In der Förderschulstudie bezeichnen 17 % den Fragebogen als peinlich.
- Dass der Fragebogen zu lang ist, gibt knapp ein Drittel (30 %) der Jugendlichen in der Hauptstudie und der Berufsschulstudie zu Protokoll. Von den befragten Förderschüler:innen sagen dies 23 %.
- Vergleichsweise selten wurde der Fragebogen als belastend empfunden, 12 % der Befragten geben dies in der Berufsschulstudie an. In der Speak! Haupterhebung liegt dieser Anteil mit 9 % vergleichbar hoch, ebenso in der Förderschulstudie mit 8 %.
- Auch die Gruppe von Jugendlichen, die sexualisierte Gewalt verübt hat, die Aggressor:innen, spricht sich in der Berufsschulstudie zu 89 % für die Wichtigkeit der vorliegenden Studie aus, in der Speak! Haupterhebung sind das 80 %.

Diese Einschätzungen der Jugendlichen verweisen darauf, dass der Fragebogen neben dem Risiko einer Belastung oder Retraumatisierung auch Chancen für eine Auseinandersetzung und Reflexion über sexualisierte Gewalt bietet und damit eine Lernchance.

Speak! an Förderschulen – Vulnerabilität und Barrierefreiheit

Menschen mit Beeinträchtigung, die in ihrem Alltag auf Unterstützung angewiesen sind und oft ein Leben lang bleiben, sind durch ihre Abhängigkeit von anderen Menschen und das damit verbundene hohe Risiko, (sexualisierte) Gewalt zu erleben, als (potenziell) besonders vulnerable Gruppe anzusehen.

Dabei betonen einige Definitionen die Hilfsbedürftigkeit in Verbindung mit einer „Defizitorientierung" und „Etikettierung" bestimmter Gruppen (von Köppen, Schmidt & Tiefenthaler, 2020, S. 23). Die Autor:innen heben hervor, dass damit die „Aberkennung von Ermächtigungspotential und Ressourcen ganzer Personengruppen" (ebd.) einhergeht. Wichtig ist es deshalb, Vulnerabilität als etwas zu erkennen, „das aus einer sozial konstruierten, strukturellen Benachteiligung erwächst" (ebd.), bestimmt von begrenzter gesellschaftlicher Teilhabe und institutionellen Abhängigkeiten.

Das erhöhte Risiko für Kinder und Jugendliche mit Behinderungen, sexualisierte Gewalt zu erleben, ist vor allem in den gesellschaftlichen und institutionellen Gegebenheiten zu suchen, die „Täterinnen und Täter […] bewusst aus[nutzen, d. V.]" (Ansari & Vasold, 2020, S. 3). Bedingungen, die sexualisierte Gewalt an Jugendlichen mit Behinderung begünstigen (die aber ebenso auch für andere Jugendliche gelten können), liegen beispielsweise in einer fehlenden sexuellen Aufklärung und Sensibilisierung für sexualisierte Gewalt von Jugendlichen.

Auch Lehrkräfte scheinen oftmals nicht in dem gebotenen Maße für den Bereich der sexualisierten Gewalt sensibilisiert, beispielsweise Peergewalt betreffend. Bezogen auf die Institutionen, vor allem Förderschulen, fehlt es zudem an „etablierten Beschwerdesystemen" (Urbann, Scharmanski & Bienstein, 2015, S. 33). Hinzu kommt, dass bezogen auf sexualisierte Gewalt, die von Erwachsenen, beispielsweise Betreuer:innen ausgeht, „behinderte junge Menschen sich oft in besonders gefährdenden Abhängigkeitsverhältnissen befinden" (Struck, 2014, S. 172). Zugleich bestehen für Menschen mit geistiger Behinderung besonders hohe Hürden, sich zu öffnen oder über sexualisierte Gewalt zu sprechen (Hessisches Netzwerk behinderter Frauen, 2017).

Um allen die Teilnahme an einer Studie zu ermöglichen, müssen die Schritte und Methoden innerhalb des Forschungs- und Befragungsprozesses „dynamisch und flexibel" (von Köppen, Schmidt & Tiefenthaler, 2020, S. 24) an die jeweilige Gruppe und deren Ressourcenausstattung und Bedürfnisse angeglichen werden.

In der (ersten) Erweiterungsstudie zur Hauptstudie Speak! wurden insgesamt 248 Schüler:innen zwischen 14 und 16 Jahren an Förderschulen in Hessen durch den Einsatz von standardisierten Fragebögen anonym befragt. Die Ergebnisse der Studie bestätigen, dass Förderschüler:innen als vulnerable Gruppe von (fast) allen Formen sexualisierter Gewalt im Vergleich zu den Gleichaltrigen an Regelschulen deutlich stärker betroffen sind.

Befragt wurden Schüler:innen der Förderschwerpunkte Sehen, emotionale und soziale Entwicklung, Hören, körperliche und motorische Entwicklung, geistige Entwicklung, Lernen und Sprachheilförderung. Der Fragebogen wurde an die Bedürfnisse der Jugendlichen und die jeweiligen Förderschwerpunkte angepasst – dazu unten mehr. Die Befragungen wurden von Interviewer:innen durchgeführt, die vorher durch eine spezifische Zusatzschulung vorbereitet wurden: unter anderem durch die Fachberatungsstelle Wildwasser Gießen e. V. und durch eine Mitarbeiterin des Instituts für Förderpädagogik und inklusive Bildung der Justus-Liebig-Universität Gießen.

Der Einsatz von Leichter Sprache war vor allem für die Befragung an den Förderschulen mit dem Schwerpunkt Lernen (LH) von Bedeutung. Dafür wurde der Fragebogen aus der Hauptbefragung Speak! in Leichte Sprache übersetzt und gekürzt. Ebenfalls wurden Antwortvorgaben vereinfacht bzw. gekürzt sowie in ein Ankreuzverfahren überführt und Fragebereiche zusätzlich farblich hervorgehoben. Für den Einsatz an Förderschulen mit dem Schwerpunkt Geistige Entwicklung (GE) wurde der überarbeitete Fragebogen zusätzlich stark gekürzt und eine assistierte Befragung durch dafür speziell geschulte Interviewer:innen für die Schüler:innen angeboten. Um die Anonymität dennoch wahren zu können, wurden bei Schüler:innen, die selbstständig ankreuzen konnten, Leseschablonen eingesetzt. Die Befragung konnte außerdem in unterschiedlichen Räumen durchgeführt werden, um Störungen zu vermeiden. Eingesetzt wurde zudem ein Methodenkoffer, der die Schüler:innen unter anderem beim Verständnis von bestimmten Wörtern unterstützen konnte, z. B. durch ein Begriffslexikon mit Erläuterungen und Piktogrammen zu Begriffen aus dem Fragebogen. In den Prozess der Entwicklung von barrierefreien Instrumenten wurden an hessischen Universitäten Studierende mit verschiedenen Beeinträchtigungen und spezifischen Wissensbeständen einbezogen.

Trotz der Anpassung des Fragebogens kam die Befragung im Förderschwerpunkt Geistige Entwicklung (GE) an die Grenzen eines standardisierten und repräsentativen Vorgehens und die Befragung an Schulen mit diesem Förderschwerpunkt konnte nicht fortgeführt werden. Grund dafür war unter anderem, dass teils eine intensive Assistenz für das Ausfüllen der Schüler:innen nötig geworden und damit die Anonymität der Jugendlichen nicht mehr vollumfänglich zu gewährleisten gewesen wäre.

Für die Befragungen an Förderschulen Schwerpunkt Sehen/blinde Menschen wurden zum einen ein Fragebogen erstellt, der kompatibel für Screenreader ist, und zum anderen einige Fragebögen in DIN A3 für sehbeeinträchtigte Schüler:innen zur Verfügung gestellt. Um Rückfragen in der Erhebungssituation zum Fragebogen zu ermöglichen, arbeitete Speak! an Förderschulen mit dem Schwerpunkt Hören mit Gebärdendolmetscher:innen zusammen.

11.2 DIE STICHPROBEN

Ziel von Stichproben ist es, die Breite bzw. Heterogenität der Jugendlichen und ihrer Erfahrungswelten umfassend abzubilden.

Hauptstudie an Regelschulen: Als Grundlage der Stichprobenziehung diente der vom Hessischen Kultusministerium zur Verfügung gestellte Datensatz zu den Schüler:innen an allgemeinbildenden Schulen mit Stand vom März 2016. Dieser enthält die Schülerzahlen für die 9. sowie die 10. Jahrgangsstufe getrennt nach den verschiedenen Bildungsgängen. Die Auswahl der Schulen erfolgte nach dem sogenannten PPS-Verfahren, das die Schulgröße berücksichtigt. Ziehungsstrata waren dabei sowohl der Jahrgang als auch der Bildungsgang. An den Schulen wurden jeweils zwei vollständige Klassen per Zufall ausgewählt. Durch die Auswahl von nur zwei Klassen pro Schule sollte der Klumpeneffekt reduziert werden. Durch die Art des Auswahlverfahrens und die anschließende (bildungsgang- und jahrgangsstufenbezogene) Design-Gewichtung der Daten kann für die Befunde der Hauptstudie sichergestellt werden, dass die Stichprobe 1.) repräsentativ für Jugendliche ist, die in der 9. Jahrgangsstufe (noch) eine allgemeinbildende Schule besuchen (ohne die Jugendlichen, die eine Förderschule besuchen), und 2.) zudem repräsentativ für Jugendliche ist, die in der 10. Jahrgangsstufe (noch) eine allgemeinbildende Schule besuchen.

Förderschulen: Die Auswahl der Förderschulen basierte auf demselben Verfahren wie die Stichprobenziehung an den Regelschulen. Grundlage der Stichprobenziehung war die Landesschulstatistik Stand Juni 2017. Ziehungsstratum waren hier die Förderschwerpunkte. Die realisierte Stichprobe ist ebenfalls mittels eines Design-Gewichtes an die reale Verteilung der Förderschwerpunkte adjustiert. Die Stichprobe ist damit repräsentativ für Jugendliche, die in der

9. und 10. Jahrgangsstufe in den Förderschwerpunkten Sehen, emotionale und soziale Entwicklung, Hören, Lernen und Sprachheilförderung eine Förderschule besuchen. Die Förderschwerpunkte Körperliche und Motorische Entwicklung sowie Geistige Entwicklung konnten nicht ausreichend abgebildet werden (siehe oben zu Speak! an den Förderschulen). Die Stichprobe setzt sich damit aus den folgenden Förderschwerpunkten zusammen: Hören und Sehen (von uns zusammengefasst), Sprachheilförderung und emotionale/soziale Entwicklung (von uns zusammengefasst) sowie Lernen. Damit bildet die Stichprobe 81 % und damit den zahlenmäßig größten Anteil an Jugendlichen ab, die Förderschulen besuchen. Für diese Gesamtheit ist die hier vorgelegte Studie repräsentativ.

Berufliche Schulen: Die Auswahl der Schulen und Klassen erfolgte nach denselben statistischen Kriterien und Verfahren wie bei der Hauptstudie und der Studie an den Förderschulen. Ziel war es, einen repräsentativen Querschnitt der hessischen Schüler:innen in den verschiedenen Schulformen und Fachrichtungen der Beruflichen Schulen abzubilden. Grundlage der Stichprobenziehung bilden die Daten des Hessischen Kultusministeriums zur Verteilung der 15- bis 17- und der 18- bis 19-Jährigen auf die verschiedenen Schulformen und Fachrichtungen der öffentlichen Beruflichen Schulen im Schuljahr 2017/18. Durch die Art des Auswahlverfahrens mit anschließender Design-Gewichtung ist für die Stichprobe sichergestellt, dass sie repräsentativ für 95 % aller Schüler:innen an Beruflichen Schulen in Hessen ist. Eine vollständige Repräsentativität für *alle* Schüler:innen kann die Stichprobe für sich nicht reklamieren. Die verschiedenen Schulformen und Fachrichtungen an Beruflichen Schulen reichen in feinste Verästelungen (Berufsfelder), die sich auf der Basis einer klassenweisen Befragung sowie einer ökonomisch sinnvoll zu begrenzenden Stichprobe nicht vollständig abbilden lassen. Um einen etwas differenzierteren Blick in die duale Ausbildung zu werfen, wurden die Klassen des Bildungsgangs „Berufsschule – Teilzeit (ohne Blockunterricht)" leicht überquotiert (durch Gewichtung der Stichprobe für die in diesem Buch dargestellten Gesamtbefunde korrigiert). Die Auswahl der verschiedenen einzubeziehenden Ausbildungsberufe konnte nicht vorab, sondern erst in Zusammenarbeit mit den jeweiligen Schulen getroffen werden. Wir haben uns dabei bemüht, die Bandbreite der Ausbildungsberufe möglichst umfassend abzubilden.

Die Stichprobe war ursprünglich auf 1.500 Befragte hin angelegt. Da der Ausbruch der Coronapandemie mit der sich daraus ergebenden Schließung der Schulen im März 2020 in die Feldphase von Speak! Berufliche Schulen fiel, mussten die Erhebungen zu diesem Zeitpunkt beendet werden. Dies hatte zur Folge, dass die vorliegende Stichprobe nur 1.118 Befragte umfasst. Vergleichsanalysen zwischen der realisierten und der angestrebten Stichprobe zeigen, dass die Ausfälle nicht systematisch verteilt, sondern sich (weitgehend) gleichmäßig auf alle Schulformen und Fachrichtungen beziehen. Damit ist die Repräsentativität der Stichprobe nicht eingeschränkt, in geringem Umfang aber – aufgrund der geringeren Fallzahl – die mögliche Erhebungstiefe der Auswertungen.

Tabelle 11.1: Beschreibung der Stichproben – nach Alter, Geschlecht und Speak! Studie

	Jugendliche Hauptstudie (Regelschulen)	Jugendliche Förderschulen	Jugendliche Berufliche Schulen
Zahl der Befragten ungewichtet	2.719	248	1.118
gewichtet	2.651	252	1.037
Anteil weibliche Befragte (gewichtet)	51 %	43 %	53 %
Anzahl[1] je Altersjahrgang (ungewichtet)			
< 14 Jahre	17	17	3
14 Jahre	996	68	1
15 Jahre	1.171	88	12
16 Jahre	435	53	184
17 Jahre	74	18	293
18 Jahre	7	5	188
19 Jahre		1	143
> 19 Jahre			277

Anmerkung: 1) Differenzen zu den Zahlen in der ersten Datenzeile ergeben sich durch fehlende Altersangaben.

Die drei Studien unterscheiden sich mit Blick auf die befragte Altersgruppe. Mehrheitlich sind die Befragten in der Speak! Hauptstudie und der Speak! Studie Förderschulen zwischen 14 und 16 Jahre alt. Wie die Tabelle ausweist, gibt es kleinere Abweichungen nach oben und nach unten. Diese ergeben sich daraus, dass die Stichprobenziehung sich nicht auf die Ziehung von Altersgruppen bezieht, sondern in beiden Studien jeweils auf Schulaltersstufen, d. h. Jahrgänge. Während es in der Speak! Hauptstudie wie auch der Speak! Förderschulen die Jahrgänge neun und zehn waren, basiert die Stichprobenziehung in der Studie Speak! Berufliche Schulen auf den Eingangsjahrgängen. Da die Alterszusammensetzung in den Beruflichen Schulen je Jahrgang bzw. Ausbildungsjahr heterogener sind, als dies für Jahrgangsstufen in den Regel- und Förderschulen zutrifft, ist auch die Altersverteilung in der Stichprobe zu den Beruflichen Schulen heterogener. Dennoch handelt es sich auch hier mehrheitlich um eine eng begrenzte Gruppe von Jugendlichen. 75 % der Stichprobe sind zwischen 16 und 19 Jahre alt. Da sich die Stichprobenziehung nicht auf Altersklassen, sondern Jahrgangsstufen bezieht, werden in die Analysen die vollständigen Datensätze einbezogen. Wenn wir also von jüngeren Jugendlichen sprechen, so meinen wir mehrheitlich Jugendliche zwischen 14 und 16 Jahren (Hauptstudie und Studie Förderschulen) und wenn wir von älteren Jugendlichen sprechen, so meinen wir mehrheitlich Jugendliche zwischen 16 und 19 Jahren (Studie Berufliche Schulen) – auch wenn letztere Gruppe zu 25 % aus Befragten besteht, die älter als 19 Jahre sind.

Die grau unterlegte Zeile in Tabelle 11.1 bezieht sich auf die 16-Jährigen und ihre Zahl in allen drei Studien. Diese Altersgruppe ist die einzige, die in allen drei Studien in nennenswerter Zahl vorkommt. Wir haben deshalb dem Vergleich ein Kapitel gewidmet (siehe Kapitel 2.3). Da sich die Gewichte in den jeweiligen Einzelstudien auf die jeweilige studienspezifische Grundgesamtheit richten, macht eine Gewichtung der 16-Jährigen insgesamt wenig Sinn. Die drei Studien werden in Kapitel 2.3 jeweils separat und ungewichtet ausgewiesen.

11.3 METHODISCHES

In diesem Abschnitt wollen wir einige Entscheidungen und Vorgehensweisen erläutern, die unseren Analysen zugrunde liegen – ohne dabei allzu fachspezifisch zu werden. Diese Erläuterungen beziehen sich etwa auf die grundsätzliche Vergleichs- und Auswertungsstrategie und den Einsatz von Gewichtungen.

Allgemeines zur Berechnung der Prävalenzen

Die Befragten wurden gebeten, die einzelnen Erfahrungsformen, die in Listen vorgegeben waren, mit ja oder nein (Habe ich schon erlebt/Habe ich nicht erlebt) zu beantworten. In der Hauptstudie haben 97,5 % der Befragten das Instrument zu den nicht-körperlichen Erfahrungen vollständig bearbeitet, 1,7 % haben zu keiner der abgefragten Erfahrungsformen eine Antwort gegeben (vollständig nicht bearbeitet), 0,8 % haben zu einzelnen Erfahrungsformen keine Antwort gegeben. Wir gehen bei diesen 2,5 % der Befragten davon aus, dass sie die Abfrage als Listenabfrage interpretiert haben und dort nur ‚Erlebtes' eingetragen haben. Bei denjenigen, die das Instrument vollständig nicht beantwortet haben, gehen wir davon aus, dass sie keine entsprechenden Erfahrungen gemacht haben. Diese Annahme führt gegebenenfalls zu einer (sehr geringen) Unterschätzung der (Lebenszeit-)Prävalenzraten.

Prozentuierungsbasis bei den Auswertungen

Unser zentraler Fokus bei den Auswertungen ist die Beschreibung der Betroffenheit aus der Sicht der Jugendlichen. Das heißt, wir prozentuieren die Angaben in der Regel auf der Basis der jeweils Betroffenen. Bei den Angaben, die die Befragten beispielsweise zum Ort des Geschehens oder zu den Täter:innen machen, geben wir (bis auf eine Ausnahme) ausschließlich den Anteil der Jugendlichen an, die über bestimmte Orte des Geschehens bzw. Täter:innen berichten. Wir beziehen uns nicht auf die Anzahl der Nennungen von beispielsweise Tatorten oder Täter:innen.

Vergleichsstrategie

Grundsätzlich ist es *technisch* möglich, alle drei Datensätze in einem Datensatz zu vereinen und damit Signifikanzen für die Unterschiede zwischen den

Jugendlichen an Regel-, Förder- sowie an Beruflichen Schulen zu berechnen. Allerdings setzt die Logik von Signifikanzberechnungen voraus, dass alle drei Stichproben aus *derselben Grundgesamtheit* gezogen worden sind. Dies ist mit Blick auf das Alter der Jugendlichen nicht der Fall. Zudem wurden einige Fragen im Fragebogen, der an den Förderschulen eingesetzt wurde, leicht abweichend zu den anderen beiden Speak! Studien erhoben (dies betrifft nicht die Prävalenz-Instrumente). So haben wir uns entschieden, Signifikanzüberprüfungen jeweils *innerhalb* der drei Studien – etwa im Vergleich weiblicher und männlicher Jugendlicher am jeweiligen Schultyp – durchzuführen.

Wie sind wir bei Gruppenvergleichen vorgegangen? Wir beschreiben in den Tabellen in der Regel jeweils die bivariaten Befunde. Häufig aber unterscheiden sich die Gruppen, die miteinander verglichen werden, in mehr als einem Merkmal voneinander. So ist etwa die Gruppe der Betroffenen, die das ‚Antatschen' erlebt hat, deutlich von weiblichen Jugendlichen dominiert. Würde man diese Gruppe von Jugendlichen, die diese Erfahrung gemacht haben, mit anderen Gruppen vergleichen, die diese Erfahrung nicht gemacht haben, würde man im Grunde weibliche Jugendliche mit männlichen Jugendlichen vergleichen. Um dies zu berücksichtigen, haben wir multivariate Analysen durchgeführt. Ausgeglichen werden können auf diese Weise Strukturungleichheiten zwischen den Vergleichsgruppen zumindest auf der Basis einiger grundlegender Merkmale. Die Variablen Geschlecht, Alter, sozioökonomischer Status, Migrationshintergrund und Schulform/Bildungsgang sind jene Variablen, die mit Blick auf multivariate Analysen gleichzeitig betrachtet werden (zur Bildung dieser Variablen siehe Maschke & Stecher, 2018a, b, 2021). Dies geschieht in der Regel auf der Basis multivariater Regressions- bzw. mehrfaktorieller Varianzanalysen.

Gewichtung

Die hier berichteten Befunde basieren grundsätzlich auf einer Design-Gewichtung der jeweiligen Stichproben. Damit werden disproportionale Stichprobenanteile mit Blick auf ihren Anteil in der Grundgesamtheit adjustiert. Im 2018 veröffentlichten Kurzbericht zu Speak! Förderschulen (Maschke & Stecher, 2018b) haben wir ohne einen solchen Gewichtungsfaktor gearbeitet. Dort stand neben den förderschwerpunktübergreifenden Befunden auch die Betrachtung der einzelnen Förderschwerpunkte im Fokus; eine Teilbetrachtung, die beispielsweise beim Förderschwerpunkt Hören und Sehen nur ohne Gewichtung zahlenmäßig Sinn ergibt. Da in den hier vorgelegten Analysen – bis auf wenige Ausnahmen – keine solchen Detailanalysen vorgestellt werden und Durchschnittswerte geltend für die Gesamtgruppe aller drei Förderschwerpunkte im Mittelpunkt stehen, haben wir uns entschieden, mit einer entsprechenden Design-Gewichtung – wie bei den anderen beiden Speak! Folgestudien – zu arbeiten. Insgesamt ergeben sich dadurch kleinere Abweichungen zu den Zahlen, die im Kurzbericht Speak! Förderschulen (Maschke & Stecher, 2018b) berichtet werden. Die Abweichungen der Befunde – ob gewichtet oder ungewichtet berechnet – sind jedoch minimal.

LITERATUR

LITERATUR

[ADS] Antidiskriminierungsstelle des Bundes (ADS) (2015a). Sexuelle Belästigung am Arbeitsplatz. Ergebnisse einer repräsentativen Umfrage unter Beschäftigten in Deutschland. Im Auftrag der Antidiskriminierungsstelle des Bundes. Durchgeführt von SUZ – Sozialwissenschaftliches Umfragezentrum GmbH Duisburg. Abgerufen am 13.01.2022: https://www.antidiskriminierungsstelle.de/SharedDocs/downloads/DE/publikationen/Factsheets/factsheet_sexuelle_belaestigung_am_arbeitsplatz.pdf?__blob=publicationFile&v=3

[ADS] Antidiskriminierungsstelle des Bundes (ADS) (2015b). Sexuelle Belästigung am Arbeitsplatz. Umfrage unter 667 Personalverantwortlichen und Betriebsrät_innen. Abgerufen am 13.01.2022: https://www.antidiskriminierungsstelle.de/SharedDocs/downloads/DE/publikationen/Umfragen/handout_umfrage_sex_belaestigung_am_arbeitsplatz_personalverantw.pdf?__blob=publicationFile&v=4

[ADS] Antidiskriminierungsstelle des Bundes (ADS) (Hrsg.) (2019). Umgang mit sexueller Belästigung am Arbeitsplatz – Lösungsstrategien und Maßnahmen zur Intervention. Abgerufen am 13.01.2022: https://www.antidiskriminierungsstelle.de/SharedDocs/downloads/DE/publikationen/Expertisen/umgang_mit_sexueller_belaestigung_am_arbeitsplatz.pdf;jsessionid=BCD6F8164C2338EA84589362CCB7A491.intranet241?__blob=publicationFile&v=3

Alheit, P. (2010). Identität oder „Biographizität"? Beiträge der neueren sozial- und erziehungswissenschaftlichen Biographieforschung zu einem Konzept der Identitätsentwicklung. In Griese, B. (Hrsg.), Subjekt – Identität – Person? Reflexionen zur Biographieforschung. Wiesbaden: VS Verlag, 219–249

Amann, G. & Wipplinger, R. (2004). Verhaltenstherapie bei erwachsenen Opfern eines sexuellen Missbrauchs. In Körner, W. & Lenz, A. (Hrsg.), Sexueller Missbrauch – Band 1. Göttingen: Hogrefe, S. 399–412

Andresen, S., & Künstler, S. (2015). Vulnerabilität und sexuelle Gewalt in der Kindheit. Zeitschrift für Sexualforschung, 28, 318–334

Ansari, M. & Vasold, S. (2020). Sexuelle Gewalt an Kindern und Jugendlichen mit Lernschwierigkeiten und Behinderungen. Erkennen, Intervenieren und Vorbeugen. R&E-SOURCE, 20. Abgerufen am 14.12.2021: https://journal.ph-noe.ac.at/index.php/resource/article/view/932/854

Bauer, U. (2002). Selbst- und/oder Fremdsozialisation: Zur Theoriedebatte in der Sozialisationsforschung. Eine Entgegnung auf Jürgen Zinnecker. Zeitschrift für Soziologie der Erziehung und Sozialisation (ZSE), 22(2), 118–142

Bergius, R. (2017). Selbstbild. In Wirtz, M. A. (Hrsg.), Dorsch – Lexikon der Psychologie. Abgerufen am 13.01.2022: https://dorsch.hogrefe.com/stichwort/selbstbild#search=21baa889ca8944ac7d2fa5037b1602c4&offset=0

[BMJV, BMFSFJ, BMBF] Bundesministerium der Justiz und für Verbraucherschutz, Bundesministerium für Familie, Senioren, Frauen und Jugend & Bundesministerium für Bildung und Forschung (2011). Sexueller Kindesmissbrauch in Abhängigkeits- und Machtverhältnissen, in privaten und öffentlichen Einrichtungen und im familiären Bereich. Abgerufen am 14.12.2021: https://www.bmj.de/SharedDocs/Downloads/DE/Fachinformationen/Abschlussbericht_RTKM.pdf?__blob=publicationFile

Bohnsack, R. (2003). Rekonstruktive Sozialforschung. Einführung in qualitative Methoden. 5. Auflage. Opladen: Leske u. Budrich

Böhm, M., Budde, J. & Dekker, A. (2018). Sexuelle Grenzverletzungen mittels digitaler Medien an Schulen. Annäherung an einen doppelten Verdeckungszusammenhang. MedienPädagogik, 1–18.

Böhnisch, L. (2013). Männlichkeit als Bewältigungsmuster in biografischen Übergängen. In Schröer, W., Stauber, B., Walther, A. & Lenz, K. (Hrsg.), Handbuch Übergänge. Weinheim u. Basel: Beltz Juventa, 504–517

Brzank, P., Blättner, B. & Liepe, K. (2013). Gewalt in den ersten Liebesbeziehungen unter Jugendlichen. Deutsche Jugend, 11, 473–482

Budde, J., Böhm, M., Wesemann, V. & Witz, C. (2019). Zum Verhältnis von Sexualität und digitalen Medien in Schule am Beispiel Sexting. Kinder- und Jugendschutz in Wissenschaft und Praxis. Digitaler Kinder- und Jugendschutz, 64(2), 42–47

[BZgA] Bundeszentrale für gesundheitliche Aufklärung (2016): Jugendsexualität 2015. Repräsentative Wiederholungsbefragung. Die Perspektive der 14- bis 25-Jährigen. Hg. v. Bundeszentrale für gesundheitliche Aufklärung [BZgA]. Köln.

Christmann, B. (2020). Disclosure von sexualisierter Gewalt. Definitionen, Forschungsstand, Implikationen für Prävention und pädagogische Praxis. In Wazlawik, M., Christmann, B., Böhm, M. & Dekker, A. (Hrsg.), Perspektiven auf sexualisierte Gewalt. Einsichten aus Forschung und Praxis. Wiesbaden: Springer Fachmedien, 263–276

Christmann, B. & Wazlawik, M. (2018). Disclosure in schulischen Settings. In Retkowski, A., Treibel, A. & Tuider, E. (Hrsg.), Handbuch Sexualisierte Gewalt und pädagogische Kontexte. Weinheim u. Basel: Beltz Juventa, 729–735

Connell, R. (2015). Der gemachte Mann. Konstruktion und Krise von Männlichkeiten. 4. Auflage. Wiesbaden: Springer VS

Currie, C., Zanotti, C., Morgan, A., Currie, D., de Looze, M., Roberts, C., Samdal, O., Smith, O. R. F. & Barnekow, V. (2012) (Eds.). Social Determinants of Health and Well-Being among Young People: Health Behaviour in School-aged Children (HBSC) study. International report from the 2009/2010 survey. Copenhagen: World Health Organization

Delphendahl, S. (2018). Jugendliche als Täter/innen und Opfer sexueller Gewalt. In PETZE Institut für Gewaltprävention (Hrsg.). ECHT KRASS! Jugendliche und sexuelle Gewalt. Kiel, 4–9

Döring, N. (2013). Medien und Sexualität. In Meister, D., Gross, F. v. & Sander, U. (Hrsg.), Enzyklopädie Erziehungswissenschaft Online, Fachgebiet: Medienpädagogik, Aktuelle Diskurse. Weinheim u. Basel: Beltz Juventa, DOI 10.3262

Ecarius, J., Köbel, N., & Wahl, K. (2011). Familie, Erziehung und Sozialisation. Basiswissen Sozialisation. Wiesbaden: Springer VS

Enders, U. (2021). Stellungnahme anlässlich der Anhörung von Sachverständigen der Kinderschutzkommission des Landtages NRW, Bildung und Schule am 5.5.2021. Abgerufen am 14.12.2021: https://www.landtag.nrw.de/portal/WWW/dokumentenarchiv/Dokument/MMST17-3911.pdf

Enke, T. (2013). Jugenddevianz im Bewältigungsverlauf von Krisen. In Schröer, W., Stauber, B., Walther, A. & Lenz, K. (Hrsg.), Handbuch Übergänge. Weinheim u. Basel: Beltz Juventa, 454–470.

Erkens, C., Scharmanski, S. & Heßling, A. (2021). Sexualisierte Gewalt in der Erfahrung Jugendlicher: Ergebnisse einer repräsentativen Befragung. Bundesgesundheitsblatt 64, 1382–1390

Feierabend, S., Reutter, T. & Rathgeb, T. (2019). Neue Aspekte jugendlicher Mediennutzung. In Die Medienanstalten (Hrsg.), Jugendschutz- und Medienkompetenzbericht. Der Ton wird härter. Hass, Mobbing und Extremismus. Maßnahmen, Projekte und Forderungen, 19, 21–27.

Fend, H. (1998). Eltern und Freunde. Bern: Huber

Fend, H. (2005). Entwicklungspsychologie des Jugendalters. 3. Auflage. Wiesbaden: VS

Ferchhoff, W. & Hugger, K.-U. (2014). Zur Genese und zum Bedeutungswandel von Gleichaltrigengruppen. In Hugger, K.-U. (Hrsg.), Digitale Jugendkulturen. Wiesbaden: Springer, 251–263

Fineran, S. & Bolen, R. M. (2006). Risk Factors for Peer Sexual Harassment in Schools. Journal of Interpersonal Violence, 21(9), 1169–1190

Fussan, N. (2006). Einbindung Jugendlicher in Peer-Netzwerke: Welche Integrationsvorteile erbringt die Mitgliedschaft in Sportvereinen? Zeitschrift für Soziologie der Erziehung und Sozialisation (ZSE), 26(4), 383–402

Gamsjäger, M. (2010). Sexuelle Belästigung am Arbeitsplatz, Gewalt im Geschlechterverhältnis. Gender: Zeitschrift für Geschlecht, Kultur und Gesellschaft, 2(2), 105–121

Göppel, R. (2005). Das Jugendalter. Entwicklungsaufgaben – Entwicklungsrisiken – Bewältigungsformen. Stuttgart: Kohlhammer.

Gruber, J., & Fineran, S. (2008). Comparing the Impact of Bullying and Sexual Harassment Victimization on the Mental and Physical Health of Adolescents. Sex Roles, 59(1/2), 1–1

Hagemann-White, C. (1992). Strategien gegen Gewalt im Geschlechterverhältnis: Bestandsanalyse und Perspektiven. Forschungsberichte des BIS. Pfaffenweiler: Centaurus-Verlag-Ges.

Hagemann-White, C. (2016). Grundbegriffe und Fragen der Ethik bei der Forschung über Gewalt im Geschlechterverhältnis. In Helfferich, C., Kavemann, B. & Kindler, H. (Hrsg.), Forschungsmanual Gewalt. Grundlagen der empirischen Erhebung von Gewalt in Paarbeziehungen und sexualisierter Gewalt. Wiesbaden: Springer VS, 1–3.

Helsper, W. (2002). Lehrerprofessionalität als antinomische Handlungsstruktur. In Kraul, M., Marotzki, W. & Schweppe, C. (Hrsg.), Biographie und Profession. Bad Heilbrunn: Klinkhardt, 64–102

Hessische Landesregierung (2012). Aktionsplan des Landes Hessen zum Schutz von Kindern und Jugendlichen vor sexueller Gewalt in Institutionen. Abgerufen am 17.12.2021: https://www.familienatlas.de/sites/fama/files/atoms/files/aktionsplan_des_landes_zum_schutz_von_kinder_und_jugendlichen_vor_sexueller_gewalt_in_institutionen_16.april_2012.pdf

Hessisches Netzwerk behinderter Frauen (2017). Gewalt gegenüber Mädchen und Frauen mit Behinderung. o. V. Frankfurt a. M. Abgerufen am 16.12.21: https://www.hkfb.de/fileadmin/redaktion/hkbf/dokumente/Gewalt_gegen_Maedchen_und_Frauen_mit_Behinderung_lesbare_Version_fuer_blinde_Menschen.pdf

Hill, C. & Kearl, H. (2011). Crossing the Line. Sexual Harassment at School. American Association of Women. Abgerufen am 15.12.2021: https://www.aauw.org/app/uploads/2020/03/Crossing-the-Line-Sexual-Harassment-at-School.pdf

Hofherr, S. (2019). Klassen der Offenlegung sexueller Gewalt. In Wazlawik, M., Voß, H., Retkowski, A., Henningsen, A. & Dekker, A. (Hrsg.), Sexuelle Gewalt in pädagogischen Kontexten. Aktuelle Forschungen und Reflexionen. Wiesbaden: Springer VS, 137–149

Horten, B. (2020). Sexuelle Gewalt unter altersgleichen Kindern und Jugendlichen. Eine metaanalytische Untersuchung der Prävalenzraten und der Viktimisierungsrisiken. Baden-Baden: Nomos

Hurrelmann, K. (2002). Selbstsozialisation oder Selbstorganisation? Ein sympathisierender, aber kritischer Kommentar. Zeitschrift für Soziologie der Erziehung und Sozialisation (ZSE), 22(2), 155–166

Hurrelmann, K. & Bauer, U. (2015). Das Modell der produktiven Realitätsverarbeitung in der aktuellen Diskussion. Zeitschrift für Soziologie der Erziehung und Sozialisation (ZSE), 35(2), 155–170

Kavemann, B. (2016). Erinnerbarkeit, Angst, Scham und Schuld als Grenzen der Forschung zu Gewalt. In Helfferich, C., Kavemann, B. & Kindler, H. (Hrsg.), Forschungsmanual Gewalt – Grundlagen der empirischen Erhebung von Gewalt in Paarbeziehungen und sexualisierter Gewalt. Wiesbaden: Springer VS, 51–67.

Kavemann, B., Graf-van Kesteren, A., Rothkegel, S. & Nagel, B. (2015). Erinnern, Schweigen und Sprechen nach sexueller Gewalt in der Kindheit. Ergebnisse einer Interviewstudie mit Frauen und Männern, die als Kind sexuelle Gewalt erlebt haben. Wiesbaden:

Springer Fachmedien Wiesbaden

Kavemann, B., Nagel, B. & Hertlein, J. (2016). Fallbezogene Beratung und Beratung von Institutionen zu Schutzkonzepten bei sexuellem Missbrauch. Erhebung von Handlungsbedarf in den Bundesländern und von Bedarf an Weiterentwicklung der Fachberatungsstellen. Berlin: Expertise im Auftrag des UBSKM.

[KFN] Kriminologisches Forschungsinstitut Niedersachsen e. V. (2021). Catcalling. Abgerufen am 01.12.2021: https://kfn.de/forschungsprojekte/catcalling/

Kidscreen Group (2004). KIDSCREEN Instruments: Health-Related Quality of Life Questionnaire for Children and Young People. Abgerufen am: 13.12.2021: https://www.kidscreen.org/english/questionnaires/

Kindler, H. (2016): Ethische Fragen in der Forschung mit Kindern und Jugendlichen zu sexueller Gewalt: Ein Überblick. In Helfferich, C., Kavemann, B. & Kindler, H. (Hrsg.), Forschungsmanual Gewalt. Grundlagen der empirischen Erhebung von Gewalt in Paarbeziehungen und sexualisierter Gewalt. Wiesbaden: Springer VS, 69100.

King, V. (2004). Die Entstehung des Neuen in der Adoleszenz. Wiesbaden: VS Verlag

Klein, A. (2015). Zur These der Pornografisierung der Jugend. Sozialmagazin, 2, 16–25

Knoll, B., Fitz, B., Posch, P. & Sattlegger, L. (2013). Ich im Netz. Selbstdarstellung von weiblichen und männlichen Jugendlichen in sozialen Netzwerken. Wien. Abgerufen am 13.01.2022: https://www.b-nk.at/download/ich-im-netz/?wpdmdl=3559&refresh=61e0843caf1c11642103868

Köppen von, M., Schmidt, K. & Tiefenthaler, S. (2020). Mit vulnerablen Gruppen forschen – ein Forschungsprozessmodell als Reflexionshilfe für partizipative Projekte. In Hartung, S., Wihofszky, P. & Wright, M. (Hrsg.), Partizipative Forschung. Ein Forschungsansatz für Gesundheit und seine Methoden. Wiesbaden: Springer VS, 21–62

Krahé, B. (2009). Sexuelle Aggression und Opfererfahrung unter Jugendlichen und jungen Erwachsenen. Psychologische Rundschau, 60(3), 173–183

Krapp, A., & Ryan, R. M. (2002). Selbstwirksamkeit und Lernmotivation. Eine kritische Betrachtung der Theorie von Bandura aus der Sicht der Selbstbestimmungstheorie und der pädagogisch-psychologischen Interessentheorie. In Jerusalem, M. & Hopf, D. (Hrsg.), Selbstwirksamkeit und Motivationsprozesse in Bildungsinstitutionen. Weinheim: Beltz, 54–82

Krappmann, L. (2002). Warnung vor dem Begriff der Selbstsozialisation. Zeitschrift für Soziologie der Erziehung und Sozialisation (ZSE), 22(2), 178–186

Kröger, M. (2018). Grenzen achtende Sexualität und gesellschaftliche Entfremdung zwischen Ethik, Kommerz und Selbstbestimmung. Dokumentation zum Fachtag am 18. Oktober 2017 in Berlin „Jetzt hör endlich auf! Jugendarbeit und sexualisierte Peergewalt", 21–25

Krüger, H.-H., Deinert, A., & Zschach, A. (2012). Jugendliche und ihre Peers. Opladen: Budrich

Lorenz, A., Hoffmann, C. & Hitschfeld, U. (2020). Dynamik und Herausforderungen der Ausweitung von Angeboten politischer Partizipation in Deutschland. Einleitung. In Lorenz, A., Hoffmann, C. & Hitschfeld, U. (Hrsg.), Partizipation für alle und alles? Fallstricke, Grenzen und Möglichkeiten. Wiesbaden: Springer Nature, 1–21

Lüttichau Graf von, M. (2020). Dissoziation. Trauma. Rituelle Gewalt – Hinweis für Betroffene und HelferInnen. Leipzig – Berlin: Verlag Autonomie und Chaos

Maschke, S. (2013). Habitus unter Spannung. Weinheim u. Basel: Beltz Juventa

Maschke, S. (2020). Sexualisierte Gewalt Peer-to-Peer – Reflexionen über die Bedeutung der Peers aus erziehungswissenschaftlicher Perspektive. In Fuchs, T., Schierbaum A. & Berg, A. (Hrsg.), Jugend, Familie und Generationen im Wandel. Erziehungswissenschaftliche Facetten. Wiesbaden: Springer VS, 83–102

Maschke, S. & Stecher, L. (2018a). Sexuelle Gewalt: Erfahrungen Jugendlicher heute. Weinheim u. Basel: Beltz

Maschke, S. & Stecher, L. (2018b). „Speak!" Die Studie. Sexualisierte Gewalt in der Erfahrung Jugendlicher. Erweiterungsstudie Förderschulen. Kurzbericht. Wiesbaden: Hessisches Kultusministerium. Abgerufen am 13.01.2022: https://www.speak-studie.de/Kurzbericht%20Speak_F%C3%B6rderschule_2018-04-12.pdf

Maschke, S. & Stecher, L. (2021). „Speak!" Die Studie. Sexualisierte Gewalt in der Erfahrung Jugendlicher. Erweiterungsstudie Berufliche Schulen. Kurzbericht. Wiesbaden: Hessisches Kultusministerium. Abgerufen am 13.01.2022: https://www.speak-studie.de/pdf/Kurzbericht%20Speak%20berufliche%20Schulen%20HKM%2026.02.2021.pdf

Maschke, S. & Stecher, L. (2022). Expertise zur Machbarkeit der Durchführung von Dunkelfeldstudien im Erhebungskontext Schule zu sexualisierter Gewalt gegen Kinder und Jugendliche. Im Auftrag des Unabhängigen Beauftragten für Fragen des sexuellen Kindesmissbrauchs. Berlin

Maschke, S., Stecher, L., Coelen, T., Ecarius, J. & Gusinde, F. (2013). Appsolutely smart! Ergebnisse der Studie Jugend.Leben. Bielefeld: W. Bertelsmann-Verlag

Meuser, M. & Scholz, S. (2005). Hegemoniale Männlichkeit. Versuch einer Begriffsklärung aus soziologischer Perspektive. In Dinges, M. (Hrsg.), Männer – Macht – Körper. Hegemoniale Männlichkeiten vom Mittelalter bis heute. Frankfurt a. M.: Campus Verlag, 211–228

Misoch, S. (2007). Körperinszenierungen Jugendlicher im Netz: Ästhetische und schockierende Präsentationen. Diskurs Kindheits- und Jugendforschung, 2(2), 139–154

Muck, C., Schiller, E. & Kärtner, J. (2018). Prävention sexualisierter Gewalt im Jugendalter – Evaluationsstudie zur Wirkung zweier schulischer Präventionsprogramme auf Disclosurebereitschaft und Viktimisierungserleben. Zeitschrift für Soziologie der Erziehung und Sozialisation (ZSE), 38(2), 154–170

Nohl, A.-M., Rosenberg, F. v. & Thomsen, S. (2015). Bildung und Lernen im biographischen Kontext: Empirische Typisierungen und praxeologische Reflexionen. Wiesbaden: Springer VS

Paulus, F. W., Möhler, E., Ohmann, S. & Popow, C. (2020). Digitale Missachtung der Bedürfnisse und Rechte von Kindern und Jugendlichen: Cybermobbing. Kinder- und Jugendmedizin 20(04), 238–246

Pellegrini, A. (2001). A longitudinal study of heterosexual relationships, aggression and sexual harassment during transition from primary school through middle school. Applied Developmental Psychology, 22, 119–133

Peter, J. & Valkenburg, P. M. (2016). Adolescents and Pornography: A Review of 20 Years of Research. Journal of Sex Research, 53(4-5), 509–531

PETZE Institut für Gewaltprävention (Hrsg.) (2018). ECHT KRASS! Jugendliche und sexuelle Gewalt. Präventionsmaterial für Schule und Jugendhilfe. Kiel

Pohling, A. (2021). Artikulationen Sexueller Gewalt. Biographien, Diskurse und der Übergang zum Sprechen. Wiesbaden: Springer

Quandt, T. & Vogelgesang, J. (2018). Jugend, Internet und Pornografie. In Rössler P. & Rossmann C. (Hrsg.), Kumulierte Evidenzen. Springer VS: Wiesbaden, 91–118

Reinders, H. (2016). Vom Bildungs- zum Optimierungsmoratorium. Diskurs Kindheits- und Jugendforschung, 11(2), 147–160

Retkowski, A., Treibel, A. & Tuider, E. (2018). Einleitung: Pädagogische Kontexte und sexualisierte Gewalt. In Retkowski, A., Treibel, A. & Tuider, E. (Hrsg.), Handbuch Sexualisierte Gewalt und pädagogische Kontexte. Weinheim u. Basel: Beltz Juventa, 15–30

Rieger-Ladich, M. (2020). Subjektivierungspraktiken analysieren und Übergänge erforschen. Grundlagentheoretische Überlegungen. In Walther, A., Stauber, B., Rieger-Ladich, M. & Wanka, A. (Hrsg.), Reflexive Übergangsforschung. Theoretische Grundlagen und methodologische Herausforderungen. Opladen, Berlin u. Toronto: Barbra Budrich, 207230

Rosenbauer, N. (2007). Wenn passiert, was nicht passieren darf… Gewalt und andere Tabus in den Erziehungshilfen. Sozial Extra, 31(9/10), 45–47

Rudolf-Jilg, C. (2008). Eine (hilflose) Jugend zwischen Bushido und Niceguys: Prävention bei Übergriffen unter Jugendlichen. IzKK-Nachrichten (Informationszentrum Kindesmisshandlung/Kindesvernachlässigung), 1, 27–32

Scambor, E., Wittenzellner, U. & Rieske, T. V. (2018). Bedingungen für gelingende Aufdeckungsprozesse. In Retkowski, A., Treibel, A. & Tuider, E. (Hrsg.), Handbuch Sexualisierte Gewalt und pädagogische Kontexte. Weinheim u. Basel: Beltz Juventa, 709–718

Scherger, S. (2007). Destandardisierung, Differenzierung, Individualisierung. Westdeutsche Lebensläufe im Wandel. Wiesbaden: VS Verlag für Sozialwissenschaften

Schock, K., Rosner, R., Wenk-Ansohn, M. & Knaevelsrud, C. (2010). Retraumatisierung – Annäherung an eine Begriffsbestimmung. Psychother Psychosom Med Psychol., 60(7), 243-249

Schröer, W., Stauber, B. Walther, A. & Lenz, K. (Hrsg.) (2013). Übergänge – eine Einführung. In Schröer, W., Stauber, B., Walther, A. & Lenz, K. (Hrsg.), Handbuch Übergänge. Weinheim u. Basel: Beltz Juventa, 11–20

Schröttle, M. (2016). Methodische Anforderungen an Gewaltprävalenzstudien im Bereich Gewalt gegen Frauen (und Männer). In Helfferich, C., Kavemann, B. & Kindler, H. (Hrsg.), Forschungsmanual Gewalt – Grundlagen der empirischen Erhebung von Gewalt in Paarbeziehungen und sexualisierter Gewalt. Wiesbaden: Springer VS, 101–119

Schubarth, W. (2013). Gewalt und Mobbing an Schulen: Möglichkeiten der Prävention und Intervention. Schulpädagogik. Stuttgart: Kohlhammer

Shell (2019). Jugend 2019. Zusammenfassung. Abgerufen am 16.12.2021: https://www.shell.de/about-us/shell-youth-study/_jcr_content/par/toptasks.stream/1570708341213/4a002dff58a7a9540cb9e83ee0a37a0ed8a0fd55/shell-youth-study-summary-2019-de.pdf

Sielert, U. (2015). Einführung in die Sexualpädagogik. Weinheim u. Basel: Beltz

Staller, K. & Nelson-Gardell, D. (2005). „A burden in your heart": lessons of disclosure from female preadolescent survivors of sexual abuse. Child Abuse Negl., 29(12), 1415–1432

Stauber, B. (2007). Zwischen Abhängigkeit und Autonomie: Junge Erwachsene und ihre Familien. In Stauber, B., Pohl, A. & Walther, A. (Hrsg.). Subjektorientierte Übergangsforschung. Weinheim u. München: Juventa, 129–154

Stauber, B. (2013). Selbstinszenierung als Gestaltung von Übergängen. In Schröer, W., Stauber, A., Walther, A., Böhnisch, L. & Lenz, K. (Hrsg.), Handbuch Übergänge. Weinheim u. Basel: Beltz Juventa, 526–543

Stauber, B. & Walther, A. (2013). Junge Erwachsene – eine Lebenslage des Übergangs? In Schröer, W., Stauber, A., Walther, A., Böhnisch, L. & Lenz (Hrsg.), Handbuch Übergänge. Weinheim u. Basel: Beltz Juventa, 270–290

Stauber, B., Wanka, A., Walther, A. & Rieger-Ladich, M. (2020). Reflexivität in der Übergangsforschung. Doing Transitions als relationale Perspektive auf Übergänge im Lebenslauf. In Walther, A., Stauber, B., Rieger-Ladich, M. & Wanka, A. (Hrsg.), Reflexive Übergangsforschung. Theoretische Grundlagen und methodologische Herausforderungen. Opladen, Berlin u. Toronto: Barbra Budrich, 281–303

Steinbach, B. (2018). Sexualisierte Peergewalt und Jugend(verbands-)arbeit. Problemaufriss und Eckpunkte zur Weiterentwicklung der Präventionsarbeit. Punktum, Heft 3 + 4, 4–7

Stickelmann, B. (2013). Gewalt im Jugendalter als Übergangshandeln. In Schröer, W., Stauber, A., Walther, A., Böhnisch, L. & Lenz, K. (Hrsg.), Handbuch Übergänge. Weinheim u. Basel: Beltz Juventa, 435–453

Struck, N. (2014). Die Prävention sexualisierter Gewalt. Strategien des Paritätischen Wohlfahrtsverbandes – Gesamtverband. In Willems, H. & Ferring, D. (Hrsg.), Macht und Missbrauch in Institutionen. Interdisziplinäre Perspektiven auf institutionelle Kontexte und Strategien der Prävention. Wiesbaden: Springer VS, 167–176

Thole, W., Baader, M., Helsper, W., Kappeler, M., Leuzinger-Bohleber, M., Reh, S., Sielert, U. & Thompson, C. (2012). Sexualisierte Gewalt, Macht und Pädagogik. Opladen: Barbara Budrich

[UBSKM] Unabhängiger Beauftragter für Fragen des sexuellen Kindesmissbrauchs (2021a). Definition von sexuellem Missbrauch. Abgerufen am 13.01.2022: https://beauftragter-missbrauch.de/praevention/was-ist-sexueller-missbrauch/definition-von-sexuellem-missbrauch

[UBSKM] Unabhängiger Beauftragter für Fragen des sexuellen Kindesmissbrauchs (2021b). Was ist strafbar? Abgerufen am 13.01.2022: https://beauftragter-missbrauch.de/recht/strafrecht/was-ist-strafbar

Urbann, K., Scharmanski, S. & Bienstein, P. (2015). Wie können Menschen mit Behinderung vor sexuellem Missbrauch geschützt werden? Forum Sexualaufklärung und Familienplanung. Sexualisierte Gewalt. 2/2015. BZgA Köln

Veith, H. (2002). Sozialisation als reflexive Vergesellschaftung. Zeitschrift für Soziologie der Erziehung und Sozialisation, 22(2), 167–177

Vobbe, F. & Kärgel, K. (2019). Sexualisierte Gewalt mit digitalem Medieneinsatz. KJug 2, 48–53

Vogelsang, V. (2017). Sexuelle Viktimisierung, Pornografie und Sexting im Jugendalter. Wiesbaden: Springer VS

Walther, A. (2014). Übergangsregimes. Übergänge zwischen Schule und Arbeit im internationalen Vergleich. In Hof, C., Meuth, M. & Walther, A. (Hrsg.), Pädagogik der Übergänge. Weinheim und Basel: Juventa Beltz, 78–103

Walther, A. & Stauber, B. (2007). Übergänge in Lebenslauf und Biographie. In Stauber, B., Pohl, A. & Walther, A. (Hrsg.), Subjektorientierte Übergangsforschung. Weinheim u. München: Juventa, 19–40

Walther, A. & Stauber, B. (2013). Übergänge im Lebenslauf. In Schröer, W., Stauber, A., Walther, A., Böhnisch, L. & Lenz, K. (Hrsg.); Handbuch Übergänge. Weinheim u. Basel: Beltz Juventa, 23–43

Wanka, A. (2020). Grundzüge einer praxistheoretischen Übergangsforschung. In Walther, A., Stauber, B., Rieger-Ladich, M. & Wanka, A. (Hrsg.), Reflexive Übergangsforschung. Theoretische Grundlagen und methodologische Herausforderungen. Opladen, Berlin u. Toronto: Barbara Budrich, 185–206

Wanka, A., Rieger-Ladich, M., Stauber, B. & Walther, A. (2020). Doing Transitions: Perspektiven und Ziele einer reflexiven Übergangsforschung. In Walther, A., Stauber, B., Rieger-Ladich, M. & Wanka, A. (Hrsg.), Reflexive Übergangsforschung. Theoretische Grundlagen und methodologische Herausforderungen. Opladen, Berlin u. Toronto: Barbara Budrich, 11–36

Weller, K. (2020). Reflexionen der deutschen Forschung zu sexualisierter Gewalt von, an und unter Jugendlichen. Abgerufen am 13.01.2022: https://www.nomos-elibrary.de/10.30820/9783837976946-41.pdf

Wetzels, P. (1997). Zur Epidemiologie physischer und sexueller Gewalterfahrungen in der Kindheit. Ergebnisse einer repräsentativen retrospektiven Prävalenzstudie für die BRD. Herausgegeben vom Kriminologischen Forschungsinstitut Niedersachsen e. V. Hannover (Forschungsberichte, 59). Abgerufen am 13.01.2022: https://publikationen.uni-tuebingen.de/xmlui/bitstream/handle/10900/84275/FB_59.pdf?sequence=1&isAllowed=y

Wolf, K. (2014). Zur Notwendigkeit des Machtüberhangs in der Erziehung. In Kraus, B. & Krieger, W. (Hrsg.), Macht in der Sozialen Arbeit. Interaktionsverhältnisse zwischen Kontrolle, Partizipation und Freisetzung. Detmold: Jacobs Verlag, 121–160

Youniss, J. & Smollar, J. (1985). Adolescent relations with mothers, fathers, and friends. Chicago: University of Chicago Press

Zillig, U. (2018). Trauma, sexualisierte Gewalt und pädagogische Praxis. In Retkowski, A., Treibel, A. & Tuider, E. (Hrsg.), Handbuch Sexualisierte Gewalt und pädagogische Kontexte. Weinheim und Basel: Beltz Juventa, 832–840

Zinnecker, J. (1991). Jugend als Bildungsmoratorium: Zur Theorie des Wandels der Jugendphase in west- und osteuropäischen Gesellschaften. In Melzer, W., Heitmeyer, W. Liegle, L. & Zinnecker, J. (Hrsg.), Osteuropäische Jugend im Wandel. Weinheim/München: Juventa, 9–25

Zinnecker, J. (2000a). Selbstsozialisation – Essay über ein aktuelles Konzept. Zeitschrift für Soziologie der Erziehung und Sozialisation, 20(3), 272–290

Zinnecker, J. (2000b). Kindheit und Jugend als pädagogische Moratorien. Zur Zivilisationsgeschichte der jüngeren Generation im 20. Jahrhundert. In Benner, D. & H.-E. Tenorth, H.-E. (Hrsg.), Bildungsprozesse und Erziehungsverhältnisse im 20. Jahrhundert. Weinheim: Beltz, 36–68

Zinnecker, J. (2002). Wohin mit dem ‚strukturlosen Subjektzentrismus'? Eine Gegenrede zur Entgegnung von Ullrich Bauer. Zeitschrift für Soziologie der Erziehung und Sozialisation, 22(2), 143–166

Zinnecker, J. (2003). Jugend als Moratorium. Essay zur Geschichte und Bedeutung eines Forschungskonzepts. In Reinders, H. & Wild, E. (Hrsg.), Jugendzeit – Time Out? Zur Ausgestaltung des Jugendalters als Moratorium. Opladen: Leske + Budrich, 37–63

Zinsmeister, J. (2018). Die Persönlichkeitsrechte. In Oppermann, C., Winter, V., Harder, C., Wolff, M. & Schröer, W. (Hrsg.), Lehrbuch Schutzkonzepte in pädagogischen Organisationen. Weinheim u. Basel: Beltz Juventa, 56–67